Data Warehouse Technologien

Veit Köppen
Gunter Saake
Kai-Uwe Sattler

Data Warehouse

Technologien

Zweite Auflage

Bibliografische Information Der Deutschen Bibliothek –
Die Deutsche Bibliothek verzeichnet diese Publikation in der Deutschen Nationalbibliografie; detaillierte bibliografische Daten sind im Internet über <http://dnb.ddb.de>abrufbar.

Bei der Herstellung des Werkes haben wir uns zukunftsbewusst für umweltverträgliche und wiederverwertbare Materialien entschieden. Der Inhalt ist aus elementar chlorfreiem Papier gedruckt.

ISBN 978-3-8266-9485-1
2. Auflage 2014

E-Mail: kundenbetreuung@hjr-verlag.de
Telefon: +49 6221/489-555
Telefax: +49 6221/489-410

`www.mitp.de`

Satz: Veit, Köppen, Magdeburg; Gunter Saake, Magdeburg; Kai-Uwe Sattler, Ilmenau
Druck: Westermann Druck Zwickau GmbH

Vorwort

Vorwort zur 2. Auflage

Auch wenn ein Lehrbuch eher die stabilen, langfristigen Grundlagen eines Gebietes zum Inhalt hat, hat es doch die schnelle Entwicklung gerade im Bereich der Datenanalyse erforderlich gemacht, bereits nach zwei Jahren eine zweite Auflage des vorliegenden Buches zu erstellen. Hinzugenommen haben wir Erläuterungen zur Abgrenzung zum aktuellen Hype-Thema „Big Data“ sowie technische Ergänzungen zu den Themen Schichtenarchitekturen, Hauptspeicherdatenbanken, Slowly Changing Dimensions und die Umsetzung im Reporting.

Natürlich bleiben bei einem Buchprojekt stets auch Punkte offen, so dass wir im vorliegenden Lehrbuch keine Vollständigkeit gewährleisten können. Daher nutzen wir in bewährter Weise am Ende jedes Kapitels weiterführende Literaturempfehlungen. Neben der Aktualisierung der Literaturliste haben wir auch Fehler der ersten Auflage korrigiert. Hier möchten wir uns bei der Vielzahl von Leserinnen und Lesern bedanken, die uns auf Fehler hingewiesen und unverständliche Passagen aufgedeckt haben.

Danksagungen

Ein besonderer Dank gilt Herrn Dr.-Ing. Thomas Leich, der uns auf eine Vielzahl von fehlerhaften Darstellungen und Formulierungen hingewiesen hat, die wir in dieser Auflage beheben konnten. Unser weiterer Dank gilt Sebastian Dorok, Alexander Grebhahn, Martin Schäler, Reimar Schröter und Thorsten Winsemann für konstruktive Beiträge zur Verbesserung des Lehrbuches.

Für die grafische Unterstützung wollen wir erneut Herrn David Broneske unseren Dank aussprechen. Letztlich muss auch das Projektmanagement für die Erstellung eines Lehrbuches unterstützt werden. Daher gilt unser Dank Herrn Ernst-Heinrich Pröfener vom mitp-Verlag für sein Engagement, uns jederzeit behilflich zu sein, und für sein Warten auf die finale Fassung dieser zweiten Auflage.

Schließlich wollen wir uns für die Unterstützung bei unseren Familien bedanken, die uns zahlreiche Stunden entbehren mussten, damit wir nur noch schnell die „kleineren" Änderungen umsetzen können.

Wir hoffen, dass die vorliegende zweite Auflage auch weiterhin für die Lehre im Masterstudium hilfreiche Dienste erweist. Zusatzmaterialien wie vorlesungsbegleitende Folien finden sie auf der entsprechenden Webseite des Buches. Alle verbleibenden Mängel gehen selbstverständlich zu Lasten der Autoren. Wir freuen uns natürlich über ihr Feedback auf der Biberbuch-Webseite.

`http://www.biberbuch.de`

Magdeburg und Ilmenau, im April 2014

Veit Köppen, Gunter Saake und Kai-Uwe Sattler

Vorwort zur 1. Auflage

Die bekannten Datenbanksysteme haben ihre Wurzeln in der Unterstützung des operativen Betriebs – kurze Buchungen, Abrechnungen oder Bestellaufnahmen sind typische Operationen auf Datenbanken. Für diesen Typ gibt es mit den relationalen Datenbanken ein weitverbreitet akzeptiertes Modell. Die Ausbildung in relationaler Datenbanktechnologie und die Nutzung der Sprache SQL hat Einzug in die Ausbildung von Fachschulen bis hin zu Universitäten gefunden – dementsprechend vielfältig und ausgereift ist die Lehrbuchauswahl zu diesem Thema.

Reporting-Anwendungen sowie analytische Anwendungen, wie die Vorbereitung und Auswertung einer Werbekampagne oder eine Warenkorbanalyse, benötigen prinzipiell die Daten der operativen Systeme, stellen aber ganz andere Anforderungen an das System. So sind historische Daten für analytische Zwecke unverzichtbar, in operativen Systemen aber eher ein Ballast. Daher hat sich das Gebiet der Data-Warehouse-Systeme als eigenständiges Entwicklungsgebiet etabliert, das eine analytische Systemunterstützung für derartige Anwendungen speziell zuschneidert. Obgleich hier oft die relationale Datenbanktechnologie genutzt werden kann, ergibt sich eine Vielzahl andersgearteter technischer Probleme und Lösungen, sodass sich ein eigenes Buch zu diesem Themenkomplex anbietet.

Lehrbücher zum Data Warehousing betrachten oft den potenziellen Nutzen und den Aufwand beim Betrieb eines Data Warehouse, sind also eher aus betriebswirtschaftlicher oder Wirtschaftsinformatiksicht geschrieben. Für technische Fragestellungen ist der Leser auf die Standardliteratur zu Datenbanken angewiesen. Diese Literatur fokussiert allerdings eher auf die Lösung der Datenhaltung in operativen Systemen. Diese Lücke in den Ausbildungsunterlagen soll das vorliegende Buch schließen. Es liegt damit aber auch in der Natur der Sache, dass ein Data-Warehouse-Buch nicht in sich abgeschlossen sein kann, sondern auf Grundlagen aus dem Datenbankbereich zurückgreift, die durch entsprechende Lehrbücher wie etwa [SSH13, SSH11] vermittelt werden. Die Autoren haben sich daher entschlossen, die Data-Warehouse-Teile aus den Biber-Büchern herauszunehmen und die dort in diesem Zusammenhang behandelten Themen in diesem Buch eigenständig und detailliert zu betrachten. Vorhandene Redundanzen in den Darstellungen dieser Bücher werden bei den nächsten Auflagen beseitigt.

Danksagungen

Buchprojekte wie dieses haben – zumindest, wenn man die Autorentätigkeit nicht als Vollzeitjob betreibt – die Eigenschaft, dass der zeitliche Aufwand meist völlig unterschätzt wird. So müssen dann immer die Familien gestresste Autoren ertragen, die „nur noch" ein Kapitel, einen Abschnitt etc. fertigstellen müssen. Natürlich wissen wir, dass dies durch Widmungen oder Danksagungen nicht ausgeglichen werden kann. Dennoch möchten wir uns an dieser Stelle bei unseren Familien für ihr Verständnis, ihre Geduld und ihren Rückhalt bedanken – ohne sie wäre dieses Buch sicher nie fertig geworden.

Das Buch basiert auf einer Vorlesung, die von den Autoren an der Universität Magdeburg und der TU Ilmenau angeboten wird. Eingeflossen sind dabei viele Ideen, Feedback und Materialien von Kollegen anderer Universitäten, die ähnliche Vorlesungen halten. Ihnen allen sei an dieser Stelle ausdrücklich gedankt, wobei wir Wolfgang Lehner, Ulf Leser und Felix Naumann besonders hervorheben möchten.

Ein außerordentlicher Dank gilt David Broneske für die Unterstützung bei Abbildungen und Beispielen. Für das Korrekturlesen bedanken wir uns bei Sebastian Bress, Ingolf Geist, Alexander Grebhahn, Julia Hawlitschek, Andreas Lübcke und Reimar Schröter. Einige der Übungsaufgaben entstammen dem in den Jahren entstandenen Fundus der beteiligten Lehrstühle, ohne dass sich die einzelnen Urheber der Aufgaben noch feststellen lassen.

Ergänzende Informationen zum Buch wie Verweise zu begleitenden Vorlesungsmaterialien und gegebenenfalls erforderliche Fehlerkorrekturen sind im Web unter folgender Adresse zu finden:

`http://www.biberbuch.de`

Magdeburg und Ilmenau, im Juli 2012

Veit Köppen, Gunter Saake und Kai-Uwe Sattler

Inhaltsverzeichnis

1

Einführung in Data-Warehouse-Systeme

Die Verwaltung großer Datenbestände ist seit vielen Jahren im Bereich der Datenbanken angesiedelt. Datenbanksysteme ermöglichen eine integrierte Speicherung sehr großer Datenbestände. Zudem können mehrere Nutzer und Anwendungen gleichzeitig auf die Daten zugreifen. Im betrieblichen Umfeld haben sich für die spezifischen Anforderungen diverse Systeme hinsichtlich der konzeptionellen Ebene, aber auch technischer Implementierungen ergeben. Hierzu zählen beispielsweise Kunden- und Adressdatenbanken, Buchhaltungssysteme, Wissensdatenbanken, Lieferanten- und Produktkataloge und Prozessdatenbanken. Häufig kann es in einem Unternehmen daher vorkommen, dass in den einzelnen Abteilungen und Fachbereichen eine Vielzahl von Systemen eingesetzt wird.

Aus der Perspektive eines zentralisierten Managements, aber auch aus bereichsübergreifenden Anforderungen heraus ergibt sich die Notwendigkeit, diese Systeme in einer Systemlandschaft zu verbinden. Im Hinblick auf einen holistischen Entscheidungsansatz, wie er im Unternehmensmanagement erfolgen soll, bedeutet dies auch die Integration, Konsolidierung und die Aufbereitung des Datenbestandes. Aufgrund der stetigen Nutzung im operativen Geschäft sind jedoch Einschränkungen unerwünscht, die aber durch die komplexen Analyseanfragen auf den Datenbestand erfolgen müssen.

Als Ausweg für die Nichtbeeinträchtigung der operativen Systeme bietet sich hier eine redundante Datenhaltung an, d.h. Daten müssen aus den operativen Quellen in ein zentralisiertes System überführt werden. Zudem sind in diesem System insbesondere Fragen der Konsistenz zu berücksichtigen. Dieses zentrale Datenlager wird als *Data Warehouse* bezeichnet. Es stellt im Unternehmen häufig den qualitativ hochwertigen Analysepunkt (*Single Version of Truth*) dar. Dies erfolgt neben der Zusammenführung der heterogenen Quelllandschaft auch durch Bereinigung und Transformationen der Daten. Das Data Warehouse ermöglicht dann komplexe Analysen, ohne das betriebliche Umfeld hinsichtlich der Datenbanken negativ zu beeinflussen. Zudem ermöglichen Optimierungen hinsichtlich der Analysen einen effizienteren Einsatz im Data Warehouse. Ziel dieses Buches ist die Vermittlung der wichtigsten Technologien für den Einsatz betrieblicher analytischer Informationssysteme, deren Grundlage das Data Warehouse legt.

1.1 Anwendungsszenario Getränkemarkt

Wir wollen uns im vorliegenden Buch einem durchgängigen Beispiel widmen, um die Probleme und Lösungen zu illustrieren. Das Szenario wird an einem fiktiven Getränkemarkt illustriert, der sich auf den Verkauf von Bier, Wein und Softdrinks spezialisiert hat. In Abbildung 1.1 ist unser Getränkemarkt schematisch abgebildet.

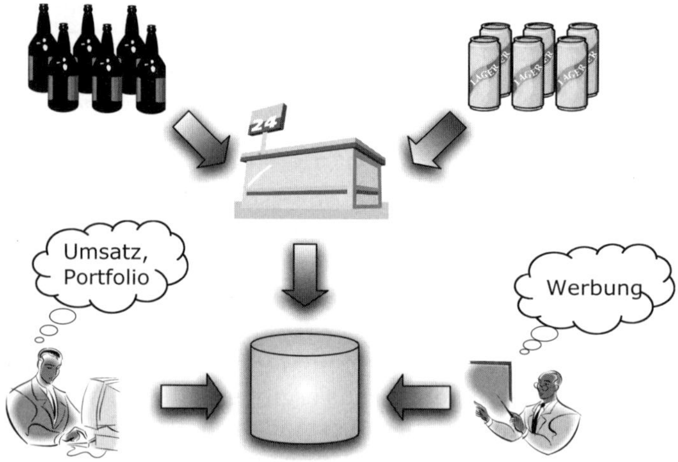

Abbildung 1.1: Szenario Getränkemarkt

Sowohl der Wein als auch das Bier werden von Lieferanten bzw. direkt von den Herstellern bezogen. Die Verkäufe im Getränkemarkt werden in einer Datenbank erfasst. Unser Getränkemarkt betreibt Filialen in verschiedenen Orten der Bundesländer Thüringen und Sachsen-Anhalt; dies ist in Abbildung 1.2 exemplarisch dargestellt.

Das Management des Getränkemarkts versucht die Gesamtunternehmensentwicklung anhand von Kennzahlen zu steuern. Zugleich werden spezia-

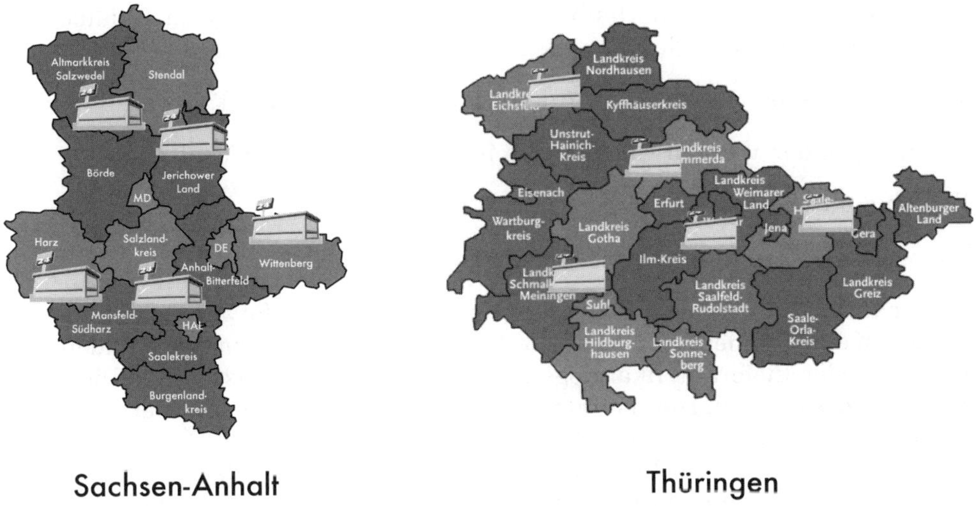

Abbildung 1.2: Szenario Getränkemarkt (Standortübersicht)

lisierte Analysen in den Fachabteilungen erforderlich. Hierzu gehört beispielsweise die Analyse des Kaufverhaltens für Marketingkampagnen.

Auf der Filialebene bzw. dem operativen Geschäft ergibt sich ein vereinfachtes Relationenschema, wie in Abbildung 1.3 dargestellt. Kunden können Produkte (Bier und Wein) kaufen. Die Lieferung der Produkte in den Getränkemarkt erfolgt durch Lieferanten. Beide Informationen werden in der Datenbank abgespeichert. Zudem wird pro Kundeneinkauf die verkaufte Menge in der Datenbank erfasst.

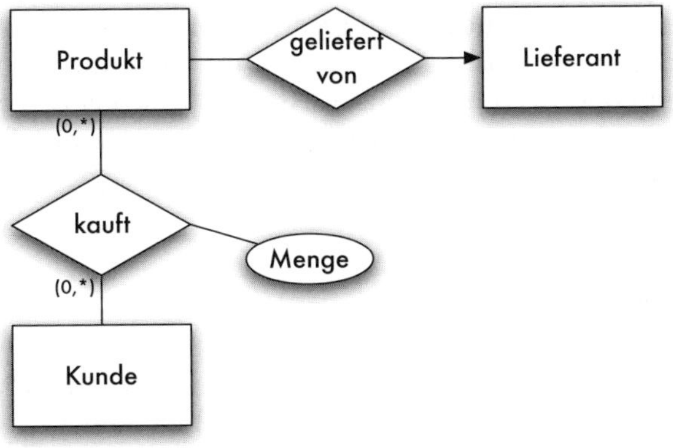

Abbildung 1.3: Datenbankschema Getränkemarkt

Typische Fragen, die innerhalb des betrieblichen Kontextes im Filialbetrieb auftreten, lauten beispielsweise:

- Wie viele Flaschen Bordeaux wurden letzten Monat verkauft?
- Wie hat sich der Verkauf von Rotwein im letzten Jahr entwickelt?
- Wer sind unsere Top-Kunden?
- Von welchem Lieferanten beziehen wir die meisten Kisten?

Zur Beantwortung dieser Fragen besteht aber auch die Notwendigkeit, externe Quellen einzubinden. So ist es erforderlich, externe Quellen wie Kundendatenbanken oder Lieferantenkataloge einzubeziehen. Zudem ist der zeitliche Bezug zu berücksichtigen. Dies ist im betrieblichen Kontext und den operativen Datenbanken jedoch meist unzureichend unterstützt.

Für Entscheidungen auf Führungsebene ist jedoch eine andere Perspektive notwendig. Hier kann nicht mehr nur allein eine einzelne Filiale betrachtet werden, sondern es müssen regionale Aspekte und ein ganzheitlicher Managementansatz in der Analyse unterstützt werden. Filialübergreifende Fragestellungen können beispielsweise lauten:

- Verkaufen wir in Ilmenau mehr Bier als in Erfurt?
- Wie viel Roséwein wurde im Sommer in ganz Thüringen verkauft?
- Sind die Verkaufszahlen von Roséwein höher als von Rotwein?

Zur Beantwortung dieser Fragen müssen die einzelnen Filialdatenbanken herangezogen werden. Als Lösungsansätze bieten sich dann einerseits *verteilte Datenbanken* an. Dies bedeutet, dass die einzelnen Datenbanken angefragt werden und eine Sicht mittels der Vereinigung der einzelnen Ergebnismengen (`UNION`) aufgebaut wird. Die resultierende Anfrageausführung ist dabei sehr aufwendig. Andererseits ist es möglich, alle Filialen auf eine *zentrale Datenbank* zugreifen zu lassen. Nachteilig ist hierbei die erhöhte Bearbeitung der Datenbankanfragen im operativen Geschäft. Als dritte Alternative hat sich der Data-Warehouse-Ansatz herausgestellt. Diesen wollen wir in den folgenden Kapiteln näher betrachten.

1.2 OLTP versus OLAP

Online Transactional Processing (kurz OLTP) wird in Datenbanken als Konzept eingesetzt, um die Anforderungen einer zentralisierten Datenhaltung zu erfüllen. Dies erfolgt ohne Zeitverzug sowohl in der Verarbeitung als auch der Verbuchung. Hierbei spielen die Anfragen ebenso wie die Datenänderungen eine wichtige Rolle. Im Bereich der operativen Datenbanken sind vor allem die Operationen **SELECT**, **INSERT**, **DELETE** und **UPDATE** im Einsatz. Dabei hat sich das Konzept der transaktionalen Anfragen unter Berücksichtigung der ACID-Eigenschaften durchgesetzt.

Für analytische Anfragen stellt dies jedoch einen unzureichenden Ansatz dar. Denn während im Bereich von OLTP oftmals kurze Transaktionen und sehr viele Nutzer und Anwender auf die Daten gleichzeitig zugreifen, sind die komplexen und lang andauernden Anfragen im Bereich der Analyse besonders häufig. Für Data-Warehouse-Systeme hat sich daher der Begriff *Online Analytical Processing* (kurz OLAP) herausgebildet. Hier stehen komplexe und lang andauernde Lesetransaktionen im Fokus und sollen durch das Data Warehouse effizient unterstützt werden.

Im betrieblichen Umfeld müssen Entscheidungen auf einer konsistenten und belastbaren Basis gründen. Daher müssen die unterschiedlichen Quellen im Data Warehouse integriert werden. Für diese *Integration* wird der *ETL*-Prozess (Extraktions-, Transformations- und Ladeprozess) genutzt. Dieser ermöglicht die Vereinigung von Daten aus verschiedenen, meist heterogenen Quellen. Dabei muss die Heterogenität auf verschiedenen Ebenen (System, Schema, Daten) überwunden werden. Für die effiziente *Analyse* müssen die Daten nicht nur für den Anwender bereitgestellt, sondern bezogen auf das Analysegebiet in die gewünschte Form transformiert werden. Dies erfordert neben der Vorauswahl geeigneter Daten unter anderem auch die Herstellung eines Zeitbezuges und die notwendigen Aggregationen hinsichtlich unterschiedlicher Eigenschaften.

1.2.1 OLAP- versus OLTP-Transaktionen

Eine typische OLTP-Transaktion ist mit dem folgenden Beispiel aus unserer im Getränkemarkt vorhandenen Kundendatenbank aufgezeigt. Hier werden aus der Relation der Kunden der Vorname und Nachname des Kunden mit der *ID 0800* gewählt.

Kunde					
ID	Nachname	Vorname	PLZ	Ort	Straße
4711	Saake	Gunter	01234	Irgendwo	Am Berg 3
42	Sattler	K.	12345	Hier	Zufahrt 18
0800	Köppen	Veit	60701	Dort	Weg 9A

```
SELECT Vorname, Nachname
FROM Kunde
WHERE ID = 0800
```

Ergebnis:

Vorname	Nachname
Veit	Köppen

Eine analytische Anfrage, die eine lang andauernde Transaktion im Sinne von OLAP darstellt, ist hingegen im folgenden Beispiel dargestellt. Dabei wird der durchschnittliche Umsatz für die Jahre, Artikel und Verkaufsgebiete angefragt. Aufgrund der Komplexität müssen mehrere Joins durchgeführt werden. Die einzelnen Gruppierungselemente werden im Kontext des Data Warehouse als Dimensionen bezeichnet, und die Kennzahlen, die zur Analyse und Entscheidungsfindung herangezogen werden, heißen Fakten. Das multidimensionale Schema wird in Kapitel 3 näher behandelt.

```
SELECT DISTINCT ROW  Zeit.Dimension AS Jahr,
                     Produkt.Dimension AS Artikel,
                     AVG(Fact.Umsatz) AS Umsatzdurchschnitt,
                     Ort.Dimension AS Verkaufsgebiet

FROM (Produktgruppe INNER JOIN Produkt ON Produktgruppe.
      [Gruppen-Nr] = Produkt.[Gruppen-ID]) INNER JOIN
      ((((Produkt INNER JOIN [Fact.Umsatz] ON Produkt.[Artikel-Nr]
      = [Fact.Umsatz].[Artikel-Nr]) INNER JOIN Order ON
      [Fact.Umsatz].[Bestell-Nr]= Order.[Order-ID]) INNER JOIN
      Zeit.Dimension ON Orders.[Order-ID] =
      Zeit.Dimension.[Order-ID]) INNER JOIN Ort.Dimension ON
      Order.[Order-ID] = Ort.Dimension.[Order-ID]) ON
      Produktgruppe.[Gruppen-Nr] = Produkt.[Gruppen-ID]

GROUP BY Produkt.Dimension.Gruppenname, Ort.Dimension.Bundesland,
         Zeit.Dimension.Jahr;
```

Durch die beiden exemplarischen Anfragen in den unterschiedlichen Systemumgebungen wird deutlich, dass eine unterschiedliche Funktionalität und Ausrichtung in beiden Systemwelten vorliegt. Wir wollen im Folgenden die wichtigsten Unterschiede zwischen den operativen Datenbanksystemen, die auf OLTP-Basis arbeiten, und den für die Analyse ausgerichteten Data-Warehouse-Systemen kennenlernen.

1.2.2 Vergleich von OLTP und OLAP

In klassischen operativen Informationssystemen ist das Online Transactional Processing vorherrschend. Hier werden große Datenbestände sowohl erfasst als auch verwaltet. Eine Verarbeitung der Daten erfolgt dabei unter Verantwortung der jeweiligen Abteilung. Die transaktionale Verarbeitung bedeutet, dass kurze Lese-/ Schreibzugriffe auf einigen wenigen Datensätzen stattfinden. Im Gegensatz dazu wird im Data Warehouse mit dem Online Analytical Processing die Analyse auf dem Datenbestand in den Vordergrund gestellt. Dies bedeutet viele lange Lesetransaktionen auf vielen Datensätzen. Zudem soll das Data

	OLTP	OLAP
Fokus	Lesen, Schreiben, Modifizieren, Löschen	Lesen, periodisches Hinzufügen
Transaktionsdauer und -typ	kurze Lese-/Schreibtransaktionen	lange Lesetransaktionen
Anfragestruktur	einfach strukturiert	komplex
Datenvolumen einer Anfrage	wenige Datensätze	viele Datensätze
Datenmodell	anfrageflexibel	analysebezogen
Datenquellen	meist eine	mehrere
Eigenschaften	nicht abgeleitet, zeitaktuell, autonom, dynamisch	abgeleitet/konsolidiert, historisiert, integriert, stabil
Datenvolumen	MByte ... GByte	GByte ... TByte ... PByte
Zugriffe	Einzeltupelzugriff	Tabellenzugriff (spaltenweise)
Anwendertyp	Ein-/Ausgabe durch Angestellte oder Applikationssoftware	Manager, Controller, Analyst
Anwenderzahl	sehr viele	wenige (bis einige Hundert)
Antwortzeit	msecs ... secs	secs ... min

Tabelle 1.1: Vergleich von OLTP und OLAP nach [BG04]

Warehouse als Entscheidungsunterstützungssystem dienen und muss daher eine Integration, Konsolidierung und Aggregation der Daten gewährleisten.

In Tabelle 1.1 haben wir die wichtigsten Punkte hinsichtlich der Unterschiede zwischen OLTP und OLAP aufgeführt. Dies erfolgt in Anlehnung an [BG04]. An dieser Stelle unterscheiden wir die Anfragen, die Daten und die Anwender.

Bei Betrachtung der aufgeführten Eigenschaften wird ersichtlich, dass es aufgrund der großen Unterschiede notwendig ist, sowohl das Data Warehouse als eigenständiges System zu betreiben als auch innerhalb dieses Systems Technologien einzusetzen, die sich von Datenbanktechnologien teilweise stark unterscheiden. Nur so ist es möglich, den Anforderungen der Anwender gerecht zu werden und eine effiziente Analyseplattform bereitzustellen.

1.2.3 Abgrenzung: DBMS-Techniken

Auch im Datenbankkontext gibt es teilweise ähnliche Anforderungen. Die Entwicklung spezieller Techniken und die Weiterentwicklung im Datenbankbereich führen jedoch häufig zu einer notwendigen gekoppelten Betrachtung von Datenbankforschung und Data-Warehouse- bzw. Business-Intelligence-

Forschung. Wir wollen uns in diesem Buch insbesondere der relationalen Umsetzung des Data Warehouse widmen. Somit sind Techniken aus dem Datenbankbereich einfacher transferierbar.

Das Konzept der parallelen Datenbanken ist eine Technik zur Realisierung eines Data Warehouse. Hier werden Multiprozessoren eingesetzt, um die Verarbeitung der Daten effizient zu gestalten. Dadurch werden Transaktionen und Queries schneller bearbeitet.

Verteilte Datenbanken hingegen nutzen in der Regel keine redundante Datenhaltung. Die Verteilung des Datenbestandes in diesem Konzept erfolgt maßgeblich zur Lastverteilung. Zudem wird in verteilten Datenbanken keine inhaltliche, d.h. auf Analysezwecke ausgerichtete Integration und Aggregation vorgenommen.

Bei *föderierten Datenbanken* ist eine höhere Autonomie gegeben. Damit geht eine größere Heterogenität einher. Auch in diesem Fall ist der Analysezweck weder spezifiziert noch steht er im Kontext. Außerdem werden föderierte Datenbanken eingesetzt, ohne eine spezielle Optimierung hinsichtlich des Lesezugriffs zu implementieren.

Mit der Entwicklung von *In-Memory-Datenbanken* und dem kostengünstigen Einsatz von Hauptspeichern ergeben sich nicht nur für die analytischen Aufgaben zahlreiche Effizienzsteigerungen, sondern dies führt ebenfalls zu einer Zusammenführung von operativen Datenbanken und dem Data Warehouse. Hierbei zeigt die SAP-Sanssouci-DB [PZ12] ein mögliches Konzept, wie ein holistischer Ansatz funktionieren könnte. Für eine Betrachtung von Hauptspeicherdatenbanken siehe auch Abschnitt 6.4.

1.3 Charakteristika und Begriffe

Die wichtigsten Begriffe wollen wir hier kurz vorstellen. Eine Vertiefung erfolgt dann in den entsprechenden weiterführenden Kapiteln.

Der Begriff des Data Warehouse geht auf W. H. Inmon aus dem Jahr 1996 zurück. Er definiert:

> A *Data Warehouse* is a **subject-oriented**, **integrated**, **non-volatile**, and **time variant** collection of data in support of managements decisions. [Inm96]

Data Warehouse (DW) bezeichnet nach Inmon also eine *themenorientierte*, *integrierte*, *zeitbezogene* und *dauerhafte* Sammlung von Informationen zur *Entscheidungsunterstützung*. Die Themenorientierung bzw. Fachorientierung wird dabei verstanden als Unterstützung bereichsübergreifender Auswertungsmöglichkeiten für unterschiedliche Domänen. So erfolgt im Data Warehouse eine zentralisierte Bereitstellung der Daten über Geschäftsobjekte (Themen). Die integrierte Datenbasis ermöglicht die Verarbeitung von Daten aus mehreren verschiedenen (internen und externen) Datenquellen, z.B. operationalen DB oder dem Web. Die Datenbasis selbst ist hierbei nicht-flüchtig, d.h. sie ist über die Zeit stabil und persistent. Daten innerhalb des Data Warehouse werden somit im Normalfall nicht mehr gelöscht oder verändert. Zudem sind die Daten im Data Warehouse zeitbezogen. So sind Zeitreihenanalysen möglich, also der Vergleich der Daten über zeitliche Aspekte. Auch wird im Kontext des Data Warehouse von einem Historisierungskonzept der Daten gesprochen, die Daten werden über einen längeren Zeitraum gesammelt und gespeichert.

Unter *Data Warehousing* verstehen wir den Data-Warehouse-Prozess, d.h. alle Schritte von der Datenbeschaffung (Extraktion, Transformation, Laden) über die Speicherung bis hin zur Analyse. Die Daten im Data Warehouse sind multidimensional und werden in einem Datenwürfel zusammengeführt. Dieser Datenwürfel stellt dabei ein mehrdimensionales Konstrukt zur Datendarstellung dar. Die Informationen zum Datenzugriff werden als *Dimension* bezeichnet und die Daten selbst als *Kennzahlen*. Es ist aber auch oft notwendig, anwendungsspezifische Analysedaten zu erstellen. Diese spezifische Sicht auf den Datenwürfel wird als *Data Mart* bezeichnet und erfolgt durch Kopieren der notwendigen Daten aus dem Datenwürfel bzw. Transformationen dieser Daten. Die explorative und interaktive Analyse auf Basis des konzeptionellen Datenmodells wird als Online Analytical Processing (OLAP) bezeichnet. Das Schlagwort *Business Intelligence* umspannt die Aktivitäten im Data Warehouse und zielt zudem auf die Managementunterstützung hin. Somit besteht Business Intelligence aus dem Data Warehousing, Reportingaktivitäten für das Management und Analysen zur Wissensentdeckung aus den Data-Warehouse-Daten. Dies beinhaltet ebenfalls die automatisierte Erstellung von Berichten in Unternehmen.

1.4 Big Data und Data Warehousing

Seit ca. 2010 hat sich das Thema „Big Data“ zu einem großen Trend entwickelt. Big Data ist zunächst ein eher unscharfer Begriff, der Datensammlungen bezeichnet, die für klassische Techniken der Datenverarbeitung zu groß sind, so dass neue Techniken benötigt werden. Allerdings gibt es hier keine konkrete Größenangabe – je nach Bedarf fallen unter „Big Data“ Datenmengen im Bereich von Terabyte bis Exabyte. Ein wesentlicher Faktor für das Interesse an Big Data bildet die massive Zunahme an (maschinell) erzeugten Daten, die von Sensoren, Kameras, Mobilgeräten etc. produziert werden. Dies betrifft nicht nur Geschäftsprozesse und unser tägliches Leben, sondern auch den Finanzbereich (z.B. Börsentransaktionen), Telekommunikationssysteme (z.B. Verbindungsdaten), die Energieversorgung (z.B. Smart Metering) und natürlich den Bereich der Naturwissenschaften, Astronomie, Klima- und Umweltforschung.

So hat Jim Gray in [HTT09] ein „viertes Paradigma" der Wissenschaften formuliert, wonach nach der empirischen Forschung durch Beobachtung, den theoretischen Wissenschaften mit mathematischen Modellen, dem wissenschaftlichen Rechnen (Computational Sciences) mit (numerischen) Simulationen ein neuer Trend zu datenintensiven Naturwissenschaften zu erkennen ist. Hierbei liegt der Schwerpunkt auf der Analyse großer Datenbestände wie etwa Klima-, Satelliten- oder Teleskopdaten. Aber auch für Unternehmen und Behörden eröffnen sich durch die Nutzung und Auswertung großer Datenbestände neue Möglichkeiten, etwa durch die Analyse von Nutzerverhalten, Bewegungs- oder Verbrauchsdaten. Einige Beispiele aus der jüngeren Vergangenheit haben aber auch die Probleme und Gefahren von Big Data aufgezeigt. Neben Fragen des Datenschutzes ist auch zu berücksichtigen, dass mehr Daten nicht gleichzeitig bessere Daten bedeuten.

Big Data wird in Anlehnung an eine Studie der META Group [Lan01] oft auch durch die 3V beschrieben: Neben dem naheliegenden *Volume* zählen dazu noch *Variety*, um auszudrücken, dass strukturierte sowie unstrukturierte Daten, Texte und sogar Bilder und Videos zu verarbeiten sind, sowie *Velocity* zur Charakterisierung des Wechsels von einer Batch- zur Echtzeitverarbeitung.

Klassische relationale Datenbanksysteme und damit auch Data-Warehouse-Systeme können diese Anforderungen offensichtlich nicht vollständig erfüllen. Daher wurden für die Verarbeitung von Big Data eine Reihe neuer Technologien entwickelt. Beispiele hierfür sind Systeme wie Apache Hadoop auf Basis des MapReduce-Paradigmas zur verteilten (datenparallelen) Verarbeitung großer Datenmengen in großen Rechenclustern von hunderten oder mehr Knoten. Auch einige NoSQL-Systeme, die auf die strenge relationale Strukturierung, leistungsfähige Anfrageoperatoren und häufig auch strikte Konsistenzgarantien zugunsten einer besseren horizontalen Skalierung über viele Knoten hinweg verzichten, werden unter Big-Data-Technologien eingeordnet. Beispiele hierfür sind der Amazon-Dienst DynamoDB, Google's Spanner sowie Systeme wie Cassandra, MongoDB oder CouchDB.

Allerdings ist die Grenze zwischen Big Data und Data Warehousing fließend. So existieren durchaus Data-Warehouse-Installationen, die Datenmengen im Petabyte-Bereich verwalten sowie Text- und Bilddaten integrieren können. Auch das Problem der Analyse in „Echtzeit" wird beispielsweise durch In-Memory-Techniken adressiert. Schließlich haben einige DBMS-Hersteller inzwischen auch MapReduce in ihre SQL-Systeme integriert, so dass ETL- und Analyseprozesse in MapReduce-Programmen formuliert werden und somit externe Daten auf einfache Weise integriert werden können. Ein Beispiel hierfür ist u.a. TeraData Aster.

Eines der wesentlichen Unterscheidungsmerkmale ist jedoch, dass ein Data Warehouse eine integrierte, dauerhafte Datenbasis für Reports und Analysen bildet und somit auch sorgfältige Planung, Entwurf und Betrieb erfordert. Demgegenüber sind MapReduce-Technologien wie Hadoop auf die

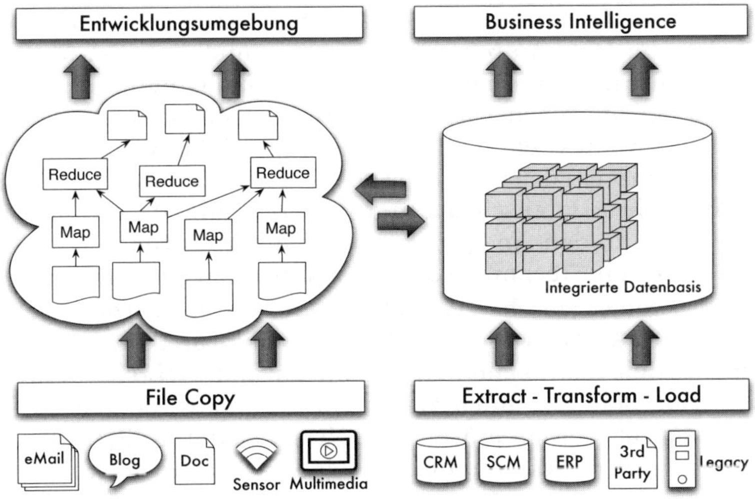

Abbildung 1.4: Anwendungsszenarien Big Data und Data Warehouse

Analyse von schwach oder wenig strukturierten Datenmengen ausgerichtet: Anstelle umfassender Datenmodellierung werden Datenextraktions- und -transformationsschritte implementiert. So bieten sich derartige Techniken als Ergänzung von Data Warehousing z.B. für die Implementierung von ETL-Prozessen oder die Analyse nicht-integrierter Datenbestände an.

1.5 Aufbau des Buches

Im vorliegenden Buch wollen wir uns Techniken des Data Warehouse in acht Kapiteln widmen. Hierzu können die Kapitel zwar einzeln gelesen werden, wir empfehlen jedoch, der Struktur des Buches zu folgen.

Im Kapitel 2 widmen wir uns den Fragestellungen der *Architektur* eines Data Warehouse. Hierbei wollen wir unter anderem die Anforderungen analytischer Informationssysteme betrachten und den damit einhergehenden Datenfluss innerhalb des Data-Warehouse-Systems vorstellen. Dies führt uns zu einer Referenzarchitektur. Darüber hinaus diskutieren wir auch noch weitere Architekturen.

In Kapitel 3 stellen wir das dem Data Warehouse zugrunde liegende *multidimensionale Datenmodell* vor. Dabei gehen wir auf die wichtigsten Konzepte ein, die den Datenwürfel repräsentieren. Zudem zeigen wir, wie eine Umsetzung des multidimensionalen Datenmodells in relationalen Datenbanken möglich ist.

Der *Extraktions-, Transformations- und Ladeprozess* (ETL) führt die heterogenen Quellen im Data Warehouse zusammen und steht im Mittelpunkt von Kapitel 4. Da für die Entscheidungsgrundlage die Qualität der Daten eine wichtige Rolle spielt, gehen wir auf wichtige Daten- und Schemaaspekte im Data-Warehouse-Kontext ein. Zudem gehen wir auf die typischen Aufgaben hinsichtlich der Extraktion der Daten aus den Quellen ein. Die Transformation stellt ein ganzheitliches Datenschema und vorbereitende Maßnahmen für die Analysezwecke her. Um den Analyseprozess zu unterstützen, bieten sich für Data Warehouse spezielle Techniken an, die Daten effizient zu laden.

Das Kapitel 5 zeigt typische *Data-Warehouse-Anfragen*. Dabei gehen wir auf die typischen OLAP-Operationen (Online Analytical Processing) im Datenwürfel ein. Bei den relationalen Umsetzungen und SQL-Unterstützungen stellen wir den Star-Join vor. Auch die im SQL-Standard definierten Operationen `CUBE` und `ROLLUP` werden präsentiert. Neben weiteren SQL:2003 OLAP-Funktionen gehen wir auf die multidimensionalen Ausdrücke von Microsoft (MDX) ein.

Wie der Datenwürfel *gespeichert* werden kann, ist Gegenstand von Kapitel 6. Dabei stellen wir sowohl die relationale Umsetzung wie auch die Speicherung in multidimensionalen Datenbanken vor. Fragen der Partitionierung des großen Data-Warehouse-Datenbestandes sowie Speicherungen für einen optimierten Datenzugriff werden in diesem Kapitel ebenfalls beantwortet. Neuen Trends im Bereich der Hauptspeicherbanken und ihren Einfluss auf das Data Warehouse widmen wir uns ebenfalls.

Ein effizienter Datenzugriff kann ebenfalls über *Indexstrukturen* erfolgen. Daher stehen diese im Mittelpunkt von Kapitel 7. Bereits in Datenbanken werden Indexstrukturen häufig genutzt. Diese sind jedoch zumeist eindimensional und somit für die analytischen Anfragen im Data Warehouse überwiegend ungeeignet. Aufgrund ihrer weitgehenden und effizienten Implementierung sind sie aber ein guter Ausgangspunkt, insbesondere der B-Baum. Für Daten mit wenigen Attributausprägungen stellen Bitmap-Indexstrukturen eine geeignete und effiziente Zugriffsstruktur dar. Außerdem stellen wir typische Vertreter der mehrdimensionalen Indexstrukturen vor und gehen auf Hierarchien ein.

In Kapitel 8 gehen wir auf die Anfrageverarbeitung im Data Warehouse ein. Hierzu gehört auch die Anfrageplanung inklusive der Star-Join-Optimierung. Auch die Berechnung des `CUBE`-Operators wird in diesem Kapitel adressiert. Außerdem stellen wir das Konzept der materialisierten Sichten im Data Warehouse-Konzept vor.

Im letzten Kapitel widmen wir uns typischen Anwendungsfällen. Diese werden unter dem Begriff *Business Intelligence* zusammengefasst. Die Hauptaufgabe im Data Warehousing ist die Erstellung von Berichten. Daher widmet sich Kapitel 9 auch dem Reporting. Häufig müssen aber auch Muster in den Daten erkannt werden, die für die Entscheidungsfindung herangezogen werden. Der Wissensentdeckungsprozess und insbesondere Data Mining sind typische Analysen auf Data-Warehouse-Datenbeständen. In Abhängigkeit des Fachgebietes kommen dabei Untersuchungen wie Warenkorbanalyse, Kundensegmentierungen, Klassifikationen oder Prognosen vor.

1.6 Vertiefende Literatur

Der Begriff des Data Warehouse wurde von Inmon in den 90er Jahren geprägt [Inm92]. Bereits 1988 hatten Devlin und Murphy aufgrund der fortschreitenden Entwicklungen einen Information-Warehouse-Ansatz vorgestellt [DM88]. Kimball gibt einen praxisnahen Einblick in den Aufbau und die Nutzung von Data-Warehouse-Systemen [Kim08]. Auch die anderen Bücher von Kimball sind empfehlenswert, z.B. [KR02]. Kimball wird vor allem als Vater der Data Marts angesehen, während Inmon als treibende Kraft für das Data Warehouse gilt. Obwohl auch die Veröffentlichung des Buchs von Devlin [Dev96] shon einige Jahre her ist, sind viele der dortigen Konzepte für das Data Warehouse auch heute noch relevant.

Im deutschsprachigen Raum eignen sich für einen Überblick die Werke von Bauer und Günzel [BG04], Lehner [Leh03] und Chamoni und Gluchowski [CG10]. Zusätzlich empfiehlt sich für die Einbettung in den Themenbereich Business Intelligence das Lehrbuch von Kemper et al. [KBM10].

Da wir uns insbesondere der relationalen Umsetzung von Data-Warehouse-Systemen widmen, sind Kenntnisse im Bereich der Implementierung von relationalen Datenbanken notwendig. Ein Überblick hierzu findet sich beispielsweise in Saake, Sattler und Heuer [SSH11] und in [SSH13].

Herausforderungen des Data Warehousing stellt Widom [Wid95] übersichtlich dar. Chaudhuri und Dayal [CD97] geben einen Überblick unter anderem zu OLAP-Technologien.

1.7 Übungen

Übung 1-1 Erläutern Sie die konzeptionellen Unterschiede zwischen transaktionsbasierten Datenbanken (OLTP) und Data-Warehouse-Technologien (OLAP). Erklären Sie dazu den Begriff einer Transaktion.

Übung 1-2 Definieren Sie die Begriffe Data Warehouse, verteilte und föderierte Datenbanken und grenzen Sie die Systeme von einander ab. Wie sind in diesem Zusammenhang Data Marts einzuordnen?

Übung 1-3 Was ist unter Dimensionen und Fakten und Kennzahlen im Zusammenhang mit Data Warehouse zu verstehen? Geben Sie ein selbstgewähltes Beispiel.

Übung 1-4 Informieren Sie sich über das Benchmarking von Datenbanken. Welche Benchmarks gibt es? Gehen Sie besonders auf die TPC-H Benchmarks ein. Informationen hierzu finden Sie beispielsweise unter `http://tpc.org/`.

Übung 1-5 Verschaffen Sie sich einen Überblick über Data-Warehouse- und NoSQL-Systeme. Wodurch grenzen sich die Hersteller von der jeweiligen anderen Domäne ab?

2

Architektur

Der Betrieb eines Data Warehouse zur Unterstützung von Analysen erfordert ein ganze Reihe von Software-Komponenten, die geeignet zusammenspielen müssen. Wir bezeichnen mit dem *Data-Warehouse-System* (kurz *DW-System*) die Gesamtheit dieser Komponenten.

Die Komplexität und Vielzahl der Komponenten erschweren den Aufbau und den Betrieb von DW-Systemen. Um diese Komplexität beherrschbar zu halten, wird eine Referenzarchitektur genutzt, die wir in diesem Kapitel einführen. Eine Referenzarchitektur ist keine strenge Vorgabe, wie ein Data-Warehouse-System aufgebaut werden muss, sondern dient als Referenz zur Verbesserung der Kommunikation über den Aufbau und zur Erhöhung der Verständlichkeit derartiger Systeme.

2.1 Anforderungen

Nach einer kurzen Wiederholung der Grundcharakteristika von Data-Warehouse-Anwendungen und DW-Systemen werden wir in diesem Abschnitt die Anforderungen an eine Referenzarchitektur diskutieren.

2.1.1 Grobe Übersicht über Data-Warehouse-Systeme

Eine grobe Übersicht zur Einordnung von Data Warehouse und OLAP wird in Abbildung 2.1 skizziert. Die Abbildung ist angelehnt an die Diskussion im Überblicksartikel von Chaudhuri und Dayal [CD97].

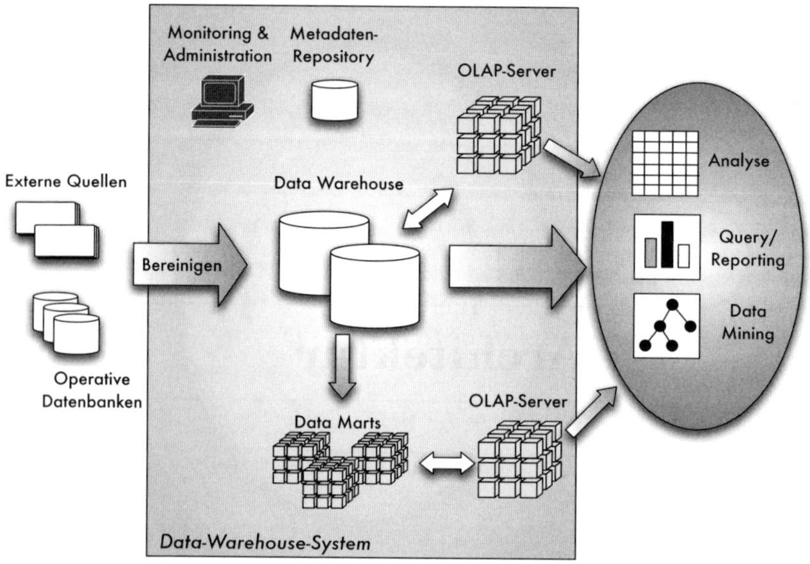

Abbildung 2.1: Grobe Übersicht über Data Warehouse und OLAP

Abbildung 2.1 zeigt, dass ein Data Warehouse aus verschiedenen operativen Datenbanken (also Datenbanken, die im laufenden Betrieb Transaktionen durchführen) befüllt wird. Die Daten müssen extrahiert, transformiert und bereinigt werden. Dabei werden neben Datenbanken auch andere Datenquellen, etwa Informationen aus dem WWW, genutzt. Der Prozess des „Bereinigens" ist notwendig, da die Daten aus verschiedenen Quellen kommen und zu einer konsistenten Sicht vereinigt werden müssen. Er wird auch als *Data Cleaning* bezeichnet. Da das vollständige Füllen des Data Warehouse ein aufwendiger Prozess ist, der nicht im normalen Transaktionsbetrieb synchron erfolgen und daher nur selten stattfinden kann, müssen die dortigen Daten geeignet aktualisiert werden (engl. *refresh*).

OLAP-Systeme bauen (in der Regel in einer Client-Server-Architektur) auf dem Gesamtbestand des Data Warehouse auf. Die OLAP-Server werden in der Abbildung durch die großen Würfel symbolisiert.

Ein weiterer, mit diesem Ansatz verbundener Begriff ist das Konzept der *Data Marts* (engl. *mart* heißt „Markt" oder „Auktionsraum"). In der Datenbank-Terminologie handelt es sich dabei um (materialisierte) Sichten auf ein Data Warehouse, die aus Effizienzgründen oft auf einem separaten System verwaltet werden.

2.1.2 Anforderungen an die Architektur

Aus den bisherigen Ausführungen über Data-Warehouse-Systeme ergeben sich einige Anforderungen an die Architektur von Data-Warehouse-Systemen, die sich primär aus den eher pragmatischen Anforderungen eines effizienten und kostengünstigen Betriebs ergeben:

- *Unabhängigkeit zwischen Datenquellen und Analysesystemen*

  Die Datenquellen müssen trotz etwaiger Analysen verfügbar bleiben, und eine Belastungssteigerung der Quellen muss so weit wie möglich eingegrenzt werden. Laufende Änderungen dürfen nicht durch die Analysekomponente behindert werden.

- *Dauerhafte Bereitstellung integrierter und abgeleiteter Daten (Persistenz)*

  Analysen dürfen nicht von der aktuellen Verfügbarkeit der Datenquellen abhängen.

- *Mehrfachverwendbarkeit der bereitgestellten Daten*

  Der Aufwand der Erstellung eines integrierten und bereinigten Datenbestandes ist sehr hoch. Eine Verwendung für mehrere Analysezwecke bzw. Analysewerkzeuge hilft, diesen Aufwand zu rechtfertigen.

- *Durchführung prinzipiell beliebiger Auswertungen*

  Analyseszenarien verändern sich. Da Vorhersagen über zukünftige Analysen unmöglich sind, muss eine Architektur eine generische Auswertungskomponente analog der bekannten universellen Anfrageschnittstellen von Datenbanksystemen vorsehen.

Neben diesen sehr allgemeinen Anforderungen ergeben sich einige konkretere Anforderungen an den Betrieb eines Data-Warehouse-Systems, die sich aus typischen Analyseaufgaben ableiten:

- *Unterstützung individueller Sichten*

  Unterschiedliche Analysen haben unterschiedliche Anforderungen an die zugrunde liegenden Daten. Dies kann beispielsweise ein unterschiedlicher Zeithorizont oder eine unterschiedliche Zeitgranularität sein. Auch die Struktur und Auswahl der Daten kann unterschiedlich sein. Das bekannte Sichtenkonzept relationaler Datenbanken muss daher auf die Analysedatenbasis übertragen werden.

- *Erweiterbarkeit*

  Das Gesamtsystem muss einfach erweiterbar sein. Die Integration neuer Quellen muss beispielsweise ohne größeren Aufwand oder gar Neuprogrammierung anderer Komponenten möglich sein.

- *Automatisierung der Abläufe*

  Insbesondere das Einspielen neuer Daten, deren Transformation und Bereinigung ist ein ständig wiederkehrender Ablauf. Eine händische Steuerung derartiger Abläufe ist nicht nur teuer, sondern auch sehr fehleranfällig.

- *Eindeutigkeit über Datenstrukturen, Zugriffsberechtigungen und Prozesse*

  Analysen sind geschäftskritisch. Um Geschäftsentscheidungen auf Basis derartiger Analysen zu ermöglichen (und sie bewerten zu können), muss die Herkunft und Verarbeitung aller Daten offengelegt sein. Die Nachvollziehbarkeit von Entscheidungen auf Basis von Analysen erfordert eine vollständige Dokumentation und Offenlegung.

Als letzte Anforderung muss das Gesamtsystem am *Zweck der Datenanalyse* ausgelegt sein. Mit anderen Worten, wir sind hier nicht an Systemen interessiert, die beliebige Datenverarbeitung unterstützen, sondern an Systemen, die speziell auf die Datenanalyse zur Entscheidungsunterstützung ausgerichtet sind.

2.1.3 Die 12 OLAP-Regeln nach Codd

OLAP (*Online Analytical Processing*) ist das Paradigma der Data-Warehouse-Systeme. Bereits 1993 hat *Codd*, bekannt für seine Anforderungsregeln an relationale Datenbanksysteme [Cod82, SSH13], ebenfalls einen Anforderungskatalog von 12 Regeln für OLAP veröffentlicht [CCS93].

1. *Multidimensionale Sicht*

   Konzeptionell basiert die Analyse auf der Aggregation und Gruppierung von Kennzahlen in unterschiedlichen Kontexten, den Dimensionen. Diese multidimensionale Sicht muss im Data-Warehouse-System konzeptionell realisiert werden.

2. *Transparenz*

   Der Nutzer benötigt keine Kenntnisse der tatsächlichen Implementierungsentscheidungen und der verwendeten Datenstrukturen. Diese Forderung entspricht der physischen Datenunabhängigkeit in relationalen Datenbankmanagementsystemen (RDBMS).

3. *OLAP-Zugriffe*

   Die Zugriffsschnittstelle ist für den Zweck der OLAP-Analysen zugeschnitten und unterstützt diese adäquat. Sie hängt nicht vom internen logischen Datenmodell ab. Diese Forderung korrespondiert mit der logischen Datenunabhängigkeit in RDBMS.

4. *Performanz*

   Die Leistung des Data-Warehouse-Systems ist unempfindlich gegenüber der Anzahl der Dimensionen.

5. *Skalierbarkeit*

   Moderne Architekturen der verteilten Datenhaltung können genutzt werden, um die Skalierbarkeit bei sehr großen Datenmengen zu bewahren.

6. *Generische Dimensionalität*

   Unterschiedliche Dimensionen werden gleich behandelt und organisiert.

7. *Dünnbesetzte Strukturen*

   Das Data-Warehouse-System muss die dynamische Handhabung dünnbesetzter multidimensionaler Strukturen effizient unterstützen. Dünnbesetzte Würfel entstehen, wenn viele Positionen mit einem Nullwert oder der Zahl Null belegt werden, da ja beispielsweise nicht alle Waren an allen Tagen in jeder Filiale auch tatsächlich verkauft oder bestellt werden.

8. *Mehrbenutzerbetrieb*

   Das Data-Warehouse-System muss im Mehrbenutzerbetrieb ohne Konflikte einsetzbar sein.

9. *Uneingeschränkte Operationen*

   Die dem Datenwürfelmodell zugehörigen Operationen wie Crosstab (siehe z.B. [GBLP96]) sind uneingeschränkt zu unterstützen.

10. *Intuitive Benutzeroberfläche*

    Die Benutzungsoberflächlich soll intuitiv und an den Zweck und den Modellen der Analyse angepasst sein. Insbesondere muss eine Navigation entlang der Dimensionshierarchien unterstützt werden.

11. *Flexibles Reporting*

    Beliebige tabellarische, aber auch zwei- oder mehrdimensionale Reports müssen frei konfigurierbar sein.

12. *Beliebig viele Dimensionen und Aggregationsebenen*

    Es sollten keine Einschränkungen in der Anzahl der Dimensionen oder der Tiefe der Dimensionshierarchien vorliegen. Praktisch müssen mindestens 20 Dimensionen und eine Tiefe größer 10 möglich sein.

Diese Kriterien sind nicht unumstritten, zumal sie von einem der „Päpste“ der relationalen Datenbankforschung kommen, dem man Voreingenommenheit unterstellen könnte. Codd hat diese Regeln später ergänzt. Die ergänzten Regeln umfassen die folgenden sechs Punkte:

1. *Datenintegration*

   OLAP-Anwendungen bedürfen in der Regel der Integration von Daten aus unterschiedlichen Datenquellen. Ein OLAP-Werkzeug muss einen transparenten Zugriff auf derartige Daten ermöglichen.

2. *Unterstützung unterschiedlicher Analysemodelle*

   in der Entscheidungsunterstützung durch OLAP sind unterschiedliche Analysemodelle in der Diskussion. Gefordert wird, dass OLAP-Anwendungen die folgenden vier Analysemodelle unterstützen:

   - Das *kategorisches Modell* dient der Beschreibung des Ist-Zustands im Vergleich mit den historischen Daten. Es erfolgt eine reine Bestandsaufnahme.
   - Das *exegetische Modell* ermittelt die Ursachen für den aktuellen Zustand. Hierzu werden die Schritte nachvollzogen, die zur aktuellen Situation führen.
   - Das *kontemplative Modell* realisiert Simulationen für vorgegebene Werte beziehungsweise Abweichungen innerhalb einer Dimension oder Dimensionskombination.
   - Das *formelbasierte Modell* schließlich dient der Planung: Für vorgegebene Anfangs- und Endzustände wird mittels Simulationen ermittelt, welche Kenngrößen geändert werden müssen, um das angestrebte Ergebnis zu erhalten.

   Diese vier Analysemodelle unterscheiden sich im Grad der Dynamik (zunehmend in der gegebenen Reihenfolge) und dem Grad der Unterstützung durch aktuelle Systeme (abnehmend).

3. *Trennung der operativen Daten von den Analysedaten*

   Analytische Daten müssen aufbereitet werden, um fehlerhafte oder unvollständige Daten zu behandeln. Derartige Daten müssen bereinigt werden, um die Validität statistischer Analysen nicht zu gefährden. Gleichzeitig dürfen die Originaldaten der operativen Systeme nicht korrumpiert werden.

4. *Trennung der Speicherorte*

   Die Speicherung der OLAP Daten sollte von den operationalen Daten getrennt erfolgen. Eine derartige Trennung erlaubt die Datenänderung um Zwecke der qualitativen Aufbereitung der analytischen Daten und erlaubt eine spezielle performante Organisation der Daten.

5. *Unterscheidung zwischen Null- und Fehlerwerten*

   Im Datenwürfel gibt es leere Felder mit der Bedeutung *unbekannt* oder *Kennzahl nicht erhoben*. Diese müssen auch konzeptionell unterschieden werden von einem Wert 0 (kein Umsatz an dem Tag) beziehungsweise der leeren Zeichenkette. Diese Diskussion ist aus den relationalen Datenbanken und der Sprache SQL bekannt, in denen explizit die sogenannten *Nullwerte* eingeführt worden [SSH13].

6. *Behandlung von fehlenden Werten*

   Leere Felder im Datenwürfel müssen zur Speicherplatzoptimierung genutzt werden können (effiziente Abspeicherung dünnbesetzter Datenwürfel).

Auch diese ergänzten Regeln sind nicht unumstritten, da sie zum Teil Implementierungs- und Optimierungsentscheidungen in den Rang von allgemeinen Regeln heben.

2.1.4 Die FASMI-Anforderungen

Deutlich prägnanter als Codd wurden Anforderung von Pendse und Creeth in den FASMI-Kriterien zusammengefasst [Pen95]. FASMI steht dabei für *Fast Analysis on Shared Multidimensional Information*. Im Einzelnen werden dabei die folgenden fünf Forderungen an den Betrieb von Data-Warehouse-Systemen gestellt:

- ***F**ast: kurze Antwortzeiten*

  Typische Analyseanfragen im interaktiven Betreib müssen so schnell beantwortet werden, dass die Nutzer produktiv arbeiten können. Kurze Antwortzeiten bedeuten hier im Mittel unter fünf Sekunden im interaktiven Betrieb [GG00].

- ***A**nalysis: adäquate Schnittstelle*

  Die interaktive Schnittstelle muss adäquat für den Zweck der Analyse sein. Sie muss einfache und flexible Möglichkeiten für analytische Auswertungen zur Verfügung stellen (*ad hoc queries*).

- ***S**hared: mehrere Nutzer*

  Ein Data Warehouse ist nicht für einen einzelnen Nutzer konzipiert und zugeschnitten. Heterogene Anforderungen von unterschiedlichen Benutzern mit unterschiedlichen Rechten müssen gleichermaßen erfüllt werden können.

- ***Multidimensional: multidimensionales Modell***

  Das konzeptionelle Datenmodell muss die in typischen Analyseszenarien auftretende inhärente Multidimensionalität mit einem geeigneten Datenmodell adäquat unterstützen.

- ***Information: vollständige Informationsbereitstellung***

  Ein Data-Warehouse-System muss *alle* für die Analysen notwendigen Daten und Metadaten verwalten können.

Diese Anforderungen betreffen eine Reihe von wesentlichen Aspekten von Data-Warehouse-Systemen, von den zu unterstützenden Datenmodellen bis hin zur technischen Realisierung.

In den folgenden Abschnitten werden Architekturkonzepte vorgestellt, die auf diese Anforderungen reagieren.

2.2 Datenfluss in einem Data-Warehouse-System

Eine erste Annäherung an die Architektur eines Data Warehouse erhält man, indem man die Datenbestände, die während des Betriebs einer Data-Warehouse-Anwendung verarbeitet und gespeichert werden, sowie die diese manipulierenden Komponenten betrachtet.

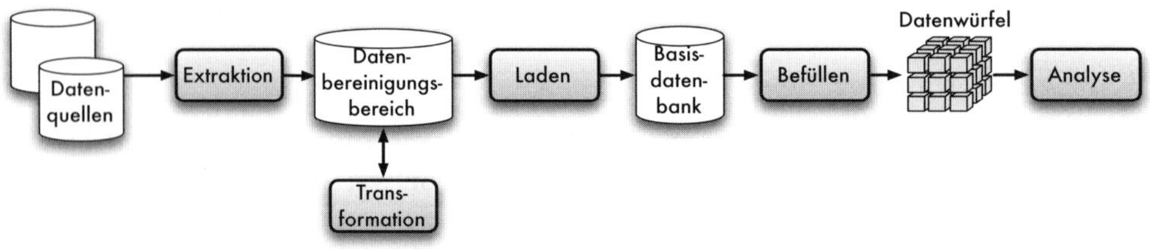

Abbildung 2.2: Datenfluss in einem Data Warehouse

Abbildung 2.2 skizziert diesen Datenfluss. Die einzelnen Schritte der Datenbearbeitung werden auch als Phasen des Data Warehousing bezeichnet und im Folgenden kurz skizziert, bevor wir die Komponenten und Datenbestände detaillierter behandeln.

2.2.1 Phasen des Data Warehousing

Der Ablauf der Bearbeitung im Data Warehousing lässt sich wie folgt darstellen:

- Die für Analysen benötigten Daten werden aus den sogenannten *Quellen* abgerufen. Quellen können operative Datenbanken (etwa eine Lagerverwaltung oder eine elektronische Kasse), aber auch Informationsbestände aus dem Internet (etwa Produktkataloge, Wetterdaten, Börsenkurse) sein.
- Für spätere Analysen relevante Daten werden mittels Extraktionskomponenten in den temporären *Datenbereinigungsbereich* (DBB) kopiert. Dieser Bereich beinhaltet derart importierte Daten in verschiedenen Verarbeitungsstadien.
- Transformationskomponenten bearbeiten die Daten im Datenbereinigungsbereich, bis diese den Struktur- und Qualitätsvorgaben der Nutzung im Data Warehouse genügen. Wichtige Schritte sind dabei das Erkennen und Beseitigen von fehlerhaften und unvollständigen Daten sowie die Integration semantisch zusammenhängender Daten aus unterschiedlichen Quellen.
- Eine Ladekomponente kopiert die Daten aus dem Datenbereinigungsbereich in eine integrierte Basisdatenbank als Grundlage für verschiedene Analysen. Die Daten aus dem DBB werden gelöscht, sobald sie nicht mehr für den Ladevorgang benötigt werden — der Datenbereinigungsbereich ist damit ein temporärer Datenspeicher. Die Basisdatenbank hingegen ist persistent, Daten werden in ihr unter anderem für historische Analysen bewahrt.
- Aus der Basisdatenbank werden die Daten im Rahmen der *Befüllung* in den Datenwürfel geladen. Der Datenwürfel stellt die Daten in für Datenanalysen geeigneten Strukturen dar und wird daher grafisch nicht als Datenbank-„Tonne“, sondern als Würfel dargestellt.
- Data Marts sind Ausschnitte aus dem Gesamt-Data-Warehouse. Sie können entweder aus der Basisdatenbank oder dem Datenwürfel befüllt werden (oder auch unabhängig betrieben werden, und dann wiederum das Data Warehouse „füttern“ – Näheres dazu in Abschnitt 2.4).

Die Extraktion aus den Quellen, die folgende Transformation der Daten und das anschließende Laden in die Basisdatenbank werden zusammengefasst auch als *Datenbereinigungsbereich* bezeichnet, die dortigen Komponenten unter dem Begriff *ETL* (für Extraktion, Transformation, Laden) zusammengefasst.

2.2.2 Datenquellen

Das Data Warehouse muss mit den Daten gefüttert werden, die für Analysen benötigt werden. Die Lieferanten der Daten für das Data Warehouse bezeichnet man als (Daten-) *Quellen*. Die Datenquellen gehören nicht direkt zum Data

Warehouse, da es sich um separate Systeme mit anderem Bestimmungszweck handelt. Es gibt in der Regel sehr unterschiedliche Datenquellen für ein Data Warehouse.

Datenquellen können organisatorisch als interne Quellen (Daten aus demselben Unternehmen) oder extern (z.B. Daten aus dem Internet) klassifiziert werden. Unterschiedliche Datenquellen sind oft heterogen bezüglich der Struktur, des Inhalts und der Schnittstellen. Datenquellen können als Datenbanken organisiert sein, aber auch unstrukturierte Quellen im Internet können genutzt werden. Diese Heterogenität bedeutet insbesondere, dass die Daten erst aufbereitet, transformiert und bereinigt werden müssen, bevor sie für Analysezwecke genutzt werden können.

Bestimmte Informationen können auch aus unterschiedlichen Quellen besorgt werden, etwa Aktienkurse oder Preisinformationen. Diese Quellen unterscheiden sich oft nicht nur in der Struktur, sondern auch in der Qualität der gelieferten Daten. Die Auswahl der Quellen und die damit erreichte Qualität der Daten ist hierbei von besonderer Bedeutung, denn von ihr hängt die Güte der Analysen ab.

Wichtige Faktoren für die Auswahl sind insbesondere der Zweck des Data-Warehouse (welche Analysen sollen unterstützt werden), die Qualität der Quelldaten, die Verfügbarkeit der Daten (rechtlich, sozial, technisch) sowie nicht zuletzt der Preis für den Erwerb der Daten (speziell bei externen Quellen).

Bei der Auswahl der Datenquellen werden die potenziellen Quellen nach diversen Kriterien klassifiziert. Diese Klassifikation ist notwendig, um den Aufwand der Nutzung einer Datenquelle (und die nötige Wartung derselben) bestimmen zu können.

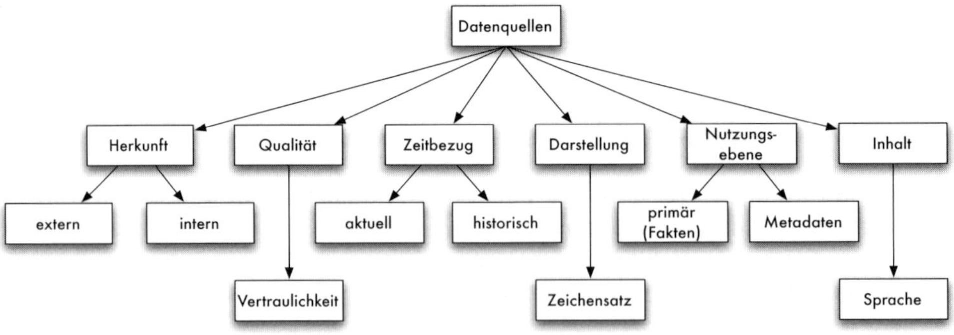

Abbildung 2.3: Aspekte von Datenquellen

Abbildung 2.3 zeigt einen Ausschnitt aus den möglichen Klassifikationsdimensionen. Im Einzelnen handelt es sich hierbei um die folgenden Punkte:

- *Herkunft*: Datenquellen können *intern* oder *extern* sein. Dies spielt eine entscheidende Rolle beim Zugriff und bei der Verantwortung bzw. dem Einfluss auf die Datenquellen.

- *Zeitbezug*: Eine Datenquelle kann ausschließlich *aktuelle* oder auch *historische* Daten enthalten. Aktuelle Daten werden oft aus operativen Systemen bezogen, die die Historie der Daten gar nicht oder nur begrenzt aufbewahren. Kontostände sind typische Beispiele für aktuelle Daten.

- *Nutzungsebene*: *Primärdaten* liefern die Fakten für Analysen, etwa Verkaufszahlen. *Metadaten* sind „Daten über Daten" und werden insbesondere bei der Transformation der Daten sowie dem Aufbau der Klassifikationshierarchien genutzt.

- *Inhalt*: Hiermit ist die Art der Inhalte gemeint, also ob Zahlen, Zeichenketten, Grafiken, Referenzen, oder Dokumente von der Quelle bereitgestellt werden.

- *Darstellung*: Der Aspekt der Darstellung beinhaltet die technische Repräsentation der Inhalte, etwa Darstellung als numerische Werte, alphanumerische Zeichenketten oder binär als BLOB. Bekanntes Beispiel ist die unterschiedliche Darstellung von Datums- und Zeitangaben in verschiedenen Datenquellen.

- Bei Textdaten sind *Sprache* und *Zeichensatz* relevant.

- Der *Vertraulichkeitsgrad* schränkt sowohl die Verarbeitung als auch die Darstellung von Ergebnissen ein: Dürfen Daten an externe Programme zur Vorverarbeitung gegeben werden? Dürfen Daten bei Analysen angezeigt werden, etwa Namen und Adressen von einzelnen Kunden?

Besonders wichtig bei der Auswahl der Datenquellen sind die Qualitätsforderungen. Die einzelnen Dimensionen der *Datenqualität* werden wir später in diesem Buch noch ausführlicher behandeln, hier werden wir sie nur kurz exemplarisch auflisten:

- Die *Konsistenz* bezeichnet den Grad der Widerspruchsfreiheit der Daten in sich. Hierzu können Konsistenzbedingungen als logische Formeln festgelegt werden, die die konsistenten Ausprägungen definieren. Ein Beispiel ist die Bedingung, dass das Alter eines Kunden größer null sein muss.

- Im Gegensatz zur Konsistenz bezeichnet die *Korrektheit* den Grad der Übereinstimmung mit der Realität, also ob das angegebene Alter tatsächlich dem wirklichen Alter entspricht.

- Die *Vollständigkeit* der Daten betrachtet beispielsweise die Abwesenheit von optionalen Werten oder Attributen in den Quelldaten.

- Die *Genauigkeit* der Daten betrachtet etwa die Anzahl der Nachkommastellen und die *Granularität* (Grad der Aggregation von Einzeldaten zu aggregierten Daten). Beispiele für verschiedene Granularitäten sind tagesgenaue Daten versus Wochenübersichten.

- Die *Zuverlässigkeit* und *Glaubwürdigkeit* betrifft die Nachvollziehbarkeit der Entstehung der Daten oder die Vertrauenswürdigkeit des Lieferanten der Daten.

- Das Kriterium der *Verständlichkeit* betrachtet, ob die Daten inhaltlich und technisch/strukturell für die jeweilige Zielgruppe geeignet sind.

- *Verwendbarkeit* und *Relevanz* prüfen, ob die Daten in einem geeigneten Format vorliegen, bzw. die Zweckdienlichkeit der Daten.

2.2.3 Datenbereinigungsbereich

Der *Datenbereinigungsbereich* ist die zentrale Datenhaltungskomponente des Datenbeschaffungsbereichs. Er wird in der einschlägigen Literatur auch als *Arbeitsbereich* oder engl. *staging area* bezeichnet.

Der Datenbereinigungsbereich (kurz *DBB*) ist ein temporärer Zwischenspeicher zur Integration und Bereinigung der Daten auf den Datenquellen. Er wird durch die Extraktionskomponenten mit Rohdaten gefüllt. Die Hauptnutzung des DBB ist allerdings die Nutzung als temporärer Zwischenspeicher für alle Transformationsaufgaben. Diese Transformationen, also insbesondere die Bereinigung der Daten und die Integration, erfolgt direkt auf diesem Zwischenspeicher. Das Laden der transformierten Daten in das Data Warehouse bzw. in die Basisdatenbank erfolgt erst nach erfolgreichem Abschluss aller Transformationen.

Die Einführung der temporären DBB führt insbesondere zu zwei Vorteilen:

- Da die Daten bereits aus den Quellen extrahiert wurden und erst nach den erfolgreichen Transformationen das Laden erfolgt, werden weder die Quellen noch das eigentliche Data Warehouse durch die Transformationen beeinflusst. Gerade bei aufwendigen Transformationen ist das eine wichtige Eigenschaft.

- Da das Laden erst nach den erfolgreichen Transformationen erfolgt, ist eine versehentliche Übernahme fehlerbehafteter Daten so weit möglich ausgeschlossen.

Diesen Vorteilen steht natürlich ein erhöhter Speicherbedarf entgegen, da die Daten redundant gespeichert werden müssen.

2.2.4 Extraktionskomponenten

Mit *Extraktion* wird der Transfer der Rohdaten von den Quellen in den DBB bezeichnet. Hier sind zwei Fragestellungen besonders wichtig:

- *Was* soll extrahiert werden (also die Auswahl der Daten, die in das Data Warehouse fließen sollen)?

  Hierzu muss eine Sicht über die insgesamt verfügbaren Rohdaten festgelegt werden, die denjenigen Ausschnitt der Quelldaten eindeutig festlegt, der als Rohdaten ins Data Warehouse übernommen werden soll (letzteres natürlich erst nach geeigneter Transformation und Bereinigung im DBB).

- *Wann* soll extrahiert werden (also zu welchen Zeitpunkten eine Extraktion erfolgen soll)?

  Die später noch ausführlich behandelten *Monitore* können hierzu die Quellen überwachen, um die Zeitpunkte der Extraktion optimal festzulegen.

Die Extraktionskomponenten übernehmen die Übertragung von Daten aus Quellen in den DBB. Der Zeitpunkt ist abhängig von den Monitoring-Strategien; eine Extraktion kann periodisch erfolgen, auf explizite Anfrage durch die Analysekomponenten, ereignisgesteuert basierend auf Ereignissen bei den Quellen (z.B. bei Erreichen einer definierten Anzahl von Änderungen), oder auch als sofortige Extraktion bei jeder Änderung.

Zur softwaretechnischen Realisierung werden Standardschnittstellen (z.B. ODBC für relationale Quellen) genutzt. Wichtig ist hierbei eine Ausnahmebehandlung zur Fortsetzung im Fehlerfall, um unvollständige Extraktionen zu vermeiden.

2.2.5 Transformationskomponenten

Transformationskomponenten sind Komponenten, die auf dem DBB arbeiten, also Daten aus dem DBB entnehmen und geänderte oder neu strukturierte Daten zurückschreiben. Hier sind unterschiedlichste Aufgaben zu bewältigen, von Datentypumwandlungen bis hin zur Erkennung der Mehrfachrepräsentation ein und derselben physischen Person und anschließender Verschmelzung der gespeicherten Daten über diese Person.

Abbildung 2.4 versucht, eine Übersicht über die Arten von Transformationen zu geben, indem diese in drei große Bereiche eingeteilt werden, nämlich den Bereichen der Homogenisierung, Integration und Bereinigung:

1. Unter *Homogenisierung* fassen wir diejenigen Transformationen zusammen, die die Daten in eine einheitliche Repräsentation überführen, um sie anschließend integrieren zu können. Typische Homogenisierungsoperationen sind die Umwandlung von Datentypen, die Vereinheitlichung von Zeit-

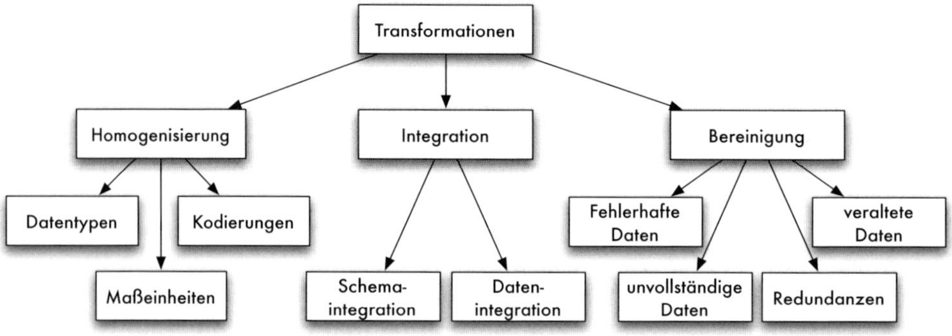

Abbildung 2.4: Übersicht über Transformationen

und Datumsangaben, Koordinatentransformationen, aber auch die Kodierung von Aufzählungstypen (Kürzel für Bundesländer, Steuerklassen etc.).

2. In der *Integration* werden die Daten aus einer oder mehreren Quellen zusammengeführt. Unterschieden wird hier in der Regel die Zusammenführung auf der Ebene ganzer Kollektionen, etwa das Mischen ganzer Tabellen (engl. *relation merging*) und das Verschmelzen einzelner Datensätze (engl. *record linkage*). Ersteres wird oft unter dem, aus der Datenintegration bekannten, Begriff der *Schemaintegration* subsumiert, das zweite dann zur Abgrenzung als Daten- oder *Instanzintegration* bezeichnet.

3. Die *Bereinigung* der Daten behebt Probleme der Datenqualität der Quelldaten. Typische Transformationen sind hier
   - das Erkennen und die Reparatur von fehlerhaften Daten,
   - das Quantifizieren und möglicherweise Beseitigen bzw. Ergänzen von unvollständigen Daten,
   - Erkennen von Redundanzen sowie
   - das Erkennen und Aktualisieren von veralteten Daten.

Oft fallen im Zusammenhang mit der Transformation zwei weitere Begriffe, die Erweiterungen der Bereinigung von Daten darstellen:

- Mit *Data Scrubbing* (etwa übersetzbar mit „Schrubben der Daten“) wird die Ausnutzung von domänenspezifischem Wissen (z.B. Geschäftsregeln) zum Erkennen von Verunreinigungen bezeichnet. Ein Beispiel ist das Erkennen von Redundanzen in den Primärdaten.
- Unter *Data Auditing* versteht man die Anwendung von Data-Mining-Verfahren zum Aufdecken von Regeln, etwa zum Aufspüren von Abweichungen.

2.2.6 Ladekomponente

Unter dem *Laden* versteht man die Übertragung der bereinigten und aufbereiteten (z.B. aggregierten) Daten in die Basisdatenbank.

Beim Laden werden in der Regel spezielle Ladewerkzeuge (z.B. der SQL-Loader von Oracle) genutzt, um effizient große Datenmengen in kurzer Zeit einspielen zu können. Dies wird auch als *Bulk-Load* (Massenladen) bezeichnet. Beim Laden neuer Daten muss man die eventuell notwendige Historisierung der Daten beachten: Änderung in den Quellen dürfen Data-Warehouse-Daten nicht überschreiben, sondern erfordern ein zusätzliches Abspeichern mit explizitem Zeitbezug.

Beim Ladevorgang können zwei Modi unterschieden werden:

- Online: Die Basisdatenbank steht weiterhin zur Verfügung.
- Offline: Die Basisdatenbank steht während des Ladens nicht zur Verfügung (in einem geeigneten Zeitfenster, etwa nachts oder am Wochenende).

2.2.7 Basisdatenbank

Die *Basisdatenbank*, kurz *BDB*, enthält die gesamten Daten des Data Warehouse auf feingranularer Ebene als Basis der Analysen. Die BDB ist nach den Qualitätsregeln des Datenbankentwurfs konzipiert, nicht nach den Anforderungen der Analysekomponenten. Insbesondere wird eine redundanzfreie Speicherung angestrebt, d.h. zum Beispiel sollten sich Relationen in dritter Normalform befinden. Die Daten sind bereinigt und historisiert. Die BDB entspricht daher dem aus der englischen Originalliteratur bekannten *Operational Data Store* (*ODS*) nach Inmon [Inm99].

Die BDB stellt eine integrierte Datenbasis für verschiedene Analysen zur Verfügung, aber unabhängig von konkreten Analysen, d.h. die BDB enthält noch keine voraggregierten Daten, um Analysen zu beschleunigen. Hauptaufgabe ist die Versorgung des Data Warehouse mit bereinigten Daten.

Streng genommen ist eine physische Speicherung des BDB unnötig und redundant, da die Daten komplett in den Datenwürfel geladen werden. Die Vorteile (redundanzfreie Speicherung und neutrales Datenformat) stehen den Nachteilen der redundanten Speicherung eines sehr großen Datenbestandes entgegen. Daher wird die BDB in der Praxis oft nicht als physisch abgespeicherte Datenbank realisiert.

2.2.8 Befüllen

Das *Befüllen* ist das Pendant zur Ladekomponente für den Transfer der bereinigten und aufbereiteten Daten aus der Basisdatenbank in den Datenwürfel.

Auch beim Befüllen können wieder die folgenden zwei Modi unterschieden werden:

- Online: Der Datenwürfel steht weiterhin zur Verfügung.
- Offline: Der Datenwürfel steht während des Befüllens für Analysen nicht zur Verfügung (in einem geeigneten Zeitfenster, etwa nachts oder am Wochenende).

2.2.9 Der Datenwürfel

Die Grundlage effizienter Analysen ist eine Datenbank, die die Daten für Analysezwecke aufbereitet, also etwa Voraggregationen durchführt und Daten denormalisiert abspeichert, um Verbundoperationen zu sparen. Auch wenn unterschiedliche Analysedatenmodelle denkbar sind, hat sich als konzeptionelles Modell für Analysedaten der *Datenwürfel* (engl. *data cube*) etabliert. In anderen Werken zum Thema Data Warehouse wird diese *Analysedatenbank* oft selber als das Data Warehouse bezeichnete, was zu Begriffsverwirrungen führt (gehören Data Marts und BDB zum Data Warehouse oder nicht?). Wir bezeichnen die Analysedatenbank daher als Datenwürfel. Der Datenwürfel ist damit ein Teil des Data Warehouse. Der Datenwürfel ist im Englischen doppelt belegt, einerseits als multidimensionales Konzept und andererseits als Operator. Um diese Zweideutigkeit zu vermeiden, verwenden wir für das multidimensionale Konzept den Begriff Datenwürfel und für den Operator Cube.

Der Datenwürfel ist die zentrale Datenbank für Analysezwecke und orientiert sich in der Struktur an den Analysebedürfnissen. Technisch ist besonders die Unterstützung des Befüllens eine Herausforderung. Das schnelle Laden großer Datenmengen wird mittels sogenannter *Massenlader* (engl. *bulk loader*) unter Umgehung von Mehrbenutzerkoordination und Konsistenzprüfung realisiert.

Die Unterstützung des Analyseprozesses erfordert eine effiziente Anfrageverarbeitung (Indexstrukturen, Caching, verteilte Verarbeitung). Die Daten werden abgestimmt auf das multidimensionale Datenmodell (z.B. über OLE DB for OLAP) gespeichert.

2.2.10 Data Marts

Data Marts sind Ausschnitte des gesamten Analysedatenbestands. Der Ausschnitt kann sich auf Bereiche der Daten (Daten der letzten zwei Jahre, nur deutsche Filialen) beziehen, aber auch auf die Granularität der aggregierten Daten (Wochenumsatz statt Tagesumsatz). Technisch betrachtet sind Data Marts daher dann *materialisierte Sichten* auf den Datenwürfel.

Gefüllt werden sie über Ableitungskomponenten (engl. *derive components*), die Daten aus der BDB oder direkt aus dem Datenwürfel ableiten. Werden die Data Marts direkt aus der BDB gefüllt, sprechen wir analog zum Datenwürfel von *Befüllen*. Neben dieser klassischen Sicht auf Data Marts kann man auch den umgekehrten Informationsfluss realisieren, sodass Daten aus den Data Marts in den Datenwürfel fließen. Diese Varianten werden wir im Abschnitt 2.4 genauer betrachten.

2.2.11 Das Data Warehouse

Die Gesamtheit der für die Analysen genutzten Daten bezeichnen wir als das eigentliche *Data Warehouse*. Das Data Warehouse umfasst daher die Basisdatenbank, den Datenwürfel und die Data Marts.

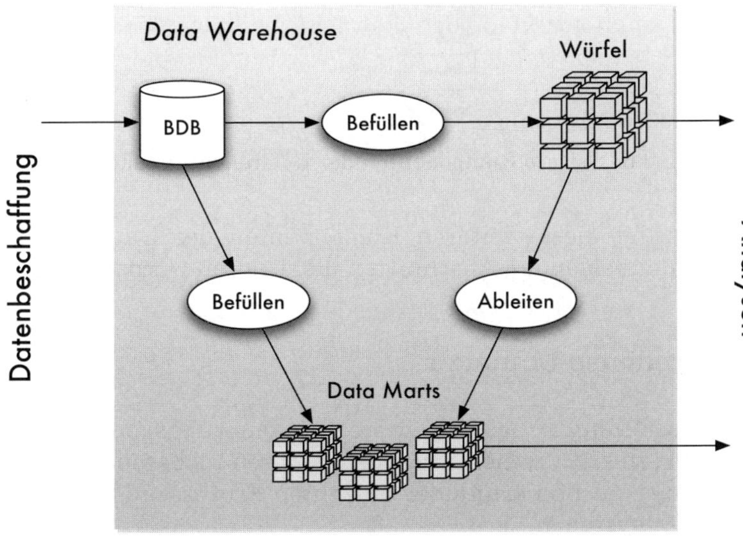

Abbildung 2.5: Data-Warehouse-Bereich

Abbildung 2.5 verdeutlicht diese Komponenten und den Begriff des Data Warehouse.

2.3 Referenzarchitektur

Im bisherigen Abschnitt haben wir die wichtigen Datenbestände und Datenbearbeitungskomponenten im primären Datenfluss eines Data-Warehouse-Systems diskutiert. Zum Betrieb eines derartigen DW-Systems sind weitere

Komponenten und Datenbestände notwendig, um den Gesamtprozess zu orchestrieren und auf äußere Ereignisse reagieren zu können.

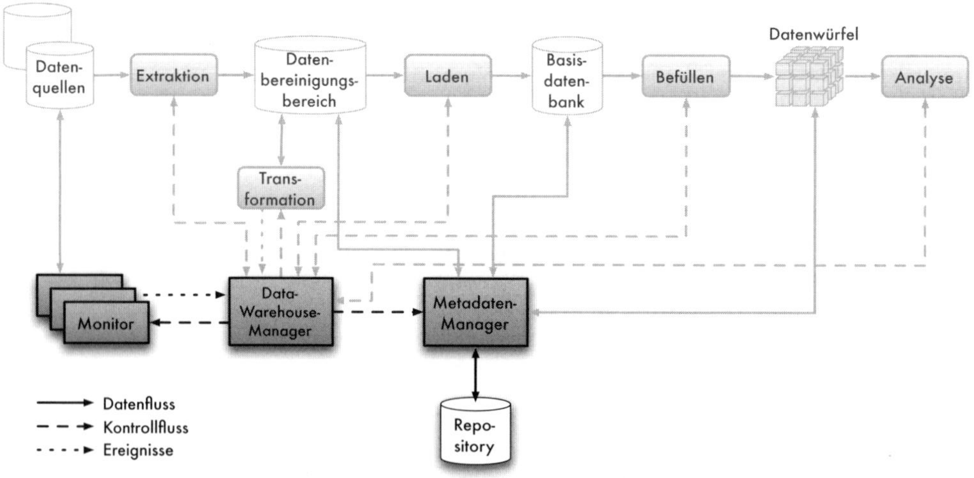

Abbildung 2.6: Weitere Komponenten der Referenzarchitektur

Abbildung 2.6 zeigt diese weiteren Komponenten des Data-Warehouse-Systems, die wir in den folgenden Abschnitten diskutieren werden.

2.3.1 Data-Warehouse-Manager

Der *Data-Warehouse-Manager* ist die zentrale Steuerungskomponente des Data-Warehouse-Systems. Zu seinen Aufgaben gehören insbesondere die Initiierung, Überwachung und Steuerung der einzelnen Prozesse, d.h. die Ablaufsteuerung des Gesamtsystems.

Eine Hauptaufgabe dabei ist die Initiierung des Datenbeschaffungsprozesses. Dazu kann in regelmäßigen Zeitabständen, etwa jede Nacht oder am Wochenende, die Extraktion von Daten aus den Quellen und die Übertragung in den DBB gestartet werden. Bei einer durch einen Monitor gemeldeten Änderung einer Quelle erfolgt der Start der entsprechenden Extraktionskomponente. Alternativ kann eine Extraktion auch auf explizites Verlangen des Administrators erfolgen.

Nach Auslösen des Ladeprozesses übernimmt der DW-Manager die Überwachung der weiteren Schritte der Transformationskomponenten (Bereinigung, Integration etc.). Die Koordination der Reihenfolge dieser Verarbeitungsschritte ist dabei besonders wichtig, da die Reihenfolge die Qualität der Ergebnisse beeinflusst.

Im Fehlerfall erfolgt die Dokumentation der Fehler. Außerdem müssen geeignete Wiederanlaufmechanismen für die auftretenden Fehlersituationen vorgesehen und im Fehlerfall gestartet werden.

2.3.2 Monitore

In einem DW- System sind ein oder mehrere Monitore realisiert, die die Datenquellen auf Änderungen überwachen. Ein *Monitor* muss Datenmanipulationen in einer Datenquelle erkennen und an den DW-Manager melden.

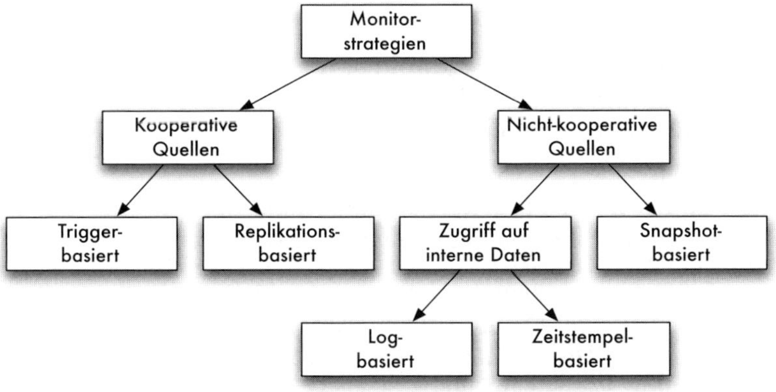

Abbildung 2.7: Strategien von Monitoren

Monitore müssen unterschiedliche Strategien implementieren, um Datenquellen zu überwachen, da Datenquellen sehr unterschiedlich aufgebaut und mehr oder weniger kooperativ sein können. Abbildung 2.7 klassifiziert die unterschiedlichen Strategien von Monitoren, die wir im Folgenden genauer betrachten werden.

Es gibt folgende Strategien für das Monitoring:

- Die *trigger-basierte Monitorstrategie* kann bei kooperierenden Datenbanksystemen eingesetzt werden, die aktive Datenbankfunktionalität bereitstellen. Trigger als aktive Datenbankmechanismen werden bei Datenänderungen ausgelöst, und starten als Aktion das Kopieren der geänderten Tupel in einen gesonderten Bereich. Dieser Bereich muss von einem Extraktor dann nur noch ausgelesen werden.

  Trigger müssen explizit nach dem ECA-Paradigma (Event Condition Action) kodiert werden. In einer ECA Regel wird angeben, dass bei dem Eintreten eines bestimmten Ereignisses (E, zum Beispiel ein *Einfügen in die Kundendatei*) eine Aktion ausgeführt wird (A, zum Beispiel *Kopieren des neuen*

Datensatzes in die temporäre Datei Neukunden), sofern eine bestimmte Bedingung gilt (C, etwa *der neue Kunde ist kein interner Mitarbeiter)*.

- Die *replikations-basierte Monitorstrategie* vermeidet das (fehlerträchtige) Kodieren von Triggern, indem die internen Mechanismen zur Verwaltung von Replikaten eines DBMS ausgenutzt werden. Diese internen Mechanismen sind in der Regel effizienter realisiert als benutzerprogrammierte Trigger.

  Faktisch wird dabei einer Datenquelle vorgetäuscht, dass das Data Warehouse Teile der Daten der Datenquelle als Replikat speichert. Die Nachrichten zur Synchronisierung des Duplikats werden sozusagen abgefangen und gespeichert, um dann später vom Extraktor ausgelesen zu werden.

- Die *log-basierte Monitorstrategie* kann bei nicht aktiv kooperierenden Datenquellen genutzt werden, die aber den Zugriff auf interne Daten ermöglichen. Ein Log-Buch protokolliert alle Änderungen der Datenquelle, um im Fehlerfall ein Recovery zu ermöglichen [SSH11].

  Ein Monitor muss dann derartige Transaktions-Log-Dateien des DBMS analysieren, um relevante Änderungen zu identifizieren.

- Ebenfalls auf internen Informationen eines DBMS beruht die *zeitstempel-basierte Monitorstrategie*. Einige DBMS ordnen jedem Tupel einen eindeutigen *Zeitstempel* zu. Dieser Zeitstempel protokolliert den Zeitpunkt der letzten Änderung bzw. des Einfügens.

  Der Zeitpunkt der letzten Extraktion dient als Referenzzeitpunkt. Alle Tupel mit einem Zeitstempel größer als dieser Referenzpunkt sind seit diesem Zeitpunkt geändert oder neu eingefügt werden.

  Wurde ein Tupel seit dem letzten Referenzzeitpunkt mehrfach geändert, wird nur die letzte Änderung erfasst. Je nach DBMS muss für das Löschen von Tupeln eine gesonderte Strategie realisiert werden, da dies sonst nicht erfasst wird.

- Die *snapshot-basierte Monitorstrategie* kommt ohne aktive Kooperation oder interne Informationen des DBMS aus. Hierzu erfolgt ein periodisches Kopieren des relevanten Datenbestandes in eine Datei (der sogenannte *Snapshot*). Die Identifizierung von Änderungen erfolgt nun durch einen Vergleich des aktuellen Snapshots n mit dem zuletzt gespeicherten Snapshot $n-1$.

  Die snapshot-basierte Strategie funktioniert auch bei Datenquellen, die keine DBMS-Funktionalität anbieten, etwa Katalogdaten im Internet, sofern diese sich in eine Liste von Tupeln transformieren lassen.

  Der Vergleich von Snapshots ist als *differential snapshot computation* bekannt und wird später noch detailliert behandelt werden.

2.3.3 Repository

Ein Data-Warehouse-System benötigt Information über die Datenquellen, über die Auswahl importierter Daten, über die Transformationen und auch über den Datenwürfel selber um effektiv zu funktionieren. Derartige *Daten über Daten* (und über Funktionen und Prozesse) werden als *Metadaten* bezeichnet und im *Repository* des Data-Warehouse-Systems gespeichert.

Unter Metadaten versteht man hier alle Informationen, die den Aufbau, die Wartung und die Administration des DW-Systems vereinfachen und Informationsgewinnung ermöglichen. Typische Beispiele sind hierbei die Datenbankschemata, Zugriffsrechte, Prozessinformationen (Verarbeitungsschritte und Parameter) etc.

2.3.4 Metadaten-Manager

Der *Metadaten-Manager* übernimmt die gesamte Steuerung der Metadatenverwaltung. Er ermöglicht die Abspeicherung und den Zugriff auf Metadaten, erlaubt Anfragen an das Repository und realisiert eine explorative Navigation in den Metadaten.

Für Data-Warehouse-Systeme besonders relevant ist die Versions- und Konfigurationsverwaltung, da sich sowohl die Auswahl und Struktur der Datenquellen als auch die Qualitätsattribute der Datenquellen unabhängig vom Data-Warehouse-System entwickeln. Metadaten-Manager können offen realisiert werden, indem sie ein erweiterbares Basisschema nutzen, oder werkzeugspezifisch als fester Teil von (proprietären) Werkzeugen. Häufig wird beim Aufbau eines Data-Warehouse-Systems die Integration von bzw. der Austausch zwischen dezentralen Metadaten-Managementsystemen notwendig.

2.3.5 Diskussion der kompletten Referenzarchitektur

Die verschiedenen Datenhaltungskomponenten und Datenverarbeitungskomponenten des primären Datenflusses werden mit den Steuerungskomponenten zusammen in einer Referenzarchitektur zusammengefasst, die den Vergleich und die Strukturierung konkreter DW-Systeme unterstützt.

Abbildung 2.8 zeigt diese Referenzarchitektur, wie sie in den bisherigen Abschnitten vorgestellt und diskutiert wurde.

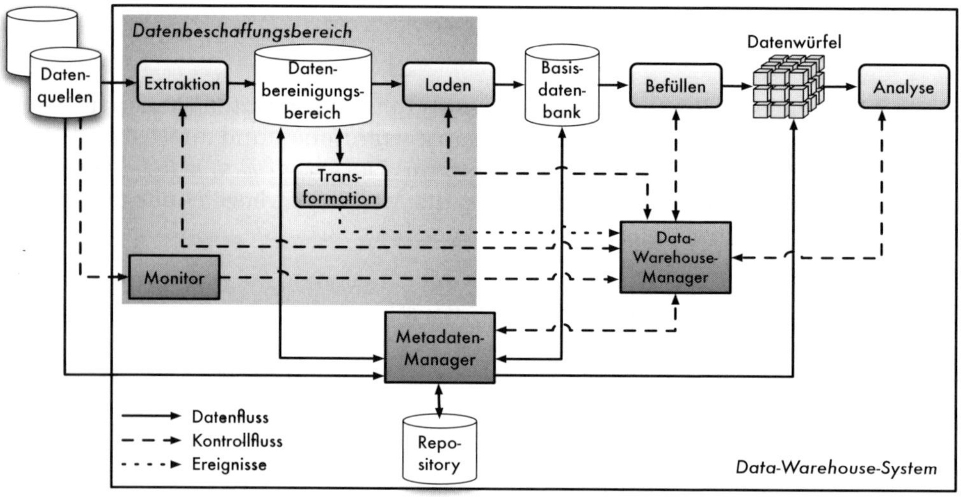

Abbildung 2.8: Referenzarchitektur

2.4 Architektur des Data Warehouse

Das eigentliche Data Warehouse besteht aus der Basisdatenbank, dem Datenwürfel und den Data Marts. Welche Daten in diesem Szenario von wo nach wo fließen, kann unterschiedlich realisiert werden.

2.4.1 Rolle der Data Marts

Data Marts stellen eine inhaltlich beschränkte Sicht auf das Data Warehouse zur Verfügung, etwa für eine Abteilung oder einen bestimmten Analysezweck (Filialenplanung). Für diese eingeschränkten Ausschnitte auf die Gesamtdaten kann es unterschiedliche Gründe geben, beispielsweise die folgenden:

- *Eigenständigkeit*: Eigenständige Organisationseinheiten sollen (und wollen) nur den Teil der Gesamtdaten sehen, der für ihren Geschäftsbereich relevant ist.

- *Datenschutz*: Nicht alle Nutzer des DW-Systems dürfen alle Daten sehen. Insbesondere in international agierenden Konzernen ist der Informationszugang genau geregelt.

- *Lastverteilung*: Lassen sich die Analyseaufgaben auf kleinere Data Marts aufteilen, so kann die Auslastung des Gesamtsystems eventuell besser optimiert werden.

- *Datenvolumen*: Data Marts sind kleiner als der gesamte Datenwürfel, was andere Realisierungsformen ermöglicht.
- *Mobiler Zugang*: Im Gegensatz zum gesamten Datenwürfel können Data Marts auf mobilen Geräten effizient genutzt werden.

Data Marts können als abhängige Data Marts oder als unabhängige Data Marts realisiert werden.

2.4.2 Abhängige Data Marts: Nabe und Speiche

Die klassische Architektur geht von einem konsistenten, zentralen Datenwürfel aus, aus dem die Data Marts generiert werden. Als Varianten können die Data Marts aus der Basisdatenbank direkt befüllt oder aus dem materialisierten Datenwürfel abgeleitet werden. Derartige Data Marts werden als *abhängige Data Marts* bezeichnet.

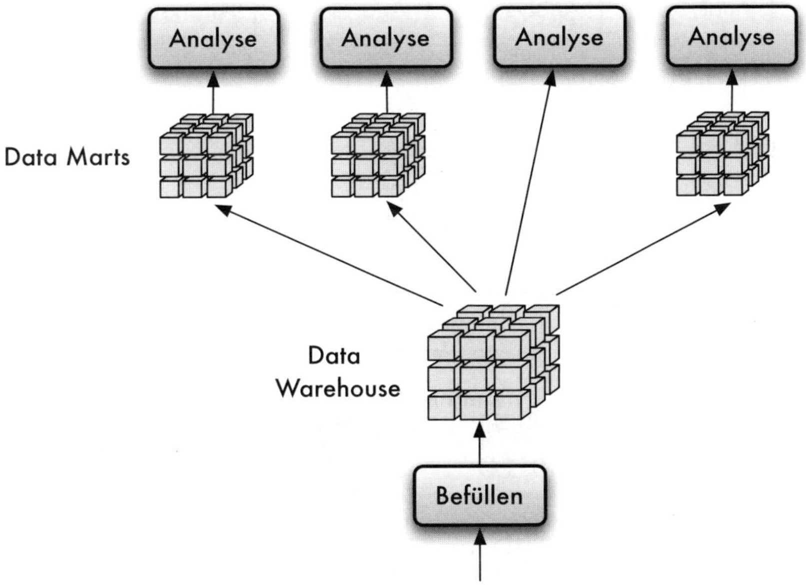

Abbildung 2.9: Abhängige Data Marts: Hub-and-Spoke

Abbildung 2.9 zeigt ein Szenario mit abhängigen Data Marts. Analysen werden hierbei auf den abgeleiteten Data Marts oder dem Datenwürfel selber durchgeführt.

Diese Organisationsform mit dem zentralen Datenwürfel wird als „Nabe- und Speiche"-Architektur (engl. *hub and spoke*) bezeichnet. Ein Data Mart ist hierbei nur ein Extrakt (inkl. Aggregation) des Datenwürfels, es erfolgt keine weitere lokale Bereinigung oder Normierung der Daten.

Als Ergebnis sind Analysen auf den Data Marts konsistent zu Analysen auf dem Datenwürfel selber. Ist der Datenwürfel in einem DBMS abgespeichert, ist eine einfache Realisierung mittels der Replikations- oder Sichtmechanismen von DBMS möglich.

2.4.3 Unabhängige Data Marts

Oft besteht in Organisationen die Situation, dass unabhängig voneinander entstandene, „kleine" Data Warehouses (z.B. von einzelnen Abteilungen) nachträglich durch Integration und Transformation zu einem Gesamtdatenwürfel zusammengeführt werden müssen. Diese lokalen Datenwürfel „spielen" dann die Rolle der Data Marts, da sie nur einen Teil des Gesamtdatenwürfels repräsentieren, bleiben aber oft autonom in der Zuständigkeit der Teilorganisation.

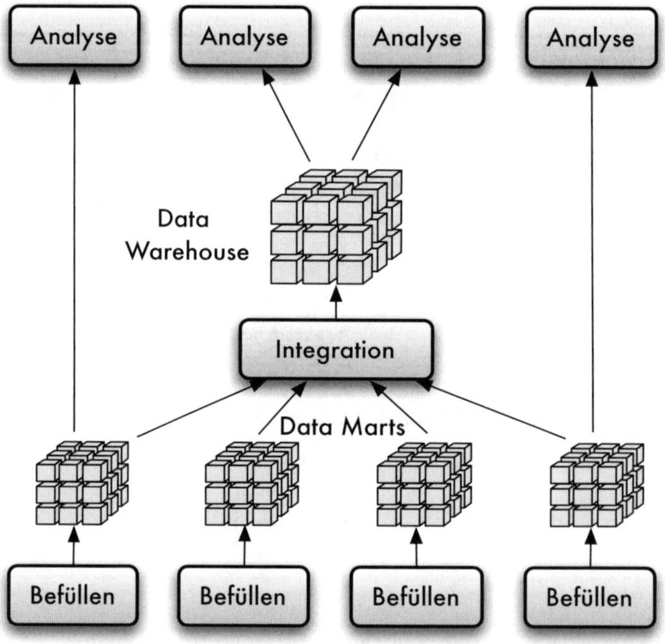

Abbildung 2.10: Unabhängige Data Marts

Abbildung 2.10 verdeutlicht diese Situation. Wir bezeichnen diese Architekturvariante als *unabhängige Data Marts*.

Unabhängige Data Marts bringen einige Probleme mit sich. Da die Daten der lokalen Data Marts integriert und transformiert werden, gibt es nun unterschiedliche Analysesichten: Analysen auf dem lokalen Data Mart ergeben andere Ergebnisse als Analysen auf dem globalen Datenwürfel. Auch ist die Integration von Datenwürfeln noch anspruchsvoller als die Transformation der Basisdaten, da die Eigenschaften voraggregierter Information zusätzlich berücksichtigt werden müssen.

2.4.4 Föderierte und virtuelle Datenwürfel

Das Konzept der Integration unabhängiger Datenwürfel zu einem globalen Datenwürfel findet Parallelen in anderen Datenhaltungsszenarien, etwa zum Gebiet der föderierten Datenbanken oder zum Konzept der Mediatoren/Wrapper. Hier sind einige Begriffe relevant:

- Ein *virtueller Datenwürfel* bzw. ein *virtuelles Data Warehouse* liegt vor, wenn der globale Datenwürfel einzig als Sicht auf die Data Marts existiert und nicht materialisiert wird. Ein derartiger virtueller Datenwürfel ist nur die Summe der Informationen der lokalen Datenwürfel.

  Globale Analyseanfragen werden in lokale Anfragen zerlegt, deren Ergebnisse dann zu einem globalen Ergebnis integriert werden müssen.

- Ein *föderierter Datenwürfel* bzw. ein *föderiertes Data Warehouse* verallgemeinert die virtuelle Architektur, indem auch globale Daten gespeichert werden können, die nicht aus den lokalen Data Marts abgeleitet werden können.

  Ein föderierter Datenwürfel kann prinzipiell auch globale Änderungen bzw. die Propagation von Änderungen von einem Data Mart zu anderen Data Marts über den globalen Datenwürfel zulassen.

Diese beiden Architekturvarianten gehen fließend ineinander über, da auch rein virtuelle Datenwürfel zumindest globale Metadaten benötigen.

2.4.5 Data-Warehouse-Architektur in der Praxis

Im praktischen Einsatz findet man selten die reinen Architekturformen, die wir vorgestellt haben. Neue Projekte entscheiden sich natürlich für eine für die konkreten Zwecke ideal erscheinende Architektur. Aber Software-Systeme sind nie statisch, sie entwickeln sich fort, sie *altern*. Gründe können Firmenfusionen, Umstrukturierung innerhalb von Konzernen oder schlicht das Zusammenführen bisher isolierter Datenbestände für neue Arten der Analyse sein.

Eine reale Data-Warehouse-Architektur sieht daher oft eher aus wie in Abbildung 2.11. Neben einem *Kern-Data-Warehouse*, das oft das Resultat des ursprünglichen, sauberen Architekturentwurfs ist, finden sich virtuelle Data

Warehouses, die direkt Teile der im Kern-Data-Warehouse gespeicherten Daten mit zusätzlichen Datenquellen verbinden, deren Integration ins Kern-Data-Warehouse jedoch beispielsweise aus Kosten-Nutzen-Erwägungen nicht realisiert wurde.

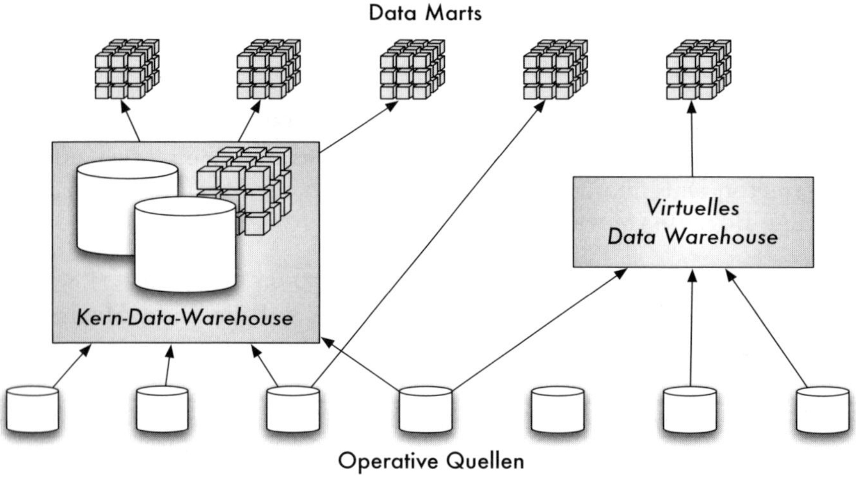

Abbildung 2.11: Data-Warehouse-Architekturmix

Oft existieren kleinere Data Marts, die direkt aus einzelnen Datenquellen erzeugt werden. Derartige Data Marts können aufgrund zeitkritischer Analyseanforderungen ad hoc entstehen oder historisch gewachsen sein. Oft ist es schwierig, die Nutzer dieser kleinen Lösungen davon zu überzeugen, sich der zentralen Lösung anzuschließen.

2.4.6 Ein Multi-Schichten-Architekturansatz

Die bisher vorgestellte Referenzarchitektur stellt die Prozessstruktur des Data-Warehouse-Systems in den Vordergrund. In der Praxis existieren für die unterschiedlichen Data Warehouse-Lösungen detailliertere Architekturansätze, die sich in Teilaspekten zur vorgestellten Referenzarchitektur unterscheiden. Damit wird eine bessere Nähe zur Data Warehouse-Implementierung hergestellt. Die bisherige Diskussion führt zu einer einfachen *Schichtenarchitektur,* die in Abbildung 2.12 skizziert wird.

Diese Schichtenarchitektur ist eher Technologie-getrieben: Sie stellt die tatsächlichen physischen Datenrepräsentationen zueinander in Bezug. Die Daten der Basis-Datenbank werden aus den Rohdaten im Datenbeschaffungsbereich durch Transformationen generiert, während die Daten des Datenwürfels und der Data-Marts materialisierte Sichten der Daten aus der

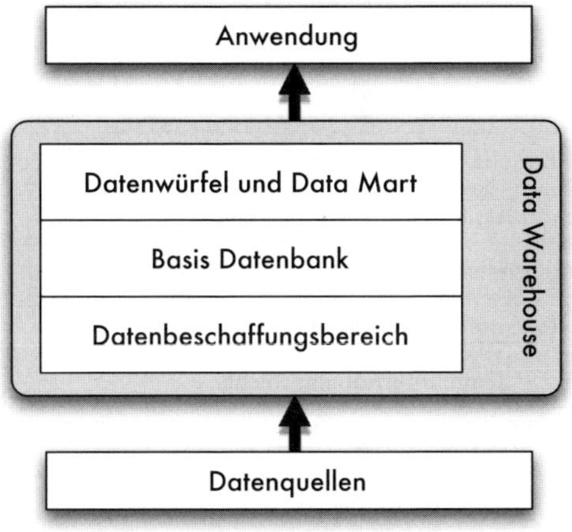

Abbildung 2.12: Drei Schichten-Architektur eines Data Warehouse

Basis-Datenbank darstellen. Im Umfeld der Business- und Enterprise-Data-Warehouse-Lösungen von SAP wurde eine erweiterte Schichtenarchitektur vorgestellt, die als *Layered, Scalable Architecture* (LSA) bezeichnet wird und mehr auf dem Zweck der zu repräsentierenden Daten basiert [WKLS12, WKS12].

Die Abbildung 2.13 skizziert eine LSA-Architektur[1]. Die Schichten des Data-Warehouse-Systems basieren datentechnisch auch hier auf den Datenquellen und bilden die Grundlage der darauf aufbauenden Anwendungen oder Analysen. Wir werden im Folgenden nur die Schichten des eigentlichen Data-Warehouse-Systems genauer betrachten.

Von unten nach oben haben die fünf Schichten der LSA-Architektur, die der klassischen Data Warehouse-Architektur entsprechen, die folgende Bedeutung:

- Die *Datenübernahmeschicht* kann man sich als eine Art „Posteingang" des Data-Warehouse-Systems vorstellen. Die Daten werden dabei direkt übernommen oder minimal angereichert, zum Beispiel mit Zeitstempeln versehen. Die Daten werden hier nicht notwendigerweise langfristig gespeichert.

- Die *Qualitäts- und Harmonisierungsschicht* übernimmt die Aufgaben der Datenintegration, entspricht also im Wesentlichen den Transformationen der ETL-Komponente aus der prozessorientierten DW-Architektur. Neben der reinen Integrationsaufgabe werden auch Datenbereinigung, Qualitätsprüfungen und Validierungen durchgeführt.

[1] In der Literatur und in Dokumenten von SAP werden verschiedene Varianten dieser Architektur dargestellt, die sich in der Anzahl der einzelnen Schichten, Zusammenfassungen von Schichten sowie in den Benennungen unterscheiden.

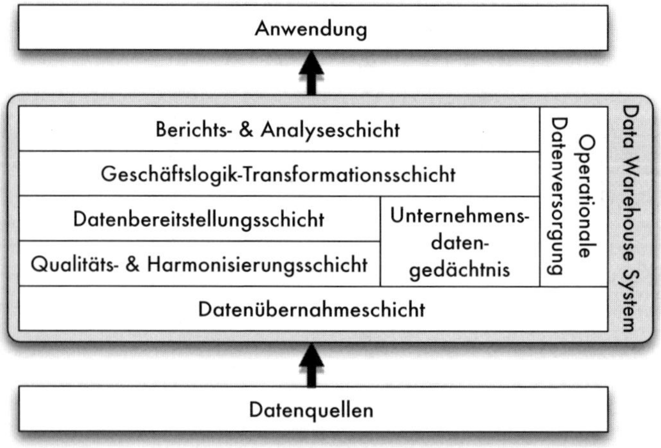

Abbildung 2.13: Multi-Schichten-Architekturansatz

- Die *Datenbereitstellungsschicht* enthält nun die integrierten und harmonisierten Rohdaten in feinerer Granularität. Oft wird hier von einer „Single Version of Truth“ des Data Warehouse gesprochen; hier finden sich die aufbereiteten Gesamtdaten als Grundlage des gesamten Data Warehouse.
- Die *Geschäftslogik-Transformationsschicht* transformiert die bisher anwendungsneutralen Daten mit Bezug auf ein konkretes Unternehmensmodell. Geschäftsspezifisch können beispielsweise Logistik- und Finanzdaten verknüpft, spezifische Kennzahlen berechnet oder Währungsumrechnungen vorgenommen werden.
- Die *Berichts- und Analyseschicht* beinhaltet Datentransformationen für einen spezifischen Verwendungs- oder Analysezweck. Dies entspricht der Definition von spezifischen Data Marts in der klassischen Architektur.

Neben diesen fünf Schichten einer LSA sind in 2.13 zwei weitere Säulen abgebildet, die schichtenübergreifend realisiert sind.

- Parallel zur Qualitäts- und Harmonisierungsschicht und zur Datenbereitstellungsschicht bildet das sogenannte *Unternehmensdatengedächtnis* (engl. *Corporate Data Memory*), also das gemeinsame Gedächtnis als „Single Version of Truth“ der operativen Unternehmensdaten, eine weitere Säule. Ein derartiges Unternehmensdatengedächtnis ist dann sinnvoll, wenn die feingranularen Originaldaten, die in der Datenempfangsschicht gewonnen, aber nicht persistent gespeichert werden, langfristig aufbewahrt und sozusagen als Beweissicherung für die Validität späterer Analysen explizit gespeichert werden sollen.

- Parallel zur Qualitäts- und Harmonisierungsschicht, der Datenverteilungsschicht, der Geschäftslogik-Transformationsschicht und der Berichts- und Analyseschicht kann eine *operationale Datenversorgung* (ODV) etabliert werden. Eine derartige ODV kann Daten direkt für Anwendungen aufbereiten, die etwa einen Echtzeitzugriff (genauer: near realtime) benötigen, für die der Umweg über einen konsolidierten Data-Warehouse-Speicher zu zeitkritisch wäre.

Den klassischen Data Marts, also angepassten materialisierten Sichten auf ein Data Warehouse, entsprechen damit sowohl die beiden oberen Schichten, die Geschäftslogik-Transformationsschicht und die Berichts- und Analyseschicht, als auch die operationale Datenversorgung.

Insgesamt handelt es sich bei den Schichtenarchitekturen wie der LSA nicht um ein radikal anderes Architekturmodell, sondern um eine andere und detailliertere Darstellung der Architektur, in der die Datenrepräsentation und -transformation im Vordergrund stehen.

2.5 Vertiefende Literatur

Die 12 Regeln nach Codd wurden in [CCS93] vorgestellt; das FASMI-Prinzip nach Pendse und Creeth in [Pen95, PC95]. Die vorgestellte Referenzarchitektur wird ausführlich in [BG04] beschrieben. Einen Überblick zu Architekturen und Komponenten des Data-Warehouse-Systems geben Kemper et al. [KBM10] und findet sich ebenfalls im Buch von Chamoni und Gluchowski [CG10].

Das Lehrbuch von Conrad behandelt ausführlich die Konzepte der föderierten Datenbanken [Con97]. Die Dissertation von Dunemann beschäftigt sich speziell mit föderierten DW-Architekturen [Dun02].

Für Grundlagen von verteilten und parallelen Datenbanksystemen empfiehlt sich ein Blick in das Buch von Rahm [Rah94]. Wedekind et al. [WGKI98] haben Herausforderungen im Bereich der Gestaltung von Systemverbünden formuliert, die auf die Domäne von Datenbanken und Data Warehouse übertragbar sind.

Schichtenarchitekturen als Alternative zur prozessorientierten Data Warehouse-Architektur werden insbesondere von Winsemann und Koautoren in [WKLS12, WKS12] diskutiert.

2.6 Übungen

Übung 2-1 Geplant sind Analysen für ein Speditionsunternehmen einer Winzergenossenschaft, in dem Fahrten und Auslastung der LKWs analysiert werden sollen. Das Unternehmen agiert in drei Bundesländern, die Analysen sollen insbesondere kulturelle Ereignisse, die Verfügbarkeit von Güterverkehrsmitteln und Ferienzeiten berücksichtigen.
Welche Datenquellen könnten dafür genutzt werden? Versuchen Sie aufgrund ihres Wissensstandes eine vorläufige Klassifikation dieser Datenquellen.

Übung 2-2 Welche Strategien könnten Monitore für die in der letzten Aufgabe bestimmten Datenquellen fahren? Begründen Sie!

Übung 2-3 Ein Online-Weinhändler fusioniert mit einem auf regionale Weinerzeugnisse spezialisierten Versandunternehmen, der neben Weinen auch Sekt und Traubensaft anbietet. Beide betreiben bereits Data-Warehouse-Anwendungen. Diskutieren Sie unterschiedliche Architekturvarianten für nun nötige übergreifende Analysen.

Übung 2-4 Was sind die charakteristischen Eigenschaften eines Data Warehouses?

Übung 2-5 Was sind die Unterschiede zwischen abhängigen und unabhängigen Data Marts? Wann sollte welcher Typ angewendet werden?

Übung 2-6 Beschreiben Sie die Referenzarchitektur und gehen Sie dabei

1. auf die unterschiedlichen Komponenten ein,
2. auf den Data-Warehousing-Prozess ein und
3. darauf, welche Komponenten optional sind und welche durch relationale Systeme umgesetzt werden können?

Muss bei der Implementierung die Referenzarchitektur streng beachtet werden? Begründen Sie!

Übung 2-7 Welche Rolle übernehmen Monitore und welche Monitoring-Strategien gibt es? Mit welcher Strategie lassen sich Lieferantenkataloge in Form von XML-Dateien in das Data Warehouse integrieren?

3

Modellierung von Data Warehouses

Dem Ziel der Analyseorientierung eines Data Warehouses wird durch ein spezielles Datenmodell Rechnung getragen. Hierbei stehen Kennzahlen im Mittelpunkt, die aus verschiedenen Blickwinkeln betrachtet werden. In den folgenden Abschnitten werden wir zunächst die Grundkonzepte dieses multidimensionalen Datenmodells einführen. Wie beim klassischen Datenbankentwurf wird auch im Data-Warehouse-Bereich ein konzeptioneller Entwurf durchgeführt, der durch entsprechende Modellierungssprachen unterstützt wird. Mit dem ME/R-Modell werden wir eine Technik vorstellen, die die Besonderheiten des multidimensionalen Datenmodells berücksichtigt. Der dritte Teil dieses Kapitels ist schließlich der Abbildung dieses Modells auf das relationale Datenmodell gewidmet, um die Implementierung eines Data Warehouses auf der Basis von SQL-Datenbanksystemen zu ermöglichen.

3.1 Das multidimensionale Datenmodell

Die Grundlage für OLAP bildet ein Datenmodell, das als Weiterentwicklung von Tabellenkalkulationsprogrammen aufgefasst werden kann. Die wesentlichen Elemente dieses Datenmodells werden im Folgenden vorgestellt.

3.1.1 Grundbegriffe

Das multidimensionale Datenmodell ist auf die Datenanalyse zur Unterstützung von Entscheidungsprozessen ausgerichtet. Daher stehen (betriebswirtschaftliche) *Kennzahlen* im Mittelpunkt der Betrachtung. Hierbei handelt es sich numerische Messgrößen aus dem konkreten Anwendungsbereich wie etwa Gewinn, Umsatz oder Kosten. Diese Kennzahlen werden aus verschiedenen Perspektiven analysiert. So kann es erforderlich sein, die Umsätze eines Unternehmens aus verschiedenen Jahren oder in verschiedenen Bundesländern zu vergleichen. Eine solche Perspektive wird als *Dimension* bezeichnet. Beispiele hierfür sind Zeit, Verkaufsort, Produkt oder auch Kunden. Über die konkreten Ausprägungen in den Dimensionen kann der Wert einer Kennzahl bestimmt werden, etwa der Umsatz in den Monaten Mai bis August 2011 von Rotwein in Thüringen. Die Dimensionswerte bilden somit die Koordinaten im mehrdimensionalen Raum. Für zwei Dimensionen lässt sich dies einfach als Tabelle darstellen, für drei Dimensionen ergibt sich ein Würfel oder Quader wie in Abbildung 3.1 dargestellt. Aufgrund dieser Würfeldarstellung wird das Datenmodell oft auch Daten- oder OLAP-Würfel (engl. *Data Cube*) genannt, obwohl es sich genau genommen im Fall von mehr als 3 Dimensionen um Hyperwürfel bzw. -quader handelt. Die Zellen dieses Würfels werden durch Kennzahlen gebildet; die Kanten entsprechen den Dimensionen.

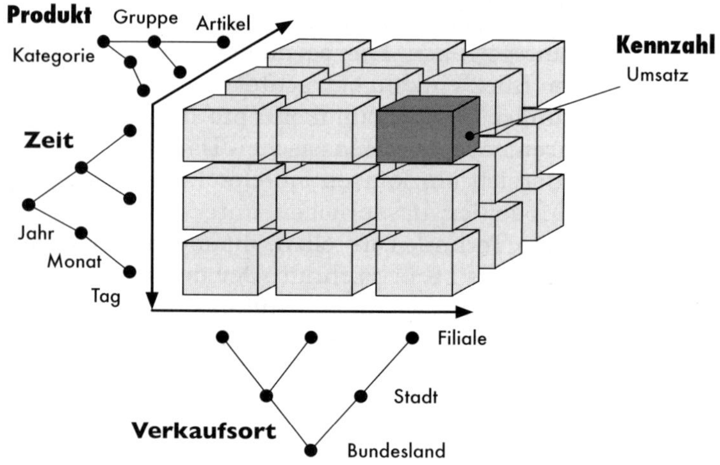

Abbildung 3.1: Begriffe im Datenwürfel

Bei der Analyse der Kennzahlen ist es oft notwendig, diese zu verdichten (zu „konsolidieren“) oder auch zu verfeinern. Werden beispielsweise die Umsatzzahlen für das gesamte Geschäftsjahr 2011 benötigt, können diese aus den Monatsumsatzzahlen berechnet werden. Soll dagegen festgestellt werden, wo in Thüringen der meiste Umsatz mit Wein generiert wurde, so werden detaillierte Kennzahlen unterhalb der Bundeslandebene benötigt. Zur Unterstützung derartiger Auswertungen werden die Dimensionen in Konsolidierungsebenen unterteilt, die eine Hierarchie bilden. So kann die Zeitdimension als Hierarchie Tag $\rightarrow$ Monat $\rightarrow$ Jahr modelliert werden, die Dimension Verkaufsort als Hierarchie Filiale $\rightarrow$ Ort $\rightarrow$ Bundesland $\rightarrow$ Land.

Insgesamt lassen sich die verfügbaren Informationen in einem Datenwürfel in zwei Gruppen unterteilen:

- quantifizierende Informationen (Kennzahlen, sowie durch arithmetische Operationen daraus abgeleitete Informationen) bilden den Gegenstand der Auswertung,
- qualifizierende Informationen modellieren Begriffshierarchien im Rahmen der Dimensionen und werden zur Navigation im Würfel genutzt.

In den folgenden Abschnitten werden wir diese Konzepte genauer einführen und so das Schema eines Datenwürfels auch formal definieren.

3.1.2 Dimensionen

Dimensionen beschreiben mögliche Sichten auf assoziierte Kennzahlen und dienen der orthogonalen Strukturierung des Datenraums. Eine Dimension wird definiert durch eine endliche Menge von $n \geq 2$ Dimensionselementen, die eine semantische Beziehung aufweisen. Ein Dimensionselement bildet eine Stufe in einer Klassifikationshierarchie und legt damit gleichzeitig den Verdichtungs- oder Aggregationsgrad der Kennzahlen fest. Jede Dimension besitzt einen obersten Knoten Top, der eine Verdichtung der Daten auf einen einzelnen Wert enthält.

Bei den Klassifikationshierarchien lassen sich einfache und parallele Hierarchien unterscheiden. In einer einfachen Hierarchie enthält eine höhere Hierarchiestufe die aggregierten Werte genau einer niedrigeren Stufe. Dagegen sind in einer parallelen Hierarchie mehrere unabhängige Zweige (sogenannte Konsolidierungspfade) möglich, wobei zwischen den parallelen Zweigen keine hierarchische Beziehung besteht. In Abbildung 3.2 sind diese beiden Formen gegenüber gestellt. Die Dimension „Ort“ stellt eine einfache Hierarchie aus den Stufen Filiale, Stadt, Bundesland dar, während die Dimension „Zeit“ in einer parallelen Hierarchie modelliert ist. Dies ergibt sich aus der Einbeziehung der Kalenderwochen als Hierarchiestufe – Kalenderwochen sind bekanntlich nicht an die Monatsgrenzen gebunden und sind daher unabhängig von den Monaten.

Das Schema $\mathcal{DS}$ einer Dimension wird durch eine partiell geordnete Menge von Kategorienattributen $\mathcal{DS} = (\{D_1, \ldots, D_n, Top_D\}, \rightarrow)$ definiert, die ein Klassifikationsschema bilden. Hierbei stellt Top_D das Element der höchsten Stufe dar und die Elemente $D_1, \ldots D_n$ die Elemente der anderen Stufen, die Top_D funktional bestimmen:

$$\forall i, 1 \leq i \leq n : D_i \rightarrow Top_D$$

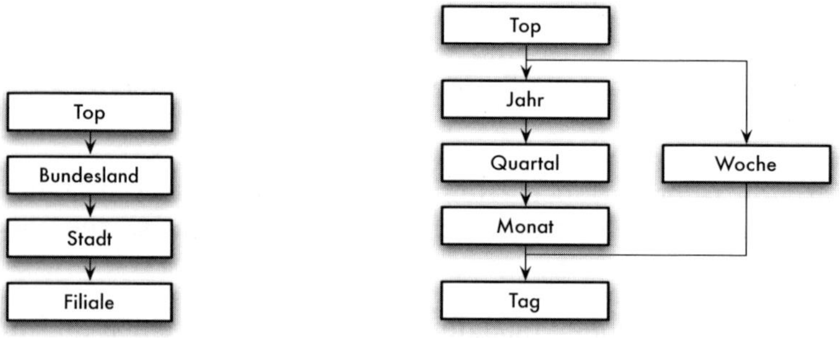

(a) Einfache Hierarchie (b) Parallele Hierarchie

Abbildung 3.2: Modellierung von Dimensionen

Weiterhin gibt es genau ein Element D_i, das alle anderen funktional bestimmt und damit die feinste Granularität einer Dimension festlegt:

$$\exists i, 1 \leq i \leq n, \forall j, 1 < j \leq n, i \neq j : D_i \rightarrow D_j$$

Bisher haben wir nur von Elementen gesprochen und damit Attribute gemeint, die eine Klassifikationshierarchie bilden. Beim Entwurf eines Data-Warehouse-Schemas treten aber weitere Attribute auf, deren Rolle identifiziert werden muss (Abbildung 3.3):

- *Primärattribut* ist das Attribut einer Dimension D, das alle anderen Attribute von D funktional bestimmt und damit die feinste Granularität definiert. Beispiele hierfür sind Auftragsposition, Verkaufstag oder Filiale.
- *Klassifikationsattribute* sind die Element der Menge, welche die Klassifikationshierarchie bilden, wie etwa Produkt, Produktgruppe, Produktkategorie oder Filiale, Stadt, Bundesland.
- *Dimensionale Attribute* sind alle anderen Attribute, die vom Primärattribut oder einem Klassifikationsattribut funktional bestimmt werden und selbst nur Top_D bestimmen, z.B. Regalposition oder Kundenadresse.

3.1.3 Fakten und Kennzahlen

Die Zellen des Datenwürfels werden durch die Kennzahlen gebildet, die damit den eigentlichen Gegenstand der Analyse darstellen. Hierbei handelt es sich um (verdichtete) numerische Messgrößen oder Maßzahlen (engl. *measures*), die typischerweise betriebswirtschaftliche Sachverhalte beschreiben. Hierbei können wir unterscheiden zwischen

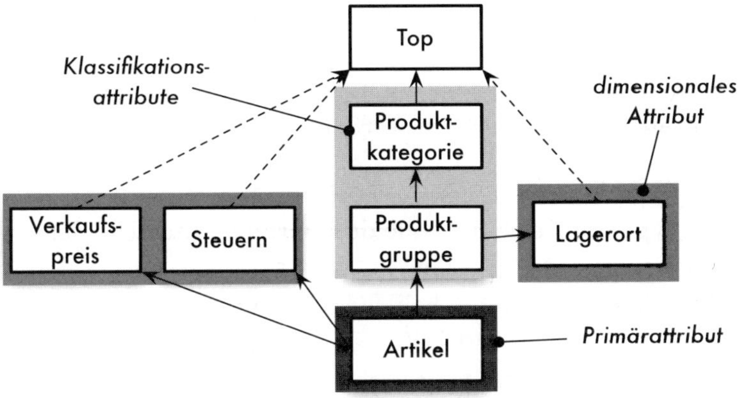

Abbildung 3.3: Attribute in einem Dimensionsschema

- Fakten, die direkt erfasst sind wie z.B. Anzahl verkaufter Einheiten oder Kosten, und
- Kennzahlen, die durch Anwendung arithmetischer Operationen aus Fakten oder anderen Kennzahlen abgeleitet werden, wie etwa Umsatz (Anzahl verkaufter Einheiten $*$ Preis) oder Gewinn (Umsatz $-$ Einkauf).

Der Teil M eines Schemas zur Beschreibung von Fakten und Kennzahlen wird durch mehrere Komponenten spezifiziert:

- der Granularität $G = \{G_1, \ldots, G_k\}$ als eine Teilmenge der Kategorienattribute aller im Schema existierenden Dimensionsschemata $\mathcal{DS}_1, \ldots, \mathcal{DS}_n$, die den „Detailliertheitsgrad" der Kennzahlen bestimmen:

  $$\forall i, 1 \leq i \leq k, \exists j, 1 \leq j \leq n : G_i \in \mathcal{DS}_j$$

  wobei keine funktionalen Abhängigkeit zwischen Kategorienattributen einer Granularität existieren:

  $$\forall i, 1 \leq i \leq k, \forall j, 1 \leq j \leq k, i \neq j : G_i \not\rightarrow G_j$$

- ggf. einer Berechnungsvorschrift $f()$ über Fakten, die bestehen kann aus
  - Skalarfunktionen, wie $+, -, *, /, \%$, so zum Beispiel

    $$\mathit{Umsatzsteueranteil} = \mathit{Menge} * \mathit{Preis} * \mathit{Steuersatz}$$

  - Aggregatfunktionen wie `SUM()`, `AVG()`, `MIN()`, `MAX()`, `COUNT()`
  - ordnungsbasierte Funktionen, z.B. Kumulation, `TOP(`n`)`, `MEDIAN()`

- und dem Summationstyp *SumTyp*, der die erlaubten Aggregationsoperationen definiert.

Damit kann das Schema $\mathcal{M}$ über einer nichtleeren Teilmenge der im Schema existierenden Fakten $F_1, \ldots F_k$ definiert werden:

$$\mathcal{M} = (G, f(F_1, \ldots, F_k), \mathit{SumTyp})$$

Beim Summationstyp lassen sich folgende drei Formen unterscheiden:

- Der Typ *FLOW* beschreibt ein Maß zu einem bestimmten Zeitpunkt. Hierbei sind Fakten und Kennzahlen beliebig aggregierbar. Ein Beispiel ist die Bestellmenge eines Artikels pro Tag.
- Der Typ *STOCK* charakterisiert ein Maß über einen Zeitraum, d.h. einen zeitlich andauernden Bestand, und ist somit beliebig aggregierbar mit Ausnahme von temporalen Dimensionen. Ein Beispiel hierfür ist der Lagerbestand eines Produktes. Zwar kann die Summe über mehrere Produkte berechnet werden, um den Gesamtlagerbestand zu ermitteln. Die Summe der Lagerbestände eines Produktes über mehrere Tage hinweg ergibt jedoch keinen Sinn.
- *VALUE-PER-UNIT (VPU)* beschreibt dagegen aktuelle Zustände, die nicht summierbar sind, wie etwa Wechselkurse oder Steuersätze. Zulässige Aggregatfunktionen sind nur **`MIN()`**, **`MAX()`** und **`AVG()`**.

Die Tabelle in Abbildung 3.4 stellt die Eigenschaften dieser Typen noch einmal gegenüber.

<table>
<tr><td rowspan="3"></td><td rowspan="3">FLOW</td><td colspan="2">STOCK</td><td rowspan="3">VPU</td></tr>
<tr><td colspan="2">Aggregation über temporale Dimension?</td></tr>
<tr><td>nein</td><td>ja</td></tr>
<tr><td>MIN/MAX</td><td>+</td><td colspan="2">+</td><td>+</td></tr>
<tr><td>SUM</td><td>+</td><td>+</td><td>−</td><td>−</td></tr>
<tr><td>AVG</td><td>+</td><td colspan="2">+</td><td>+</td></tr>
<tr><td>COUNT</td><td>+</td><td colspan="2">+</td><td>+</td></tr>
</table>

Abbildung 3.4: Summationstypen für Kennzahlen

3.1.4 Schema des multidimensionalen Datenwürfels

Mit den oben eingeführten Definitionen kann nun des vollständige Schema eines Datenwürfels eingeführt werden. Seien dazu die Menge der Dimensionen(-schemata) $\mathcal{DS}_1, \ldots, \mathcal{DS}_n$ und die Menge der Kennzahlen $\mathcal{M}_1, \ldots, \mathcal{M}_m$ gegeben. Das Schema eines Würfels $\mathcal{C}$ ist demnach:

$$\mathcal{C} = (\{\mathcal{DS}_1, \ldots, \mathcal{DS}_n\}, \{\mathcal{M}_1, \ldots, \mathcal{M}_m\})$$

Ein solches Schema sollte eine Reihe von Eigenschaften erfüllen, welche die Unabhängigkeit der Dimensionen sowie die Aggregierbarkeit der Kennzahlen betreffen:

Orthogonalität. Zunächst gilt die Orthogonalität der Dimensionen: Zwischen den Attributen unterschiedlicher Dimensionen existieren keine funktionalen Abhängigkeiten:

$$\forall i, 1 \leq i \leq n, \forall j, 1 \leq j \leq n, i \neq j \neg \exists k, l : \mathcal{DS}_i.D_k \rightarrow \mathcal{DS}_j.D_l$$

Disjunktheit. Bei der Definition von Aggregationen muss beachtet werden, dass ein konkreter Wert einer Kennzahl nur genau einmal in das Ergebnis eingeht. Betrachten wir hierzu das Beispiel in Abbildung 3.5, in dem die Umsatzzahlen für verschiedene Getränke erfasst sind.

Umsatz	**2010**	**2011**
Bier	38	42
Biermix	27	31
Softdrinks	54	57
Gesamt	92	99

Abbildung 3.5: Verletzung der Disjunktheit von Aggregaten

Offensichtlich ist der Gesamtumsatz nicht gleich der Summe über alle angegebenen Getränkesorten: In diesem Fall sind Biermixgetränke eine Teilmenge der Biere und dürfen somit nicht extra mit in die Gesamtsumme einbezogen werden.

Vollständigkeit. Kennzahlen auf höherer Aggregationsebene sollten sich immer komplett aus Werten tieferer Stufen berechnen lassen. Auch hierzu wollen wir wieder ein Beispiel betrachten. In der Tabelle in Abbildung 3.6 sind die Verkaufszahlen eines Getränkehandels für Weine aus drei Hauptanbaugebieten dargestellt. Da es neben diesen Gebieten auch noch einige wenige Produzenten aus anderen Gebieten gibt, sind diese in der Zeile „Sonstige" zusammengefasst. Ohne diese zusätzliche Gruppe könnte die Summe nicht direkt aus den Verkaufszahlen der aufgelisteten Gebiete berechnet werden.

Verträglichkeit der Aggregationsfunktionen. Entsprechend der Summationstypen der Kennzahlen (siehe Abbildung 3.4) muss sichergestellt werden, dass neue Kennzahlen nur aus solchen Fakten oder Kennzahlen berechnet werden, wo dies auch zulässig ist. So sollte eine Kennzahl für die durchschnittliche Verkaufsmenge pro Tag nicht auf für die Durchschnittsberechnung auf einer höheren Aggregationsebene herangezogen werden.

Weinregion	2011	2012
Rheinhessen	152	153
Saale-Unstrut	98	104
Mosel	161	172
Sonstige	20	22
Gesamt	*431*	*451*

Abbildung 3.6: Vollständigkeit von Aggregaten

3.2 Konzeptuelle Modellierung

Wie bei der Entwicklung jeder anderen Datenbankanwendung sollten die frühen Phasen des Data-Warehouse-Entwurfs durch konzeptuelle Entwurfstechniken unterstützt werden. Der konzeptuelle Entwurf stellt, als nächster Schritt nach der Anforderungsanalyse, die erste formale Beschreibung des Fachproblems und der im Anwendungsbereich benötigten Informationsstrukturen dar [SSH13]. Im Data-Warehouse-Bereich bedeutet dies im Wesentlichen die Spezifikation der Kennzahlen und Dimensionen aufbauend auf einer Informationsbedarfsanalyse und der Analyse der Quellsysteme zur Herkunft der Daten. Grundsätzlich lassen sich dafür auch die konventionellen Entwurfsmodelle wie das im Datenbankbereich weit verbreitete Entity-Relationship-Modell oder die aus dem allgemeinen Softwareentwurf bekannte Unified Modeling Language (UML) nutzen. Allerdings haben diese Techniken für die Modellierung eines Data-Warehouse-Schemas einige Schwächen. So berücksichtigen sie gerade aufgrund der universellen Anwendbarkeit nur unzureichend die Semantik des multidimensionalen Datenmodells: Was ist beispielsweise eine Klassifikationsstufe – ein Attribut, ein Entity-Typ oder eine Klasse? Wie werden Fakten oder Kennzahlen repräsentiert?

Vor diesem Hintergrund wurden in den vergangenen 15 Jahren eine ganze Reihe von Ansätzen zur konzeptuellen Modellierung von Data-Warehouse- bzw. OLAP-Datenbanken vorgeschlagen, die zugunsten einer Konzentration auf den Analysezweck auf die universelle Anwendbarkeit verzichten. Diese Modelle basieren entweder auf dem ER-Modell wie das Multidimensionale ER-Modell (ME/R) bzw. die Dimensional Fact Modeling-Technik, auf UML wie etwa der in [GMR98]beschriebene Ansatz oder sind (proprietäre) Neuentwicklungen wie ADAPT. Leider hat sich keine dieser Techniken in ähnlicher Weise wie das ER-Modell oder UML durchgesetzt, sodass es dem Anwender überlassen bleibt, das passende Modell zu wählen – ggf. auch in Abhängigkeit von verfügbaren Modellierungswerkzeugen. Im Folgenden werden wir daher zwei Ansätze beispielhaft vorstellen.

3.2.1 Das ME/R-Modell

Das Multidimensional Entity/Relationship-Modell (ME/R) wurde 1998 von Sapia et al. in [SBHD98] vorgestellt und ist eine Erweiterung zum klassischen ER-Modell. Ergänzend zu den dort definierten Konzepten Entity-Typ, Beziehungstyp und Attribut führt ME/R folgende Konzepte Modellierung eines multidimensionalen Schemas ein:

- einen Entity-Typ *Dimension Level* zur Repräsentation einer Klassifkationsstufe,
- einen binären Beziehungstyp *Classification* oder *Roll-Up* zur Verbindung von Klassifikationsstufen sowie
- einen n-stelligen Beziehungstyp *Fact*, der die eigentlichen Kennzahlen als Attribute aufnimmt.

Mit Hilfe der Entity- und Beziehungstypen Dimension Level bzw. Classification werden die Hierarchien von Dimensionen als gerichtete, azyklische Graphen definiert, ein Konzept zur expliziten Modellierung einer Dimension selbst existiert jedoch nicht. Die in [SBHD98] vorgeschlagene grafische Notation dieser Konzepte ist in Abbildung 3.7 dargestellt.

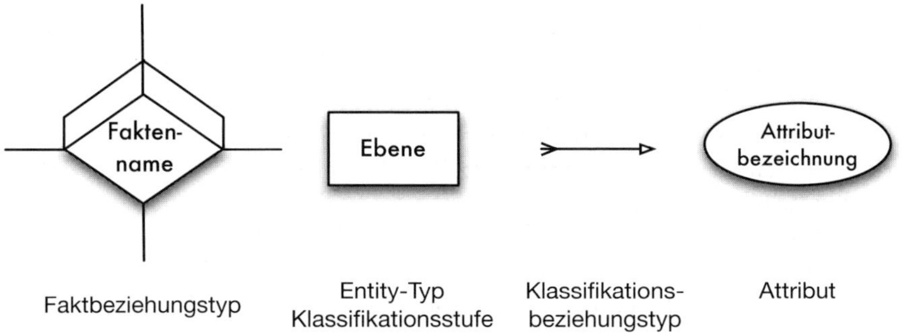

Abbildung 3.7: ME/R: Notationen

Betrachten wir die Modellierung mit ME/R in Anlehnung an unseren Beispielwürfel aus Abbildung 3.1. Das zentrale Konzept bildet die Faktenbeziehung mit den Kennzahlen (Verkaufs-)Anzahl und Umsatz. Diese Beziehung verbindet die Entity-Typen der feinsten Granularitätsstufen der Dimensionen Produkt, Zeit und Ort sowie – ergänzend zu unserem Würfel – eine Dimension Kunden, die angibt, welcher Kunde diesen Kauf getätigt hat (Abbildung 3.8). Für jede dieser Dimensionen sind weiterhin die entsprechenden Hierarchien über die speziellen Klassifikationsbeziehungen modelliert.

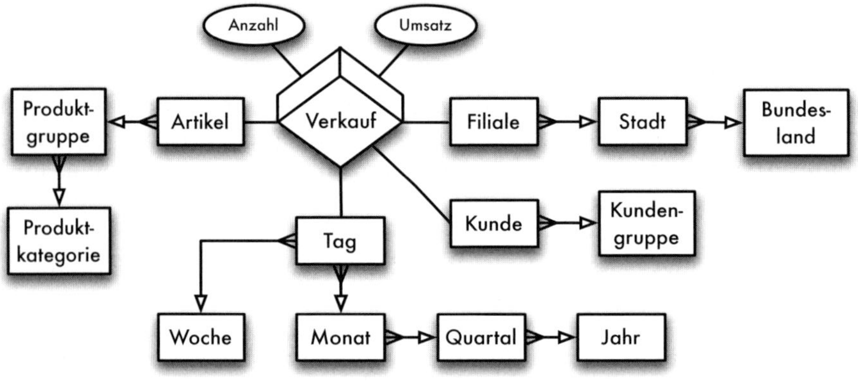

Abbildung 3.8: Modellierung mit ME/R

Dieses Beispiel macht deutlich, dass mit dem ME/R-Modell die Spezifika eines multidimensionalen analyseorientierten Schemas besser repräsentiert werden können. Zum Vergleich modelliere man den in Abbildung 3.8 dargestellten Sachverhalt im konventionellen ER-Modell.

3.2.2 ADAPT

Die ADAPT-Technik (für *Application Design for Analytical Processing Technologies*) wurde 1996 von Bulos vorgestellt und ist inzwischen ein Warenzeichen der Firma Symmetry Corp. Bei ADAPT handelt es sich um eine komplette Neuentwicklung speziell für die multidimensionale Datenmodellierung, die auch durch Werkzeuge wie etwa Visio unterstützt wird. Ziel der Entwicklung war die Möglichkeit der Beschreibung sämtlicher Metadaten-Objekte sowie von Berechnungsvorschriften. Allerdings besitzt ADAPT im Gegensatz zum ER-Modell und zu UML keine formale Semantik.

Die zentralen Elemente von ADAPT sind der Hypercube (Würfel) und die Dimension. Ein Hypercube repräsentiert eine multidimensionale Datenstruktur, die eine einzelne Kennzahl enthält und mit beliebig vielen Dimensionen assoziiert sein kann. Die Begrenzung auf eine einzelne Kennzahl ist jedoch keine wirkliche Einschränkung, da einfach mehrere Hypercubes definiert werden können. Eine Dimension ist zunächst nur ein abstraktes Konzept, das durch die Definition von Hierarchien untersetzt wird. Für eine Dimension lassen sich mehrere (parallele) Hierarchien einführen, die wiederum aus Hierarchiestufen und Dimensionsebenen bestehen. Abbildung 3.9 zeigt die Notation der wichtigsten Elemente von ADAPT.

Neben den Standardelementen bietet ADAPT noch eine Reihe von Konzepten zur detaillierten Modellierung von Dimensionen. Hierzu zählen dimensio-

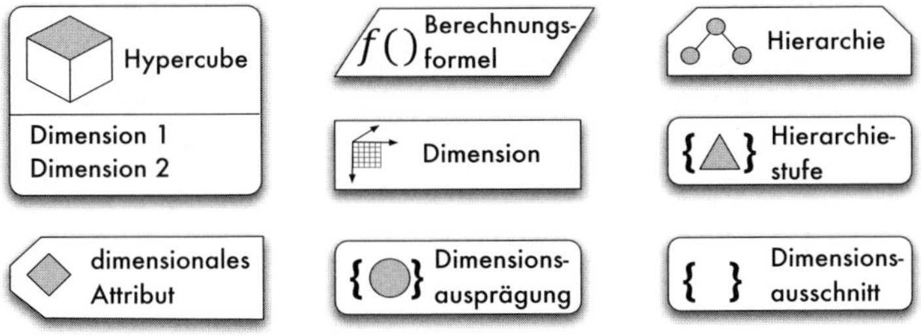

Abbildung 3.9: Notation von ADAPT

nale Attribute, Ausprägungen von Dimensionselementen und Dimensionsausschnitte. Die Anwendung der wesentlichen Konzepte wollen wir wieder in einer Beispielmodellierung betrachten, die das Szenario aus Abbildung 3.8 aufgreift und erweitert.

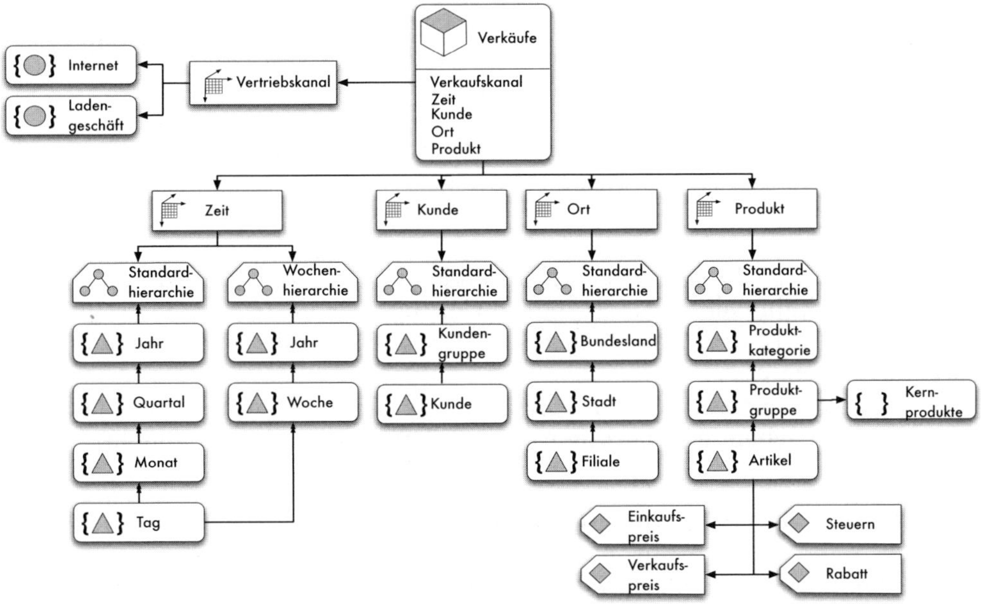

Abbildung 3.10: Beispielmodellierung in ADAPT

Neben den bereits bekannten Dimensionen sind in Abbildung 3.10 noch weitere Aspekte modelliert. So sind zur Dimensionsebene Artikel die dimensionalen Attribute Einkaufspreis, Verkaufspreis, Rabatt und Steuern definiert. Für die Ebene Produktgruppe wird ein Dimensionsausschnitt „Kernprodukte" eingeführt, der die für das Kerngeschäft des Unternehmens wichtigen Produktgruppen umfasst. Weiterhin ist der Verkaufskanal für die Verkäufe („Ladengeschäft“, „Internet“) als zusätzliche Dimension modelliert, für die jedoch keine Hierarchie, sondern nur die möglichen Ausprägungen angegeben sind.

3.3 Relationale Umsetzung

Ein Data-Warehouse-Schema auf der Basis des multidimensionalen Datenmodells muss zur Umsetzung in einem DBMS auf dessen logisches Schema abgebildet werden. Eine solche Umsetzung sollte der multidimensionalen Sichtweise Rechnung tragen und dabei sowohl die Modellierung der Daten als auch die Anfrageformulierung berücksichtigen.

Grundsätzliche gibt es hier mehrere mögliche Herangehensweisen:

- die Abbildung auf relationale Strukturen (Tabellen), die als ROLAP (relationales OLAP) bezeichnet wird,
- die direkte Speicherung in multidimensionalen Strukturen (z.B. Feldern), auch als MOLAP (multidimensionales OLAP) bekannt,
- hybride Strukturen bzw. Mischformen (HOLAP für hybrides OLAP), etwa indem Detaildaten relational und Aggregate multidimensional abgespeichert werden.

Für ROLAP sprechen die breite Verfügbarkeit kommerzieller DBMS, deren Reife und Leistungsfähigkeit sowie Standardisierung. Der Vorteil der meist proprietären MOLAP-Lösungen besteht dagegen im Wegfall der Transformation bzw. Vorwegberechnung.

Im Folgenden betrachten wir zunächst nur die relationale Umsetzung. Aspekte der physischen Speicherung werden wir in Kapitel 6-8 behandeln.

3.3.1 Prinzip der relationalen Abbildung

Bei der Abbildung eines multidimensionalen Schemas auf eine relationale Datenbank sind eine Reihe von Anforderungen zu berücksichtigen:

- Der Verlust der anwendungsbezogenen Semantik des multidimensionalen Schemas wie etwa das Wissen über die Klassifikationshierarchien sollte soweit wie möglich vermieden werden.
- Multidimensionale Anfragen auf dem Datenwürfel müssen effizient in relationale Anfragen übersetzt werden.

- Die übersetzten SQL-Anfragen sollten effizient ausführbar sein. Dies kann u.a. bedeuten, Wissen über die Relationen (etwa, ob sie Dimensionsdaten oder Kennzahlen speichern) auszunutzen oder wiederholte Aggregationen zu vermeiden.
- Die entstandenen Relationen und physischen Speicherstrukturen (z.B. Indexe) sollten leicht wartbar sein und etwas das einfache Laden neuer Daten erlauben.
- Schließlich sind noch die Anfragecharakteristik (z.B. überwiegend Leseoperationen) und das Datenvolumen von Analyseanwendungen zu berücksichtigen.

Ausgangspunkt einer relationalen Umsetzung ist die Repräsentation des Datenwürfels ohne Klassifikationshierarchien. Die Kennzahlen und die Dimensionen (genauer die Kategorieattribute mit der feinsten Granularität) werden auf die Spalten einer Relation abgebildet, die als *Faktentabelle* bezeichnet wird. Jede Zelle des Datenwürfels entspricht somit einem Tupel dieser Faktentabelle (Abbildung 3.11).

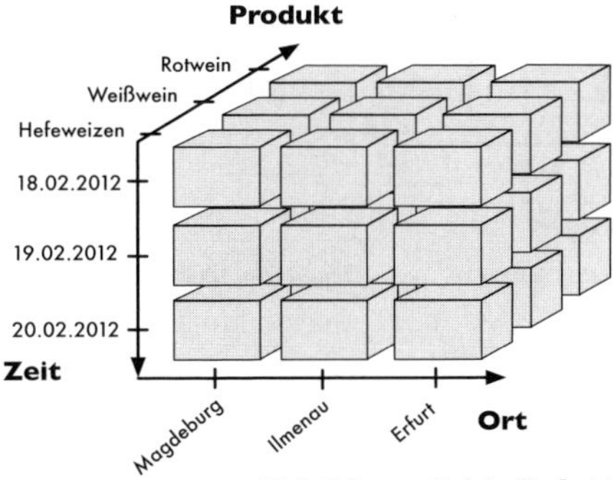

Produkt	Filiale	Tag	Umsatz
Rotwein	Magdeburg	18.02.12	145
Weißbier	Magdeburg	18.02.12	160
Hefeweizen	Magdeburg	18.02.12	259
Rotwein	Ilmenau	18.02.12	121
	...		
Rotwein	Magdeburg	19.02.12	142
	...		

Abbildung 3.11: Relationale Umsetzung: Faktentabelle

3.3.2 Snowflake-Schema

Für die Abbildung einer Dimension mit Klassifikationshierarchie gibt es zwei grundsätzliche Varianten. Beim Snowflake-Schema wird für jede Dimension pro Klassifikationsstufe eine eigene Tabelle eingeführt, die folgende Attribute enthält:

- eine eindeutige ID für den Klassifikationsknoten,
- beschreibende (dimensionale) Attribute (wie z.B. Marke, Hersteller, Bezeichnung),

- den Fremdschlüssel der direkt übergeordneten Klassifikationsstufe.

In der Faktentabelle muss dann als Fremdschlüssel die ID der niedrigsten Klassifikationsstufe jeder Dimension aufgenommen werden. Alle Fremdschlüssel der Dimensionstabellen bilden zusammen den (zusammengesetzten) Primärschlüssel der Faktentabelle. In Abbildung 3.12 ist dieses Muster anhand eines Beispielschemas dargestellt. Der Name „Snowflake“ kommt von der Form des Schemas, die entsteht, wenn parallele Hierarchien vorhanden sind – in diesem Fall verzweigen sich die Dimensionstabellen wie in einer Schneeflocke.

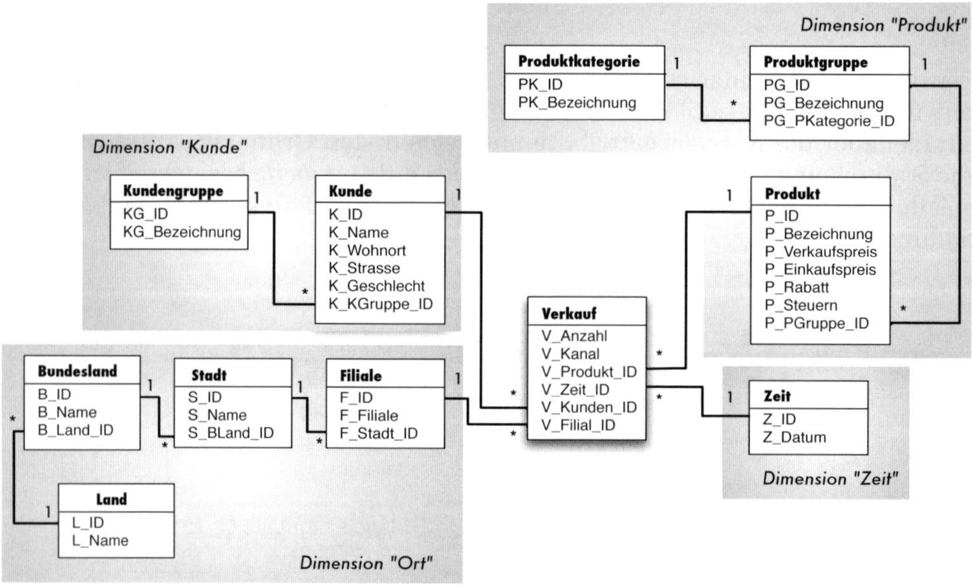

Abbildung 3.12: Snowflake-Schema

Die Abbildung einer Klassifikationshierarchie auf mehrere, über Fremdschlüssel miteinander verbundene Tabellen entspricht der Normalisierung aus dem klassischen relationalen Datenbankentwurf: Die transitiven Abhängigkeiten zwischen den Klassifikationsattributen verletzen die 3. Normalform, sodass eine Zerlegung notwendig ist.

Formal lässt sich dies wie folgt formulieren: Eine Dimension d mit dem Schema $\mathcal{DS}^d = (\{D_1, D_2, \ldots, D_n, Top_D\}, \rightarrow)$ wird durch n Tabellen mit dem Schema $\texttt{DimTable}_i^d(\texttt{DimKey}_i, D_i, \texttt{DimKey}_{i+1})$ repräsentiert, wobei das Fremdschlüsselattribut $\texttt{Dim}_{i+1}\texttt{Key}$ für die n-te Tabelle $\texttt{DimTable}_n^d$ entfällt. In der Faktentabelle mit m Fakten werden dann die Primärschlüssel $\texttt{DimKey}_1$ der aus jeder Dimensionstabelle $\texttt{DimTable}_1^d$ mit $\leq d \leq n$ aufgenommen: $\texttt{FactTable(Dim}_1^1\texttt{\_Key, ..., Dim}_1^n\texttt{\_Key,}\ f_1\texttt{, ...,}\ f_m\texttt{)}$.

Das in Abbildung 3.12 dargestellte Schema ist gleichzeitig auch die Umsetzung des Würfels aus Abbildung 3.1. Die vier Dimensionen Zeit, Produkt, Kunde und Ort werden jeweils durch einen eigenen „Zweig“ repräsentiert, wobei zu jede Stufe der Hierarchie eine eigene Tabelle eingeführt wird, die neben dem eigentlichen Klassifikationsattribut (wie etwa Bezeichnung) einen künstlichen Schlüssel sowie den Fremdschlüssel enthält. Die Kunden-Dimension illustriert die Abbildung paralleler Hierarchien – in der Tabelle Kunde sind Fremdschlüssel zur Kundengruppe und zur Hierarchiestufe Ort vorhanden. Eine Besonderheit ist die Zeitdimension: Da in einem Datumswert bereits alle Information wie Tag, Monat, Jahr enthalten sind und die Kalenderwoche problemlos errechnet werden kann, ist hier eine explizite Modellierung der Hierarchie meist nicht nötig.

Durch die Normalisierung der Dimensionstabellen im Snowflake-Schema werden Redundanzen und Änderungsanomalien vermieden. Allerdings wird dies durch ggf. teurere Join-Operationen über mehrere Tabellen erkauft, wenn Einschränkungen auf den höheren Klassifikationsstufen benötigt werden.

3.3.3 Star-Schema

Eine Alternative zum Snowflake-Schema ist das Star-Schema. Bei diesem Schema werden die zu einer Dimension gehörenden Tabellen denormalisiert. Das Star-Schema befindet sich damit nur in der 1. Normalform. Dies bedeutet, dass pro Dimension nur genau eine Dimensionstabelle existiert. Die dadurch entstehenden Redundanzen werden zugunsten einer schnelleren Anfrageverarbeitung in Kauf genommen.

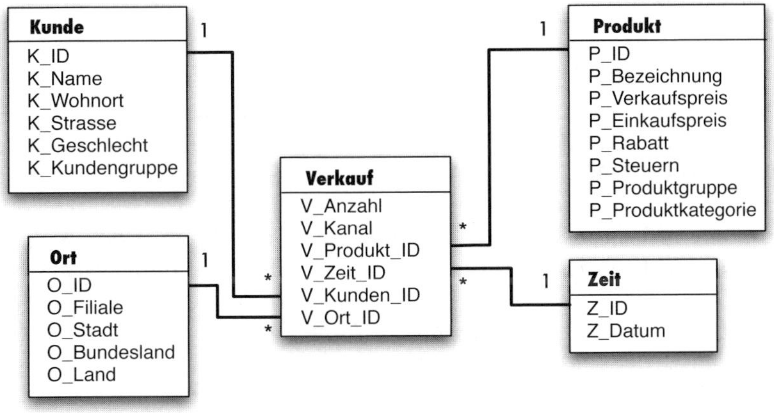

Abbildung 3.13: Star-Schema

Formal kann das Star-Schema wie folgt beschrieben werden: Zu einer Dimension d mit dem Schema $\mathcal{DS}^d = (\{D_1, D_2, \ldots, D_n, Top_D\}, \rightarrow)$ wird eine Tabelle DimTable^d(DimKey, D_1, D_2, ..., D_n) eingeführt, die Faktentabelle ist dagegen genau wie beim Snowflake-Schema aufgebaut.

Auch hierzu wollen wir als Beispiel die Umsetzung unseres Würfels betrachten. Wie in Abbildung 3.13 ersichtlich, benötigen wir dazu pro Dimension jeweils nur eine Tabelle. Die einzelnen Hierarchiestufen wie Produktgruppe und -kategorie werden einfach als Attribute dieser Dimensionstabelle repräsentiert.

3.3.4 Vergleich von Snowflake- und Star-Schema

Welche der beiden Schemaformen ist nun besser geeignet? Aus einer reinen Datenbankentwurfssicht ist die normalisierte Form des Snowflake-Schemas besser, da hier Redundanzen vermieden werden. Allerdings ist es auch sinnvoll, die Charakteristika von Data-Warehouse-Anwendungen zu betrachten. So weisen die Dimensionstabellen meist ein im Vergleich zur Faktentabelle geringeres Datenvolumen auf und unterliegen auch nur selten Änderungen, wie etwa bei der Eröffnung einer neuen Filiale oder der Einführung neuer Produkte. So fallen die Nachteile des Star-Schemas wie Redundanzen und Gefahr von Änderungsanomalien nicht so sehr ins Gewicht. Gleichzeitig werden in Anfragen häufig Einschränkungen auf höheren Granularitätsstufen durchgeführt (Verkaufszahlen pro Jahr oder Bundesland), sodass auch hier das Star-Schema besser geeignet erscheint. Das folgende Anfragebeispiel soll dies verdeutlichen. Gesucht ist die Anzahl der Verkäufe für die Produktgruppe „Wein" pro Stadt und Jahr. Für das obige Snowflake-Schema muss die Anfrage wie folgt formuliert werden:

```
SELECT S_Name, YEAR(Z_Datum), SUM(V_Anzahl)
FROM   Verkauf, Filiale, Stadt, Produkt, Produktgruppe, Zeit
WHERE  V_Produkt_ID = P_ID AND P_PGruppe_ID = PG_ID AND
       V_Filial_ID = F_ID AND F_Stadt_ID = S_ID AND
       V_Zeit_ID = Z_ID AND PG_Bezeichnung = 'Wein'
GROUP BY S_Name, YEAR(Z_Datum)
```

Die Anzahl der Joins ist hierbei 6 und steigt linear mit Anzahl der Aggregationspfade. Im Gegensatz dazu lautet die gleiche Anfrage auf dem Star-Schema:

```
SELECT O_Stadt, YEAR(Z_Datum), SUM(V_Anzahl)
FROM   Verkauf, Ort, Produkt, Zeit
WHERE  V_Produkt_ID = P_ID AND V_Zeit_ID = Z_ID AND
       V_Ort_ID = O_ID AND P_Produktgruppe = 'Wein'
GROUP BY O_Stadt, YEAR(Z_Datum)
```

Hierbei werden nur drei Joins benötigt, wobei die Anzahl auch unabhängig von der Länge der Aggregationspfade ist.

Insgesamt lassen sich folgende Vorteile des Star-Schemas identifizieren:

- einfache Struktur und damit vereinfachte Anfrageformulierung,
- einfache und flexible Darstellung von Klassifikationshierarchien als Spalten in Dimensionstabellen,
- effiziente Anfrageverarbeitung innerhalb einer Dimension, da keine Join-Operation notwendig sind.

Allerdings trifft dies nur zu, wenn die Dimension tatsächlich vergleichsweise wenige Daten enthalten und selten geändert werden. Umfasst eine Dimension dagegen viele Ebenen und wird oft geändert (wie z.B. eine Kundendimension), so ist ein Snowflake-Schema eventuell besser geeignet.

Natürlich lassen sich Star- und Snowflake-Schema auch problemlos in einer Mischform kombinieren, indem einzelne Dimensionen entweder normalisiert oder denormalisiert wird. Entscheidungskriterien sind hierbei:

- Änderungshäufigkeit der Dimensionen: Durch Normalisierung im Snowflake-Schema kann der Pflegeaufwand reduziert werden.
- Anzahl der Klassifikationsstufen einer Dimension: Mehr Klassifikationsstufen führen im Star-Schema zu größeren Redundanzen.
- Anzahl der Dimensionselemente: Bei vielen Elementen einer Dimension auf niedrigster Klassifikationsstufe kann durch Normalisierung Speicherplatz gespart werden.

3.3.5 Fact-Constellation-Schema und Galaxie-Schema

Neben den Basiskennzahlen lassen sich auch vorberechnete Aggregate in der Faktentabelle als Kennzahlen abspeichern, die dann nur abgefragt und nicht jedes Mal neu berechnet werden müssen. Ein Beispiel hierfür ist die aggregierte Anzahl an Verkäufen für jeden Tag und jede Filiale pro Produktgruppe bzw. Produktkategorie. Dieses Aggregat kann als Tupel in der Faktentabelle `Verkauf` abgespeichert werden, muss dazu jedoch auf geeignete Dimensionswerte verweisen.

Im Fall eines Star-Schemas wird dazu in jeder Dimensionstabelle ein spezielles Attribut Stufe eingeführt, über das die Aggregations- bzw. Hierarchieebene identifiziert werden kann. In Abbildung 3.14 ist dies für die Dimension Produkt unseres Beispiels illustriert: Stufe = 0 bezeichnet die Detaildaten, Stufe = 1 die Produktgruppen sowie Stufe = 2 die Produktkategorien.

P_ID	P_Bezeichnung	P_PGruppe	P_PKategorie	P_Stufe
142	Merlot	Wein	Getränke	0
143	Chardonnay	Wein	Getränke	0
		...		
100	NULL	Wein	Getränke	1
271	Guinness	Bier	Getränke	0
281	Radler	Bier	Getränke	0
		...		
200	NULL	Bier	Getränke	1
		...		
900	NULL	NULL	Getränke	2
		...		

Abbildung 3.14: Dimensionstabelle `Produkt` für Summentabellen

Die Stufe-Attribute dienen aber nicht nur der Kennzeichnung der Ebene, sondern müssen auch bei Anfragen verwendet werden, um Mehrfachzählung zu vermeiden. Die folgende Anfrage demonstriert dies anhand der Ermittlung der Verkaufszahlen der Produktgruppe Wein:

```
SELECT O_Filiale, YEAR(Z_Datum), SUM(V_Anzahl)
FROM   Verkauf, Ort, Produkt, Zeit
WHERE  V_Produkt_ID = P_ID AND V_Zeit_ID = Z_ID AND
       V_Ort_ID = O_ID AND
       P_Produktgruppe = 'Wein' AND P_Stufe = 1
GROUP BY O_Filiale, YEAR(Z_Datum)
```

Ein alternativer Ansatz ist das *Fact-Constellation-Schema*. Hierbei werden die Aggregate in eine oder mehrere separate Faktentabellen (sogenannte *Summentabellen*) ausgelagert. In der Summentabelle wird dazu als Fremdschlüssel direkt auf die Attribute der jeweiligen Hierarchieebene in der Dimensiontabelle verwiesen – sinnvollerweise führt man dafür eindeutige Schlüssel ein, wie dies in Abbildung 3.15 für die Dimensionen Ort, Produkt und Zeit dargestellt ist, um eine Summentabelle `Summe_Verkauf` verwalten zu können. Auf die Stufe-Attribute kann dabei verzichtet werden.

Ein ähnlicher Ansatz kann auch im Snowflake-Schema eingesetzt werden. Da hier die Dimensionstabellen normalisiert vorliegen, kann von Summentabellen direkt auf die Tabelle mit der benötigten Hierarchieebene verwiesen werden. Es ist dabei nicht einmal notwendig, dass alle Fakten- bzw. Summentabellen mit den gleichen Dimensionstabellen verknüpft werden (Abbildung 3.16). Diese Art eines Schemas wird auch Galaxie-Schema oder Multi-Faktentabellen-Schema genannt.

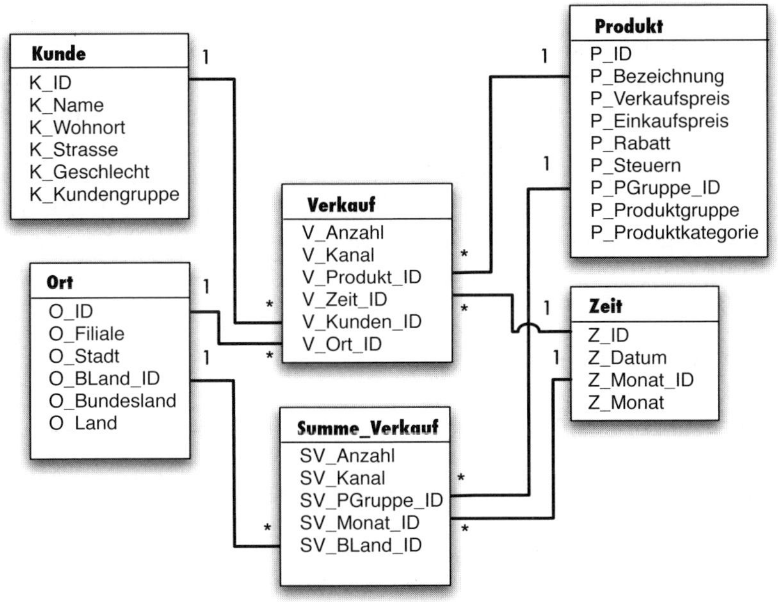

Abbildung 3.15: Fact-Constellation-Schema

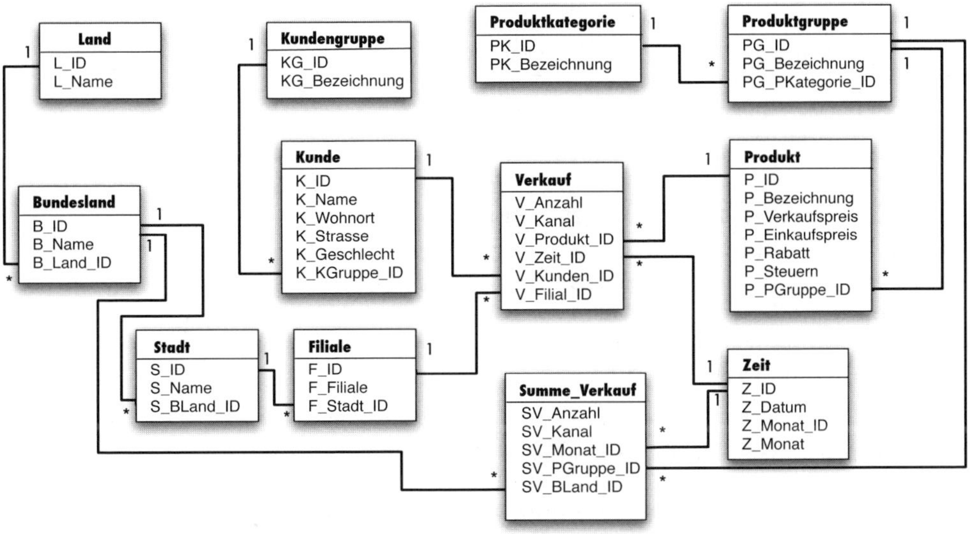

Abbildung 3.16: Galaxie-Schema

3.3.6 Alternative Modellierung von Klassifikationshierarchien

Im Star-Schema werden die Stufen einer Klassifikationshierarchie als Spalten einer denormalisierten Dimensionstabelle repräsentiert. Dies hat den Vorteil, dass auch bei Selektionen auf höheren Granularitätsstufen (z.B. Bundesland oder Produktkategorie) keine teuren Verbundoperationen benötigt werden. Demgegenüber stehen als Nachteile die Notwendigkeit von Schemaänderungen bei der Hinzunahme neuer Hierarchiestufen sowie von Duplikateliminierungen bei Anfragen auf höheren Stufen. Ein Beispiel ist die folgende Anfrage, die alle Städte ermittelt, in denen im Juni 2012 Produkte mit einem Rabatt von mehr als 10% verkauft wurden.

```
SELECT DISTINCT O_Stadt
FROM   Verkauf, Ort, Produkt, Zeit
WHERE  V_Produkt_ID = P_ID AND V_Zeit_ID = V_ID AND
       V_Ort_ID = O_ID AND
       P_Rabatt > 10 AND YEAR_MONTH(Z_Datum) = 201206
```

Eine Altenative ist die vertikale Darstellung als rekursive Struktur. Hierbei werden generische Spaltennamen wie `Dimension_ID` als Dimensionsschlüssel für die Faktentabelle und `Parent_ID` als Fremdschlüssel zur Dimensions-ID der nächsthöheren Stufe eingeführt.

P_ID	P_Bezeichnung	P_PGruppe	P_PKategorie
142	Merlot	Wein	Getränke
143	Chardonnay	Wein	Getränke
271	Guinness	Bier	Getränke
281	Radler	Bier	Getränke

(a) Denormalisierte Dimensionstabelle

Dimension_ID	Parent_ID
Merlot	Wein
Wein	Getränke
Guinness	Bier
Bier	Getränke
Radler	Bier

(b) Dimensionstabelle mit rekursiver Struktur

Dimension_ID	Stufe1_ID	Stufe2_ID	Stufe
Merlot	Wein	Getränke	0
Chardonnay	Wein	Getränke	0
Guinness	Bier	Getränke	0
Wein	Getränke	NULL	1
Bier	Getränke	NULL	1
Getränke	NULL	NULL	2
Radler	Bier	Getränke	0

(c) Dimensionstabelle mit generischer Struktur und Stufen-Attribut

Abbildung 3.17: Klassifikationshierarchien in Dimensionstabellen

Der Vorteil dieser Repräsentation ist eine einfache Änderung des Klassifikationsschemas: Die Hinzunahme einer neuen Stufe erfordert nur das Einfügen eines neuen Tupels. Auch lassen sich vorberechnete Aggregate sehr einfach behandeln, da nur auf die entsprechende Dimensions-ID verwiesen werden muss. Nachteilig ist jedoch die Ausführung von Selbstverbunden beim Zugriff auf höhere Stufen.

Beide Varianten können auch kombiniert werden, indem zum Einen alle Klassifikationsstufen als Spalten repräsentiert werden – dabei jedoch mit einem generischen Bezeichner – und zum Anderen auch die höheren Stufen als eigenes Tupel gespeichert werden. Damit eindeutig erkennbar ist, welche Stufe der Klassifikationshierarchie von einem Tupel repräsentiert wird, ist wiederum ein Stufe-Attribut analog dem Vorgehen bei der Verwaltung von Summentabellen in Abschnitt 3.3.5 einzufügen.

3.3.7 Vermeidung von Semantikverlusten

Die oben beschriebenen Abbildungen auf das relationale Datenmodell sind leider mit einem Verlust an Semantik verbunden, da das Relationenmodell nur Relationen kennt. Konkret ist es ohne Wissen über das multidimensionale Schema und die Bedeutung der Attribute nur schwer oder nicht eindeutig möglich:

- zwischen Kennzahlen und Dimensionen als Attribute der Faktentabelle zu unterscheiden,
- die Rolle der Attribute von Dimensionstabellen (beschreibend oder zum Aufbau der Hierarchie) zu identifizieren,
- den Aufbau der Dimensionen (Drill-Pfade) zu erkennen.

Der einzige Ausweg besteht daher in der expliziten Bereitstellung entsprechender Informationen bzw. in der Erweiterung des Systemkatalogs um Metadaten für multidimensionale Anwendungen. Ein Beispiel hierfür ist die **`CREATE DIMENSION`**-Anweisung von Oracle, die im Folgenden kurz vorgestellt wird.

SQL bietet bekanntlich die Möglichkeit, funktionale Abhängigkeiten vom Primärschlüssel sowie Fremdschlüsselbeziehungen durch Integrationsbedingungen auszudrücken. Was jedoch nicht möglich ist, ist die Spezifikation von funktionalen Beziehungen zwischen Attributen *innerhalb* einer Dimension. Genau hier setzt die Oracle-Erweiterung `CREATE DIMENSION` an: Mit dieser Anweisung können die Struktur einer Dimension und insbesondere die Abhängigkeiten zwischen den Attributen definiert werden. Allerdings handelt es sich nicht um eine echte Integritätsbedingung sondern nur um eine informative Zusicherung. Dies bedeutet, dass die Korrektheit der Daten bezüglich dieser Zusicherung vom DBMS nicht überprüft wird. Oracle nutzt die Informationen nur zum Umschreiben von Anfragen über materialisierten Sichten (siehe Kapitel 8).

Der Aufbau einer Dimensionsspezifikation mit `CREATE DIMENSION` ist wie folgt:

```
CREATE DIMENSION DimName
LEVEL Stufe IS (Tabelle.Spalte) ...
HIERARCHY HierarchyName (AttribName CHILDOF AttribName CHILDOF ...)
ATTRIBUTE AttribName DETERMINES (SpaltenListe)
```

Die Schlüsselworte haben im Einzelnen folgende Bedeutung:

- `LEVEL`: definiert eine Klassifikationsstufe durch den Namen der Stufe und den Verweis auf das Attribut der Dimensionstabelle
- `HIERARCHY`: ermöglicht die Festlegung einer Hierarchie mit den Abhängigkeiten der Klassifikationsstufen über `CHILD OF`-Paare
- `ATTRIBUTE ... DETERMINES`: definiert Abhängigkeit zwischen Klassifikationsattribut und dimensionalen Attributen.

Betrachten wir dazu zwei konkrete Beispiele – die Definition der Produkt-Dimension unseres Beispielszenarios. Zunächst soll diese Dimension für das Star-Schema aus Abbildung 3.13 spezifiziert werden:

```
CREATE DIMENSION ProduktDimension
        LEVEL Artikel IS (Produkt.P_ID)
        LEVEL Produktgruppe IS (Produkt.P_PGruppe_ID)
        LEVEL Produktkategorie IS (Produkt.P_Produktkategorie)
HIERARCHY ProduktHierarchie (
        Artikel CHILD OF
        Produktgruppe CHILD OF
        Produktkategorie)
ATTRIBUTE Artikel DETERMINES (P_Bezeichnung, P_Verkaufspreis,
        P_Einkaufspreis, P_Rabatt, P_Steuern)
ATTRIBUTE Produktgruppe DETERMINES (P_Produktgruppe)
```

Während die Dimensionsdefinition für ein Star-Schema sehr einfach ist, da sich alle Attribute auf eine Tabelle beziehen, muss für ein Snowflake-Schema der notwendige Verbund für den Übergang zur nächsten Hierarchiestufe explizit angegeben werden. Hierzu gibt es eine **JOIN KEY**-Klausel, deren Anwendung im folgenden Beispiel zu unserem Schema aus Abbildung 6-8 illustriert ist:

```
CREATE DIMENSION ProduktDimension
        LEVEL Artikel IS (Produkt.P_ID)
        LEVEL Produktgruppe IS (Produktgruppe.PG_ID)
        LEVEL Produktkategorie IS (Produktkategorie.PK_ID)
```

```
HIERARCHY ProduktHierarchie (
        Artikel CHILD OF
        Produktgruppe CHILD OF
        Produktkategorie
JOIN KEY (Produkt.P_PGruppe_ID)
        REFERENCES Produktgruppe
JOIN KEY (Produktgruppe.PG_PKategorie_ID)
        REFERENCES Produktkategorie)
ATTRIBUTE Artikel DETERMINES (P_Bezeichnung, P_Verkaufspreis,
        P_Einkaufspreis, P_Rabatt, P_Steuern)
ATTRIBUTE Produktgruppe DETERMINES (PG_Bezeichnung)
ATTRIBUTE Produktkategorie DETERMINES (PK_Bezeichnung)
```

Bei der Nutzung dieser Anweisungen ist zu beachten, dass die Gültigkeit-der Hierarchie- und Attributdefinitionen von Oracle zunächst nicht überprüft wird. Hierzu muss explizit eine Validierung durch eine PL/SQL-Prozedur `DBMS_DIMENSION.VALIDATE_DIMENSION` erfolgen. Details können der Herstellerdokumentation [Ora07] entnommen werden.

3.4 Slowly Changing Dimensions

Im Data Warehouse erfolgt die Identifikation der Kennzahlen durch die Ausprägungen der Dimensionen. Dabei wird die Annahme getroffen, dass sich diese Ausprägungen zeitinvariant verhalten. In der Realität erfolgen aber häufig Änderungen über der Zeit hinsichtlich dieser Dimensionsausprägungen. So kann es vorkommen, dass ein Produkt von Jahr zu Jahr variiert. Zum Beispiel wird Wein jedes Jahr erneut gekeltert und stellt daher ein Jahrgangsprodukt dar. So müsste bei der Datenaufbereitung für die Analyse im Vorfeld entschieden werden, ob alle Produkte pro Jahresscheibe betrachtet werden sollen oder ob ähnliche Produkte (z.B. Rebsorte und Qualitätsstufe) als ein zu analysierendes Produkt aufgefasst werden sollen.

Diese Fragen sind insbesondere für das Berichtswesen, siehe hierzu auch das Kapitel 9 „Business-Intelligence-Anwendungen", zu klären. Im weiteren Verlauf werden daher die Herausforderungen, die sich bei sich ändernden Dimensionen ergeben, betrachtet und Lösungsvorschläge für die unterschiedlichen Berichtsanforderungen dargestellt.

Im einfachsten Fall könnte angenommen werden, dass sich Attribute innerhalb der Dimensionen zeitinvariant verhalten, d.h. es treten keine Änderungen hinsichtlich einmal eingetragener Dimensionsausprägungen auf. In der Praxis wird dies in der ersten konzeptionellen Umsetzung häufig angenommen. Jedoch treten im Laufe der Zeit auch Änderungen in den Attributsausprägungen innerhalb der dimensionalen Attribute auf. Zudem ist es möglich, dass sich

Beziehungen bzw. ganze Entitäten verändern. Somit müssen in einem Data Warehouse sowohl Strukturveränderungen als auch Schemaveränderungen in den Dimensionen berücksichtigt werden. Die Behandlung bzw. der Umgang mit den Änderungen haben insbesondere einen Einfluss auf die Möglichkeiten zur Analyse der Daten innerhalb des Data Warehouse.

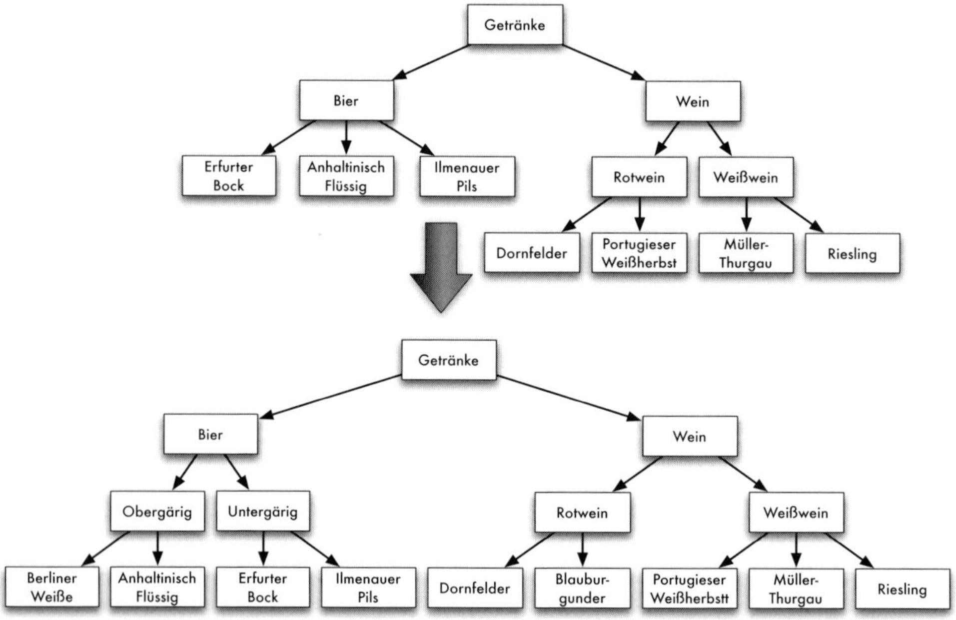

Abbildung 3.18: Slowly Changing Dimensions: Beispiel Dimension Getränke

In Abbildung 3.18 sind mögliche Änderungen abgebildet. Im oberen Abschnitt ist die Hierarchie der Dimension Getränke zum ersten Zeitpunkt dargestellt, im unteren Abschnitt erfolgt die Darstellung zum zweiten Zeitpunkt. Änderungen haben sich auf Schemaebene innerhalb der Kategorie Bier ergeben, da eine zusätzliche Ebene für die Hefesorten eingefügt wurde, und es haben sich Änderungen auf Datenebene zum Beispiel durch das Hinzufügen der Berliner Weiße und des Blauburgunders ergeben. Eine weitere Änderung ist die Umordnung des Portugieser Weißherbst von Kategorie Rotwein zu Kategorie Weißwein. Dieses Beispiel beschreibt einen Teilaspekt der Slowly Changing Dimensions.

Der Begriff der Slowly Changing Dimensions kann im deutschen am ehesten mit sich langsam verändernden Dimensionen gleichgesetzt werden. Er wurde von Kimball [KR02, KR13] erläutert und die sich ergebenden Herausforderungen in [RK05] dargelegt. Ziel ist es, die sich über die Zeit verändernden Dimensionsausprägungen zu erfassen und im Data Warehouse zu dokumentie-

Produktdimension 2010

Produkt	Produktgruppe
Müller-Thurgau	Weißwein
Riesling	Weißwein
Dornfelder	Rotwein
Portugieser Weißherbst	Rotwein

Produktdimension 2011

Produkt	Produktgruppe
Müller-Thurgau	Weißwein
Riesling	Weißwein
Portugieser Weißherbst	Weißwein
Blauburgunder	Rotwein
Dornfelder	Rotwein

Fakten

Produkt	Jahr	Pakete
Dornfelder	2010	1000
Müller-Thurgau	2010	1000
Portugieser Weißherbst	2010	1000
Riesling	2010	1000
Blauburgunder	2011	1000
Dornfelder	2011	1000
Müller-Thurgau	2011	1000
Portugieser Weißherbst	2011	1000
Riesling	2011	1000

Abbildung 3.19: Beispiel für Slowly Changing Dimensions in der Produktkategorie

ren, um eine Historisierung der Dimensionen zu ermöglichen. Dabei versteht Kimball unter dem Begriff Slowly Changing Dimensions sowohl die Klassifikation unterschiedlicher Probleme in den Dimensionsausprägungen wie zugleich den Lösungsansatz.

In Abhängigkeit der Historisierung der Dimension können unterschiedliche Analyseanforderungen bedient werden. So ist es möglich, dass Analysen nach der aktuellen Struktur, nach einer definierten historischen Struktur (zu einem Zeitpunkt), gemäß der historischen Wahrheit, d.h. mit einer transaktionsorientierten Sicht auf die Bewegungsdaten, oder nach vergleichbaren Resultaten, d.h. unter Berücksichtigung der Zeitintervalle, erforderlich sind.

Im Folgenden werden wir zunächst auf die Berichtsanforderung und anschließend auf die nach Kimball [KR02, KR13] vorgeschlagenen Typdefinitionen der Slowly Changing Dimensions eingehen. Abschließend werden wir Ansätze zur Realisierung der Berichtsanforderungen vorstellen. Hierzu nutzen wir das Beispiel aus Abbildung 3.19. Hierbei erfolgen vom Jahr 2010 zum Jahr 2011 in der Produktdimension folgende Unterschiede:

- Der Portugieser Weißherbst wird nicht mehr nach der Traubenart (wie in 2010) der Kategorie *Rotwein* zugeordnet, sondern nach dem Weinherstellungsverfahren.
- Zudem ist der Blauburgunder als neues Produkt der Kategorie Rotwein im Jahr 2011 hinzugefügt worden.

3.4.1 Berichtsanforderungen im Data Warehouse

Berichtsanforderungen können unterteilt werden nach den folgenden Kriterien:

- nach aktueller Struktur,
- nach definierter historischer Struktur,
- gemäß historischer Wahrheit und
- als vergleichbare Resultate.

Dabei meint nach aktueller Struktur (englisch: **as-is**), dass nur die aktuelle Dimensionsausprägung für die Berichte benötigt wird. Eine definierte historische Struktur (englisch: **as-of**) bezieht sich in den Berichten auf einen vorgegebenen Zeitpunkt. Eine transaktionsorientierte Sicht der Bewegungsdaten wird mit der Berichtsanforderung gemäß der historischen Wahrheit (englisch: **as-posted**) erzielt. Die Betrachtung gemäß vergleichbarer Resultate erfolgt durch die Verwendung der zugehörigen Zeiträume.

Berichtsanforderung as-is

Produktdimension 2011

Produkt	Produktgruppe
Müller-Thurgau	Weißwein
Riesling	Weißwein
Portugieser Weißherbst	Weißwein
Blauburgunder	Rotwein
Dornfelder	Rotwein

Fakten

Produkt	Jahr	Pakete
Dornfelder	2010	1000
Müller-Thurgau	2010	1000
Portugieser Weißherbst	2010	1000
Riesling	2010	1000
Blauburgunder	2011	1000
Dornfelder	2011	1000
Müller-Thurgau	2011	1000
Portugieser Weißherbst	2011	1000
Riesling	2011	1000

aktuelle Struktur

Produktgruppe	Pakete 2010	Pakete 2011
Weißwein	3000	3000
Rotwein	1000	2000

Abbildung 3.20: Beispiel für Berichte nach aktueller Struktur

Im Beispiel der Abbildung 3.20 wird die Berichtsanforderung aus Abbildung 3.19 bezüglich der aktuellen Struktur realisiert. Hierzu werden alle Fakten mit den Dimensionsattributen des aktuellen Jahres (im Beispiel das Jahr 2011) zusammengeführt. Der Portugieser Weißherbst zählt dabei im Jahr 2010 ebenso wie 2011 in die Kategorie der Weißweine.

Berichtsanforderung as-of

Nach alter Struktur wird die Dimensionstabelle des Jahres 2010 verwendet. Abbildung 3.21 visualisiert das Ergebnis. Hierbei zählt der Portugieser Weißherbst sowohl im Jahr 2010 und im Jahr 2011 zu den Rotweinen. Da es das

Produktdimension 2010

Produkt	Produktgruppe
Müller-Thurgau	Weißwein
Riesling	Weißwein
Dornfelder	Rotwein
Portugieser Weißherbst	Rotwein

Fakten

Produkt	Jahr	Pakete
Dornfelder	2010	1000
Müller-Thurgau	2010	1000
Portugieser Weißherbst	2010	1000
Riesling	2010	1000
Blauburgunder	2011	1000
Dornfelder	2011	1000
Müller-Thurgau	2011	1000
Portugieser Weißherbst	2011	1000
Riesling	2011	1000

alte Struktur

Produktgruppe	Pakete 2010	Pakete 2011
Weißwein	2000	2000
Rotwein	2000	2000

Abbildung 3.21: Beispiel für Berichte nach alter Struktur

Produkt Blauburgunder 2010 noch nicht gibt, fließt es nicht in die Kategorie Rotwein mit ein und wird außen vor gelassen.

Berichtsanforderung as-posted

Produktdimension 2010

Produkt	Produktgruppe
Müller-Thurgau	Weißwein
Riesling	Weißwein
Dornfelder	Rotwein
Portugieser Weißherbst	Rotwein

Produktdimension 2011

Produkt	Produktgruppe
Müller-Thurgau	Weißwein
Riesling	Weißwein
Portugieser Weißherbst	Weißwein
Blauburgunder	Rotwein
Dornfelder	Rotwein

Fakten

Produkt	Jahr	Pakete
Dornfelder	2010	1000
Müller-Thurgau	2010	1000
Portugieser Weißherbst	2010	1000
Riesling	2010	1000
Blauburgunder	2011	1000
Dornfelder	2011	1000
Müller-Thurgau	2011	1000
Portugieser Weißherbst	2011	1000
Riesling	2011	1000

historische Wahrheit

Produktgruppe	Pakete 2010	Pakete 2011
Weißwein	2000	3000
Rotwein	2000	2000

Abbildung 3.22: Beispiel für Berichte nach historischer Wahrheit

Nach der historischen Wahrheit dürfen nur die Produkte verglichen werden, die auch in den Vergleichszeiträumen auftreten. So müssen, wie in Abbildung 3.22 dargestellt, die Produkte des jeweiligen Zeitraumes betrachtet werden. Dies bedeutet, dass alle Informationen den jeweiligen Fakten zugeordnet werden und daher in den Dimensionstabellen mit Zeitbezug vorliegen müssen.

Berichtsanforderung nach historischer Wahrheit
Wenn nur Weinprodukte in die Betrachtung einbezogen werden sollen, die in beiden Zeiträumen auftreten, so handelt es sich um die Berichtsanforderung von vergleichbaren Resultaten. Abbildung 3.23 zeigt das Ergebnis. Im Gegensatz zum vorhergehenden Bericht nach historischer Wahrheit ist die Ergebnismenge deutlich reduziert, obwohl ebenfalls alle Informationen der beiden Zeitpunkte der Dimensionstabelle eingeflossen sind. Jedoch zählen die Pakete der Weine nicht mit, die nur in einer der beiden Perioden auftreten.

vergleichbare Resultate

Produktgruppe	Pakete 2010	Pakete 2011
Weißwein	2000	2000
Rotwein	1000	1000

Abbildung 3.23: Beispiel für Berichte mit vergleichbaren Resultaten

3.4.2 Typdefinitionen nach Kimball

Kimball unterscheidet acht Typenstufen [KR13]. Diese wollen wir im Folgenden kurz vorstellen und dabei sowohl auf die Klassifikation wie auch die Umsetzungsmöglichkeiten eingehen.

Bei **Typ 0** handelt es sich um kein Historisierungskonzept im eigentlichen Sinn. Neue Dimensionselemente werden dabei den Tabellen hinzugefügt. Änderungen werden nicht berücksichtigt. Somit wird nur das erste Auftreten einer Dimension berücksichtigt. Dieser nachträglich eingeführte Historierungstyp wird nur selten in der Praxis eingesetzt. Häufiger treten die Typen 1 bis 3 auf. Typ 0 kann als Erhalt des Originalwertes betrachtet werden.

Im **Typ 1** wird auf eine Historisierung der Dimension verzichtet. Dies bedeutet, dass stets nur der aktuelle Stand für alle Dimensionen vorliegt. Technisch gesehen wird im ETL-Prozess, siehe Kapitel 4, überprüft, ob ein Dimensionsattribut bereits in der zugehörigen Dimensionstabelle existiert. Für den Fall, dass eine Änderung für das Attribut in den Quellsystemen erfolgt ist, wird das Attribut im Data Warehouse überschrieben. Sollte das Attribut noch nicht vorhanden sein, wird der Datensatz der Dimensionstabelle hinzugefügt. Für diesen Typen ist die Historie der Strukturänderung nicht relevant und es wird nur der jeweils aktuelle Zustand betrachtet.

Im **Typ 2** werden Dimensionstabellen oder einzelne Dimensionsattribute historisiert. Ziel ist es, die jederzeit gültige Ausprägung ermitteln zu können. Hierbei kommen Zeitstempel zum Einsatz. Dabei wird sowohl für den Beginn wie auch für das Ende der Gültigkeit ein Zeitstempel gesetzt. Damit die Beziehung zur Faktentabelle weiterhin eindeutig gewährt ist, muss mindestens einer der beiden Zeitstempel Teil des Primärschlüssels der Dimensionstabelle werden. Für den aktuell gültigen Schlüssel wird der Endgültigkeitsbereich auf unendlich (zumeist in der Praxis auf das Datum 31.12.9999) gesetzt. Somit werden Änderungen in den Dimensionstabellen durch das Hinzufügen von weiteren Tupeln erreicht.

Während des ETL-Prozesses wird hinsichtlich der Änderungen der Dimensionsdatensätze überprüft, ob es sich um einen neu einzufügenden Dimensionsdatensatz handelt, ob der Datensatz in den operativen Systemen nicht mehr vorhanden ist und somit seine Ende-Gültigkeit auf den Extraktionszeitpunkt gesetzt wird oder der Datensatz geändert wurde und somit der bisher gültige Dimensionsdatensatz mit dem neuen Ende-Gültigkeitsdatum belegt sowie ein neuer Dimensionsdatensatz hinzugefügt wird, der ab dem Extraktionszeitpunkt seine Gültigkeit besitzt.

Ziel von **Typ 3** ist die Historisierung der Dimensionsdaten hinsichtlich der ersten und der aktuellen Ausprägung der Dimensionsattribute. Hierzu wird das Dimensionsschema um eine Spalte pro Historisierungselement erweitert. Somit werden der Originalzustand und der aktuelle Zustand festgehalten. In der Praxis kommt der Dimensionstyp insbesondere bei Umschlüsselungen vor, z.B. von Produktgruppen oder Vertriebsregionen. Der Einsatz dieser Realisierung sollte nur unter besonderen Bedingungen bzw. Anforderungen erfolgen.

Den Einsatz von Mini-Dimensionen schlägt Kimball [KR13] sowohl für Typ 4 wie auch für Typ 5 vor. **Typ 4** behandelt sich häufig ändernde Dimensionselemente, die in einer eigenen Tabelle abgespalten werden. Kimball bezeichnet diesen Fall als *rapidly changing monster dimension*. Insbesondere häufig angefragte Dimensionelemente in sehr großen Dimensionstabellen sollen ausgelagert werden. Die Mini-Dimension erhält dann einen eigenen Primärschlüssel, der ebenfalls Bestandteil der Faktentabelle wird.

Eine Kombination aus Typ 1 und Typ 4 stellt die Slowly Changing Dimension vom **Typ 5** dar. Hierbei wird ermöglicht, dass die alten Werte historisiert werden und zugleich ein Reporting von alten und aktuellen Werten ermöglicht wird. Die Mini-Dimension kann dadurch mit der Ursprungsdimension ohne Einbezug der Faktentabelle verknüpft werden.

Zudem definiert Kimball den hybriden **Typ 6** (zusammengesetzt aus Typ 1 + 2 + 3). Ausgangspunkt ist ein Dimensionsschema für historische und aktuelle Werte bei gleichzeitiger Kennzeichnung von Start- und Endgültigkeitsdaten. Zudem wird eine Spalte hinzugefügt, die den aktuellen Wert kennzeichnet (bool'scher Ausdruck).

Auch der **Typ 7** stellt einen hybriden Ansatz dar. Es werden sowohl alte wie auch aktuelle Werte analog zu Typ 6 historisiert. In der Faktentabelle werden beide (der dauerhafte und der künstliche) Dimensionsschlüssel gespeichert. Anfragen nach aktuellem und historischem Kontext können somit über den Verbund realisiert werden.

Typ	Anpassung Dimensionsschema	Einfluss auf die Analyse
0	keine: keine Änderungen (Updates) zulässig	Analyse auf Originalwerten
1	keine: Überschreiben (Update) auf aktuelle Werte	Analyse auf aktuellen Werten
2	keine: Hinzufügen neuer Zeilen	Analysen wenn Fakten auftreten
3	neue Spalte für letzten historischen Wert	Analysen alter und aktueller Dimensionswerte
4	neue Mini-Dimensionstabelle	Performanz von sich schnell ändernden Dimensionswerten bei Anfrage
5	neue Mini-Dimensionstabelle und Überschreiben auf aktuelle Werte	wie zuvor plus aktuell sich ändernde Werte
6	neue Zeilen mit Überschreiben, alle anderen Zeilen werden ebenfalls geändert	Fakten verbunden mit Auftritt der Dimensionsänderung und aktuelle Werte
7	neue Zeilen mit aktuellen Werten und View für aktuelle oder Attributwerte	Fakten verbunden mit Auftritt der Dimensionsänderung und aktuelle Werte

Tabelle 3.1: Typen der Slowly Changing Dimensions nach Kimball [KR13]

Die Tabelle 3.1 fasst die Typendefinition nach Kimball noch einmal kurz zusammen. Hinsichtlich der Änderungen im Dimensionsschema sind unterschiedliche Realisierungen möglich. Auch die möglichen Anfragetypen werden mit dem Konzept der Slowly Changing Dimensions stark beeinflusst. Abhängig von der Umsetzung sind Fragen bezüglich der Performanz im Data Warehouse zu berücksichtigen. Daher muss sich bereits im Data Warehouse-Design dieser Fragestellung angenommen werden. Aus diesem Grund stellen wir im folgenden Abschnitt Anforderungen seitens des Berichtswesens vor und zeigen mögliche Implementierungen.

3.4.3 Realisierungen im Data Warehouse

Die Berichtsanforderungen bzw. die im vorhergehenden Abschnitt dargestellten Typdefinitionen lassen sich im Data Warehouse mit unterschiedlichem Aufwand umsetzen. Einerseits ist es möglich, eine Anpassung des historischen Datenmaterials an die neuen Strukturen vorzunehmen. Dabei handelt es sich um die Umsetzung der Berichtsanforderung **as-is**. Zugleich ist der zu speichernde Datenbestand gering. Jedoch geht dies mit dem Informationsverlust der alten Dimensionsstrukturen einher. Andererseits kann eine separate Speicherung des historischen Datenbestandes zusätzlich zu den aktuell gültigen Strukturen realisiert werden. Dies führt zu einem großen Datenbestand und einer hohen Komplexität für die Anwender. Bei dieser Strategie sind dann die alten Strukturen abrufbar. Alternativ lassen sich auch parallele Hierarchien mit allen Strukturen aufbauen. Neben der daraus resultierenden Komplexität der Dimensionsstruktur ist ein beliebiges Reporting möglich. Letztlich ist auch die Nutzung von Zeitstempeln für die Gültigkeit eine Realisationsstrategie, in der beliebige Strukturen abrufbar sind. Dies ist aber unter besonderer Berücksichtigung der Performance für den jeweiligen Anwendungsfall zu analysieren.

Im Folgenden werden wir die wichtigsten Realisationsmöglichkeiten diskutieren. Hierbei unterschieden wir unterschiedliche Szenarien der Berichtsanforderungen und werden diese am obigen Beispiel erläutern.

Berichtsanforderung as-is

Im **„as-is“**-Szenario erfolgt keine Historisierung der Dimensionsattribute und daher ist dieses Szenario sehr einfach zu realisieren, kann aber andererseits nur für die Berichtsanforderung nach aktueller Struktur genutzt werden. Das Historisierungskonzept erfordert keine Änderung des Schemas der Dimension. Dabei handelt es sich um den nach Kimball definierten Typ 1.

	Getraenk_ID	Produkt	Produktgruppe
Jahr 2010	1	Dornfelder	Rotwein
	2	Müller-Thurgau	Weißwein

	Getraenk_ID	Produkt	Produktgruppe
	1	Dornfelder	Rotwein
Jahr 2011	2	Müller-Thurgau	Weißwein
	~~3~~	~~Portugieser Weißherbst~~	~~Rotwein~~
	3	Portugieser Weißherbst	Weißwein

Abbildung 3.24: Realisierung des as-is-Szenarios

In Abbildung 3.24 stellen wir einen Ausschnitt für unser Beispiel aus Abbildung 3.19 für das as-is-Szenario dar. Hierbei führt die neue Kategorisierung hinsichtlich des Portugieser Weißherbst in der Dimensionstabelle zu einem Überschreiben der bisherigen Zuordnung zum Rotwein. Somit sind mit der Änderung alle Fakten für den Portugieser Weißherbst der Kategorie Weißwein zuzuordnen.

Berichtsanforderung as-is und as-of

Das Szenario „as-is“ & quasi „as-of“ benötigt zum vorhergehenden Szenario einen etwas höheren Speicherbedarf. Die Historisierung der Dimensionsattribute erfolgt ohne eine Zeitzuordnung und wird daher als quasi „as-of“ bezeichnet. Die Implementierung entspricht der parallelen Hierarchie. Diese Realisierung entspricht dem Typ 3 der Slowly Changing Dimensions. Es werden somit Auswertungen nach aktuellem Stand und nach (einem) historischen Zeitpunkt ermöglicht.

Jahr 2010

Getraenk_ID	Produkt	Produktgruppe	Alte_Gruppe
1	Dornfelder	Rotwein	Rotwein
2	Müller-Thurgau	Weißwein	Weißwein
3	Portugieser Weißherbst	Rotwein	Rotwein

Jahr 2011

Getraenk_ID	Produkt	Produktgruppe	Alte_Gruppe
1	Dornfelder	Rotwein	Rotwein
2	Müller-Thurgau	Weißwein	Weißwein
3	Portugieser Weißherbst	Weißwein	Rotwein

Abbildung 3.25: Realisierung des Szenarios as-is & quasi as-of

Im Dimensionsschema muss für die zu historisierenden Dimensionsattribute jeweils eine zusätzliche Spalte hinzugefügt werden. In dieser Spalte erfolgt die Historisierung der alten, in der Praxis häufig unmittelbar vorhergehenden, Ausprägung. In Abbildung 3.25 ist das Attribut *Produktgruppe* in dieser Art durch die Spalte *Alte_Gruppe* historisiert. Liegt bisher keine Änderung der Attributsausprägung vor, so weisen *Produktgruppe* und *Alte_Gruppe* die gleichen Ausprägungen auf. Durch die Änderung des Portugieser Weißherbst erfolgt ein Update der *Produktgruppe* auf die Kategorie Weißwein. Da kein Zeitbezug dieser Änderung protokolliert ist, kann in den Auswertungen dieser Bezug ebenfalls nicht hergestellt werden.

Das nächste Szenario behebt dieses Problem. Hierbei werden die zu historisierenden Dimensionsattribute versioniert. Dies erfolgt jedoch ohne Zeitstempel. Aufgrund der Versionierung tritt aber ein weiter gestiegener Speicherbedarf auf. Das Szenario ermöglicht „as-is“ & „as-of“ Berichtsanforderungen. Die Grundidee ist der Einsatz von künstlichen Dimensionsschlüsseln. Die Faktentabelle wird dabei jedoch in ursprünglicher Weise mit dem bisherigen Dimensionsschlüssel verknüpft. Zur eindeutigen Identifikation wird der künstliche Dimensionsschlüssel genutzt.

Jahr 2010

Getraenk_ID	Produkt	Produktgruppe	Version	G_ID_alt	aktiv
1	Dornfelder	Rotwein	1	1	X
2	Müller-Thurgau	Weißwein	1	2	X
3	Portugieser Weißherbst	Rotwein	1	3	X

Jahr 2011

Getraenk_ID	Produkt	Produktgruppe	Version	G_ID_alt	aktiv
1	Dornfelder	Rotwein	1	1	X
2	Müller-Thurgau	Weißwein	1	2	X
3	Portugieser Weißherbst	Rotwein	1	3	
3	Portugieser Weißherbst	Weißwein	2	6	X

Abbildung 3.26: Realisierung des Szenarios as-is & as-of

In Abbildung 3.26 zeigen wir die Realisierung des Szenarios. Das Dimensionsschema wird bezüglich der zu historisierenden Dimensionsattribute um drei Attribute erweitert. Die Spalte *G_ID_alt* steht für den neuen alternativen Schlüssel und wird inkrementell mit neuen Einträgen erhöht. Zur Verbesserung der Performanz werden die aktiven Attribute in der separaten Spalte *aktiv* markiert. Die Spalte *G_ID_alt* stellt den künstlichen Schlüssel dar. Um die Historie der Dimensionsausprägungen zu verfolgen, wird die Spalte *Version* genutzt. Da sich die Ausprägungen in unterschiedlichen Versionen entwickeln können, kann über die Spalte *aktiv*, die aktuelle Ausprägung identifiziert werden.

Das Szenario „as-is“ & „as-of“ kann auch über Zeitstempel realisiert werden. In diesem Kontext werden Gültigkeitsbereiche durch einen Start- und einen Endzeitpunkt definiert. Dadurch ist der Speicherbedarf wie im vorhergehenden Verfahren erhöht. Auf die Historie wird über Zeitzuordnungen zugegriffen. Zur Identifikation der Tupel in der Dimensionstabelle wird wiederum ein künstlicher Schlüssel benötigt.

Jahr 2010

G_ID	G_ID_alt	Produkt	Produktgruppe	Gültig_Von	Gültig_Bis
1	1	Dornfelder	Rotwein	01.01.2010	31.12.9999
2	2	Müller-Thurgau	Weißwein	01.01.2010	31.12.9999
3	3	Portugieser Weißherbst	Rotwein	01.01.2010	31.12.9999

Jahr 2011

G_ID	G_ID_alt	Produkt	Produktgruppe	Gültig_Von	Gültig_Bis
1	1	Dornfelder	Rotwein	01.01.2010	31.12.9999
2	2	Müller-Thurgau	Weißwein	01.01.2010	31.12.9999
3	3	Portugieser Weißherbst	Rotwein	01.01.2010	31.12.2010
3	6	Portugieser Weißherbst	Weißwein	01.01.2011	31.12.9999

Abbildung 3.27: Realisierung des Szenarios as-is & as-of mit Zeitstempeln

In Abbildung 3.27 zeigen wir die Implementierung des Szenarios mit Zeitstempeln. Hierzu werden drei zusätzliche Spalten benötigt. Für den Gültigkeitszeitraum werden die Spalten *Gültig_Von* und *Gültig_Bis* genutzt. Wenn ein neuer Eintrag in die Dimensionstabelle hinzugefügt werden soll, so wird inkrementell ein Wert für den künstlichen Schlüssel *G_ID_alt* bestimmt. Zudem wird der Gültigkeitszeitraum ab dem Einfügedatum gesetzt. Die bisher gültige Ausprägung wird durch den Wert vor dem Einfügedatum in der Spalte *Gültig_Bis* abgeändert und somit inaktiv gesetzt. Auch dieses Verfahren benötigt keine Änderungen hinsichtlich der Faktentabelle. Diese ist, wie auch die vorhergehenden Verfahren, über die *G_ID* verknüpft.

Berichtsanforderung as-posted

Ein weiteres Szenario stellt die Umsetzung der Berichtsanforderung „as-posted“ dar. Hierbei wird die Historie zum Transaktionszeitpunkt bereitgestellt. Eine Änderung hinsichtlich der Dimensionsattribute führt zu einem neuen Tupel in der Dimensionstabelle. Das Szenario unterstützt keine Auswertungen der aktuellen Daten mit den historischen Dimensionsausprägungen und es werden künstliche Dimensionsschlüssel benötigt. Die Referenzierung in der Faktentabelle erfolgt über den künstlichen Schlüssel. Daraus folgt, dass es sich um eine Slowly Changing Dimension vom Typ 2 handelt.

	Getraenk_ID	Produkt	Produktgruppe	Version	G_ID_alt
Jahr 2010	1	Dornfelder	Rotwein	1	1
	2	Müller-Thurgau	Weißwein	1	2
	3	Portugieser Weißherbst	Rotwein	1	3
	Getraenk_ID	Produkt	Produktgruppe	Version	G_ID_alt
Jahr 2011	1	Dornfelder	Rotwein	1	1
	2	Müller-Thurgau	Weißwein	1	2
	3	Portugieser Weißherbst	Rotwein	1	3
	3	Portugieser Weißherbst	Weißwein	2	6

Abbildung 3.28: Realisierung des „as-posted“-Szenarios

Für die Realisierung des Szenarios müssen zwei Spalten dem Schema der zu historisierenden Dimension hinzugefügt werden. Einerseits wird der mit der Faktentabelle zu verknüpfende künstliche Schlüssel benötigt. Zusätzlich wird für die Versionierung eine Spalte dem Schema hinzugefügt. In Abbildung 3.28 zeigen wir für unser Beispiel die Umsetzung in der Produktdimensionstabelle zu den beiden Zeitpunkten 2010 und 2011.

Berichtsanforderung as-is und as-of und as-posted
Als letztes Szenario zeigen wir die gleichzeitige Umsetzung für die Berichtsanforderungen „as-is“ & „as-of“ & „as-posted“. Dies kann durch ein Snapshot-Verfahren realisiert werden. Dabei ergibt sich ein höherer Speicherbedarf sowohl in den Dimensions- wie auch in der Faktentabelle. Um Anfragen zum aktuell gültigen Zustand stellen zu können, wird ein Flag genutzt. Die Historisierung erfolgt über die Zuordnung von Ladezeitpunkten. Diese können auch unabhängig vom ETL-Prozess (siehe Kapitel 4) künstlich gestaltet sein. Aufgrund des hohen Datenvolumens ist diese Art der Historisierung nur bei kleinen Dimensionstabellen ratsam.

Die Implementierung des Szenarios erfordert Änderungen im Schema der Faktentabelle und der Dimensionstabelle. In der Faktentabelle wird zusätzlich eine Spalte für das *Ladedatum* hinzugefügt. In der Dimensionstabelle werden die Spalte *aktiv* und das *Ladedatum* dem Schema hinzugfügt. Da es sich bei der Implementierung um ein Snapshot-Verfahren handelt, müssen alle Daten komplett der Dimensionstabelle zum Ladezeitpunkt hinzugefügt werden. In Abbildung 3.29 haben wir die Realisierung für unser Beispiel dargestellt. Anfragen für Berichte vom Format „as-is“ lassen sich durch den Join von *G_ID* und *Getraenk_ID* bei gleichzeitigem Filter auf die Spalte *aktiv* realisieren. Für „as-of“-Anfragen muss die Selektion über das Ladedatum erfolgen. Anfragen mit der

	G_ID	Dim_X	$Fakt_Y$	Ladedatum
Fakten	1	...	...	01.01.2010
	2	...	...	01.01.2010
	3	...	...	01.01.2010
	2	...	...	01.01.2011
	3	...	...	01.01.2011

	Getraenk_ID	Produkt	Produktgruppe	Ladedatum	aktiv
Produkt	1	Dornfelder	Rotwein	01.01.2010	
	2	Müller-Thurgau	Weißwein	01.01.2010	
	3	Portugieser Weißherbst	Rotwein	01.01.2010	
	1	Dornfelder	Rotwein	01.01.2011	X
	2	Müller-Thurgau	Weißwein	01.01.2011	X
	3	Portugieser Weißherbst	Weißwein	01.01.2011	X

Abbildung 3.29: Realisierung des Snapshot-Szenarios

Berichtsanforderung „as-posted“ benötigen den Join von *G_ID* und *Getraenk_ID* sowie *Ladedatum*.

3.5 Vertiefende Literatur

Die multidimensionale Modellierung (engl. *Dimensional Modeling*) geht auf Kimball zurück, der diese Modellierungstechniken und speziell die relationale Abbildung in seinen Büchern [KR02, Kim08, KR13] ausführlich behandelt. Einen Überblick geben auch allgemeinere Bücher zum Thema Data Warehousing und Modellierung wie [BG04, GR09, CG10] sowie zu herstellerspezifischen Lösungen wie SAP Business Information Warehouse [Hah05].

Eine kurze Diskussion der verschiedenen Aspekte und Herausforderungen des Data-Warehouse-Designs ist auch in [RALT06] zu finden. Das Problem der Aggregierbarkeit (Abschnitt 3.1.4) und der verschiedenen Summationstypen wird u.a. in [LS97, MLT10] behandelt.

Spezielle Methoden und Notationen für die konzeptuelle Modellierung in Erweiterungen des ER-Modells werden u.a. in [SBHD98] mit dem ME/R-Modell sowie in [GMR98] mit dem Dimensional Fact Model vorgestellt. Techniken der objektorientierten Modellierung von Data Warehouses mit UML und Erweiterungen werden beispielsweise in [TPGS01, LMTS02, DL05] behandelt. Das in Abschnitt 3.2.2 beschriebene ADAPT wurde von Bulos entwickelt und ist u.a. in einem White Paper [BF] beschrieben.

3.6 Übungen

Übung 3-1 Entwerfen Sie zum Szenario aus Übung 2-1 ein multidimensionales Schema. Welche Kennzahlen sind hier sinnvoll? Welche Dimensionen sollten berücksichtigt werden?

Übung 3-2 Modellieren Sie das Schema aus Übung 3-1 mit Hilfe des M/ER-Modells sowie in ADAPT. Nutzen Sie bei der ADAPT-Modellierung insbesondere auch die erweiterten Konzepte zur Darstellung dimensionaler Attribute, von Dimensionsausschnitten sowie von Ausprägungen von Dimensionselementen.

Übung 3-3 Geben Sie zum Schema aus Übung 3-2 eine relationale Umsetzung im Snowflake- und Star-Schema an.

Übung 3-4 Sofern Sie Zugriff auf eine Oracle-Datenbank haben: Definieren Sie die Dimensionsstrukturen aus Übung 3-2 mithilfe der `CREATE DIMENSION`-Anweisung.

Übung 3-5 Wo könnte das Problem der Slowly Changing Dimensions aus Übung 3-1 auftreten?

Übung 3-6 Wie erfolgt die Implementierung, wenn **as-is**, **as-of** und **as-posted** gleichzeitig erfüllt sein müssen?

4

Extraktions-, Transformations- und Ladeprozess

Der Extraktions-, Transformations- und Ladeprozess (kurz ETL-Prozess) ist dafür verantwortlich, dass Daten aus den operativen Systemen und anderen Datenquellen in das Data Warehouse geladen werden. Hierbei ist prinzipiell zwischen zwei Befüllungsarten zu unterscheiden – einerseits ist dies die Initialbefüllung und andererseits die periodische Befüllung. Hierbei kann der ETL-Prozess für heterogene Quellen in beiden Arten eingesetzt werden. Ziel ist es, die Daten dauerhaft, einheitlich und für die analytischen Zwecke im Data Warehouse aufzubereiten und abzuspeichern. In diesem Buch gehen wir dafür auf die vorhandenen Datenbanktechnologien für den ETL-Prozess ein.

Das folgende Kapitel ist in sechs Abschnitte unterteilt. Der erste Teil fokussiert auf typische Herausforderungen hinsichtlich der Datenqualität und stellt wesentliche Anforderungen an den ETL-Prozess dar. Ein Überblick über die generellen Konzepte des ETL-Prozesses bietet Abschnitt 4.2. Im darauf folgenden Abschnitt 4.3 wird die erste Phase, die Extraktionsphase, vorgestellt. Die Extraktion der Daten aus den Quellsystemen wird dabei durch Monitorstrategien effizient gestaltet, um die Datenlast gering zu halten. Für die Einbettung des ETL-Prozesses siehe auch Kapitel 2 zur Architektur. In der Transformationsphase im Data Warehouse werden Daten- und Schemaintegrität hergestellt. Zu dieser Phase zählen auch Verfahren zur Identifikation von Realweltobjekten, Duplikaterkennung und Vervollständigung fehlender Werte. Daher widmen wir uns dieser Phase im vierten Abschnitt dieses Kapitels. Im Abschnitt 4.5 gehen wir auf das Laden der Daten in das Data Warehouse System ein, wobei spezielle Mechanismen von ROLAP-Systemen diskutiert werden. Abschließend stellen wir den alternativen Ansatz ELT im Abschnitt 4.6 vor. Dieser extrahiert und lädt zuerst die Daten in das Data Warehouse, bevor die Daten für die späteren Analysen aufbereitet werden.

4.1 Qualitätsaspekte

Die Daten im Data Warehouse dienen der Entscheidungsfindung. Daher sollten sie mit besonderer Sorgfalt ausgewählt und für die analytischen Prozesse aufbereitet werden. In der Praxis können sich eine Vielzahl von Datenfehlerquellen ergeben. Diese können theoretisch durch die Ausnutzung von Funktionalitäten operativer Systeme verhindert werden, wie z.B. referenzieller Integrität, Definition von Schlüsselattributen und weiteren Funktionalitäten hinsichtlich von Randbedingungen in Datenbanken. Da diese jedoch oft nicht in den syntaktischen Metadaten hinterlegt sind oder, wenn hinterlegt, umgangen werden können, ergeben sich viele potenzielle Datenqualitätsprobleme. Dieses Kapitel soll sich den typischen Herausforderungen in der Datenbereinigung widmen.

◄Beispiel 4-1► Eine Übersicht potenzieller Fehler, wie sie in Datenbanksystemen möglich sind, gibt Abbildung 4.1.

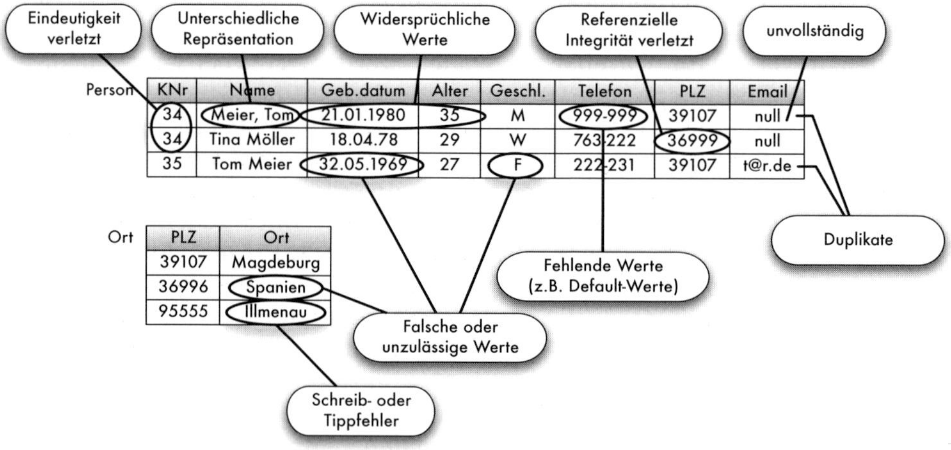

Abbildung 4.1: Typische Datenfehler

□

In Fällen, in denen der Primärschlüssel nicht gesetzt ist, kann es möglich sein, dass dieser doppelt vergeben ist. Dies bedeutet eine Verletzung der Eindeutigkeit des Schlüsselattributs. Es ist ebenso möglich, dass eine Verletzung der referenziellen Integrität vorliegt, wenn ein Bezug (Fremdschlüsselbeziehung) erfolgt, der nicht vorliegt bzw. in der referenzierten Tabelle nicht vorhanden ist. Durch die Bedingung `NOT NULL` können darüber hinaus unvollständige Daten vermieden werden, jedoch kann dies in der Praxis durch Eingabe von Default-Werten zu weiteren Qualitätsproblemen auf Datenebene führen. Durch die Einschränkung von Datenbereichen ist es möglich, der Datenbasis nur geeignete Werte hinzuzufügen. Allerdings wird beim Entwurf und der Implementierung häufig darauf Wert gelegt, dass die Einschränkungen nicht zu restriktiv sind. So können unzulässige Werte dennoch Einzug in den Datenbestand halten. Diese Probleme können durch geeignete Maßnahmen im Bereich des Metadatenmanagements eingeschränkt werden. Jedoch gibt es noch weitere Herausforderungen, die nicht oder nicht effizient durch Prüfung der Metadaten untersucht werden können. So sind die Datenrepräsentation, widersprüchliche Werte, falsche oder unzulässige Werte sowie Schreib- und Tippfehler nur unter sehr hohem Aufwand, z.B. durch Referenztabellen, Glossare und Regelsysteme, zu verhindern. Dieser Aufwand ist aufgrund des Kosten-Nutzen-Verhältnisses oftmals nicht begründbar. So muss während des ETL-Prozesses eine Integration auf Daten- und Schemaebene erfolgen. Auf der Datenebene müssen daher unter anderem Eingabefehler und Widersprüche korrigiert werden. Auf Schemaebene müssen beispielsweise Verletzungen der Attributabhängigkeiten und semantische, strukturelle und schematische Herausforderungen adressiert werden.

Vermeidung von	**durch**
falschen Datentypen	Datentypdefinition, `DOMAIN`-Constraints
falschen Werten	`CHECK`
fehlenden Werten	`NOT NULL`
ungültigen Referenzen	`FOREIGN KEY`
Duplikaten	`UNIQUE`, `PRIMARY KEY`
Inkonsistenzen	Transaktionen
veralteten Daten	Replikation, materialisierte Sichten

Tabelle 4.1: Datenfehler und Vermeidungsstrategien

Tabelle 4.1 gibt eine Übersicht, wie in operativen Systemen Datenqualitätsproblemen begegnet werden kann. Durch die Verwendung von geeigneten Maßnahmen kann eine Vielzahl von Datenfehlern vermieden werden. So werden durch Datentypdefinitionen und Domänenbeschränkungen falsche Datentypen ausgeschlossen. Mittels `CHECK` können falsche Werte reduziert werden. Ebenfalls bietet sich die `NOT-NULL`-Bedingung an, um fehlende Werte zu verhindern. Eine Überprüfung der referenziellen Integrität wird durch die `FOREIGN-KEY`-Restriktion bereits bei Dateneingabe erreicht. Duplikate können für einzelne oder zusammengesetzte Spalten mittels der Bedingungen `UNIQUE` und `PRIMARY KEY` verringert werden. Jedoch sind hierbei auch auf Relationenebene nicht alle Duplikate sinnvoll auszuschließen. Zusätzlich können spezielle

Datenbanksystemfunktionalitäten genutzt werden, um inkonsistente und veraltete Daten zu vermeiden. Hierzu zählt beispielsweise die Verwendung von Sichten.

4.1.1 Der Datenbereinigungsprozess

Aufgrund unzureichender Informationen oder aufgrund von zeitlichen Restriktionen wird in der Praxis häufig die vollständige Möglichkeit der Definition hinreichender Metadaten nicht genutzt. So fehlen diese Metadaten, z.B. Integritätsbeziehungen in Datenbanksystemen. Aber auch Eingabefehler, z.B. durch sprachliche Missverständnisse oder Unkenntnisse, erfolgen oftmals im hektischen Alltagsgeschäft. Eine weitere Herausforderung stellt die Heterogenität der Systemlandschaft und der damit verbundenen Daten dar. So sind aufgrund gewachsener IT-Strukturen häufig Systeme unterschiedlicher Anbieter, aber auch mit technisch bedingten Restriktionen, im Einsatz.

Das Data Warehouse soll diese heterogene Infrastrukturlandschaft zusammenführen und hinsichtlich der Daten den Single-Point-of-Truth darstellen. Dies bedeutet, dass bei der Zusammenführung ein hoher Aufwand notwendig ist, um sowohl die Schemata zusammenzuführen als auch die Daten in einen ganzheitlichen und konsistenten Zustand zu überführen. Wie in Abbildung 4.2 gezeigt, wird oftmals ein dreistufiger Prozess bestehend aus den Phasen *Data Profiling*, *Data Cleaning* und *Transformation* im Datenbereinigungsbereich durchgeführt, um die Datenqualität zu erhöhen.

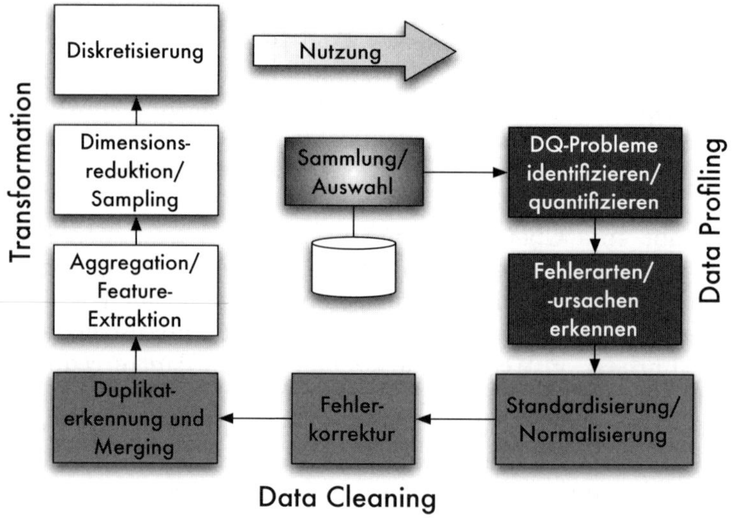

Abbildung 4.2: Phasen der Datenbereinigung

Das *Data Profiling* erfolgt überwiegend in der Konzeptionsphase des Data Warehouses und der ETL-Prozesse. Es dient dazu, einen Überblick und Verständnis des Aufbaus der Datenquellen zu erlangen und inhärente potenzielle Fehler zu erkennen. Aufgrund des erschwerten Zugriffs auf die Metadaten der Quellen und ggf. von Fehlinterpretationen werden wir im Folgenden diese Metadaten nicht für die Analyse heranziehen.

Die Phase des Data Profiling umfasst die Identifikation und Quantifizierung von Datenqualitätsproblemen. Dafür werden der Datentyp und der Wertebereich ermittelt, eine Varianzbestimmung und eine Überprüfung auf Nullwerte und die Eindeutigkeit der Wertausprägungen durchgeführt. Ebenfalls ist eine Musteranalyse, z.B. auf das Datenformat, empfehlenswert, um Ähnlichkeiten und Regeln innerhalb der Daten zu identifizieren. Diese Analysen erfolgen auf Inhalt und Struktur einzelner Attribute. Für die Abhängigkeit von Attributen wird zwischen Intra- und Inter-Relationsebene unterschieden. So können innerhalb einer Relation „unscharfe Schlüssel" identifiziert, funktionale Abhängigkeiten, potenzielle Primärschlüssel, aber auch „unscharfe Abhängigkeiten" aufgedeckt werden. Diese Analyse ist notwendig, wenn keine expliziten Integritätsbeziehungen spezifiziert sind. Auf Inter-Relationenebene ist es erforderlich, Redundanzen und Fremdschlüsselbeziehungen zu ermitteln.

Häufig werden Erwartungen an bestimmte Attribute gestellt, z.B. hat die Geschlechtsausprägung die Kardinalität von zwei. Daher ist ein Soll-Ist-Vergleich der Kardinalitäten hilfreich, um Transformationsregeln zu identifizieren. Zusätzlich können Statistiken, wie Anzahl der NULL-Werte, Minimum, Maximum und Standardabweichung hilfreiche Informationen über die Daten liefern.

Eingabefehler sind hingegen schwerer zu ermitteln. Oft ist die manuelle Überprüfung sortierter Daten die einzige Möglichkeit. Es lassen sich jedoch auch Ähnlichkeitsmaße, vergleiche Abschnitt 4.1.3, nutzen. Mittels der Identifikation von Mustern in den Daten, z.B. durch eine unterstützende Clusteranalyse, wird die Aufdeckung von Fehlern unterstützt. Die Erkennung von Duplikaten ist sowohl innerhalb einer Relation als auch über unterschiedliche Relationen oder Systeme notwendig. Wir gehen in Abschnitt 4.1.2 detaillierter auf die Duplikaterkennung ein. Eine ausführliche Darstellung der Duplikaterkennung findet sich in [LN06] und [NH10].

Das Data Profiling dient dem Erkennen und gleichzeitig der Erstellung von Regeln für das Beseitigen von Inkonsistenzen, Widersprüchen und Fehlern in den Datenbeständen. Hiermit wird das Ziel der Qualitätsverbesserung verfolgt. Ein mögliches Vorgehensmodell nach [BL08] ist in Abbildung 4.3 dargestellt. Das Modell unterteilt das Data Profiling in die Überprüfung der Gültigkeit einzelner und mehrerer Werte. Einzelne Werte können in der Überprüfung der Spalten oder einer Abhängigkeitsanalyse zwischen Spaltenausprägungen erfolgen.

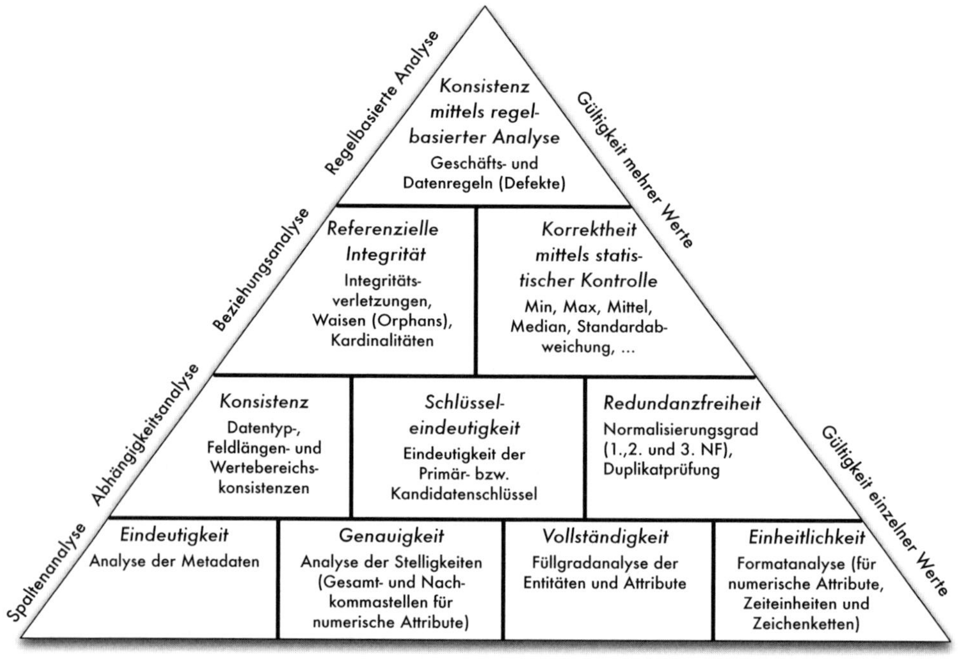

Abbildung 4.3: Datenqualität und Datenbereinigung nach [BL08]

Abbildung 4.3 stellt ein Vorgehen im Data Profiling dar, das in zwei wesentliche Teile untergliedert ist. Einerseits erfolgt die Überprüfung einzelner Werte in einer Spalten- und Abhängigkeitsanalyse. Zur Spaltenanalyse gehören die Überprüfung der Metadaten auf Eindeutigkeit sowie die Genauigkeit der jeweiligen Werte. Die Füllgradanalyse zählt Nullwerte und die Formatanalyse gibt Auskunft über die Einheitlichkeit der Zellwerte. In der Abhängigkeitsanalyse stehen Fragen der Konsistenz, z.B. hinsichtlich der Wertebereiche und Feldlängen, Fragen der Schlüsseleindeutigkeit und eine Überprüfung auf Redundanzen, d.h. auch die Aufdeckung von Duplikaten. Der zweite Teil überprüft die Datenqualität mehrerer Werte. Hierzu zählen in der Beziehungsanalyse, d.h. der Überprüfung über mehrere Relationen hinweg, die referenzielle Integrität und die Überprüfung der Daten auf Korrektheit mittels statistischer Funktionen. Abschließend erfolgt eine regelbasierte Analyse, indem auf Defekte bezüglich von Geschäftsregeln getestet wird.

Nach der Identifikation von Datenfehlern und dem Ableiten notwendiger Maßnahmen erfolgt die Phase des Data Cleaning. Diese wird in der Literatur auch als *Data Cleansing* oder *Data Scrubbing* bezeichnet. Da die Datenqualität einen hohen und unmittelbaren Einfluss auf die Entscheidungsqualität hat, ist der Aufwand an dieser Stelle nicht zu unterschätzen. Die Datenbereinigung ist ein essenzieller Bestandteil des ETL-Prozesses.

In der Phase des Data Cleaning werden unterschiedliche Datentransformationen durchgeführt, um ein ganzheitliches Abbild der Daten zu gewährleisten. So müssen Datentypkonvertierungen erfolgen, z.B. als Varchar-Daten abgelegte Zahlen in den Datentyp **int**. Aber auch Konvertierungen und Repräsentationen sollten für das Data Warehouse einheitlich gestaltet sein. Fehlende oder interpretierte Daten – so z.B. bei Adressdaten: gültig = 0, unbekannt = 1, veraltet = 2, Lieferanschrift = 3, Rechnungsadresse = 4 oder Adresse des Ehepartners = 5 – müssen einheitlich kodiert werden. Eine Normalisierung ist erforderlich, um die Daten als integriertes Datenschema in das Data Warehouse ablegen zu können. Beispielsweise kann das Datum 03/01/2012 in die Form 01. März 2012 überführt werden. Währungskurstransformationen sind ebenfalls in den Bereich der Normalisierung zu zählen. Für den Vergleich von Zeichenketten ist die Normalisierung, z.B. durch Konvertierung in Großbuchstaben, eine Gestaltungsmöglichkeit. Wenn in den Datenquellen Ausprägungen, wie z.B. der Name nicht eindeutig einem Wert (Vorname oder Nachname oder beides) zuzuordnen sind, kann es erforderlich sein, eine Zerlegung der Zeichenketten in Token vorzunehmen. So kann der String „Saake, Gunter" in die Token „Saake" und „Gunter" aufgeteilt werden. Für analytische Zwecke ist eine Detaildarstellung nicht immer zielführend. So kann es sinnvoll sein, dass eine Diskretisierung bzw. Zuordnung zu Bereichen erfolgt.

Diese Transformationen sind domänenunabhängig. Es ist jedoch häufig notwendig, domänenspezifische Transformationen durchzuführen. Dies bedeutet allerdings, dass bei der Entwicklung der ETL-Prozesse Expertenwissen über die Daten der operativen Systeme notwendig ist. Typische Informationen im Datenbereinigungskontext sind Vorname und Nachname (z.B. Codd, Edgar Frank $\rightarrow$ Edgar Frank Codd), Abkürzungen (z.B. Str. $\rightarrow$ Straße), Adressen, die mittels Adressdatenbanken abgeglichen werden können, und branchenspezifische Produktbezeichnungen.

Transformationen werden im Sprachstandard SQL gut unterstützt. Hierzu können vielfältige Funktionen genutzt werden. Dazu zählen unter anderem Funktionen zur Bearbeitung von Zeichenketten, zur Datumsumwandlung und zur Dekodierung und Typumwandlung.

◀Beispiel 4-2▶ Beispielsweise ist es so möglich, die folgenden Rohdaten:

"Pause, Lilo" $\Rightarrow$ "Pause", "Lilo"
"Prehn, Leo" $\Rightarrow$ "Prehn", "Leo"

mittels folgendem SQL-Statement zu transformieren:

```
INSERT INTO Kunde (Nachname, Vorname)
SELECT SubStr(Name, 0, inStr(Name,',')-1),
       SubStr(Name, inStr(Name,',')+1)
FROM Rawdata;
```
□

KundenNr	Name	Adresse
3346	Just Vorfan	Hafenstraße 12
3346	Justin Forfun	Hafenstr. 12
5252	Lilo Pause	Kuhweg 42
5268	Lisa Pause	Kuhweg 42
⊥	Ann Joy	Domplatz 2a
⊥	Anne Scheu	Domplatz 28

Abbildung 4.4: Potenzielle Duplikate

4.1.2 Duplikaterkennung

Eine großer Aufwand der Datenbereinigung liegt darin, semantisch äquivalente Datensätze zu identifizieren, also Datensätze, die das gleiche Realweltobjekt darstellen. Dieser Prozess wird in der Literatur auch als *Record Linkage*, *Objektidentifikation*, *Duplikateliminierung* oder *Merge/Purge* bezeichnet. Der Ablauf ist hierbei zweigeteilt. Einerseits müssen Duplikate erkannt werden, andererseits muss eine Auswahl oder eine Zusammenführung der „besten" Vertreter einer Klasse erfolgen. Abbildung 4.4 gibt ein Beispiel dreier potenzieller Duplikate. Hierbei wird ersichtlich, dass die Auswahl oder Zusammenführung nur mittels semi-automatischer Verfahren Erfolg versprechend ist.

Um den Entscheidungsprozess zu unterstützen, können Vergleichsregeln genutzt werden, um Duplikate zu identifizieren. Jedoch ist es häufig notwendig, dass ein Vergleich potenzieller ähnlicher Datensätze erfolgt, bei der absolute Gleichheit nicht immer vorliegt. So müssen dann in einem naiven Ansatz alle Datensätze gegen alle anderen auf Ähnlichkeit untersucht werden. Dies bedeutet einen Aufwand von $O(n^2)$. Im Data Warehouse ist aufgrund der Datenmenge dieser Ansatz jedoch nicht zielführend. Er erreicht eine maximale Genauigkeit mit den eingesetzten Vergleichsfunktionen, aber gleichzeitig sind viele Vergleiche unnötig. Somit erfordert dieser Ansatz einen sehr hohen Berechnungsaufwand. Um den Suchraum geeignet einzuschränken, werden Partitionierungsverfahren eingesetzt. Hierzu zählen:

- Blocking
- Sortierte Nachbarschaft
- Multi-Pass-Techniken
- Pruning/Filterung

Wir werden diese Verfahren im Folgenden kurz skizzieren.

Abbildung 4.5 verdeutlicht den Prozess der Duplikaterkennung. Die Relationen R und S beinhalten Objekte, die durch die Eigenschaften $r_1, r_2, \ldots$ und $s_1, s_2, \ldots$ beschrieben sind. Der Suchraum $R \times S$ muss partitioniert werden,

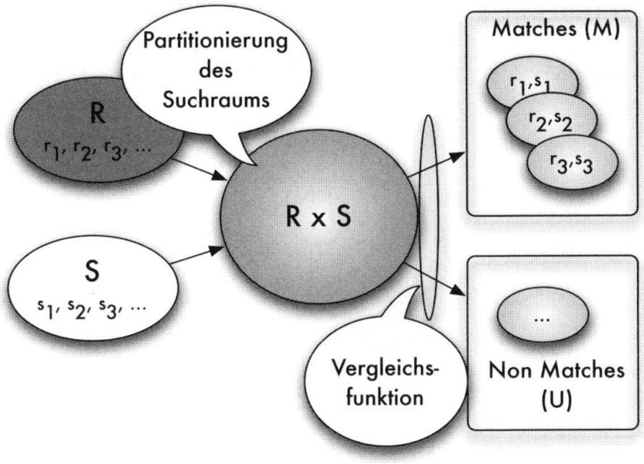

Abbildung 4.5: Duplikaterkennung: Prinzip

um den Vergleichsaufwand zu optimieren. Im Anschluss entscheidet eine Vergleichsfunktion, ob es sich bei zwei Elementen um ein Match M handelt oder nicht.

Blocking

Bei dieser Technik werden die Daten in einzelne Blöcke aufgeteilt. Jeder Block stellt dabei einen disjunkten Suchbereich dar. Somit können nur Duplikate entdeckt werden, die sich im gleichen Block befinden.

Sortierte Nachbarschaft

Mit dem Vorschlag von Hernandez und Stolfo [HS98] wird der Vergleich von Datensätzen hinsichtlich eines Sortierungskriteriums und innerhalb eines sortierten Bereichs durchgeführt. Hierzu ist es notwendig, einen geeigneten Sortierungsschlüssel zu identifizieren. So kann es sinnvoll sein, typische Fehler durch sprachliche Kommunikation — beispielsweise im amerikanischen Raum den Soundex oder im deutschen Raum die Kölner Phonetik — in der Schlüsselwahl zu berücksichtigen. Aber auch benachbarte Tasten auf der Tastatur können bei der Schlüsselbildung eine Rolle spielen. Der Schlüssel ist somit abhängig von der jeweiligen Datenentstehungsdomäne. Nach der Sortierung erfolgt der Vergleich innerhalb eines definierten Fensters. Das Verfahren erfolgt somit in vier Schritten:

1. Berechne pro Datensatz einen Schlüssel.
   Beispielsweise: die ersten drei Buchstaben einer Zeichenkette oder Soundex, siehe Abschnitt 4.1.3.

2. Sortiere die Datensätze anhand des Schlüssels.

3. Wähle sequenziell aus der Liste das Vergleichselement.
4. Führe den Vergleich des selektierten Elements mit allen Elementen des Fensters w durch.

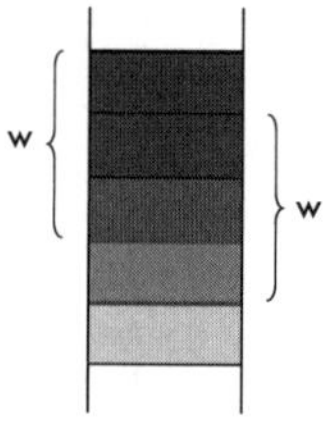

Abbildung 4.6: Sortierte Nachbarschaft mit Fenster w

Dies führt zu einem Gesamtaufwand $O(n \cdot \log(n))$ und $O(n \cdot w)$, der sich wie folgt zusammensetzt: Schlüsselerzeugung: $O(n)$, Sortieren: $O(n \cdot \log(n))$ und Vergleichen: $O((n/w) \cdot (w^2)) = O(n \cdot w)$.

Dieser Gewinn in der Reduktion des Aufwands gegenüber dem naiven Ansatz ist jedoch mit einer Verringerung in der Genauigkeit der Objektidentifikation verbunden. Dies liegt darin begründet, dass das Sortierkriterium stets ein Attribut aus der Gesamteigenschaft der Attribute der Objekte bevorzugt. Hier müssen somit wieder domänenspezifische Fragen geklärt werden, ob z.B. die ersten Buchstaben wichtiger für die Identität sind als die letzten, ebenso lässt sich die Frage stellen, ob der Nachname „genauer" ist als die Hausnummer. Diese Vergleichsfragen lassen sich beliebig fortsetzen.

Die Genauigkeit kann durch die Vergrößerung des Fensters zwar erhöht werden, jedoch geht dies einher mit der Erhöhung des Vergleichsaufwands. Zusätzlich bleibt die Dominanz eines Attributes erhalten.

Multi-Pass-Techniken

Bei der Multi-Pass-Technik wird nicht nur ein Schlüssel genutzt, sondern mehrere unterschiedliche Schlüssel. Die transitive Hülle der Matches ergibt die Vergleichsmenge für jeden einzelnen Wert, wobei eine maximale Größe der Vergleichsmenge häufig festgelegt wird. Die in Abbildung 4.7 dargestellte Transitivität bedeutet: Ergibt ein Vergleich von A und B ein Match und ebenso ein Match von B und C, erfolgt auch eine Annahme, dass A mit C gematcht ist.

4.1.3 Vergleichsfunktionen

Neben der Reduktion des Suchraumes haben für die effiziente Identifikation von Duplikaten auch die Vergleichsfunktionen eine hohe Bedeutung. Häufig werden Vergleichsfunktionen in der Praxis für metrische Daten durch

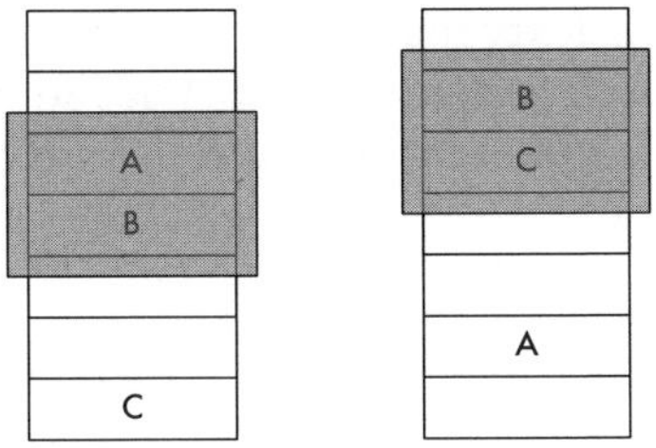

Abbildung 4.7: Multi-Pass-Technik: 1. Lauf A matcht B, 2. Lauf B matcht C

die Euklidische Distanz oder aus der Minkowski-Familie herangezogen. Für eine detaillierte Übersicht siehe z.B. aus dem Bereich der Multimedia-Datenbanken [Sch05].

Für Zeichenketten existieren ebenfalls eine Vielzahl von Vergleichsfunktionen. Typische Vertreter sind:

- Edit-Distanz
- q-Gramme
- Soundex und Kölner Phonetik
- Jaro- und Jaro-Winkler-Distanz

Wir werden im Folgenden diese Vertreter genauer betrachten.

Edit-Distanz

Die Edit-Distanz [Dam64], auch Levensthein-Distanz genannt (vgl. [Lev66]), ermittelt die Operationen, die notwendig sind, um eine Zeichenkette A in die Zeichenkette B zu überführen. Die Operationen sind Einfügen, Löschen und Ändern einzelner Buchstaben, und alle Operationen sind gleich gewichtet.

◀Beispiel 4-3▶ So beträgt die Edit-Distanz zwischen Qualität und Quantität zwei:

$$\text{edit\_distance(„Qualität“, „Quantität“)} = 2$$
$$\rightarrow \text{update(3,“n“)}$$
$$\rightarrow \text{insert(4,“t“)}$$

□

Um ein Matching der zu vergleichenden Objekte zu ermitteln, kann beispielsweise das folgende SQL-Statement genutzt werden:

```
SELECT P1.Bezeichnung, P2.Bezeichnung
FROM Produkt P1, Produkt P2
WHERE edit_distance(P1.Name, P2.Name) <= 2
```

Die Funktion `edit_distance(String₁, String₂)` kann dabei durch eine vom Nutzer definierte Funktion beschrieben werden, wie sie in Algorithmus 4.1 beschrieben ist. Für eine Java-Implementierung der Levensthein-Distanz siehe auch [SS14].

```
Input : Zeichenkette1 String1 der Länge m, Zeichenkette2 String2 der
        Länge n,
Result : Distanzmass d[String1, String2 ]
/* ∀i,j d[i,j] hat die Levensthein-Distanz für die ersten i Zeichen
   von String1 und die ersten j Zeichen von String2                    */
Initialisiere d[0...m, 0...n]
for i ← 0 to m do
    d[i,0] ← i /* Entfernung jeder erster Zeichenkette von String1
        zu einer leeren Zeichenkette                                   */
end
for j ← 0 to n do
    d[0,j] ← j /* Entfernung jeder erster Zeichenkette von String2
        zu einer leeren Zeichenkette                                   */
end
for j ← 1 to n do
    for i ← 1 to m do
        if String1 [i] = String2 [j] then
            d[i,j] ← d[i − 1, j − 1] // Keine Operation notwendig
        else
            d[i,j] ← minimum (d[i − 1, j] + 1, // Löschoperation
            d[i, j − 1] + 1 // Einfügeoperation
            d[i − 1, j − 1] + 1) // Ersetzung
        end
    end
end
end
return d[String1, String2 ];
```

Algorithmus 4.1: Berechnung der Levensthein-Distanz

q-Gramme

Ein q-Gramm ist die Menge aller Zeichenketten der Länge q einer gegebenen Zeichenkette. In der Literatur findet sich häufig auch der Begriff n-Gramm, siehe hierzu u.a. [SS14]. Hierbei muss gelten, dass die Länge der zu untersuchenden Zeichenkette mindestens q beträgt. Im folgenden Beispiel wollen wir das verdeutlichen.

◀Beispiel 4-4▶ Für die Zeichenkette „Qualität" ist die Menge aller q-Gramme mit $q = 3$: Qualität$_3$:= { __Q, _Qu, Qua, ual, ali, lit, itä, tät, ät_, t__ }.
Am Anfang und Ende der Zeichenkette werden Leerzeichenauffüller (_) genutzt, um auch Zeichenketten zu bearbeiten, die kürzer als q sind. □

Prinzipiell gilt dabei, dass ähnliche Zeichenketten, z.B. mit kleiner Edit-Distanz, auch eine hohe Anzahl gemeinsamer Zeichenketten besitzen. Bei einer Edit-Distanz von k gilt, dass mindestens $\max(|A|, |B|) - 1 - (k-1) \cdot q$ gemeinsame q-Gramme zwischen den Zeichenketten vorhanden sind.

Die Ähnlichkeit der Zeichenketten wird durch die Gemeinsamkeit der q-Gramme nach der Formel für den Dice-Koeffizienten [Dic45] berechnet:

$$sim_{q-Gramm}\left(Wort^1, Wort^2\right) = \frac{2 \cdot \left|Wort_q^1 \cap Wort_q^2\right|}{\left|Wort_q^1\right| + \left|Wort_q^2\right|}. \tag{4.1}$$

Input : Zeichenkette$_1$ $String_1$ der Länge l_1, Zeichenkette$_2$ $String_2$ der Länge l_2, q-Gramm Parameter q
Result : Ähnlichkeitswert $sim[String_1, String_2]$

Initialisiere $String_1$ und $String_2$ mit (q-1) Leerzeichen am Anfang und Ende Initialisiere Multimenge $M := \emptyset$
Initialisiere zaehler := 0
for $i \leftarrow 0$ **to** $l_1 + q$ **do**
  Füge $String_1$.substring(i, i+q) zu M hinzu
end
for $j \leftarrow 0$ **to** $l_2 + q$ **do**
  if $String_2$*.substring(j, j+q)* $\in M$ **then**
    zaehler++
  end
end
return $2 \cdot zaehler / (l_1 + l_2)$;

Algorithmus 4.2: Berechnung der q-Gramm-Ähnlichkeit

Zusätzlich kann auch die Position innerhalb der Zeichenkette genutzt werden. In diesem Fall wird von positionalen q-Grammen gesprochen. Dies kann für unser Beispiel der Zeichenkette „Qualität" wie folgt gestaltet sein: *Qualität* $:= \{(-1, \_\_Q), (0, \_Qu), (1, Qua), ...\}$. Positionelle q-Gramme können für eine effizientere Filterung und somit einen besseren Vergleich verwendet werden. Dies kann mittels folgender SQL-Funktionen genutzt werden:

- `COUNT`: Anzahl der gemeinsamen q-Gramme

- **POSITION**: Positionsunterschied zwischen korrespondierenden q-Grammen $\leq k$
- **LENGTH**: Differenz der Stringlängen $\leq k$

Soundex

Beim für den englischsprachigen Raum entwickelten Soundex handelt es sich um einen phonetischen Code, der in der Form eines Buchstabens, gefolgt von drei Ziffern, aufgebaut ist. Der erste Buchstabe einer Zeichenkette wird in den Soundex übernommen, für alle weiteren Zeichen gilt:

- Vokale werden nicht übernommen,
- doppelte Buchstaben werden ebenfalls nicht übernommen.
- Konsonanten werden entsprechend der Tabelle 4.2 kodiert und
- nach der dritten kodierten Ziffer wird beendet.

Sollten die Elemente der Zeichenkette nicht ausreichend sein, um drei Ziffern in den Soundex zu überführen, wird der Soundex mit der Ziffer 0 aufgefüllt.

Ziffercode	Buchstaben
1	B, F, P, V
2	C, G, J, K, Q, S, X, Z
3	D, T
4	L
5	M, N
6	R

Tabelle 4.2: Soundex-Buchstabencodes

◂Beispiel 4-5▸ Im Folgenden ermitteln wir für die Zeichenketten „Qualität“, „Saake“ und „Sahge“ die zugehörigen Soundex-Werte: Zu beachten gilt insbe-

Zeichenkette	Soundex
„Qualität“	Q433
„Saake“	S200
„Sahge“	S200

sondere, dass die beiden letzten Zeichenketten einen gemeinsamen Soundex aufweisen. Sie sind daher ähnlicher (von der Aussprache) als die Zeichenkette „Qualität“.

□

Jaro- und Jaro-Winkler-Distanz

Die Jaro-Distanz [Jar89, Jar95] und die Jaro-Winkler-Distanz [Win90] messen den Abstand zwischen zwei Zeichenketten, wobei gilt, dass bei einem hohen Wert die Zeichenketten sehr ähnlich sind. Die Jaro-Distanz ist definiert durch:

$$d_j = \frac{1}{3}\left(\frac{m}{|s_1|} + \frac{m}{|s_2|} + \frac{m-t}{m}\right) \text{ mit } \begin{cases} m & \text{Match} \\ s_i & \text{Zeichenkette } i \\ t & \text{Anzahl der Transpositionen} \end{cases}$$

Eine Transposition entspricht dabei der Anzahl der Zeichen in anderer Reihenfolge, die nicht mehr als die Hälfte beträgt. Dies bedeutet, dass ein Match als ein Zeichen definiert ist, das nicht mehr als

$$\left\lfloor \frac{max\{|s_1|, |s_2|\}}{2} \right\rfloor - 1$$

entfernt ist.

Die Jaro-Winkler-Distanz d_w basiert auf einer gewichteten Bewertung der Jaro-Distanz d_j. Die Distanz entspricht dabei: $d_w = d_j + (l \cdot p \cdot (1 - d_j))$. Der Wert l stellt den gemeinsamen Präfix dar und ist beschränkt auf maximal vier. Zusätzlich muss ein Skalierungsfaktor p im Bereich $\{0,1; \ldots ; 0,25\}$ bestimmt werden.

◄Beispiel 4-6► Wir wollen die Jaro- und die Jaro-Winkler-Distanz mit dem Vergleich der Zeichenketten $Martha$ und $Marhta$ beispielhaft illustrieren. Das Zählen der gemeinsamen Zeichen in beiden Zeichenketten führt zu $m = 6$. Die Anzahl der Transpositionen beträgt $t = 1$. Dies führt zu einer Jaro-Distanz von

$$d_j(\text{„Martha"}, \text{„Marhta"}) \approx 0,944.$$

Für die Jaro-Winkler Distanz muss darüber hinaus noch die Länge der gemeinsamen Präfix-Zeichenkette mit $l = 3$ bestimmt werden. Für den Skalierungsfaktor von 0,1 ergibt sich damit eine Jaro-Winkler-Distanz mit

$$d_w(\text{„Martha"}, \text{„Marhta"}) \approx 0,961.$$

□

Je nach Datenherkunft müssen die entsprechenden Vergleichsfunktionen sorgfältig gewählt werden. Zudem kann eine Kombination von verschiedenen Funktionen oder unterschiedlichen Parametern in den Funktionen ein besseres Ergebnis hinsichtlich der Vergleiche erzielen. Hier muss in der Praxis dann durch entsprechendes Expertenwissen die Festlegung getroffen werden.

4.1.4 Beheben von Datenkonflikten

Bei der Objektidentifikation kann es zu einem Datenkonflikt kommen, wenn zwei Objekte als Duplikate identifiziert werden, diese aber unterschiedliche Ausprägungen für ein semantisches Attribut aufweisen. Dieser Konflikt ist unvereinbar mit Integritätsbedingungen, die diesen Widerspruch nicht zulassen. Dies kann damit begründet werden, dass Attribute oder Objekte aus unterschiedlichen Systemen zusammengetragen werden, ohne dass Integritätsbeziehungen möglich sind. Datenkonflikte können hierbei sowohl innerhalb eines Systems (*intra source*) entstehen, z.B. durch unzureichend definierte Integritätsbeziehungen, als auch durch die Zusammenführung bzw. Integration mehrerer Informationssysteme (*inter source*) auftreten.

Für diese Art der Behebung des Datenkonflikts ist die Objektidentifikation als erster Schritt notwendig. Dafür ist es unabdingbar, eine Konfliktauflösung durchzuführen. Dieser Prozess wird auch als *Purging* oder *Reconciliation* bezeichnet. Diese Datenkonflikte entstehen innerhalb eines Systems durch fehlende Integritätsbeziehungen und bei mehreren Systemen durch fehlende Konsistenzprüfungen. Duplikate können aber auch durch redundante Schemata in unterschiedlichen Systemen auftreten. Häufig liegt dies in partiellen Informationen begründet. Auch Fehler bei der Dateneingabe – z.B. durch unkorrekte Werte, Tippfehler oder Übertragungsfehler – oder falsche Rechenergebnisse spielen hier eine Rolle.

Aufgrund unterschiedlicher Aktualisierungszeitpunkte können ebenfalls Inkonsistenzen auftreten. Dies liegt einerseits in der unzureichenden Aktualität innerhalb einer Quelle begründet oder andererseits in unterschiedlichen Aktualisierungsstrategien in einer heterogenen Systemlandschaft. Oftmals werden aber auch Datenquellen aufgrund unzureichender Zeit im operativen Geschäft nicht aktualisiert.

Theoretisch können Referenztabellen für exakte Werte genutzt werden. Aber auch diese Tabellen müssen stetig aktualisiert werden. Sie bieten sich insbesondere in Drop-Down-Menüs oder Referenzen an, z.B. von Ländern, Städten oder Produktnamen bzw. -codes. Auch können Ähnlichkeitsmaße, z.B. für Tippfehler oder Sprachvarianten, genutzt werden. Ebenfalls eine Rolle spielt die Standardisierung und Transformation vor dem Vergleich unterschiedlicher Repräsentationen, z.B. die einheitliche Verwendung von Klein- oder Großbuchstaben. Es sind auch Hintergrundwissen bzw. Metadaten notwendig. Hierbei kann es sich um Konventionen, wie landestypische Schreibweisen, oder Ontologien, Thesauri und Wörterbüchern zu Homonymen und Synonymen handeln. Für die Entscheidung hinsichtlich der Integration sind auch Präferenzordnungen über die Datenquellen nach Aktualität oder Vertrauenswürdigkeit, Öffnungszeiten usw. möglich. Zusätzlich bieten sich Konfliktauflösungsfunktionen im Datenqualitätsprozess an.

Datenqualität spielt einen stetig wachsenden Anspruch in den Entscheidungsprozessen aber auch im operativen Betrieb. Viele Probleme können durch technische Maßnahmen bereits vorab verhindert werden. Jedoch müssen hierzu Anwender und Systembetreiber ihre Anforderungen in einem kontinuierlichen Prozess überprüfen und anpassen. Heterogene Quellen erfordern jedoch auch weiterhin eine Überwachung und Sicherstellung der Datenqualität im Data Warehouse. Das wachsende Datenvolumen und neue Quellen erfordern eine konsequente und effiziente Nutzung von Ressourcen. Neue Techniken und Algorithmen müssen daher für die Datenbereitstellung genutzt werden.

4.2 Der ETL-Prozess

Der Extraktions-, Transformations- und Ladeprozess (*ETL*-Prozess) dient dazu, Daten aus der heterogenen Quelllandschaft (z.B. aus operativen Datenbanken, Anwendungsdateien oder dem Internet) im Data Warehouse bereitzustellen. Prinzipiell kann dieser komplexe Prozess in zwei Schritte unterteilt werden. Im ersten Schritt werden die Daten aus den Quellen in den Datenbeschaffungsbereich geladen. Hierbei erfolgt eine Extraktion der Daten aus den Quellen, das Erkennen und Erstellen von differenziellen Updates und das Erstellen von Ladedateien. Im zweiten Schritt werden die Daten aus dem Datenbeschaffungsbereich in die Basisdatenbank überführt. Dies beinhaltet die Datenbereinigung (Data Cleaning) und auch das Tagging der Daten. Tagging bedeutet in diesem Zusammenhang die Anreicherung der Daten um Metadaten bzw. beschreibende Informationen. Dieser Schritt garantiert die Erstellung eines integrierten Datenbestandes. Der ETL-Prozess ist dafür verantwortlich, dass das Data Warehouse kontinuierlich mit Daten versorgt wird. Es ergeben sich hier zwei unterschiedliche Stufen für den Prozess: die Initialbefüllung des Data Warehouse und die kontinuierliche Datenversorgung. In beiden Stufen muss eine Sicherung der DWH-Konsistenz bezüglich der Datenquellen erfolgen. Prinzipiell stehen sich zwei wichtige Anforderungen im ETL-Prozess gegenüber: Sperrzeiten müssen minimiert werden, um eine hohe Verfügbarkeit des Data Warehouse in den Analyseprozessen zu gewährleisten; eine hohe Datenqualität im Data Warehouse muss sichergestellt sein, damit die Analysen auch zu tragfähigen Entscheidungen führen können. Somit sind effiziente Methoden wie auch rigorose Prüfungen der Daten essenziell.

Der ETL-Prozess ist im Data Warehouse häufig der aufwendigste Teil. Dies liegt in der Vielzahl der Quellen begründet, die innerhalb eines Unternehmens, aber auch über die Unternehmensgrenzen hinaus für das Data Warehouse genutzt werden. Zugleich weisen die Quellen eine große Heterogenität sowohl hinsichtlich ihrer Anbindung an das Data Warehouse als auch für die Datendarstellung auf. Ebenso steigt das Datenvolumen kontinuierlich an, das durch den ETL-Prozess verwaltet werden muss. Nicht nur operative Datenquellen liefern stetig neue Daten, sondern auch die Verwendung von Sensoren oder die Einbeziehung des Internet sind Treiber für das massive Datenwachstum. All dies hat Auswirkungen auf die Transformationen der Daten. Die Transformation stellt somit einen hochgradig komplexen Vorgang dar, sowohl für die Schema- und Instanzintegration als auch für die Bereinigung und Zusammenführung der Daten. Aufgrund der Heterogenität und Komplexität existiert kaum eine durchgängige Methoden- und Systemunterstützung, jedoch gibt es auf dem Markt eine Vielzahl von ETL-Werkzeugen.

Im Folgenden werden wir auf die drei Hauptphasen Extraktion, Transformation und Laden genauer eingehen. Die Extraktionsphase stellt dabei die Selektion eines Ausschnitts der Daten aus den Quellen und die Bereitstellung dieser Daten für die Transformationsphase dar. In der Transformationsphase werden Anpassungen der Quelldaten an die im Data Warehouse vorgegebenen Schema- und Datenqualitätsanforderungen durchgeführt. In der Ladephase erfolgt das physische Einbringen der Daten aus dem Datenbeschaffungsbereich in das Data Warehouse. Hier können ebenfalls notwendige Aggregationen für das Befüllen des Datenwürfels integriert sein.

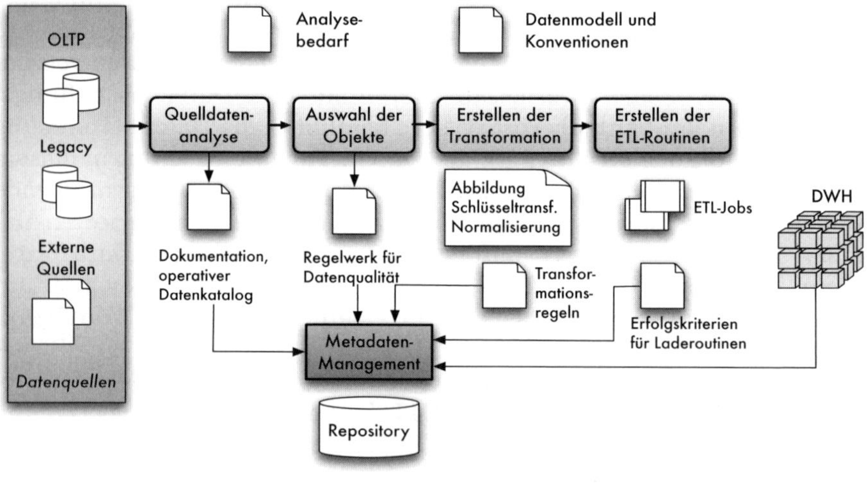

Abbildung 4.8: ETL-Prozess und Komponenten

Abbildung 4.8 stellt den ETL-Prozess schematisch dar. Ausgangspunkt für die Data-Warehouse-Daten sind externe Quellen, wie OLTP-Datenbanken oder Legacy-Systeme. Diese Daten müssen in einem ersten Schritt analysiert werden. Anschließend werden die für die Arbeiten im Data Warehouse relevanten Daten ausgewählt. An dieser Stelle wird gleichzeitig festgelegt, welche Anforderungen hinsichtlich der Datenqualität existieren. Dann können die Transformationsaufgaben definiert werden. Eine Aufteilung der in einzelnen ETL-Routinen ermöglicht eine weitgehend automatisierte Beladung des Data

Warehouse. Neben den Komponenten Datenbereinigungsbereich und Basisdatenbank bzw. Datenwürfel müssen auch die Metadaten während des gesamten ETL-Prozesses beachtet und bearbeitet werden.

4.3 Die Extraktionsphase

In Abhängigkeit von der Analyseanforderung ist die Datenversorgung des Data Warehouse die entscheidende Aufgabe in einem Data-Warehouse-Projekt. Dies bezieht sich sowohl auf die Erstbefüllung als auch auf die regelmäßige Extraktion von Änderungsdaten aus den Quellen. Für die Extraktionsphase spielen sowohl der Zeitpunkt als auch die Art der extrahierten Daten eine Rolle. Daher wollen wir im Folgenden auf beide Aspekte eingehen.

Wenn die Datenquellen jede Änderung an die Monitore im Data Warehouse propagieren, sprechen wir von einer synchronen Benachrichtigung. Bei der asynchronen Benachrichtigung wird hingegen zwischen periodischen, ereignisgesteuerten und anfragegesteuerten Formen unterschieden. Wenn die Quellen regelmäßig Extrakte erzeugen und das Data Warehouse diesen Datenbestand abfragt bzw. regelmäßig der aktuelle Datenbestand der Quellen in das Data Warehouse übernommen wird, so handelt es sich um ein periodisches Laden der Daten in den Datenbeschaffungsbereich. Ereignisse, die den ETL-Prozess starten können, sind z.B. der bevorstehende Jahresabschluss oder dass die Quellen die Anzahl X an Änderungen erhalten haben. Es ist aber auch möglich, die Datenquellen vor jedem tatsächlichen Zugriff auf Änderungen zu überprüfen. Der Komplexitätsgrad steigt bei diesen genannten asynchronen Benachrichtigungen. Für eine Zusammenfassung der Benachrichtigungen siehe Tabelle 4.3.

<table>
<tr><th colspan="2">Quelle ...</th><th>Technik</th><th>Aktualität DWH</th><th>Belastung DWH</th><th>Belastung Quellen</th></tr>
<tr><td colspan="2">erstellt periodisch Files</td><td>Batchläufe, Snapshots</td><td>Je nach Frequenz</td><td>Niedrig</td><td>Niedrig</td></tr>
<tr><td colspan="2">propagiert jede Änderung</td><td>Trigger, Replikation</td><td>Maximal</td><td>Hoch</td><td>Sehr hoch</td></tr>
<tr><td rowspan="2">erstellt Extrakte auf Anfrage</td><td>vor Benutzung</td><td>Sehr schwierig</td><td>Maximal</td><td>Medium</td><td>Medium</td></tr>
<tr><td>Anwendungsgesteuert</td><td>Anwendungsgesteuert</td><td>Je nach Frequenz</td><td>Je nach Frequenz</td><td>Je nach Frequenz</td></tr>
</table>

Tabelle 4.3: Extraktionstechniken und ihre Eigenschaften

Die Art der Daten kann im Wesentlichen in drei Kategorien unterteilt werden. Zum Ersten sind dies *Flussgrößen* (engl. flow). Hierzu zählen z.B. Verkaufspositionen oder Lieferungen. Dabei müssen alle Änderungen in das Data Warehouse integriert werden. Auch müssen Änderungen, z.B. wenn sich die Lieferpositionen aufgrund von Rücksendungen ändern, möglich sein. Zum Zweiten handelt es sich um *Bestandsgrößen* (engl. stock). Bei diesen ist der Zeitpunkt der Extraktion essenziell. Dieser muss definiert sein, um eine gemeinsame Basis für die Analysephase zu schaffen. Typische Beispiele für Bestandsdaten sind die Mitarbeiteranzahl zum Monatsende einer Filiale oder der Lagerbestand zum Jahresende. Die dritte Größe sind *einheitsabhängige Daten* (engl. value per unit). Diese können von Maßeinheiten, Währungskursen oder anderen Dimensionen abhängig sein. Beispiele hierfür sind der Aktienkurs eines Unternehmens zu einem gegebenen Zeitpunkt oder der Goldpreis an einem bestimmten Börsenplatz. Für die notwendige Unterteilung siehe auch Abschnitt 3.1.3

4.3.1 Extraktionstechniken

Um die Daten der Quellen zu extrahieren, existieren unterschiedliche Möglichkeiten, die Daten geliefert zu bekommen. Wir gehen dabei davon aus, dass es sich um eine reine Datenlieferung handelt. Es stehen somit Snapshots, Logs und Netto-Logs alternativ bereit.

Ein Snapshot ist der aktuelle Datenbestand, z.B. ein neuer Lieferantenkatalog oder eine neue Preisliste. Bei dieser Datenlieferung müssen daher Änderungen (bezüglich Hinzufügen, Löschen und Aktualisierung) erkannt und die Historie korrekt abgebildet werden. Bei Logs liefert die Quelle jede Änderung. Hierbei kann es sich z.B. um Transaktionslogs oder ein anwendungsgesteuertes Logging handeln. Ziel in der Extraktionsphase ist das effiziente Einspielen der Änderungen in den Datenbeschaffungsbereich. Bei Netto-Logs liefern die Quellen nur die Änderungen seit der letzten Anfrage. Hierzu zählen unter anderem Katalog-Updates und Snapshot-Deltas. Genauso wie bei Snapshots ist eine komplette Historie-Abbildung im Data Warehouse nicht möglich. Analog zum Bearbeiten der Logs ist das effiziente Laden der Daten in den Datenbeschaffungsbereich eine Herausforderung. Für alle Verfahren gilt, dass sie an die Anwendung angepasst und darin etabliert werden müssen. Dies bedeutet einen hohen Aufwand. Wenn ein Zugriff auf das Datensystem nur ohne die Möglichkeit des Online-Zugriffs erfolgen kann, so kann auf Verfahren wie *Batch, Reportwriter* oder *Scheduling* zurückgegriffen werden. Im Bereich der Nicht-Standard-Datenbanken ohne API muss eine Programmierung (z.B. in PL-1, COBOL, Natural oder IMS) erfolgen, um die Daten in das Data Warehouse zu laden.

Prinzipiell ist für eine Sicherstellung der Datenqualität darauf zu achten, ob die Semantik eindeutig ist (bei heterogenen Quellen ist diese meist ungenau oder unklar), eine Doppelbelegung der Anwendungsdaten vorliegt oder es sich um sprechende Schlüssel handelt (also Schlüssel, die zusätzlich Informationen über ihre zugeordneten Daten beinhalten). In der Praxis ist häufig ein Quellsystem über die Zeit gewachsen und die zugehörige Dokumentation unzureichend oder sie fehlt komplett. Eine weitere Herausforderung stellt das sogenannte Herrschaftswissen bei den einzelnen Mitarbeitern dar, die sowohl eine fachliche als auch technische Expertise in den Anwendungssystemen besitzen.

Für die Vielzahl der genannten Herausforderungen gibt es eine Vielzahl an kommerziellen ETL-Systemen, die bei der Integration der heterogenen Datenquellsystemlandschaft in das Data Warehouse unterstützen. Diese können sowohl Bestandteil innerhalb des Data Warehouse sein als auch als eigenständiges Produkt auf dem Markt angeboten werden.

4.3.2 Methode des Differential Snapshot

Aufgrund zahlreicher Einschränkungen beim Datenzugang und der Tatsache, dass viele Quellen nur den aktuellen und vollständigen Datenbestand liefern, müssen diese Komplettdatenbestände im Extraktionsschritt verarbeitet werden. Typische Beispiele aus Anwendungsszenarien sind Produkt- und Lieferantenkataloge, Kundenlisten oder aus dem wissenschaftlichen Bereich molekularbiologische Datenbanken. Hierbei besteht das Problem, dass ein ständiges Einspielen der Daten in das Data Warehouse sehr ineffizient ist und die Analyseprozesse beeinträchtigen kann. Zudem müssen Duplikate in den Quellsystemen auch im Data Warehouse erkannt werden, siehe hierzu insbesondere Abschnitt 4.1.2. Somit müssen für die Snapshots Algorithmen zum Einsatz kommen, die aus den Ursprungsdaten und den bereits geladenen Daten Delta-Dateien berechnen. Für große Datenmengen, die nicht in den Hauptspeicher passen, sind die Algorithmen hinsichtlich der Delta-Berechnung besonders anspruchsvoll.

Im Folgenden wollen wir das *Differential-Snapshot-Problem* [LGM96], welches in Abbildung 4.9 dargestellt ist, detailliert besprechen. Hierzu benutzen wir die folgende Notation:

- Die Extrakte der Quellen ergeben die Datei F_2 (Snapshot n).
- Im Data Warehouse liegt der Datenbestand als Datei F_1 (Snapshot $n-1$) vor.
- Die Dateien F stellen eine ungeordnete Menge von Records $(K, A_1, \ldots, A_n)$ dar.
- Die Dateigröße beträgt $f = |F|$.
- Die Menge möglicher Operationen für Datenmanipulationen ist $O = \{\texttt{INS}, \texttt{DEL}, \texttt{UPD}\}$.

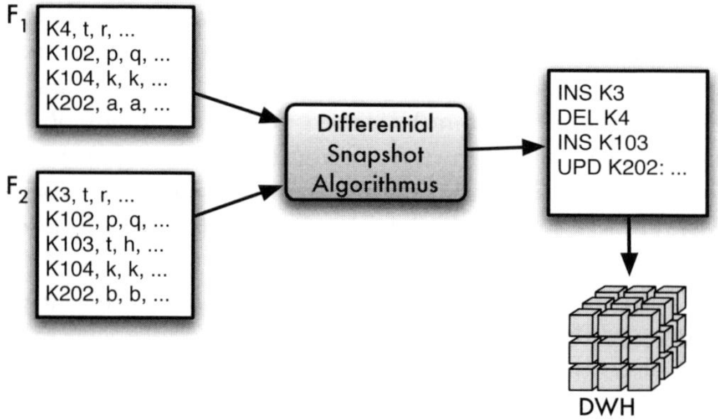

Abbildung 4.9: Beispiel Differential Snapshot

Gesucht wird die Menge O, für die gilt $O(F_1) = F_2$. Hierbei muss beachtet werden, dass O nicht eindeutig ist. So ist beispielsweise

$$O_1 = \{(\texttt{INS}(X)), \emptyset, (\texttt{DEL}(X))\} \equiv O_2 = \{\emptyset, \emptyset, \emptyset\}.$$

Daher wird im Differential-Snapshot-Problem die kleinste Menge O^* gesucht, die F_1 in F_2 überführt. Hierbei muss sich die Tatsache bewusst gemacht werden, dass nicht alle Änderungen gefunden werden können. Im obigen Beispiel ist $O^* = O_2$, auch wenn in der Realität O_1 eigentlich erfolgte. Dies gilt für verschiedene Sequenzen von Einfügungen und Löschaktionen oder für Änderungen. Abbildung 4.9 verdeutlicht den Vorgang im Data-Warehouse-Kontext.

Wir wollen nun unterschiedliche Algorithmen für das Differential-Snapshot-Problem betrachten. Diese beleuchten wir näher mittels des folgenden vereinfachten Kostenmodells:

- Alle Operationen im Hauptspeicher sind kostenfrei.
- I/O zählt mit der Anzahl der Records (sequenzielles Lesen).
- Blockgrößen werden nicht betrachtet.

Der Hauptspeicher weist eine Größe von M Records auf. Die Dateigrößen sind $|F_1| = f_1$ Records und $|F_2| = f_2$ Records. Prinzipiell kann O wie folgt berechnet werden (Differential-Snapshot-Algorithmus DS_{naiv}):

1. Lese Record R aus F_1.
2. Lese F_2 sequenziell und vergleiche mit R
   - R ist nicht in $F_2 \rightarrow O := O \cup (\texttt{DEL}(R))$
   - R ist in $F_2 \rightarrow O := O \cup (\texttt{UPD}(R))$ oder ignorieren

Für die Identifikation der Einfügeoperationen ist es erforderlich, eine Hilfsstruktur zu nutzen. So kann ein Feld mit den IDs aus F_2 on-the-fly generiert werden und gleichsam markiert werden, welche Records in F_1 und F_2 identifiziert wurden. Ein abschließender Lauf über das Feld ergibt dann die Einfüge-Operationen für alle nicht-markierten Einträge in F_2. Als Ergebnis zeigt sich für diesen naiven Differential-Snapshot-Algorithmus eine Anzahl von I/O mit $f_1 \cdot f_2 + \delta$, wobei δ für die zu vernachlässigenden Aktivitäten, z.B. im Hauptspeicher, steht.

Verbesserungen für den naiven Algorithmus sind auf vielfältige Weise möglich. So kann die Suche z.B. in F_2 abgebrochen werden, wenn R gefunden wird. Es ist auch möglich, F_1 in Partitionen der Größe M zu lesen. So verringert sich der Aufwand zu $\frac{f_1}{M} \cdot f_2 + \delta$. Sollte der Hauptspeicher wesentlich größer sein als eine Datei, d.h. $M > f_1$ (oder f_2) so kann der Differential-Snapshot-Algorithmus DS_{small} wie folgt durchgeführt werden:

1. F_1 komplett in den Hauptspeicher lesen
2. F_2 sequenziell lesen (mit den Sätzen S)
   - $S \in F_1$: $O := O \cup (\texttt{UPD}(S))$ / ignorieren
   - $S \notin F_1$: $O := O \cup (\texttt{INS}(S))$
   - S in F_1 markieren, z.B. mittels Bitarray
3. Records $R \in F_1$ ohne Markierung: $O := O \cup (\texttt{DEL}(R))$

Dies verringert die Anzahl der I/O zu $f_1 + f_2 + \delta$, da beide Dateien jeweils sequentiell gelesen werden müssen. Um einen schnelleren Lookup zu erhalten, ist es darüber hinaus ggf. ratsam, die Datei F_1 im Hauptspeicher entsprechend der Vergleichsattribute zu sortieren.

Normalerweise ist aber die Hauptspeichergröße wesentlich geringer als die Snapshot-Dateien, d.h. $M << f_1 \wedge M << f_2$. Für die folgenden Überlegungen nehmen wir an, dass der letzte Snapshot im Data Warehouse (F_1) bereits sortiert ist. Um auch F_2 auf dem Sekundärspeicher zu sortieren, werden die folgenden Schritte durchgeführt:

1. F_2 in Partitionen P_i mit $|P_i| = M$ lesen.
2. Jedes P_i im Hauptspeicher sortieren und als Run F_2^i schreiben.
3. Alle F_2^i mischen.

Hierbei wird ein Merge-Sort-Verfahren für den Differential-Snapshot-Algorithmus DS_{sort} genutzt. Unsere Annahme, dass F_1 sortiert vorliegt, kann durch den Umstand belegt werden, dass im Anschluss F_2 sortiert ist und anstelle von F_1 als letzter Snapshot gespeichert werden kann. Für die Berechnung der Komplexität des Aufwands nehmen wir an, dass $M > \sqrt{|F_2|}$

ist, so benötigen wir für die Sortierung $4 \cdot f_2$. Der Gesamtaufwand lässt sich dann als $f_1 + 5 \cdot f_2 + \delta$ feststellen, da für den Differential-Snapshot-Vergleich beide Dateien gelesen werden müssen, also im Modus paralleles Lesen mit Skipping.

Dieses Verfahren kann insoweit optimiert werden, dass beim Mischen der F_2^i diese gleichzeitig mit F_1 verglichen werden können. Dies reduziert den Gesamtaufwand auf $f_1 + 4 \cdot f_2 + \delta$.

Eine weitere Optimierung kann durch den Einsatz von *Hash-Funktionen* für das Differential-Snapshot-Verfahren DS_{hash} erfolgen. F_2 wird dabei partitioniert in P_{2i} mit $|P_{2i}| = M/2$, sodass eine Partition eine Äquivalenzklasse bezüglich der Hash-Funktion ist. Daher muss die Hash-Funktion garantieren, dass

$$P_i \cap P_j = \emptyset, \quad \forall i \neq j.$$

Zusätzlich nehmen wir an, dass F_1 noch partitioniert vorliegt und beide Dateien mit derselben Hash-Funktion partitioniert wurden. So können P_{1i} und P_{2i} parallel gelesen und gemischt werden. Der I/O-Aufwand reduziert sich dann zu $f_1 + 3 \cdot f_2 + \delta$.

Andere Ansätze für Differential-Snapshot-Algorithmen können nicht auf die Domäne Data Warehouse oder Datenbanken übertragen werden, da die einzelnen Einträge ungeordnet sind. Beispielsweise beachtet bzw. erwartet diff unter UNIX die Umgebung der Dateien bzw. Records.

◄Beispiel 4-7► Das folgende Beispiel veranschaulicht, wie mittels SQL eine Identifizierung des Differential Snapshots erfolgen könnte. Dabei wird deutlich, dass jede Relation dreimal gelesen werden muss.

```
INSERT INTO delta
        SELECT 'UPD', ...FROM F1, F2
        WHERE F1.K = F2.K AND F1.W <> F2.W
        UNION
        SELECT 'INS', ...FROM F2
        WHERE NOT EXISTS (...)
        UNION
        SELECT 'DEL', ...FROM F1
        WHERE NOT EXISTS (...)
```

□

Abschließend können somit die vorgestellten Verfahren wie in Tabelle 4.4 zusammengefasst werden.

Es gibt über die gegebenen Beispiele hinaus weitere Möglichkeiten, die für bestimmte Anforderungen eingesetzt werden können. Sind beispielsweise die Anzahl der Partitionen bzw. die Runs größer als die Kapazität des Dateihandlers des Betriebssystems, so müssen hierarchische Sortierverfahren im Algo-

	IO	Bemerkungen
DS_{naiv}	$f_1 \cdot f_2$	extra Datenstruktur notwendig, aufgrund Aufwand außer Konkurrenz
DS_{small}	$f_1 + f_2$	nur für kleine Dateien
DS_{sort}	$f_1 + 4 \cdot f_2$	
DS_{hash}	$f_1 + 3 \cdot f_2$	überlappungsfreie Hash-Funktion, Partitionsgröße schwierig zu schätzen, Verteilungsannahmen (Sampling)

Tabelle 4.4: Übersicht Differential-Snapshot-Algorithmen

rithmus angewendet werden. Auch der Einsatz von Kompressionstechniken ermöglicht Effizienzsteigerungen, da so größere Partitionen pro Run bearbeitet werden können. Zudem ist die Wahrscheinlichkeit größer, den Vergleich direkt im Hauptspeicher durchzuführen.

Da wir sehr einfache Annahmen in unserem Kostenmodell angesetzt haben, sind die Verfahren mit Datenkompressionen in der Realität noch etwas effizienter. Es ist ebenfalls möglich, analog zur Duplikaterkennung ein Fensterverfahren einzusetzen. Dabei wird angenommen, dass die Dateien eine „unscharfe" Ordnung aufweisen. Das Mischen erfolgt mit dem gleitenden Fenster in diesem Fall über beide Dateien. Unter Umständen ergibt dieses Verfahren dann redundante INS-DEL-Paare. Die Kosten belaufen sich damit auf $f_1 + f_2 + \delta$, da beide Dateien einmal gelesen werden.

Die Nutzung eines Zeitstempels in den einzelnen Einträgen hilft nur bei der Identifikation neuer oder geänderter Werte. Gelöschte Werte müssen mit einem anderen Verfahren, wie zuvor beim DS_{naiv} beschrieben, ermittelt werden. Der Zeitstempel spart damit nur einige Attributvergleiche ein und ist für das Differential-Snapshot-Problem somit nur bedingt hilfreich.

In diesem Abschnitt wurde der Schritt der Extraktion dargestellt und auf die Identifikation von Änderungen der Quellsysteme für Daten im Data Warehouse anhand des Differential-Snapshot-Problems eingegangen.

4.4 Die Transformationsphase

Im Folgenden wollen wir die Transformationsphase im ETL-Prozess näher beschreiben. Dabei unterscheiden wir an dieser Stelle nicht zwischen den Problemen der Schema- und Datenintegration, sondern gehen auf die Techniken ein, die die Heterogenität überwinden sollen. Hierfür wird das Laden der Daten im Extraktionsschritt in den Datenbeschaffungsbereich häufig mittels eines *Massenladers* (engl. *Bulk-Loader*) realisiert, wie in Abschnitt 4.5 näher erläutert. Anschließend werden die Daten entsprechend der Anforderungen an das Data Warehouse entweder direkt in das integrierte Schema der Basisdatenbank überführt oder unmittelbar mit den aggregierten Werten in den Datenwürfel geladen.

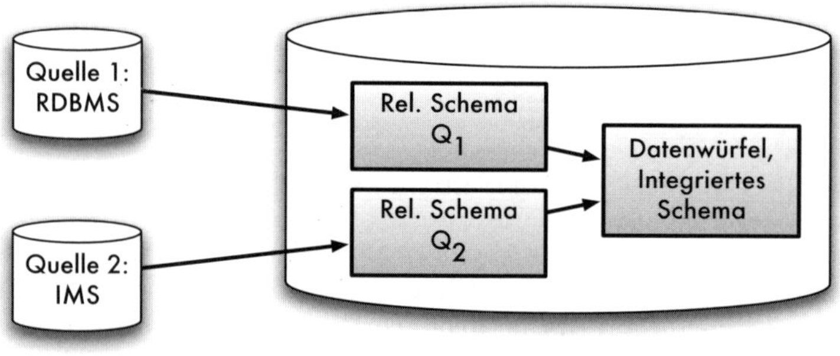

Abbildung 4.10: Quelle – Datenbereinigungsbereich – BasisDB

Die Abbildung 4.10 zeigt die Zusammenführung zweier Quellen (RDBMS und IMS) in das Data Warehouse. Während das Beladen von Q_1 und Q_2 jeweils mittels Bulk-Loader effizient gestaltbar ist, erfolgt die Integration dann per `INSERT INTO ...SELECT ...`-Anweisungen. Hierbei ist es häufig sinnvoll, das Logging auszuschalten. Zudem sollten die Transformationsprozesse unabhängig voneinander gestaltet sein, sodass eine Parallelisierung möglich ist.

Einfache Konvertierungen, z.B. für die Load-Dateien, können bereits beim Laden der Daten erfolgen. So sind Extraktions- und Transformationsphase nicht eindeutig abgegrenzt und unterscheidbar. Beim Ladevorgang in den Datenbeschaffungsbereich lassen sich insbesondere satzorientierte, d.h. auf Tupel basierende Transformationsverfahren anwenden. Hierbei können insbesondere für die Vorbereitung auf den Massenlader Skriptsprachen oder andere Programmiersprachen eingesetzt werden. So stellen die Daten in Q_1 und Q_2 nicht unbedingt reine Kopien der Quellen dar.

Im Datenbeschaffungsbereich werden dann die Integration der unterschiedlichen Schemata, die Integration der Daten und – für den Datenwürfel oder eine gröbere Granularitätsstufe des Data Warehouse – mengenorientierte Berechnungen (spaltenbasiert) durchgeführt. Somit werden sowohl innerhalb einer Quelle bzw. Tabelle (*Intra-Relationenvergleich*) als auch über die unterschiedlichen Quellen und Tabellen (*Inter-Relationenvergleich*) Vergleiche durchgeführt. Auch die Duplikaterkennung aus Abschnitt 4.1.2 stellt eine Aufgabe in der Transformationsphase dar: den Vergleich der neuen (im Datenbeschaffungsbereich vorliegenden) Daten mit den Daten in der Basisdatenbank. Zudem können die Daten für den weiteren Data-Warehouse-Gebrauch getaggt werden. Häufig wird an dieser Stelle SQL eingesetzt, um die unterschiedlichen Aufgaben zu bewerkstelligen. Tabelle 4.5 fasst die einzelnen Eigenschaften und

	Quelle → Arbeitsbereich	Arbeitsbereich → Basis-DB
Art des Zugriffs	Satzorientiert	Mengenorientiert
Verfügbare Datenbasen	Eine Quelle (Updatefile)	Viele Quellen
Verfügbare Datensätze	Quellabhängig: Alle, alle Änderungen, Deltas	Zusätzlich Basis-DB verfügbar
Programmiersprache	Skripte: Perl, AWK, ... oder 3GL	SQL, PL/SQL

Tabelle 4.5: Anforderungen in der Transformationsphase

Transformationen vom Quellsystem zum Datenbeschaffungsbereich und vom Datenbeschaffungsbereich zur Basisdatenbank zusammen.

Für die Transformationen gibt es keine definierte Aufgabenteilung. Ein möglicher Ansatz, um die anfallenden Arbeiten zu strukturieren, stellt die Verwendung von Mustern (engl. *pattern*) dar, siehe dazu [KBB11]. Prinzipiell gibt es das Problem, dass die Quelldaten, die im Datenbeschaffungsbereich geladen sind, nicht im Format der Basisdatenbank vorliegen. Auch die Struktur der Daten kann sehr unterschiedlich sein. Daher wird im Datenbeschaffungsbereich oft ein quellnahes Schema genutzt, während das Schema der Basisdatenbank multidimensional ist. Somit ergibt sich bei der Überführung im Datenbeschaffungsbereich eine strukturelle Heterogenität. Daten- und Schematransformationen stellen dabei die zentrale Aufgabe im Transformationsprozess dar.

4.4.1 Daten- und Schemakonflikte

Im Folgenden betrachten wir vor allem OLTP-Systeme, da diese die Hauptdatenquelle in operativen Umgebungen darstellen. Sekundärsysteme sind Dokumente in firmeninternen Altarchiven und im Internet. Vielfach sind diese dann für den ETL-Prozess in unstrukturierte und semistrukturierte Dokumente unterteilbar. Bei unstrukturierten Dokumenten erfolgt der Zugriff oftmals über Suchmaschinen. Auf semistrukturierte Dokumente kann mittels Suchmaschinen, Mediatoren oder Wrapper als XML-Dokumente oder Ähnliches zugegriffen werden. Hier wird das Grundproblem der Heterogenität der Quellen deutlich.

Darüber hinaus existieren auch unterschiedliche Datenmodelle, wie in Abbildung 4.11 gezeigt. Ursache hierfür ist die autonome Entscheidung über die Anschaffung von Systemen in den verschiedenen Unternehmensbereichen. In den Datenmodellen existieren dabei verschiedene und sogar verschieden mächtige Modellierungskonstrukte. Dies bedeutet, dass die Anwendungssemantik in den einzelnen Modellen in einem unterschiedlichen Ausmaß erfassbar ist und eine Abbildung zwischen Datenmodellen nicht eindeutig erfolgen kann.

Beispielsweise lassen sich an dieser Stelle das Relationenmodell, die objektorientierte Modellierung und XML-Repräsentationen nennen. Aufgrund der Entwurfsautonomie gibt es unterschiedliche Modellierungen für gleiche Sachverhalte der Realwelt. Selbst im gleichen Datenmodell sind verschiedene

Abbildung 4.11: Heterogene Datenmodelle

Modellierungen möglich, so z.B. durch unterschiedliche Modellierungsperspektiven der Datenbankdesigner.

Zusätzlich sind verschiedene Repräsentationen der Daten in den Quellsystemen möglich. So können unterschiedliche Datentypen genutzt werden. In Systemen werden auch nicht immer alle möglichen Datentypen angeboten, und intern weicht die Darstellung der Daten oft voneinander ab. Es kann auch der Fall eintreten, dass unterschiedliche Werte eines Datentyps zur Repräsentation derselben Information genutzt werden.

Die Entwurfsautonomie führt zu divergenten Modellen. So können in relationalen Datenbanksystemen unterschiedliche Normalisierungsgrade genutzt werden. Auch die Entscheidung über Relation, Wert oder Attribut kann im Modellierungsprozess abweichend getroffen sein. Die Abbildung 4.12 bietet ein Beispiel in der Klassendiagrammdarstellung für einen Kunden. Hier ist das Geschlecht einerseits als Attribut modelliert und andererseits als eigenständige Klassen, Mann und Frau. Weiterhin können die Aufteilung der Daten in Tabellen, gewollte Redundanzen aus den Quellsystemen und die Verwendung von Schlüsseln, z.B. sprechende Schlüssel, in den Bereich der Entwurfsautonomie eingeordnet werden.

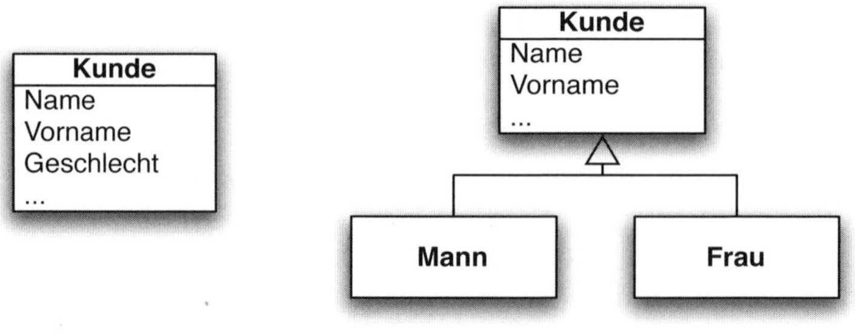

Abbildung 4.12: Schema-Heterogenität

Im SQL-Standard werden diese Aspekte nur unzureichend unterstützt. So kann mittels `INSERT`-Statement nur eine Zieltabelle adressiert werden. Mit SQL kann auf die Daten, nicht aber auf die Schemaelemente zugegriffen werden. Daher müssen an dieser Stelle meist Programmierungen für die Transformationen durchgeführt werden. Bei Datentransformationen zwischen heterogenen Schemata handelt es sich um ein altes, aber wiederkehrendes Problem. In der Praxis schreiben Domänenexperten – d.h. hinsichtlich der Domäne, der Schemata und auch der Anfragen – komplexe Anfragen oder Programme. Dies ist oftmals ein sehr zeitintensiver Vorgang. Im ETL-Prozess wird daher die Idee aufgegriffen, möglichst viele Teilschritte zu automatisieren. So kann z.B. die Überführung von einem Schema in das Zielschema des Data Warehouse durch ein High-Level-Matching ermöglicht werden. Gesucht werden bei der Automatisierung dann die Anfragen zur Datentransformation. Hierbei müssen berücksichtigt werden:

- Quell- und Zielschema,
- Mapping und
- Intention des Nutzers, d.h. über die Semantik der Daten muss ein einheitliches Verständnis vorhanden sein.

Schema-Mapping ist ein schwieriger Prozess, da er garantieren muss, dass die transformierten Daten letztlich dem Zielschema entsprechen müssen. Hierbei ist insbesondere auf flache bzw. geschachtelte Strukturen zu achten. Auch die Berücksichtigung aller Integritätsbedingungen stellt eine besondere Herausforderung dar. Um die Analyseprozesse im Data Warehouse nicht zu beeinträchtigen und den sehr großen Datenvolumina gerecht zu werden, ist es zusätzlich notwendig, effiziente Datentransformationen durch geeignete Algorithmen und Methoden sicherzustellen.

4.4.2 Mappings im Transformationsschritt

Im folgenden Abschnitt wollen wir uns typischen Herausforderungen im Bereich des Schema-Mapping exemplarisch widmen. Hierzu gehen wir kurz auf die Fragen Rolle des Normalisierungsgrades und Struktur der Daten ein. In der Praxis werden 1:1-Assoziationen unterschiedlich dargestellt. So können sie beispielsweise als Attribute innerhalb eines Objekts modelliert sein oder bei mehreren eigenständigen Objekten durch eine Fremdschlüsselbeziehung abgebildet sein.

◄Beispiel 4-8► In Abbildung 4.13 sind `Bier` und `Produktsorte` eigenständige Relationen. Sollen beide in einer Relation `Produkt` (als Zielschema) zusammengeführt werden, so kann beispielsweise das folgende SQL-Statement genutzt werden:

```
SELECT bID AS pID, name, NULL AS hersteller,
```

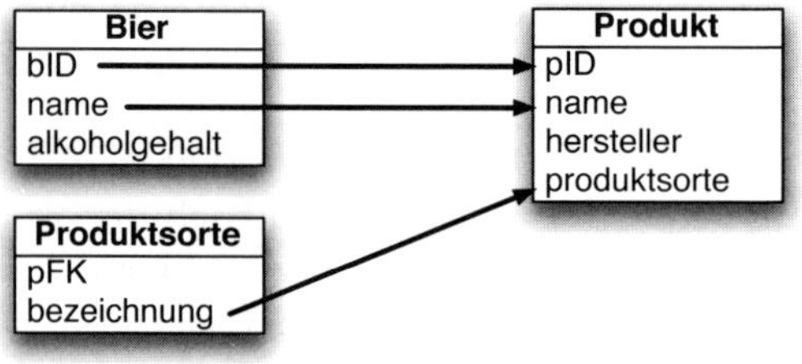

Abbildung 4.13: 1:1 Mapping – Zusammenführung ohne Fremdschlüssel

```
        NULL AS produktsorte FROM Bier
UNION
SELECT NULL AS pID, NULL AS name, NULL AS hersteller,
       bezeichnung AS produktsorte FROM Produktsorte
```

□

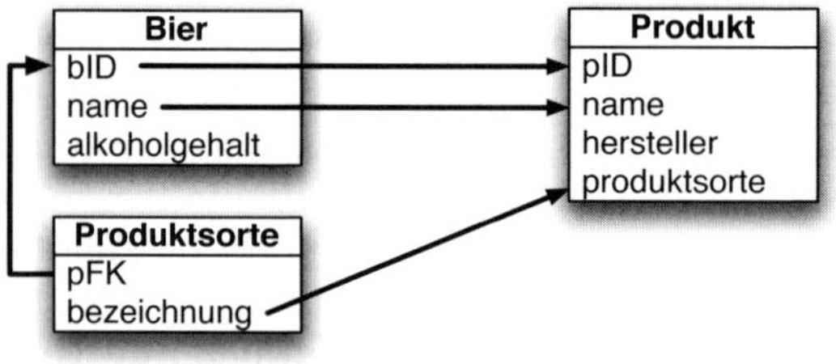

Abbildung 4.14: 1:1-Mapping – Zusammenführung mit Fremdschlüssel

◂Beispiel 4-9▸ Besteht darüber hinaus eine Fremdschlüsselbeziehung zwischen der Relation Bier und der Relation Produktsorte, wie in Abbildung 4.14, so kann das SQL-Statement wie folgt vereinfacht werden:

```
SELECT bID AS pID, name, NULL AS hersteller,
       bezeichnung AS produktsorte
FROM Bier, Produktsorte
WHERE bID = pFK
```

□

Da im Data Warehouse im Bereich der Basisdatenbank häufig ein Star-Schema zum Einsatz kommt, ist es notwendig, die Daten aus operativen Systemen, z.B. OLTP-Systemen, zu denormalisieren. Die beiden obigen Beispiele geben dabei nur eine mögliche Interpretation des Modells. Jedoch kann es auch vorkommen, dass eine Normalisierung im Datenbeschaffungsbereich notwendig ist.

◀Beispiel 4-10▶ Als Beispiel dient hierzu die Abbildung 4.15.

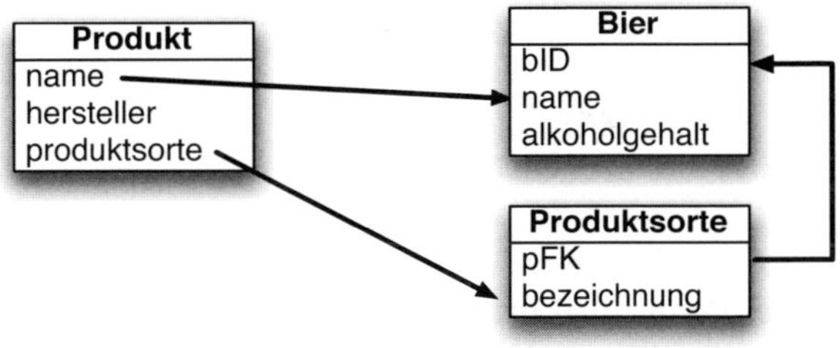

Abbildung 4.15: 1:1-Mapping – Aufteilung mit Fremdschlüssel

Dabei soll die Relation Produkt in die Relationen Bier und Produktsorte überführt werden. Notwendig ist hier der Einsatz einer Skolemfunktion zur Erzeugung der Schlüssel `bID` bzw. `pFK`. Die Skolemfunktion SK muss dabei einen eindeutigen Wert bezüglich der Eingabedaten liefern. Hierbei könnte beispielsweise eine Konkatenation aller Werte genutzt werden. Für die Befüllung der Relationen Bier und Produktsorte können beispielsweise folgende SQL-Statements genutzt werden:

```
Bier         := SELECT SK(name) AS bID, name,
     NULL AS alkoholgehalt FROM Produkt
Produktsorte := SELECT SK(name) AS pFK,
     produktsorte AS bezeichnung FROM Produkt
```

□

Eine weitere Herausforderung beim Schema-Mapping stellen hierarchisch unterschiedlich modellierbare Realweltobjekte dar. So kann z.B. im objektorientierten Datenmodell eine Abbildung mittels mehrerer Klassen durch Aggregationen oder Kompositionen geschachtelt oder innerhalb einer Klasse flach abgebildet sein, vergleiche hierzu Abbildung 4.16.

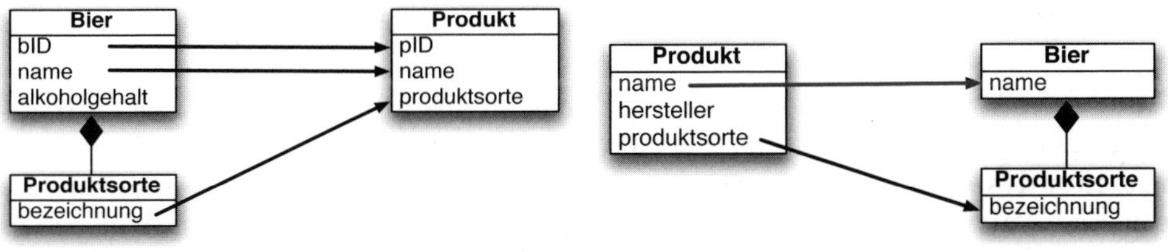

Abbildung 4.16: 1:1-Mapping – UML-Notation mit Aggregation

Schwierigkeiten für die effiziente Bearbeitung im Datenbeschaffungsbereich ergeben sich im Schema-Mapping oftmals durch die komplexen Durchläufe, die sich aus den obigen Herausforderungen ergeben. Beispielsweise führt die Aufteilung einer Quelldatentabelle (`Quelle(ID, Name, Strasse, PLZ, Umsatz)`) in die Tabellen `Kunde(ID, Name, Umsatz)` und `Adresse(ID, Strasse, PLZ)` zu zwei Durchläufen der Quelldatentabelle:

```
INSERT INTO Kunde ... SELECT ...
INSERT INTO Adresse ... SELECT ...
```

Dies ist auch erforderlich, wenn die Tabellen des Zielschemas sich sehr stark ähneln, wie z.B. bei Premiumkunden (`PremKunde(ID, Name, Umsatz)`) und Standardkunden (`NormKunde(ID, Name, Umsatz)`). Die Quelltabelle muss auch in diesem Fall beim Einsatz von SQL zweimal komplett durchlaufen werden:

```
INSERT INTO PremKunde ... SELECT ... WHERE Umsatz>=X
INSERT INTO NormKunde ... SELECT ... WHERE Umsatz<X
```

Die Verwendung von Attributen mit einer kleinen Anzahl an Ausprägungen stellt eine weitere Schwierigkeit im Schema-Mapping dar. So muss beispielsweise das Geschlecht in Abhängigkeit des Zielschemas und dem Ausprägungsgrad der Quelldaten (Annahme zwei Ausprägungen) mit einem Mapping von den Quelldaten (`Quelle(ID, Name, Geschlecht)`) zum Zielschema (`Ziel(ID, Name, M, W)`) mittels zweier SQL-Statements überführt werden.

```
INSERT INTO Ziel (id, name, 'T', 'F') ... SELECT ...
INSERT INTO Ziel (id, name, 'F', 'T') ... SELECT ...
```

Existiert im Quellschema für die Objekte eines Geschlechts jeweils eine eigene Relation, müssen ebenfalls zwei SQL-Statements genutzt werden, um die Daten in das Zielschema zu überführen.

```
INSERT INTO Ziel(id, name, 'weiblich') ...
       SELECT ... FROM Quelle_Weiblich
INSERT INTO Ziel(id, name, 'männlich') ...
       SELECT ... FROM Quelle_Maennlich
```

Für Schematransformationen unter Berücksichtigung spezieller Attributausprägungen müssen alle Werte der Attributausprägung für die Transformationsroutinen feststehen. Sollte ein neuer Attributwert auftreten, müssen alle formulierten Anfragen bearbeitet werden. So müssen z.B. bei der Berücksichtigung eines unbekannten Geschlechts die obigen Anfragen komplett überarbeitet werden.

4.5 Die Ladephase

Der Ladevorgang hat das effiziente Einbringen der Daten in das Data Warehouse zur Aufgabe. Hierbei wird davon ausgegangen, dass es sich um externe Daten handelt. Aufgrund unterschiedlicher Entwicklungen im Data-Warehouse-Umfeld entkoppeln wir den Ladevorgang von der Extraktionsphase und dem Transformationsschritt. In der Praxis sind diese jedoch vielfach nicht unmittelbar entkoppelbar. Somit können für den Ladevorgang zwei Bereiche unterschieden werden: das Laden externer Daten in den Datenbeschaffungsbereich und das Laden der transformierten Daten in die Basisdatenbank. Beim Beladen der Basisdatenbank bzw. des Datenwürfels kann es vorkommen, dass das gesamte Data Warehouse blockiert wird und die Analyseprozesse beeinträchtigt werden. Dies kann zum Beispiel durch eine Schreibsperre innerhalb der Faktentabelle verursacht werden.

Wir wollen uns daher in diesem Abschnitt insbesondere mit Aspekten zu Triggern, Integritätsbedingungen und Indexaktualisierungen befassen. Aufgrund der Historisierung der Daten in Faktentabellen wird nur ein Insert neuer Daten angewendet. Sollte es trotzdem unabdingbar sein, dass Berichtigungen vorgenommen werden müssen, so kann entweder die Initialbefüllung erneut durchgeführt werden, was einen hohen Gesamtaufwand für das Data Warehouse bedeutet, Korrekturbuchungen oder eine Verschiebung der zu korrigierenden Daten erfolgen. Häufiger tritt jedoch der Fall auf, dass sich Werte innerhalb der Dimensionsattribute ändern. Diesbezüglich wird in Abhängigkeit der Analyseanforderungen zwischen drei Typen unterschieden: dem Überschreiben der Historie (Update), der Abbildung der kompletten Historie (Insert und Update auf den Dimensionsdaten) und der Abbildung der Historie und dem aktuellen Zustand (Insert). Dies wird auch als Slowly Changing Dimensions bezeichnet, siehe hierzu insbesondere [KR02]. Wir wollen uns im Folgenden auf Insert-Operationen konzentrieren.

Beim satzbasierten Bearbeiten der Daten kann der Einsatz von Standardschnittstellen wie z.B. PRO*SQL, JDBC oder ODBC erfolgen. Das Laden erfolgt hierbei im normalen Transaktionskonzept. Dies bedeutet, dass Trigger, Indexe und Constraints aktiv bleiben. Für die schnellere Verarbeitung lassen sich diese Mechanismen jedoch manuell deaktivieren. Es gilt dabei insbesondere zu beachten, dass großräumige Sperren vermieden werden. Durch den Einsatz von `COMMIT` lassen sich die Sperren verringern. Für Oracle gilt dies für Leseoperationen jedoch nicht, da diese im Multi-Version Concurrency Control System nie gesperrt werden. Auch die Nutzung von vorbereiteten SQL-Statements ist an dieser Stelle möglich. Zudem existieren proprietäre Erweiterungen, z.B. auf Basis multidimensionaler Arrays.

4.5.1 Verwendung des Oracle SQL-Loader

Das Initialbefüllen des Data Warehouse und das Einbringen der externen Daten aus den Quellen in den Datenbeschaffungsbereich kann durch Massenlader (engl. *Bulk-Loader*) effizient gestaltet werden. Das Laden mittels Massenlader erfolgt dabei meistens in einem speziellen Kontext des relationalen Systems. Beispielsweise ist bei Oracle die Option `DIRECTPATH` im Ladeprogramm möglich. Dabei erfolgt eine komplette Tabellensperre für den Ladezeitraum. Damit das Einfügen schnell erfolgen kann, werden sowohl Trigger als auch Constraints nicht beachtet. Auch die Erzeugung der zugehörigen Indexstrukturen erfolgt erst im Anschluss. Somit steht dieser Ladevorgang nicht im transaktionalen Kontext des Datenbankmanagementsystems. Ebenfalls ist ein Logging ausgeschaltet. Um jedoch bei Abbrüchen während des Ladevorgangs einen hohen Aufwand zu vermeiden und einen komplett neuen Ladevorgang zu starten, können Checkpoints genutzt werden.

In Abbildung 4.17 ist der Oracle SQL-Loader abgebildet, vergleiche hierzu auch die Oracle-Dokumentation [AK11].

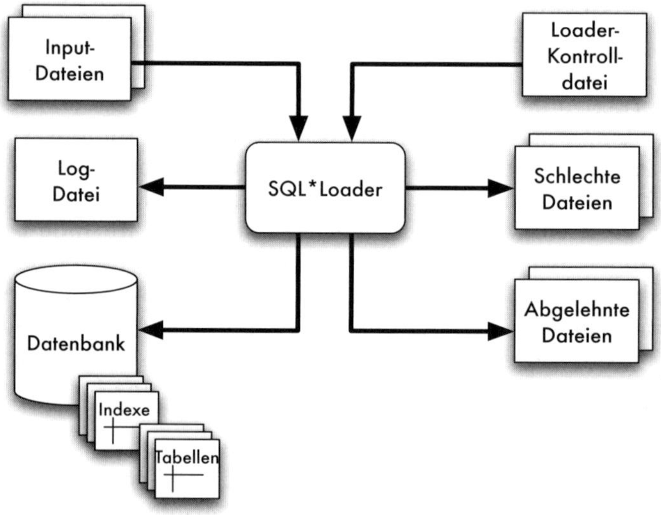

Abbildung 4.17: Oracle sqlldr

◂Beispiel 4-11▸ Der Ladeprozess benötigt neben den Quelldaten auch noch eine Steuerungsdatei (Control File) als Eingabe. Der Aufbau des Control Files ist wie folgt:

```
LOAD DATA
INFILE 'bier.dat'
```

```
REPLACE INTO TABLE getraenke (
bier_name POSITION(1) CHAR(35),
bier_preis POSITION(37) ZONED(4,2),
bier_bestellgroesse POSITION(42) INTEGER,
getraenk_id "getraenke_seq.nextval"
)
```

Das zugehörige Datenfile lautet dann **bier.dat** und hat den folgenden exemplarischen Aufbau:

```
Ilmenauer Pils                          4490 100
Erfurter Bock                           6400 80
Magdeburger Weisse                      1290 20
Anhaltinisch Flüssig                    8800 200
```

□

Während des Ladevorgangs überprüft der SQL-Loader die Daten entsprechend der Steuerungsdatei. Hierbei werden für Checkpoints und zur Dokumentation, welche Daten in die Relationen übernommen wurden bzw. welche als schlechte markiert sind, eine Logdatei erstellt. Die nicht übernommenen Daten werden in einer separaten Datei für die weitere Verarbeitung abgelegt. Sollten einzelne Input-Daten nicht im Ladeprozess verwendet werden, so werden diese ebenfalls extra markiert. Im Anschluss an das Laden der Daten in die Relationen werden dann die entsprechenden Indexstrukturen angepasst.

Der Oracle-Massenlader bietet eine Vielzahl von Optionen, die einen individuellen Ladeprozess ermöglichen. Hierzu zählen unter anderem die Behandlung von Ausnahmen und einfache oder komplexe Datentransformationen. Auch das Festlegen von Checkpoints für das Wiederaufsetzen erfolgt mittels Optionen. Außerdem sind konditionelles Laden in unterschiedliche Tabellen, aber auch das Laden einzelner Records möglich. Für die Entscheidung über ein **`INSERT`** oder **`UPDATE`** der Daten stehen die Methoden **`REPLACE`** und **`APPEND`** zur Verfügung. Auch ist es in Abhängigkeit vom Datenbankmanagementsystem möglich, eine Parallelisierung des Ladevorgangs durch den SQL-Loader zu realisieren. Schematisch ist der SQL-Loader von Oracle in Abbildung 4.18 dargestellt, siehe hierzu auch [AK11].

Während der Oracle-Server für Benutzerprozesse und generierte SQL-Kommandos über den SQL-Loader zuerst die SQL-Befehle verarbeitet, erfolgt im Anschluss das notwendige Speichermanagement. Für den Fall, dass die Daten im Speicher Platz finden, werden partielle Blöcke identifiziert und gefüllt. Überdies wird der Speicher neu angepasst. Anschließend erfolgt das Puffermanagement. Bevor die Daten in die Datenbank geschrieben werden, müssen Datenbankblöcke gelesen und geschrieben werden. Mittels der Option **`Direct Path`** wird über den SQL-Loader der Datenbankblock direkt in die Datenbank geschrieben. Jedoch muss zuerst entsprechend der Datengröße der

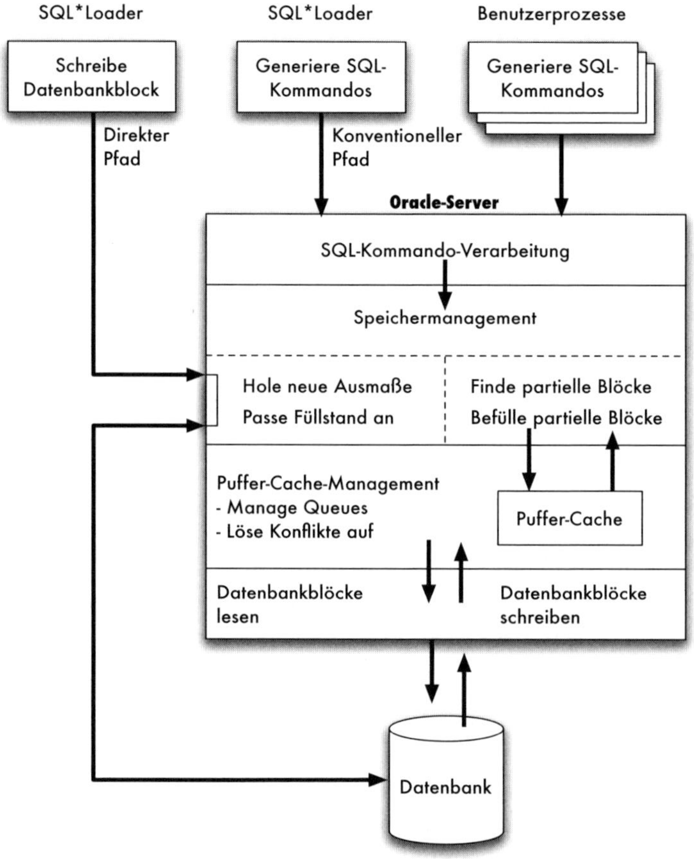

Abbildung 4.18: Oracle SQL-Loader: Direct Path

Datenbankfüllstand angepasst werden. So wird sichergestellt, dass genügend Speicher zur Verfügung steht. Ein Nachteil ist jedoch das Anfügen der Daten am Ende der Datenbank. Jedoch erfolgt im Data-Warehouse-System standardmäßig ein Einfügen neuer Daten. Das Ändern von Daten tritt eher selten ein.

4.5.2 Multi-Table-Insert

Eine weitere Alternative, Daten in Oracle effizient einzufügen, stellt der *Multi-Table-Insert* dar. So können Daten beispielsweise in Pivot-Tabellen durch einmaliges Lesen direkt in die entsprechenden Tabellen verteilt werden.

◂Beispiel 4-12▸ Das folgende Beispiel fügt Quartalsdaten in das Data Warehouse ein.

```
INSERT ALL
INTO Quartal_Verkauf
        VALUES (Produkt_Nr, Jahr || '/Q1', Umsatz_Q1)
INTO Quartal_Verkauf
        VALUES (Produkt_Nr, Jahr || '/Q2', Umsatz_Q2)
INTO Quartal_Verkauf
        VALUES (Produkt_Nr, Jahr || '/Q3', Umsatz_Q3)
INTO Quartal_Verkauf
        VALUES (Produkt_Nr, Jahr || '/Q4', Umsatz_Q4)
SELECT ... FROM ...
```

□

◄Beispiel 4-13► Auch ein bedingtes Einfügen kann im Multi-Table-Insert erfolgen. Das folgende Beispiel fügt die entsprechenden Werte in die Aktions-Verkaufstabelle oder die Tabelle Top_Produkte ein.

```
INSERT ALL
WHEN ProdNr IN
        (SELECT ProdNr FROM Werbe_Aktionen)
THEN INTO Aktions_Verkauf
        VALUES (ProdNr, Quartal, Umsatz)
WHEN Umsatz > 1000 THEN
        INTO Top_Produkte VALUES (ProdNr)
SELECT ... FROM ...
```

□

Eine weitere Alternative stellt der Merge in Oracle dar. Hierbei wird versucht, die Daten in die Zieltabelle einzufügen. Für den Fall, dass dies aufgrund eines Fehlers hinsichtlich einer Verletzung der Schlüsselbedingung abgebrochen wird, erfolgt ein Update des entsprechenden Records.

◄Beispiel 4-14► Im anschließenden Beispiel werden Kunden als Neukunden eingefügt. Für den Fall, dass diese bereits existieren, werden die Kundendaten geändert. Andernfalls erfolgt das Hinzufügen der neuen Daten.

```
MERGE INTO Kunde K USING Neukunde N
ON (N.Name = K.Name AND N.GebDatum = K.GebDatum)
WHEN MATCHED THEN
UPDATE SET K.Name = N.Name, K.Vorname=N.Vorname,
        K.GebDatum=N.GebDatum
WHEN NOT MATCHED THEN
INSERT VALUES (MySeq.NextVal, N.Name,
        N.Vorname, N.GebDatum)
```

□

4.6 Alternativer Ansatz: ELT

Während in der Referenzarchitektur, vergleiche hierzu den Abschnitt 2.3, das Befüllen des Data Warehouseoftmals in den Phasen Extraktion, Transformation im Datenbeschaffungsbereich und Laden in die Basisdatenbank bzw. das Befüllen des Datenwürfels erfolgt, ist es aufgrund neuer Technologien, wie In-Memory-Datenbanken und spaltenbasierten Ansätzen, auch möglich, die Transformation erst im Data Warehouse durchzuführen. Dieser Vorgang wird auch als *ELT-Prozess ETL light* bezeichnet. Eine schematische Darstellung des ELT-Prozesses findet sich in Abbildung 4.19.

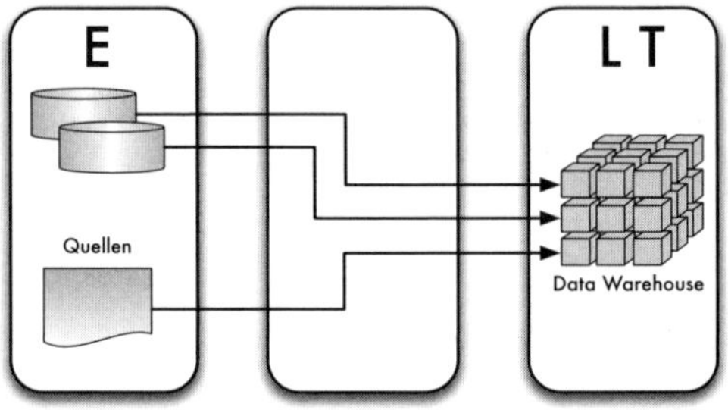

Abbildung 4.19: Der ELT-Prozess

Während der ETL-Prozess häufig durch Werkzeuge unterstützt wird, gibt es im Bereich des ELT keine speziellen ELT-Engines. Es handelt sich beim ELT-Prozess um eine Variante, bei der die Daten erst nach dem Laden in das Data Warehouse transformiert werden. Hierbei erfolgen die Transformationen zumeist mit SQL-Anweisungen in der Zieldatenbank. In der Extraktion werden für die jeweiligen Quellsysteme optimierte Anfragen genutzt, z.B. durch den Einsatz zusätzlich angebotener SQL-Funktionalität. Die Quellen werden dabei analog zum ETL-Prozess durch Monitore im Data-Warehouse-System überwacht. Aufgrund von Änderungen in den Datenstrukturen der Quellen gestaltet sich eine automatische Extraktion jedoch schwieriger.

Das Laden erfolgt beispielsweise durch die parallele Verarbeitung von SQL-Statements. Auch der Einsatz eines Massenladers ist möglich. Hierbei wird vorausgesetzt, dass keine Schreibzugriffe im Zielsystem während des Ladevorgangs erfolgen. Auch die satzbasierte Protokollierung wird aus Effizienzgründen ausgeschaltet.

Die Transformation im Data-Warehouse-System erfolgt dann in der Transformationskomponente unter Ausnutzung von Mengenoperationen. Hierbei bieten sich insbesondere Aggregationen für den Datenwürfel an. Zusätzlich können komplexe Transformationen mittels prozeduraler Sprachen wie z.B. PL/SQL definiert werden. Darüber hinaus existieren in den unterschiedlichen Systemen spezifische Statements. In Oracle steht unter anderem das Statement **CREATE TABLE AS SELECT** zur Verfügung, mit dem neben dem parallelen Beladen von Tabellen auch eine Reorganisation der Tabellen, z.B. mittels Indexstruktur oder Sortierung, möglich ist. Ebenfalls ist es in den Optionen des Statements möglich, das Logging auszuschalten, was die Bearbeitung der Tabellendaten drastisch reduzieren kann. Die Syntax des Befehls lautet:

```
CREATE TABLE Neu
TABLESPACE Neuer_Tablespace_Name
STORAGE (initial Neuer_Initialwert
       next Neuer_next
       freelists Neue_Freilistennummer )
AS
SELECT * FROM quelle
ORDER BY primary_index_key_werten;
```

4.7 Vertiefende Literatur

Aufgrund der Komplexität des ETL-Prozesses und der notwendigen Betrachtungen für die speziellen Anwendungsdomänen existiert eine Vielzahl von Büchern und Artikeln zur Thematik. Wir werden im Folgenden daher nur auf einzelne ausgewählte Arbeiten eingehen.

Der Themenbereich Datenqualität im Kontext des Data Warehouse ist sehr groß. Einen guten Überblick in die Thematik Informationsintegration liefern Leser und Naumann [LN06]. Für einen umfassenden Überblick zu Datenqualität, den betrachteten Dimensionen, Modellen und Vorgehensweisen bietet sich ebenfalls das Buch von Batini und Scannapieco [BS06] an. Einen Überblick zur Duplikaterkennung findet sich in [NH10]. Das Data Matching unterteilt Christen [Chr12] in die Bereiche des Record Linkage, der Entity Resolution und der Duplikaterkennung, wobei er Techniken und Tools fÃ¼r den Data Matching Prozess vorstellt. Einen Überblick zu den Herausforderungen der Datenqualität wird in [Sad13] gegeben. Hier werden unter anderem die organisatorischen und technischen Besonderheiten dargestellt.

Datenintegration im Data Warehouse steht im Fokus von Kimballs Buch [KC04] zum ETL-Prozess, auch wenn hier vorgeschlagen wird, diesen Prozess eher in Extraktion, Datenbereinigung, Anpassung und Datenlieferung zu unterteilen. Eine Übersicht über Datenintegration liefert auch der Artikel von Halevy et al. [HRO06]. Herangehensweisen für die Auflösung von Schemakonflikten wird beispielsweise in [KCGS93] dargestellt. Die dort vorgestellten Methoden für Multidatenbanksysteme gelten auch im Data Warehouse. Einen weiteren guten Übersichtsartikel zum Thema Umgang mit einer heterogenen Modelllandschaft stellt [BM07] dar.

Schema-Matching spielt seit vielen Jahren eine große Rolle. Eine aktuelle Übersicht leistet der Artikel von Do und Rahm [DR07]. Eine intensive Auseinandersetzung mit dem Thema liefert auch die Dissertation von Do [Do06]. Der Artikel von Bernstein und Melnik [BM07] geht auf das Modellmanagement von Mappings ein. Wie bereits in Multidatenbanken die Heterogenität gemeistert werden kann, wird in dem Artikel von Kim et al. [KCGS93] dargestellt. Auch die Dissertation von Schmitt [Sch97] zur Integration föderierter Datenbanken gibt einen Einblick in die Aspekte der Schemaintegration, die im Kontext des Data Warehouse eine wichtige Rolle spielen.

4.8 Übungen

Übung 4-1 Beschreiben Sie die Phasen der Datenaufbereitung im Data Warehouse!

Übung 4-2 Nennen Sie die Schritte zum Füllen eines Data Warehouse, charakterisieren Sie alle Beteiligten und Schritte.

Übung 4-3 Welche Datenfehler können in einer operativen Quelle oder in mehreren Quellen bestehen? Wie kann man diese finden? Welche Fehler bleiben bei welchem Verfahren unberücksichtigt?

Übung 4-4 Welche Datenqualitätsfehler sind in den Relationen **Kunde** und **Bestellung** zu finden? Durch welche Analysearten können die Fehler identifiziert werden?

KNr	Nachname	Vorname	Addresse	Stadt	Geburtstag
555666	Maier	Thomas	First Avenue 12	New York	1983-10-10
123456	Muster	Max	Rue du Tour 1	Lyon	1972-01-01
112233	Schulz	Maik	M.-Gorki-Str. 5	Magdeburg	1990-12-03
445566	Thomas	Maier	Rue du Gare 11	Paris	NULL
123456	Schulz	Mike	Maxim-Gorki-Strasse 5		1985-08-08

Abbildung 4.20: Beispielrelation Kunde

BNr	KNr	Artikel	Menge	Zugestellt
125	555666	4123649700201	1	T
512	123456	4222451689005	Zwei	1
699	112233	40815487990	3	0
730	555566	4900043174599	6	Nein
938	123456	3900004433901	Eins	Ja

Abbildung 4.21: Beispielrelation Bestellung

Übung 4-5 Berechnen Sie die Edit-Distanz zwischen den folgenden Worten:

- Datenbank und Datenschrank
- Dateianhang und Karteischrank
- Physiologisch und Psychologisch

Prüfen Sie Ihr Ergebnis, wenn möglich, mithilfe eines SQL-Statements.

Übung 4-6 Bestimmen Sie die 4-Gramme der Wörter aus der letzen Aufgabe. Geben Sie die Anzahl übereinstimmender 4-Gramme für alle Wortkombinationen an.

Übung 4-7 Welchen Soundex haben die Worte aus Aufgabe 4-5? Welches Paar ist am ähnlichsten?

Übung 4-8 Was wird unter dem Differential-Snapshot-Problem und Record Linkage verstanden? Worin liegt der Unterschied? Die triviale Herangehensweise besteht in der vollständigen Evaluierung sämtlicher Tupel (Jeder-gegen-Jeden).

- Wie kann der Aufwand für die Aufgabe der Eliminierung von Duplikaten gelöst werden?
- Welche Vor- und Nachteile haben die einzelnen Techniken?
- Wie kann die Datenqualität im Data Warehouse weiter verbessert werden?

Übung 4-9 Überführen Sie mittels SQL-Statements die Relationen **Bierladen1** und **Bierladen2** in die Zielrelation **IntegratedBierladen**.

PersonalID	Name	Fachrichtung	Abschluss
1	Mark	Verkaeufer	Lehrling
2	Pete	Lagerist	Geselle

Abbildung 4.22: Beispielrelation Bierladen1

PersonalID	Name	Verkaeufer	Lagerist
1	Mark	Lehrling	NULL
2	Pete	NULL	Geselle

Abbildung 4.23: Beispielrelation Bierladen2

PersonalID	Name	Geselle	Lehrling

Abbildung 4.24: Beispielrelation IntegratedBierladen

5

Anfragen an Data-Warehouse-Datenbanken

Die Nutzung von Data-Warehouse-Systemen als analytische Anwendungen ist typischerweise stark anfragelastig: sei es in Form von Ad-hoc-Anfragen, die von Nutzern frei formuliert oder über grafische Werkzeuge generiert werden, oder zur Generierung von vordefinierten Reports. In diesem Kapitel wollen wir Techniken zur Formulierung und Auswertung von Anfragen an Data-Warehouse-Datenbanken einführen. Ausgehend von Basisoperationen des multidimensionalen Datenmodells werden wir deren Umsetzung in SQL und die Unterstützung durch spezielle Anfrageoperatoren vorstellen. Neben SQL spielt im Data-Warehouse-Bereich auch die Anfragesprache MDX eine wichtige Rolle. MDX ist im Gegensatz zu SQL am multidimensionalen Datenmodell ausgerichtet und bietet damit direkte Unterstützung für Konzepte wie Dimensionen und Kennzahlen. Die entsprechenden Sprachkonstrukte behandeln wir ebenfalls in diesem Kapitel.

5.1 Einführung und Anforderungen

Da die Schemata eines Data Warehouse dem mehrdimensionalen Datenmodell mit einem oder mehreren Würfeln mit Kennzahlen und Dimensionen folgen, sind die Anfragen darauf auch meist recht ähnlich. So wählt eine typische Anfrage an ein Data Warehouse aus einer großen Menge vorhandener Kennzahlen einen bestimmten, in mehreren Dimensionen beschränkten Datenbereich aus und berechnet darauf Aggregationen.

◀**Beispiel 5-1**▶ Die folgende Fragestellung ist ein Beispiel für eine typische Anfrage im Data-Warehouse-Kontext, die als Kombination der OLAP-Operationen angesehen werden kann:

> Wie viele *Einheiten* wurden in den *Produktgruppen* Softdrinks und Wein in den *Bundesländern* Sachsen-Anhalt und Thüringen pro Monat und Ort in den *Jahren* 2010 und 2011 verkauft und welche *Umsätze* sind dabei angefallen?

Die Kennzahlen sind in diesem Fall die Verkaufseinheiten und Umsätze, die Einschränkung erfolgt bezüglich der Dimensionen Zeit (Jahr), Bundesland und Produktgruppe, und die Aggregation ist die Summenbildung der Kennzahlen über diese Dimensionen. □

Variationen dieses Anfragemusters sind die Anwendung anderer Aggregationsfunktionen (z.B. der mittlere Umsatz pro Monat), die Berücksichtigung verschiedener Granularitätsstufen (etwa für 2011 auch die Quartalszahlen) sowie die Berechnung von Teil- und Gesamtsummen.

Die Herausforderungen bei der Auswertung derartiger Anfragen liegen zum einen in der großen zu verarbeitenden Datenmenge und zum anderen in den mehrdimensionalen Restriktionen. Das folgende Beispiel soll dies illustrieren.

Wir gehen von unserer Getränkehandelskette aus und nehmen an, dass diese 2.000 Filialen in ganz Deutschland besitzt. Pro Filiale kaufen täglich 1.000 Kunden ein, wobei jeder Kunde im Mittel 5 Artikel erwirbt, von denen 1 Artikel zur Produktgruppe Softdrink und 0,5 Artikel zur Produktgruppe Wein gehört. Dies bedeutet, dass in einem Data Warehouse pro Tag 10.000.000 Datensätze in die Faktentabelle `Verkauf` eingefügt werden müssen. Nehmen wir weiterhin an, dass pro Datensatz 63 Byte benötigt werden (siehe [SSH11]):

für die Kennzahlen:	4 double-Werte à 8 Byte	= 32 Byte
	1 int-Wert à 4 Byte	= 4 Byte
für den Verkaufskanal:	1 char-Wert à 1 Byte	= 1 Byte
für die Dimensionswerte:	4 int-Werte à 4 Byte	= 16 Byte
für Header- und Verwaltungsdaten pro Datensatz		= 10 Byte
$\sum$		= 63 Byte

Daraus ergeben sich unter Vernachlässigung des Speicher-Overheads pro Block auf dem Externspeicher 10.000.000 $\times$ 63 Byte $\approx$ 600 MB/Tag und bei 310 Einkaufstagen im Jahr 182 GB. Speichern wir in der Faktentabelle Verkaufszahlen über 10 Jahre, so würde diese Faktentabelle allein 1820 GB umfassen.

Bei einer naiven Auswertung der obigen Anfrage müsste die gesamte Faktentabelle (plus die Dimensionstabellen) vom Externspeicher gelesen werden. Bei einer angenommenen Transferrate von 80 MB/s würde dies 23.296 Sekunden oder fast 6,5 Stunden erfordern! Mit RAID5 (Striping auf Blockebene, siehe auch [SSH11]) ließe sich diese Zeit halbieren und mit RAID10 (RAID0 über mehrere RAID1, d.h. insgesamt mindestens 4 Festplatten) vierteln – allerdings wären dies immer noch 1,6 Stunden, was für eine Antwortzeit zu einer Ad-hoc-Anfrage inakzeptabel ist.

Berücksichtigt man die Restriktionen über die Dimensionen, so bedeutet dies im Einzelnen

- $\frac{1,5}{5}$ der Artikel in der Produkt-Dimension,
- $\frac{2}{10}$ der Verkaufstage in der Zeit-Dimension und
- $\frac{2}{16}$ aller Orte in der Ort-Dimension

müssen betrachtet werden. Unter Annahme der Gleichverteilung sind damit nur noch

$$\frac{3}{10} \cdot \frac{2}{10} \cdot \frac{2}{16} \approx 0{,}75\%$$

der Datensätze zu verarbeiten. Dies wären ca. 13,6 GB, was für die obigen Festplatten immer noch zwischen 174 und 43 Sekunden erfordern würde.

Daher werden wir im Folgenden, sowie im Kapitel 8, neben Anfragekonstrukten und -operatoren auch Techniken zur effizienten Auswertung von Anfragen an Data Warehouses vorstellen, welche diese Herausforderungen adressieren.

5.2 OLAP-Operationen

Das in Kapitel 3 eingeführte Datenwürfelmodell ist nicht nur zur Modellierung der Daten eines Data Warehouse geeignet, sondern bildet auch die Basis für die Definition von Operatoren zur multidimensionalen Analyse. Diese Operatoren lassen sich in vier Gruppen einordnen:

- die Pivotierung bzw. die Rotation des Würfels (`PIVOT` oder `ROTATE`),
- die Navigation entlang der Hierarchien (`DRILL DOWN` und `ROLL UP`),
- Wechsel zwischen Datenwürfeln (`DRILL ACROSS`),
- die Bildung von Teilmengen (`SLICE` und `DICE`).

Die erste Gruppe von Operationen dient der einfachen Analyse der Daten aus unterschiedlichen Perspektiven. So lassen sich durch das Drehen des Würfels die (etwa in einem Report sichtbaren) Dimensionen vertauschen. Abbildung 5.1 demonstriert die **PIVOT**-Operation am Beispiel unseres Datenwürfels: Ausgehend von einer Sicht auf die Verkaufszahlen in den einzelnen Bundesländern in den betrachteten Jahren, wird der Würfel so rotiert, dass die Verkaufszahlen pro Produkt angezeigt werden.

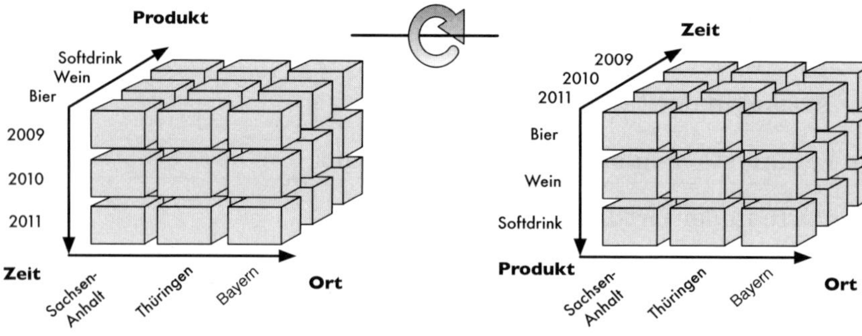

Abbildung 5.1: Die Operation **PIVOT**

DRILL DOWN und **ROLL UP** ermöglichen das Wechseln der Hierarchieebenen einer Dimension sowie die Auswahl verschiedener Aggregationsebenen, wobei die Dimensionalität erhalten bleibt. **DRILL DOWN** dient dabei dem „Hineinnavigieren" in den Würfel entlang der Klassifikationshierarchie, indem die aggregierten Darstellungen auf ein feineres Granulat einer Dimension heruntergebrochen werden. Typische Beispiele sind der Übergang von der Jahresebene auf die Quartalsdarstellung der Zeitdimension (wie in Abbildung 5.2 dargestellt) oder von der Ebene der Bundesländer auf die Städte oder Filialen. Die Grenzen der Navigation werden dabei durch die verfügbaren (d.h. gespeicherten) Detaildaten gebildet.

Die dazu inverse Operation ist **ROLL UP**, bei der entlang der Hierarchie aus dem Würfel „herausnavigiert" wird. Dies entspricht einer Aggregation der Daten einer Ebene, z.B. Quartalszahlen zu Jahreszahlen (Abbildung 5.2).

Werden verschiedene Kennzahlen durch unterschiedliche Würfel modelliert, kann durch die **DRILL ACROSS**-Operation zwischen diesen Würfeln hin und her gesprungen werden. Hierbei bleiben die ausgewählten Dimensionen und Hierarchieebenen erhalten.

Schließlich erlauben die Operatoren **SLICE** und **DICE** die Bildung von Subsets des Datenwürfels und damit die Erstellung individueller Sichten. Hierbei wird mit **SLICE** eine „Scheibe" aus dem Würfel geschnitten, indem für eine der Dimensionen ein Wert ausgewählt wird. Damit verringert sich natürlich die

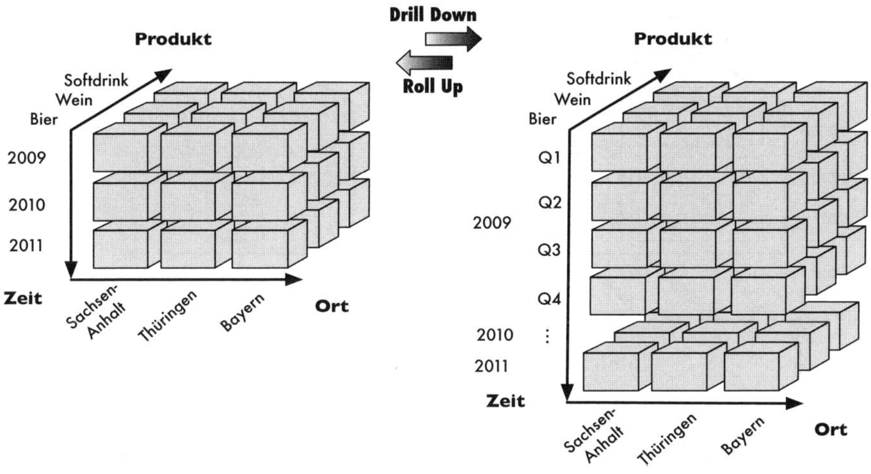

Abbildung 5.2: Die Operationen **DRILL DOWN** und **ROLL UP**

Dimensionalität des Ergebniswürfels. In Abbildung 5.3 ist dies am Beispiel der Beschränkung auf ein Produkt dargestellt.

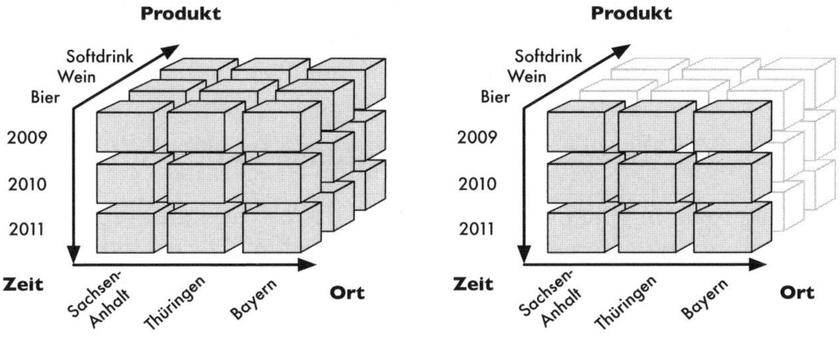

Abbildung 5.3: Die Operation **SLICE**

DICE[1] kann als das Herausschneiden eines „Teilwürfels" verstanden werden. Hierzu werden **SLICE**-Operationen in mehreren Dimensionen durchgeführt, sodass insgesamt die Dimensionalität erhalten bleibt. Abbildung 5.4 illustriert diese Operation für die Beschränkung auf die Verkaufszahlen ausgewählter Regionen und Produkte für die Jahre 2010 und 2011.

Die beschriebenen Operationen lassen sich ähnlich wie die Operatoren der Relationenalgebra beliebig kombinieren, da das Ergebnis jeder Operation auf einem Datenwürfel wiederum ein Datenwürfel ist.

[1] Das englische Wort *dice* bedeutet „würfeln" im Sinne von „in Würfel schneiden".

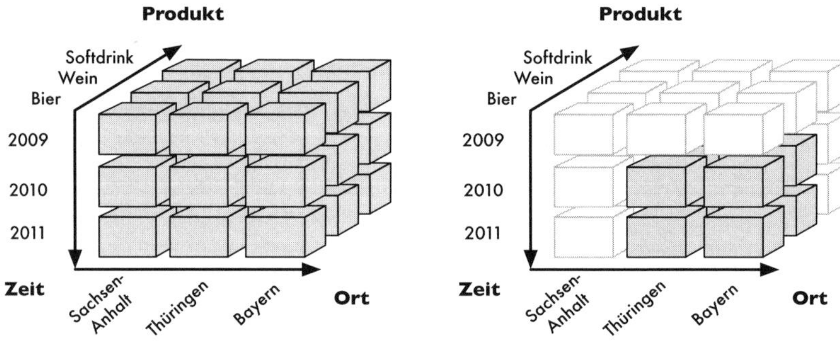

Abbildung 5.4: Die Operation `DICE`

5.3 SQL-Operationen für das Data Warehouse

Die meisten Data-Warehouse-Systeme nutzen SQL-DBMS als Backend. Dazu müssen OLAP-Anfragen auf dem Datenwürfel in entsprechende SQL-Anfragen umgesetzt werden, wobei die konkrete Realisierung von der Art des Schemas (Star- oder Snowflake-Schema, Modellierung der Klassifikationshierarchien) abhängig ist. In den folgenden Abschnitten werden wir die Grundstruktur derartiger Anfragen behandeln und die mit SQL:1999 bzw. SQL:2003 unter der Bezeichnung SQL/OLAP eingeführten Erweiterungen zur Unterstützung von analytischen Anfragen vorstellen.

5.3.1 Relationale Umsetzung multidimensionaler Anfragen

Wird eine Anfrage wie in Beispiel 5-1 in eine SQL-Anfrage umgesetzt, so muss das konkrete Datenbankschema berücksichtigt werden. Für ein typisches Star-Schema umfasst eine solche Anfrage die folgenden Komponenten:

- einen $(n+1)$-Wege-Verbund zwischen n Dimensionstabellen und der Faktentabelle,
- Restriktionen über den Dimensionstabellen sowie
- Aggregationen über den Kennzahlen in Verbindung mit Gruppierungen.

Dieses Muster wird wegen seiner Orientierung am Star-Schema auch *Star Join* genannt: Die Faktentabelle muss „sternförmig“ mit den Dimensionstabellen verbunden werden, auf denen die Restriktionen formuliert sind oder deren Attribute bei der Gruppierung oder Projektion benötigt werden.

◀Beispiel 5-2▶ Die folgende Anfrage ist eine Umsetzung der Fragestellung aus Beispiel 5-1 auf Basis des Star-Schemas aus Abschnitt 3.3.3.

```
SELECT O_Stadt, YEAR_MONTH(Z_Datum), SUM(V_Anzahl) AS Einheiten,
       SUM(V_Anzahl * P_Verkaufspreis) AS Umsatz
FROM   Verkauf, Zeit, Produkt, Ort
WHERE  V_Zeit_ID = Z_ID AND V_Produkt_ID = P_ID AND
       V_Ort_ID = O_ID AND
       YEAR(Z_Datum) BETWEEN 2010 AND 2011 AND
       O_Bundesland IN ('Sachsen-Anhalt', 'Thüringen') AND
       P_Produktgruppe IN ('Softdrink', 'Wein')
GROUP BY O_Stadt, YEAR_MONTH(Z_Datum)
```

□

Das gleiche Anfragemuster kann natürlich auch mit einem Snowflake-Schema verwendet werden. Hierbei können jedoch innerhalb der Dimensionen weitere Verbundoperationen notwendig sein, wenn Restriktionen auf höheren Dimensionsebenen formuliert sind.

◄Beispiel 5-3► Die Anfrage aus Beispiel 5-2 wird auf Basis des Snowflake-Schemas aus Abschnitt 3.3.3 wie folgt formuliert:

```
SELECT S_Name, YEAR_MONTH(Z_Datum), SUM(V_Anzahl) AS Einheiten,
       SUM(V_Anzahl * P_Verkaufspreis) AS Umsatz
FROM   Verkauf, Zeit, Produkt, ProduktGruppe,
       Filiale, Stadt, Bundesland
WHERE  V_Zeit_ID = Z_ID AND V_Produkt_ID = P_ID AND
       V_Filial_ID = F_ID AND P_PGruppe_ID = PG_ID AND
       F_Stadt_ID = S_ID AND S_BLand_ID = B_ID AND
       YEAR(Z_Datum) BETWEEN 2010 AND 2011 AND
       B_Name IN ('Sachsen-Anhalt', 'Thüringen') AND
       PG_Bezeichnung IN ('Softdrink', 'Wein')
GROUP BY S_Name, YEAR_MONTH(Z_Datum)
```

□

Für die Berechnung der Kennzahlen und die Festlegung der Ergebnisgranularität spielen Gruppierung und Aggregation eine wichtige Rolle. SQL unterstützt dies durch eine Reihe von Aggregatfunktionen und den `GROUP BY`-Operator. So erfolgt in den beiden obigen Beispielen die Gruppierung der Daten nach Stadt und Monat: Für jede Kombination von Ausprägungen dieser Attribute wird eine Gruppe oder Partition der Daten gebildet, auf der dann jeweils die Kennzahlen durch Aggregation (in diesem Fall durch Summenbildung) berechnet werden.

Neben den bekannten Standardfunktionen `MIN`, `MAX`, `AVG`, `SUM` und `COUNT` wurden mit SQL:2003 eine Reihe neuer Aggregatfunktionen für komplexere statistische Auswertungen eingeführt. Hierzu zählen die folgenden Funktionen zur Berechnung

- der Varianz mit **VAR_POP**(x) und **VAR_SAMP**(x). Die **_POP**-Variante dieser Funktion (und der nachfolgend vorgestellten Funktionen) bezieht sich dabei auf die gesamte Population (Partition des Eingabestroms), während die **_SAMP**-Variante die sogenannte Bessel-Korrektur berücksichtigt, d.h. mit $n-1$ statt mit n rechnet. **VAR_POP** berechnet sich daher aus:

$$\sigma^2 = \frac{\sum(x_i - \overline{x})^2}{n}$$

während **VAR_SAMP** nach folgender Vorschrift berechnet wird:

$$s^2 = \frac{\sum(x_i - \overline{x})^2}{n-1}$$

mit $\overline{x}$ der Mittelwert der x_i-Werte und n die Größe der Eingabemenge.

- der Standardabweichung mit **STDDEV_POP**(x) und **STDDEV_SAMP**(x):

$$\sigma = \sqrt{\sigma^2}$$

- der Kovarianz mit **COVAR_POP**(x, y) und **COVAR_SAMP** (x, y):

$$s(x,y) = \frac{1}{n}\sum_{i=1}^{n}(x_i - \overline{x})(y_i - \overline{y})$$

- des Korrelationskoeffizienten **CORR**(x, y):

$$\textbf{CORR}(x,y) = \frac{\textbf{COVAR\_POP}(x,y)}{\textbf{STDDEV\_POP}(x) \cdot \textbf{STDDEV\_POP}(y)}$$

- von Regressionsanalysen.

Mit diesen statistischen Funktionen sind mächtige Analysen möglich. Einige einfache Beispiele sollen dies im Folgenden kurz illustrieren.

◀Beispiel 5-4▶ Mit der folgenden Anfrage soll überprüft werden, ob zwischen der Anzahl der verkauften Produkte und deren Verkaufspreis ein (linearer) Zusammenhang besteht. Werte nahe Null deuten darauf hin, dass der Zusammenhang nicht stärker als der statistische Zufall ist.

```
SELECT COVAR_POP(V_Anzahl, P_Verkaufspreis)
FROM   Verkauf, Produkt
WHERE  V_Produkt_ID = P_ID
```

□

Bekanntlich gibt der Wert der Kovarianz keinen Aufschluss darüber, wie stark der Zusammenhang der beiden Variablen ist – der Wertebereich ist vorab nicht bekannt. Hier hilft der Korrelationskoeffizient über die Funktion **CORR**:

◀Beispiel 5-5▶ Für die einzelnen Produktgruppen soll mit einer Anfrage der jeweilige Korrelationskoeffizient für den Zusammenhang zwischen Einkaufspreis und Verkaufspreis ermittelt werden. Werte nahe Null weisen auf statistische Unabhängigkeit hin, Werte ab 0,5 auf eine mittlere bis starke Korrelation.

```
SELECT CORR(P_Verkaufspreis, P_Einkaufspreis), P_Produktgruppe
FROM   Verkauf, Produkt
WHERE  V_Produkt_ID = P_ID
GROUP BY P_Produktgruppe
```

□

Für die Durchführung einer linearen Regressionsanalyse bietet SQL mehrere Funktionen. Diese ermöglichen die Bestimmung des Anstiegs der Regressionsgeraden (**REGR_SLOPE**), der Anzahl der dabei berücksichtigten Wertepaare, die ungleich **NULL** sind (**REGR_COUNT**), des Regressionskoeffizienten (**REGR_R2**), der Mittelwerte beider Parameter (**REGR_AVGX**, **REGR_AVGY**) sowie weitere Diagnosefunktionen.

◀Beispiel 5-6▶ Der Zusammenhang zwischen Anzahl und Verkaufspreis soll durch eine Regressionsanalyse untersucht werden. Neben dem Anstieg der Geraden und den Regressionskoeffizienten werden dazu auch jeweils der mittlere Preis und die mittlere Anzahl ausgegeben. Die Regression soll für das Jahr 2011 pro Verkaufskanal durchgeführt werden:

```
SELECT V_Kanal, REGR_SLOPE(V_Anzahl, P_Verkaufspreis) AS Anstieg,
       REGR_R2(V_Anzahl, P_Verkaufspreis) AS Koeff,
       REGR_COUNT(V_Anzahl, P_Verkaufspreis) AS Anzahl,
       REGR_AVGX(V_Anzahl, P_Verkaufspreis) AS MittlererPreis,
       REGR_AVGY(V_Anzahl, P_Verkaufspreis) AS MittlereAnzahl
FROM   Verkauf, Produkt, Zeit
WHERE  V_Produkt_ID = P_ID AND
       V_Zeit_ID = Z_ID AND YEAR(Z_Datum) = 2011
GROUP BY V_Kanal
```

□

Weitere Details zu diesen Funktionen sind den Standarddokumenten bzw. der Herstellerdokumentation zu entnehmen.

Für Anwendungen im Berichtswesen werden oft auch Zwischen- oder Gesamtsummen benötigt, beispielsweise neben den Ergebnissen der ausgewählten Jahre und Bundesländer auch noch die Gesamtzahlen über die einzelnen

PGruppe	Jahr	Bundesland	Umsatz PGruppe-Jahr-Bundesland	Umsatz PGruppe-Jahr	Umsatz PGruppe
Wein	2010	Sachsen-Anhalt Thüringen	45 43		
				88	
	2011	Sachsen-Anhalt	47		
				47	
					135
Bier	2011	Thüringen	42		
				42	
					42

Abbildung 5.5: Auswertung mit Zwischen- und Gesamtsummen

Jahre bzw. den Gesamtberichtszeitraum. Abbildung 5.5 zeigt ein Beispiel einer solchen Tabelle. Die Zwischensummen sind in der Spalte für Umsätze pro Produktgruppe und Jahr als Summe über die Bundesländer (`Umsatz-PGruppe-Jahr`) bzw. die Gesamtsumme in der Spalte für Umsätze pro Produkt (`Umsatz-PGruppe`) als Summe über Bundesländer und Jahre zu finden.

Derartige Berichte lassen sich ebenfalls mithilfe des **GROUP BY**-Operators erstellen. Dazu bietet es sich an, die Tabellenstruktur geringfügig anzupassen, sodass die Zwischen- und Gesamtsummen einzeln über eigene Gruppierungsanfragen berechnet und anschließend durch den **UNION ALL**-Operator zusammengeführt werden können.

◂Beispiel 5-7▸ Die folgende Anfrage liefert eine Tabelle mit Zwischen- und Gesamtsummen, wobei die entsprechenden Tupel an den Nullwerten (oder alternativ einem speziellen Pseudowert wie **ALL**) in den Dimensionen, über die summiert wird, zu erkennen sind:

```
-- Zwischensumme (1) über alle Produktgruppen, Jahre und Bundesländer
SELECT P_Produktgruppe AS PGruppe, YEAR(Z_Datum), O_Bundesland,
       SUM(V_Anzahl * P_Verkaufspreis) AS Umsatz
FROM   Verkauf, Zeit, Produkt, Ort
WHERE  V_Zeit_ID = Z_ID AND V_Produkt_ID = P_ID AND V_Ort_ID = O_ID
GROUP BY P_Produktgruppe, YEAR (Z_Datum), O_Bundesland
UNION ALL
-- Zwischensumme (2) über alle Produktgruppen und Jahre
SELECT P_Produktgruppe AS PGruppe, YEAR (Z_Datum),
       CAST(NULL AS VARCHAR(50)),
       SUM(V_Anzahl * P_Verkaufspreis) AS Umsatz
```

```
FROM    Verkauf, Zeit, Produkt, Ort
WHERE   V_Zeit_ID = Z_ID AND V_Produkt_ID = P_ID AND V_Ort_ID = O_ID
GROUP BY P_Produktgruppe, YEAR(Z_Datum)
UNION ALL
-- Zwischensumme (3) über alle Produktgruppen
SELECT P_Produktgruppe AS PGruppe, CAST(NULL AS INT),
       CAST(NULL AS VARCHAR(50)),
       SUM(V_Anzahl * P_Verkaufspreis) AS Umsatz
FROM    Verkauf, Zeit, Produkt, Ort
WHERE   V_Zeit_ID = Z_ID AND V_Produkt_ID = P_ID AND V_Ort_ID = O_ID
GROUP BY P_Produktgruppe
UNION ALL
-- Gesamtsumme
SELECT CAST(NULL AS VARCHAR(50)) AS PGruppe, CAST(NULL AS INT),
       CAST(NULL AS VARCHAR(50)),
       SUM(V_Anzahl * P_Verkaufspreis) AS Umsatz
FROM    Verkauf, Zeit, Produkt, Ort
WHERE   V_Zeit_ID = Z_ID AND V_Produkt_ID = P_ID AND V_Ort_ID = O_ID
```

Die folgende Tabelle zeigt einen Ausschnitt des Ergebnisses:

PGruppe	Jahr	O_Bundesland	Umsatz
Wein	2010	Sachsen-Anhalt	45
Wein	2010	Thüringen	43
Wein	2011	Sachsen-Anhalt	47
Bier	2011	Thüringen	42
Wein	2010	*NULL*	88
Wein	2011	*NULL*	47
Bier	2011	*NULL*	42
Wein	0	*NULL*	135
Bier	0	*NULL*	42
NULL	0	*NULL*	177

□

Derartige Anfragen werden auch von OLAP-Werkzeugen generiert, die Berichte mit Zwischensummen ausgeben bzw. die Drill-down- und Roll-up-Operationen unterstützen.

Allerdings hat die Variante mit dem **UNION**-Operator einen wesentlichen Nachteil: Bei der Berechnung aller Teilsummen für n Gruppierungsattribute sind 2^n Teilanfragen notwendig, und jede dieser Teilanfragen erfordert nicht nur Gruppierung und Aggregation, sondern ggf. auch Verbunde mit den Dimensionstabellen und Restriktionen darauf. Dadurch ist nicht nur die Formulierung der Anfrage aufwendig, sondern auch deren Ausführung.

5.3.2 CUBE und ROLLUP

Aufgrund der beschriebenen Nachteile wurden zunächst als Ergänzung zu SQL:1999 und dann im Rahmen von SQL:2003 mit dem **CUBE**- und dem **ROLLUP**-Operator Erweiterungen der Gruppierungsklausel aufgenommen, die auch von den kommerziellen DBMS unterstützt werden.

Der **CUBE**-Operator geht auf den Vorschlag von Gray et al. [GBLP96, GCB+97] zurück. Im Prinzip handelt es sich um eine „Kurzform" für Anfragemuster zur Berechnung von Teil- und Gesamtsummen. Hierbei werden aus einer gegebenen Menge von Gruppierungsattributen alle möglichen Gruppierungskombinationen generiert, über die aggregiert werden kann. Bei der Angabe von drei Attributen A_1, A_2, und A_3 werden die folgenden Gruppierungen durchgeführt, wobei die erste Zeile mit () einer Gruppierung über *alle* Werte entspricht:

$$
\begin{aligned}
&()\\
&(A_1), (A_2), (A_3)\\
&(A_1, A_2), (A_1, A_3), (A_2, A_3)\\
&(A_1, A_2, A_3)
\end{aligned}
$$

Wie in unserem obigen Beispiel 5-7 werden in den Zwischensummen die aggregierten Dimensionen durch Nullwerte repräsentiert. Damit wir eine Verwechselung mit Nullwerten vermeiden, werden wir für die Aggregate den Pseudowert **ALL** im Folgenden nutzen. Demzufolge ist das Gesamtaggregat mit der Aggregatfunktion $f()$ durch ein Tupel der Form

$$\texttt{ALL}, \texttt{ALL}, \ldots, \texttt{ALL}, f(*)$$

dargestellt, während höherdimensionale Ebenen weniger dieser Werte aufweisen.

Der **CUBE**-Operator wird im Rahmen der **GROUP BY**-Klausel eingesetzt:

```
SELECT ...
FROM ...
WHERE ...
GROUP BY CUBE(attribut-liste)
```

◀Beispiel 5-8▶ Die Anfrage aus Beispiel 5-7 kann unter Verwendung des **CUBE**-Operators wie folgt notiert werden:

```
SELECT P_Produktgruppe AS PGruppe, YEAR(Z_Datum), O_Bundesland,
       SUM(V_Anzahl * P_Verkaufspreis) AS Umsatz
FROM   Verkauf, Zeit, Produkt, Ort
WHERE  V_Zeit_ID = Z_ID AND V_Produkt_ID = P_ID AND V_Ort_ID = O_ID
GROUP BY CUBE(P_Produktgruppe, YEAR(Z_Datum), O_Bundesland)
```

Diese Anfrage berechnet zur Eingaberelation `Verkauf` alle Detaildaten sowie alle Teil- und Gesamtsummen:

PGruppe	**Jahr**	**Bundesland**	**Umsatz**
Wein	2010	Sachsen-Anhalt	45
Wein	2010	Thüringen	43
Wein	2011	Sachsen-Anhalt	47
Bier	2011	Thüringen	42

CUBE ⇒

PGruppe	**Jahr**	**Bundesland**	**Umsatz**
Wein	2010	Sachsen-Anhalt	45
Wein	2010	Thüringen	43
...	...	...	...
Wein	2010	*ALL*	88
Wein	2011	*ALL*	47
Bier	2011	*ALL*	42
Wein	*ALL*	Sachsen-Anhalt	92
Wein	*ALL*	Thüringen	43
Bier	*ALL*	Thüringen	42
Wein	*ALL*	*ALL*	135
Bier	*ALL*	*ALL*	42
ALL	2010	Sachsen-Anhalt	45
...	...	...	...
ALL	*ALL*	Sachsen-Anhalt	92
ALL	*ALL*	Thüringen	85
...	...	...	...
ALL	2010	*ALL*	88
ALL	2011	*ALL*	89
ALL	*ALL*	*ALL*	177

□

Die Anzahl der vom **CUBE**-Operator erzeugten Gruppen und Aggregate lässt sich wie folgt angeben:

- Bei einer Gruppierung über n Attribute $A_1, A_2, \ldots, A_n$ mit den Kardinalitäten (Anzahl der verschiedenen Attributwerte) $C_1, C_2, \ldots, C_n$ berechnet **cube**(A_1, A_2, …, A_n) eine Relation mit der folgenden Kardinalität:

$$\prod_{i=1}^{n}(C_i + 1)$$

- Bei k Attributen in der **SELECT**-Klausel ergeben sich $2^k - 1$ Superaggregate in der Ergebnisrelation, d.h. Aggregate, die über andere Aggregate berechnet werden können und somit – in unserem Fall Nullwerte – in der Projektionsliste enthalten wie z.B. `O_Bundesland,` **ALL**.

Für die Anfrage aus Beispiel 5-8 sind dies demnach beispielsweise bei 15 Bundesländern, 5 Jahren und 10 Warengruppen $16 \cdot 6 \cdot 11 = 1056$ Gruppen und $2^3 - 1 = 7$ Superaggregate.

Falls nicht alle Teilsummen im Ergebnis gewünscht werden, kann die **GROUPING**-Funktion in der **HAVING**-Klausel genutzt werden. Diese Funktion erwartet ein Attribut als Parameter und liefert

- 1, wenn über dieses Attribut aggregiert wurde, und

- 0, wenn nach diesem Attribut gruppiert wurde.

◂**Beispiel 5-9**▸ Ein Beispiel ist die Unterdrückung der Gesamtsumme in der Anfrage aus Beispiel 5-8, indem die folgende **HAVING**-Klausel eingefügt wird:

```
...
GROUP BY CUBE(P_Produktgruppe, YEAR(Z_Datum), O_Bundesland)
HAVING NOT (GROUPING(P_Produktgruppe) = 1 AND
       GROUPING(YEAR(Z_Datum)) = 1 AND GROUPING(O_Bundesland) = 1)
```

□

◂**Beispiel 5-10**▸ Für die Anfrage aus Beispiel 5-8 sollen nur die Gesamt- und Teilsummen ausgegeben werden, die auch die Produktgruppe enthalten:

```
...
GROUP BY CUBE(P_Produktgruppe, YEAR(Z_Datum), O_Bundesland)
HAVING GROUPING(P_Produktgruppe) = 1
```

□

Der **CUBE**-Operator ist ein *interdimensionaler* Operator, der für Attribute aus unterschiedlichen Dimensionen anwendbar ist. Dadurch ist er aber auch für Roll-up- oder Drill-down-Operationen in einer Dimension oft zu aufwendig. Abhilfe schafft hier der **ROLLUP**-Operator, der *intradimensional* wirkt: Zu einer gegebenen Attributliste $A_1, \ldots, A_n$ werden die folgenden Attributkombinationen für Gruppierungen gebildet:

$()$
(A_1)
(A_1, A_2)
$(A_1, A_2, \ldots, A_{n-1})$
$(A_1, A_2, \ldots, A_{n-1}, A_n)$

Das folgende Beispiel zeigt eine einfache Anwendung dieses Operators.

◂**Beispiel 5-11**▸ Mit der Anfrage soll eine Roll-up-Operation entlang der Ort-Dimension durchgeführt werden, d.h. die Umsatzzahlen sollen nicht nur pro Filiale ausgegeben, sondern auch für Ort und Bundesland summiert werden:

```
SELECT O_Bundesland, O_Stadt, O_Filiale,
       SUM(V_Anzahl * P_Verkaufspreis) AS Umsatz
FROM   Verkauf, Zeit, Produkt, Ort
WHERE  V_Zeit_ID = Z_ID AND V_Produkt_ID = P_ID AND
       V_Ort_ID = O_ID AND YEAR(Z_Datum) = 2011 AND
       P_Produktgruppe = 'Wein'
GROUP BY ROLLUP(O_Bundesland, O_Stadt, O_Filiale)
```

Das Ergebnis dieser Anfrage ist folgende Tabelle:

Gruppe	Tag	Monat	Jahr	Umsatz
Rotwein	1	Januar	2011	100
Rotwein	2	Januar	2011	100
...	...	...	...	...
Rotwein	31	Januar	2011	100
Rotwein	*ALL*	Januar	2011	1200
Rotwein	1	Februar	2011	100
Rotwein	2	Februar	2011	100
...	...	...	...	...
Rotwein	28	Februar	2011	100
...	...	...	...	...
Rotwein	*ALL*	Februar	2011	100
...	...	...	...	...
Rotwein	*ALL*	*ALL*	2011	500

□

Werden mehrere Roll-up-Operationen in einer Anfrage angegeben, so wird das Kreuzprodukt der durch die Roll-ups generierten Attributkombinationen zur Gruppierung verwendet. Eine Anfrage mit

```
SELECT O_Bundesland, O_Stadt, O_Filiale, YEAR(Z_Datum),
       YEAR_MONTH(Z_Datum),
       SUM(V_Anzahl * P_Verkaufspreis) AS Umsatz
FROM   Verkauf, Zeit, Produkt, Ort
WHERE  V_Zeit_ID = Z_ID AND V_Produkt_ID = P_ID AND
       V_Ort_ID = O_ID AND YEAR(Z_Datum) = 2011
GROUP BY ROLLUP(O_Bundesland, O_Stadt, O_Filiale),
       ROLLUP(YEAR(Z_Datum), YEAR_MONTH(Z_Datum))
```

wird wie folgt ausgewertet:

- die erste Roll-up-Operation liefert: `(O_Bundesland, O_Stadt, O_Filiale)`, `(O_Bundesland, O_Stadt)`, `(O_Bundesland)`, `()`
- die zweite Roll-up-Operation generiert: `(YEAR(Z_Datum), YEAR_MONTH(Z_Datum))`, `(YEAR(Z_Datum))`, `()`
- das Kreuzprodukt beider Kombinationen wird gebildet, sodass folgende 12 Gruppierungen ausgeführt werden: `(O_Bundesland, O_Stadt, O_Filiale, YEAR(Z_Datum), YEAR_MONTH(Z_Datum))`, `(O_Bundesland, O_Stadt, O_Filiale, YEAR(Z_Datum))`, `(O_Bundesland, O_Stadt, O_Filiale)`, `...`, `(O_Bundesland, YEAR(Z_Datum), YEAR_MONTH(Z_Datum))`, `...`, `(YEAR(Z_Datum))`, `()`

Im Vergleich zum **CUBE**-Operator generiert der **ROLLUP**-Operator weniger Kombinationen: während es für n Attribute bei **CUBE** 2^n Kombinationen sind, liefert **ROLLUP** nur $n + 1$ Gruppierungskombinationen. Ein weiterer Unterschied ist, dass bei **ROLLUP** die Reihenfolge der angegebenen Attribute wichtig ist: `ROLLUP(O_Bundesland, O_Stadt)` liefert ein anderes Ergebnis als `ROLLUP(O_Stadt, O_Bundesland)`!

Neben der Möglichkeit, mittels **CUBE** und **ROLLUP** Gruppierungskombinationen generieren zu lassen, können mithilfe von **GROUPING SETS** auch Kombinationen von Gruppen explizit angegeben werden. Auf diese Weise ist auch eine feingranulare Auswahl der Gruppen möglich. Beispielsweise ist eine Gruppierung der Form

```
GROUP BY ROLLUP(O_Bundesland, O_Stadt)
```

äquivalent zu

```
GROUP BY GROUPING SETS((O_Bundesland, O_Stadt), (O_Bundesland), ())
```

Somit lassen sich in Verbindung mit **ROLLUP** und **CUBE** beliebig komplexe Gruppierungen vornehmen.

5.3.3 OLAP-Funktionen in SQL:2003

Neben den erweiterten Gruppierungsmöglichkeiten und den oben eingeführten Aggregatfunktionen sind in SQL:2003 auch eine Reihe von neuen Funktionen speziell für die sequenzbasierte Datenanalyse verfügbar. Insbesondere in Verbindung mit der *fensterbasierten Partitionierung* lassen sich mit diesen Funktionen komplexe OLAP-Anfragen formulieren.

Die wichtigste Erweiterung ist die Möglichkeit, analytische Funktionen (auch als OLAP-Funktionen bezeichnet) über sogenannten Fenstern auszuführen. Ein Fenster (engl. *window*) spezifiziert eine Folge von Tupeln mit einer definierten Ordnung, beispielsweise die Einträge der letzten 30 Tage, wobei die Ordnung hier durch das Datum gegeben ist. Die wesentlichen Unterschiede zur klassischen Anwendung von Aggregatfunktionen sind, dass

- Ordnung und ggf. Partitionierung der Eingabemenge attributlokal ausgeführt werden und
- die Aggregation tupelbasiert erfolgt, d.h., der Aggregatwert wird pro Tupel entsprechend der Ordnung berechnet und nicht wie bei der klassischen Aggregation für die Gesamtmenge bzw. -gruppe.

Auf diese Weise können in Verbindung mit Aggregatfunktionen sehr einfach Ranking-Anfragen, Anfragen mit gleitendem Durchschnitt, kumulierten Summen oder Ratio-to-Total-Anfragen formuliert werden.

◂Beispiel 5-12▸ In diesem und den folgenden Beispielen gehen wir von einer einfachen Relation `TagesUmsatz` aus, die zu jeder Produktgruppe den Tagesumsatz enthält. Diese Relation kann zum Beispiel über folgende Sichtdefinition erstellt werden:

```
CREATE VIEW TagesUmsatz AS
       SELECT P_Produktgruppe, Z_Datum,
          SUM(V_Anzahl * P_Verkaufspreis) AS Umsatz
       FROM Verkauf, Zeit, Produkt
       WHERE V_Zeit_Id = Z_Id AND V_Produkt_Id = P_Id
       GROUP BY P_Produktgruppe, Z_Datum
```

□

Die Definition eines Fensters kann als Teil der Projektion oder durch ein explizites **WINDOW**-Konstrukt erfolgen. In beiden Fällen gibt es folgende (optionale) Teile:

- eine Partitionierungsklausel **PARTITION BY**, die eine Aufteilung des Eingabestroms der OLAP-Funktion in Partitionen mit jeweils gleichen Werten beschreibt (ähnlich **GROUP BY**),
- eine Ordnungsklausel **ORDER BY** zur Spezifikation einer attributlokalen Ordnung (ähnlich der **ORDER BY**-Klausel im SFW-Block von SQL),
- eine Definition des Aggregatfensters, d.h. den Bereich des Eingabestroms, auf den die Aggregation angewendet werden soll.

Bei der Notation als Teil der Projektion werden diese Komponenten im Rahmen einer **OVER**-Klausel hinter einer Aggregatfunktion angegeben (Abbildung 5.6).

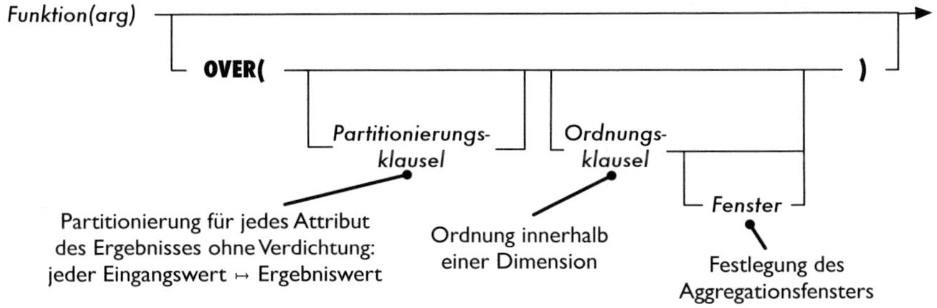

Abbildung 5.6: Syntax der OLAP-Funktionen

Betrachten wir hierzu ein Beispiel.

◀Beispiel 5-13▶ Auf der in Beispiel 5-12 eingeführten Sicht `TagesUmsatz` soll eine Ratio-to-Total-Analyse durchgeführt werden, bei der für jeden Tag der Anteil des Tagesumsatzes (Ratio) am Gesamtumsatz des Monats (Total) dargestellt ist:

```
SELECT Z_Datum, Umsatz,
       100.0*Umsatz/SUM(Umsatz) OVER() AS Anteil,
       SUM(Umsatz) OVER() AS MonatGesamt
FROM   TagesUmsatz
WHERE  P_Produktgruppe = 'Wein' AND YEAR_MONTH(Z_Datum) = 201108
```

Diese Anfrage liefert folgende Ergebnisrelation:

Datum	Umsatz	Anteil	MonatGesamt
01-AUG-2011	58	4,669	1242
02-AUG-2011	52	4,186	1242
03-AUG-2011	64	5,152	1242
04-AUG-2011	0	0,000	1242
...			
31-AUG-2011	47	3,784	1242
...			

□

Durch die Angabe der `OVER`-Klausel werden hier die Gesamtsumme (`MonatGesamt`) und der Monatsanteil (`Anteil`) für jedes Tupel berechnet und ausgegeben. Ohne Verwendung der OLAP-Funktionen kann dies nur mit einer geschachtelten Anfrage erreicht werden, die zunächst die Gesamtmenge bestimmt, um dann in einer äußeren Anfrage die Anteile des jeweiligen Tages zu berechnen:

◀Beispiel 5-14▶ Die entsprechende klassische SQL-Anfrage zur Berechnung der Tabelle aus Beispiel 5-12 ist:

```
SELECT Z_Datum, Umsatz,
       100.0*Umsatz/GesamtUmsatz AS Anteil,
       GesamtUmsatz AS MonatGesamt
FROM   TagesUmsatz,
       (SELECT SUM(Umsatz) AS GesamtUmsatz
       FROM TagesUmsatz
       WHERE P_Produktgruppe = 'Wein' AND
          YEAR_MONTH(Z_Datum) = 201108) Gesamt
WHERE  P_Produktgruppe = 'Wein' AND YEAR_MONTH(Z_Datum) = 201108
```

□

In der Anfrage aus Beispiel 5-13 wird die `PARTITION BY`-Klausel noch nicht benötigt, da die Anteile bezüglich des Gesamtaggregatwertes berechnet werden. Sollen dagegen die Anteile hinsichtlich der Monatszahlen bestimmt werden, muss eine Partitionierung nach dem Monat erfolgen. Dies ist prinzipiell mit einer Gruppierung vergleichbar, allerdings geschieht die Partitionierung pro Attribut bzw. pro Anweisung der Aggregationsoperation und wird lokal für jeden Eintrag generiert. Bei der Aggregation werden demzufolge jeweils alle Einträge der Partition einbezogen. Werden in der **SELECT**-Klausel mehrere Aggregatfunktionen verwendet, gibt es auch keinen Konflikt bei unterschiedlichen Partitionen (attributlokale Partitionierung).

◀Beispiel 5-15▶ Die Anfrage aus Beispiel 5-13 soll nun so erweitert werden, dass für jeden Monat die Gesamtmenge sowie die sich darauf beziehenden Tagesanteile berechnet werden. Hierzu kann die **PARTITION BY**-Klausel genutzt werden.

```
SELECT Z_Datum, Umsatz,
       100.0*Umsatz/sum(Umsatz) OVER(
              PARTITION BY YEAR_MONTH(Z_Datum)) AS MonatAnteil,
       SUM(Umsatz) OVER(
              PARTITION BY YEAR_MONTH(Z_Datum)) AS MonatGesamt
FROM   TagesUmsatz
WHERE  P_Produktgruppe = 'Wein'
```

Soll dies nicht nur für die Produktgruppe „Wein“, sondern für jede Produktgruppe getrennt erfolgen, so kann nach Monat und Produktgruppe partitioniert werden:

```
SELECT P_Produktgruppe, Z_Datum, Umsatz,
       100.0*Umsatz/SUM(Umsatz) OVER(
              PARTITION BY YEAR_MONTH(Z_Datum), P_Produktgruppe)
              AS MonatAnteil,
       SUM(Umsatz) OVER(
              PARTITION BY YEAR_MONTH(Z_Datum), P_Produktgruppe)
              AS MonatGesamt
FROM   TagesUmsatz
```

Eine Kombination mit der Gruppierung ist dagegen nicht so einfach möglich, da nach dem **GROUP BY** nicht mehr alle benötigten Attribute als Nichtgruppierungsattribute verfügbar sind. □

Schließlich kann für jede Partition mithilfe der **ORDER BY**-Klausel noch eine attributlokale Ordnung festgelegt werden, d.h. die Elemente der Partition werden sortiert, bevor die Aggregatfunktion angewendet wird. Dadurch lassen sich bequem laufende Summen oder gleitende Durchschnitte berechnen.

◀Beispiel 5-16▶ Mit der folgenden Anfrage werden die kumulierten Umsatzzahlen pro Monat sowie über den Gesamtzeitraum berechnet:

```
SELECT Z_Datum,
       SUM(Umsatz) OVER(ORDER BY Z_Datum) AS SummeGesamt,
       SUM(Umsatz) OVER(
             PARTITION BY YEAR_MONTH(Z_Datum)
             ORDER BY Z_Datum) AS SummeMonat
FROM   TagesUmsatz
WHERE  P_Produktgruppe = 'Wein'
```

□

An diesem Beispiel wird auch das Prinzip dieser *sequenzorientierten* OLAP-Funktionen deutlich: Das Analysefenster wird schrittweise vergrößert, indem jedes gelesene Eingabetupel in das Ergebnistupel einbezogen wird. Die Position bezüglich der definierten Ordnung entspricht somit der Anzahl der im Ergebnistupel berücksichtigten Eingabetupel. Am Monatsersten ein Wert, am Zweiten zwei Werte, am Dritten drei Werte usw. Jedes Eingabetupel führt aber gleichzeitig zur Erzeugung eines Ergebnistupels.

Dies kann beispielsweise auch für Ranking-Analysen ausgenutzt werden. Hierzu stehen mehrere spezielle Funktionen zur Verfügung:

- **RANK**() liefert den Rang eines Tupels bzgl. vorgegebener Ordnung innerhalb der Partition, wobei bei Duplikaten der gleiche Rang vergeben wird. Bei den nachfolgenden Tupeln wird der Rang dann mit einer entsprechenden Lücke versehen.
- **DENSE_RANK**(): verhält sich wie **RANK**(), jedoch ohne Lücken.
- **PERCENT_RANK**(): liefert einen relativen Rang, der sich aus der Formel **RANK()** $-1/$Anzahl der Tupel in der Partition ergibt.

◂Beispiel 5-17▸ Eine einfache Anwendung dieser Funktionen ist ein Ranking der Tage nach den Verkaufszahlen:

```
SELECT Z_Datum, RANK() OVER(ORDER BY Umsatz) AS Rang
FROM   TagesUmsatz
WHERE  P_Produktgruppe = 'Wein'
```

□

Auch bei den Ranking-Funktionen kann eine Partitionierung der Eingabemenge vorgenommen werden: Der Rang wird dann pro Partition bestimmt.

◂Beispiel 5-18▸ Auf diese Weise lässt sich etwa in einer Anfrage eine Top-3-Liste der Tage mit den höchsten Umsatzzahlen pro Monat erzeugen:

```
SELECT P.Z_Datum, P.TopMonat
FROM   (SELECT Z_Datum, P_Produktgruppe, RANK() OVER(
               PARTITION BY YEAR_MONTH(Z_Datum)
               ORDER BY Umsatz DESC) AS TopMonat
        FROM TagesUmsatz) P
WHERE P.TopMonat <= 3 AND P.P_Produktgruppe = 'Wein'
ORDER BY P.TopMonat DESC
```

□

Für statistische Analysen werden zum Teil auch Perzentile („Prozentränge") betrachtet. Hierbei wird die Verteilung der Werte in 100 Teile partitioniert, das n-te Perzentil ist dann der Wert der n-ten Partition – der Median repräsentiert somit das 50. Perzentil. SQL bietet hierfür zwei Funktionen, die jeweils einen Parameter p für die Angabe des Perzentils im Wertebereich $0...1$ (für 0 bis 100) benötigen:

- **PERCENTILE_CONT** (p) berechnet das Perzentil auf Basis einer kontinuierlichen Verteilung der Attributwerte, sodass das Ergebnis interpoliert wird.
- **PERCENTILE_DISC**(p) berechnet das Perzentil auf Basis einer gleichmäßigen Verteilung der Attributwerte. Im Gegensatz zur **PERCENTILE_CONT**-Funktion entspricht das Ergebnis somit einem tatsächlich existierenden Attributwert.

Die **PERCENTILE_***-Funktionen werden mit einer **WITHIN GROUP**- und **ORDER BY**-Klausel formuliert, in der das Sortierkriterium festgelegt wird.

◀Beispiel 5-19▶ Mit der folgenden Anfrage soll pro Produktgruppe der Median der Verkaufspreise berechnet werden:

```
SELECT DISTINCT P_Produktgruppe,
       PERCENTILE_DISC(0.5) WITHIN GROUP (ORDER BY P_Verkaufspreis)
          OVER (PARTITION BY P_Produktgruppe)
FROM Produkt
```

Die **PARTITION BY**-Klausel dient hierbei zur „Partitionierung" der Daten bezüglich der Produktgruppe, das Sortierkriterium ist der Verkaufspreis. □

Bisher haben wir nur implizit wachsende Fenstergrößen für Partitionen betrachtet: Alle Eingabetupel werden der jeweiligen Partition zugeordnet. Mit den OLAP-Funktionen lassen sich jedoch auch dynamische Fenster bilden, indem die Fenster explizit spezifiziert werden. Dies erfolgt, indem zum einen Art und Weise der Sequenzbildung im Fenster und zum anderen die Grenzen des Fensters festgelegt werden.

Die Sequenz im Fenster wird entweder über die Anzahl der Tupel (**ROWS**) oder die Anzahl der wertmäßig verschiedenen Tupel (**RANGE**) beschrieben. Die Fenstergrenzen werden durch den Ausdruck

BETWEEN *untereGrenze* **AND** *obereGrenze*

definiert, wobei folgende Angaben möglich sind:

- **CURRENT ROW** bezeichnet das aktuelle Tupel,
- **UNBOUNDED PRECEDING** repräsentiert das erste Tupel der aktuellen Partition,
- **UNBOUNDED FOLLOWING** bezeichnet das letzte Tupel der aktuellen Partition,
- *n* **PRECEDING** ist der n-te Vorgänger relativ zur aktuellen Position,
- *n* **FOLLOWING** ist entsprechend der n-te Nachfolger relativ zur aktuellen Position.

Zu beachten ist, dass die obere Grenze immer größer als die untere Grenze sein muss. Außerdem sind die Fenster nicht notwendigerweise gleich groß: Wird ein Fenster als

ROWS BETWEEN 3 **PRECEDING AND** 3 **FOLLOWING**

definiert, so umfasst das Fenster beim ersten Tupel der Partition nur dieses und die drei folgenden, entsprechend beim letzten Tupel nur noch die drei Vorgängertupel. Fehlt dagegen **BETWEEN**, entspricht die Obergrenze immer dem aktuellen Tupel **CURRENT ROW**.

In Abbildung 5.7 sind einige Beispiele zur Demonstration der Fensterklauseln angegeben – das aktuelle Tupel ist jeweils grau hinterlegt.

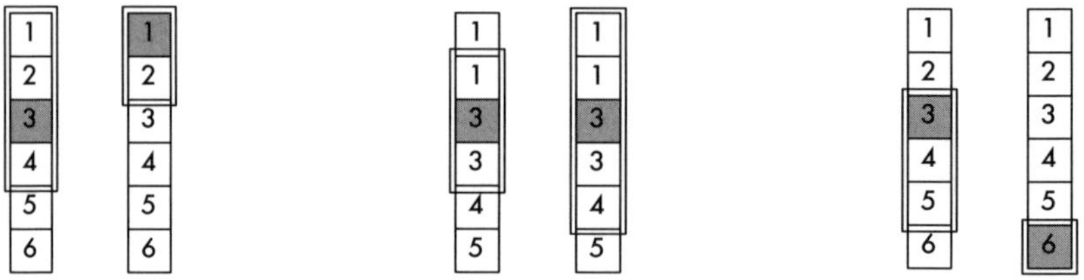

(a) **ROWS BETWEEN 2 PRECEDING AND 1 FOLLOWING** (b) **ROWS** vs. **RANGE** (c) **ROWS 2 PRECEDING**

Abbildung 5.7: Beispiele für Fensterdeklarationen in OLAP-Funktionen

Betrachten wir nun die Anwendung dynamischer Fenster in Anfragen mit OLAP-Funktionen. Eine typische Anwendung ist die Berechnung eines gleitenden Durchschnitts einer Kennzahl über ein Fenster von mehreren Tagen. Der gleitende Durchschnitt hat gegenüber den Tageswerten den Vorteil, dass eine Glättung der Werte erfolgt, die mit Zunahme der Fenstergröße wächst.

◀Beispiel 5-20▶ Für die Umsatzzahlen soll monatsweise der gleitende Durchschnitt über einem Fünf-Tage-Fenster berechnet werden:

```
SELECT Z_Datum, AVG(Umsatz) OVER(
          PARTITION BY YEAR_MONTH(Z_Datum)
          ORDER BY Z_Datum
          ROWS BETWEEN 2 PRECEDING
          AND 2 FOLLOWING) AS Durch5Tage
FROM   TagesUmsatz
WHERE  P_Produktgruppe = 'Wein'
```

□

Darüber hinaus lassen sich mithilfe der **EXCLUDE**-Klausel auch noch das aktuelle Tupel sowie bei Bedarf die Tupel mit dem gleichen Sortierwert entfernen.

Neben der impliziten, als Teil einer Projektion notierten Definition eines Fensters sieht der SQL-Standard auch eine alternative explizite **WINDOW**-Klausel vor, die im SFW-Block nach einem eventuell vorhandenen **GROUP BY** anzugeben ist.

◂Beispiel 5-21▸ Die Anfrage aus Beispiel 5-16 kann damit auch wie folgt notiert werden:

```
SELECT Z_Datum,
       SUM(Umsatz) OVER(ORDER BY Z_Datum) AS SummeGesamt,
       SUM(Umsatz) OVER w AS SummeMonat
FROM   TagesUmsatz
WHERE  P_Produktgruppe = 'Wein'
WINDOW w AS (PARTITION BY YEAR_MONTH(Z_Datum) ORDER BY Z_Datum)
```

□

5.4 MDX

Für den Zugriff auf multidimensionale Daten wurde 1998 von Microsoft eine spezielle Anfragesprache namens *MDX (Multidimensional Expressions)* als Teil der „OLE DB for OLAP“-Schnittstelle vorgestellt, die inzwischen von einer Reihe von OLAP-Server-Herstellern unterstützt wird. MDX ermöglicht die Spezifikation von multidimensionalen Datensätzen mithilfe OLAP-typischer Anfragen, die entweder nach SQL übersetzt oder durch spezielle OLAP-Server ausgewertet werden. Zwar ist MDX nicht primär als Endbenutzersprache konzipiert, sondern vielmehr als Schnittstelle zwischen interaktiven OLAP-Werkzeugen und OLAP-Server gedacht, dennoch wollen wir die Sprache im Folgenden kurz vorstellen.

Die Basis für MDX-Anfragen bildet ein multidimensionales Schema aus einem Datenwürfel sowie Dimensionen mit Ebenen. Kennzahlen werden dabei ebenfalls als Dimension mit der speziellen Bezeichnung `Measures` behandelt. Eine MDX-Anfrage besteht aus einem **SELECT-FROM-WHERE**-Block und spezifiziert:

- in der **FROM**-Klausel den Würfel
- in der **SELECT**-Klausel
  - die Anzahl der Achsen,
  - die Dimensionen, die auf Achsen projiziert werden, und deren Schachtelung,
  - die Dimensionselemente und deren Sortierreihenfolge sowie
- in der **WHERE**-Klausel die Dimensionselemente von nicht-projizierten Dimensionen zur Filterung der Daten (sogenannte Slicer).

Syntaktisch ist die Anfrage wie folgt aufgebaut:

```
SELECT Achsenspezifikation [, Achsenspezifikation ]
FROM   Würfelspezifikation
WHERE  Slicerspezifikation
```

Abbildung 5.8 illustriert diese Begriffe. Es soll eine Kreuztabelle mit den Umsätzen von Rot- und Weißwein in Thüringen in den einzelnen Quartalen des Jahres 2011 ausgegeben werden. Auf die beiden Achsen werden die Dimensionen `Zeit` und `Produkt` projiziert, die `Ort`-Dimension wird als Slicer verwendet, um eine Beschränkung auf Thüringen durchzuführen. Die Kennzahl ist in diesem Fall `Umsatz`.

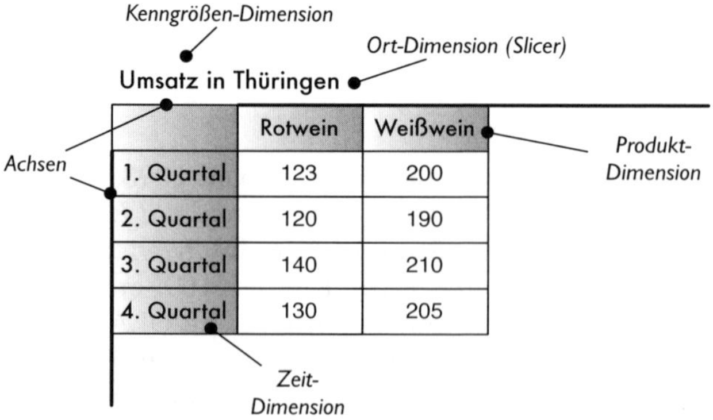

Abbildung 5.8: Aufteilung der Dimensionen in einer MDX-Anfrage

Mit der Achsenspezifikation wird festgelegt, welche Dimensionen bzw. Dimensionselemente auf welche Achse (Zeilen oder Spalten) projiziert werden.

Einer Achse wird jeweils eine Menge von Tupeln zugeordnet: Bei einer Dimension enthält jedes Tupel genau ein Element, bei n Dimensionen entsprechend n Elemente. Tupel adressieren somit immer eine einzelne Zelle oder einen Block von Zellen in einem Würfel.

Die Tupel können entweder explizit durch Angabe der Elemente oder durch einen Ausdruck zur Erzeugung spezifiziert werden, wobei Mengen immer in { } eingeschlossen sind. Zur Mengenkonstruktion dienen spezielle Funktionen, die beispielsweise die Elemente der aktuellen Hierarchieebene einer Dimension (`MEMBERS`) oder die Elemente der darunter liegenden Ebene (`CHILDREN`) liefern. Weiterhin können Mengen auch über das Kreuzprodukt (`CROSSJOIN`) erzeugt werden.

Die Elemente eines Tupels identifizieren die Datenzellen bezüglich einer Dimension und können in Form des Namens der Dimensionsebene (z.B. `Ort.Bundesland` oder `Zeit.Jahr.Quartal`) oder durch Angabe des konkreten Elementes (z.B. `Ort.Thüringen` oder `Zeit.[2011]`) spezifiziert werden. Die Verwendung von eckigen Klammern ist im Fall von Leerzeichen oder Zahlen in den Elementen notwendig.

Wir betrachten nun einige Beispiele für die Spezifikation von Dimensionselementen.

◂Beispiel 5-22▸ Sollen etwa die zwei Dimensionen `Bundesland` und `Jahr` auf eine Achse projiziert werden, müssen zweielementige Tupel gebildet werden.

Das folgende Beispiel nutzt eine explizite Aufzählung:

```
{ (Ort.[Thüringen], Zeit.[2011]),
        (Ort.[Sachsen-Anhalt], Zeit.[2011]) }
```

Unter Verwendung der oben erwähnten Funktionen wird mit folgendem Ausdruck eine eindimensionale Menge mit allen Bundesländern gebildet:

```
{ Ort.Bundesland.MEMBERS }
```

Dagegen liefert der Ausdruck

```
{ Ort.[Sachsen-Anhalt].CHILDREN }
```

alle zu Sachsen-Anhalt gehörenden Elemente der nächstniedrigeren Hierarchieebene, in diesem Fall also die erfassten Städte von Sachsen-Anhalt.

Mit dem `CROSSJOIN`-Operator kann eine Menge als Kreuzprodukt zweier gegebener Mengen konstruiert werden. Im folgenden Beispiel etwa aus den Bundesländern und den Monaten des Jahres 2011:

```
CROSSJOIN( { Ort.Bundesland.MEMBERS }, { Zeit.[2011].CHILDREN })
```

□

Die auf diese Weise spezifizierten Tupelmengen der Dimensionen können nun auf die Achsen einer Kreuztabelle projiziert werden. Grundsätzlich sind dabei bis zu 128 Achsen möglich, wobei nur die x-Achse mit `COLUMNS` und die y-Achse mit `ROWS` explizit bezeichnet werden. Alle weiteren Achsen werden nur durchnummeriert. Die Zuordnung erfolgt in der **SELECT**-Klausel durch folgende Notation:

```
Menge ON Achsenbezeichner
```

mit **ROWS**, **COLUMNS** bzw. **AXIS**(*index*) als Achsenbezeichner.

In der **WHERE**-Klausel werden die Slicer spezifiziert. Hierbei wird einerseits die anzuzeigende Kenngröße ausgewählt, zusätzlich ist andererseits eine Filterung bezüglich der Dimensionen möglich, die nicht einer Achse zugeordnet sind. Hinter **WHERE** muss ein Tupel angegeben werden, sodass beispielsweise mit dem Ausdruck

```
WHERE (Measures.[Umsatz], Zeit.[2011])
```

eine Auswahl der Kenngröße `Umsatz` im Jahr 2011 spezifiziert wird. Es ist zu beachten, dass Dimensionen, die bereits auf Achsen projiziert sind, nicht mehr in der **WHERE**-Klausel verwendet werden dürfen.

Mit diesen Elementen können wir nun eine vollständige Anfrage formulieren. Die einfachste Form ist eine Projektion der Kennzahlen (d.h. der `Measures`-Dimension) auf eine der Achsen:

```
SELECT { Measures.[Umsatz] } ON COLUMNS
FROM Verkauf
```

Das Ergebnis dieser Anfrage ist eine einfache Tabelle mit nur einer Zeile und einer Spalte, in der der Gesamtumsatz ausgegeben wird. Projiziert man jedoch beispielsweise zusätzlich die `Zeit`-Dimension auf die zweite Achse

```
SELECT { Measures.[Umsatz] } ON COLUMNS,
       { Zeit.Jahr.MEMBERS } ON ROWS
FROM Verkauf
```

so ergibt sich das folgende Ergebnis:

Jahr	Umsatz
2010	1300
2011	1450

Das folgende komplexere Beispiel demonstriert einige der oben eingeführten Konstrukte.

◄Beispiel 5-23► Als Ergebnis soll die in Abbildung 5.9 dargestellte Tabelle ausgegeben werden, die die Umsatzzahlen der Produktgruppen Rotwein und Weißwein im Jahr 2011 für Sachsen-Anhalt und Thüringen auflistet, wobei für das 1. und 4. Quartal auch die Monatsergebnisse und für Sachsen-Anhalt die Zahlen der Großstädte dargestellt werden sollen.

`Umsatz 2011`

		Rotwein			Weißwein		
		Sachsen-Anh.		Thüringen	Sachsen-Anh.		Thüringen
		Magdeburg	Halle		Magdeburg	Halle	
Q1	Jan	14	12	25	12	9	22
	Feb	13	10	22	11	9	21
	Mär	15	14	23	11	10	22
Q2		42	40	82	39	37	75
Q3		44	42	80	37	35	73
Q4	Okt	13	12	23	10	10	22
	Nov	14	12	24	9	10	21
	Dez	16	14	26	12	11	20

Abbildung 5.9: Ergebnistabelle der MDX-Anfrage

In der entsprechenden Anfrage müssen die Produkt- und Ort-Dimensionen auf die Spalten projiziert werden, während die Elemente der Zeit-Dimension in der gewünschten Granularität auf die Zeilenachse projiziert werden. Im Slicer wird nur die Umsatzkennzahl spezifiziert:

```
SELECT CROSSJOIN({ Produkt.Kategorie.Gruppe.[Rotwein],
          Produkt.Kategorie.Gruppe.[Weißwein] },
       { Ort.[Sachsen-Anhalt].CHILDREN, Ort.[Thüringen] })
          ON COLUMNS,
       { Zeit.[2011].[Q1].CHILDREN, Zeit.[2011].[Q2],
          Zeit.[2011].[Q3], Zeit.[2011].[Q4].CHILDREN }
          ON ROWS
FROM Verkauf
WHERE (Measures.[Umsatz])
```

□

Neben diesen Grundfunktionen bietet MDX noch eine Reihe weiterer Funktionalitäten, welche die Formulierung komplexerer OLAP-Anfragen vereinfachen. Neben der Operation **CROSSJOIN** gibt es noch weitere Mengenoperationen wie **UNION**, **EXCEPT** und **INTERSECT**, sowie **DISTINCT** zum Eliminieren von Duplikaten. Mengen lassen sich darüber hinaus auch über die Operation **FILTER** filtern, wie das folgende Beispiel illustriert.

◀Beispiel 5-24▶ Von den monatlichen Umsatzzahlen pro Produkt sollen nur Filialen angezeigt werden, bei denen der Umsatz höher als im Dezember des Vorjahres war:

```
SELECT Produkt.Kategorie.Gruppe.CHILDREN ON COLUMNS,
       FILTER(Ort.[Thüringen].CHILDREN,
```

```
            (Measures.[Umsatz], Zeit.[2011].CHILDREN) >
            (Measures.[Umsatz], Zeit.[2010].[Dezember])) ON ROWS
FROM Verkauf
WHERE (Measures.[Umsatz])
```

□

Eine weitere Form der Filterung kann über eine der Funktionen **TOPCOUNT**, **TOPPERCENT**, **TOPSUM** erfolgen. Bei diesen Funktionen werden die Elemente bezüglich des mit angegebenen numerischen Ausdrucks absteigend sortiert und dann von oben beginnend

- die größten k Elemente (**TOPCOUNT**),
- die Elemente, deren kumulativer Wert größer gleich einem angegebenen Prozentsatz (**TOPPERCENT**),
- die Elemente, deren Summe größer gleich dem angegebenen Wert ist (**TOPSUM**).

◂Beispiel 5-25▸ Mit der folgenden Anfrage sollen nur die Umsatzzahlen der Top-10-Städte aus Sachsen-Anhalt ausgegeben werden:

```
SELECT Produkt.Kategorie.Gruppe.CHILDREN ON COLUMNS,
       {TOPCOUNT(Ort.[Sachsen-Anhalt].CHILDREN,
            10, Measures.[Umsatz])} ON ROWS
FROM Verkauf
WHERE (Measures.[Umsatz])
```

□

Neben den explizit gespeicherten Kennzahlen und Dimensionselementen lassen sich innerhalb einer Anfrage auch eigene Kennzahlen sowie Dimensionselemente definieren (sogenannte *Calculated Members*).

◂Beispiel 5-26▸ Ein Beispiel für eine berechnete Kennzahl ist der prozentuale Anteil einer Filiale am Umsatz des Ortes:

```
WITH MEMBER Measures.FilialAnteil AS
       '(Measures.[Umsatz], Ort.[Thüringen].Stadt.Filiale) /
            (Measures.[Umsatz], Ort.[Thüringen].Stadt)',
       FORMAT_STRING = '0.00%'
SELECT Ort.[Thüringen].Stadt.Filiale ON COLUMNS,
       Zeit.[2011].Quartal.Monat.MEMBERS ON ROWS
FROM Verkauf
WHERE (Measures.[FilialAnteil])
```

□

Die Berechnung von Dimensionselementen wird zum Beispiel dann verwendet, wenn im Slicer mehrere Elemente angegeben werden sollen, sodass eine Aggregation notwendig wird.

◀Beispiel 5-27▶ So wird mit der folgenden Anfrage der Umsatz pro Produktkategorie und Quartal für die Region Mitteldeutschland ausgegeben, wobei diese Region als neues berechnetes Dimensionselement eingeführt wird:

```
WITH MEMBER Ort.[Mitteldeutschland] AS
       'SUM({ Ort.[Sachsen-Anhalt], Ort.[Thüringen], Ort.[Sachsen]})',
SELECT Produkt.Kategorie.MEMBERS ON COLUMNS,
       Zeit.[2011].CHILDREN ON ROWS
FROM Verkauf
WHERE (Measures.[Umsatz], Ort.[Mitteldeutschland])
```

□

Weitere Funktionen sind u.a. für die Arbeit mit Zeitreihen und Zeitintervallen verfügbar. Details hierzu können dem MDX-Teil der SQL-Server-Dokumentation von Microsoft [Micb] oder etwa [MS93] entnommen werden. Einen umfassenden Überblick zu MDX bieten auch [SC09] und [MBG08].

5.5 Vertiefende Literatur

Die OLAP-Operationen wurden zusammen mit dem Begriff OLAP 1993 von Codd geprägt. Im White Paper [CCS93] findet sich daher auch eine informale Beschreibung der wichtigsten Operationen.

Eine ausführliche Beschreibung von SQL ist im Klassiker von Date und Darwen [DD97] zu finden, einen Überblick geben darüber hinaus die meisten Lehrbücher im Datenbankbereich [KE09, SSH13, Vos99]. Eine umfassende Darstellung der neueren Fassungen von SQL (bis 2003) geben u.a. die Bücher von Melton und Simon [MS02] sowie von Türker [Tür03]. Letzteres behandelt den SQL:2003-Standard und zeigt darüber hinaus auch die Umsetzung in den kommerziellen Systemen. Die `CUBE`- und `ROLLUP`-Erweiterungen wurden erstmals von Gray et al. in [GCB+97] vorgeschlagen. Die standardisierte Version dieser Operatoren sowie der OLAP-Funktionen ist im Standard [ISO08] beschrieben.

MDX wurde 1997 von Microsoft vorgestellt und als Teil von OLE DB for OLAP spezifiziert [Micb]. Eine aktuelle Referenz ist die Microsoft SQL Server 2012 Dokumentation [Mica]. Darüber hinaus gibt es eine Reihe weiterer Bücher, die der Microsoft-Produktpalette und damit verbunden auch MDX gewidmet sind. Beispiele hierfür sind u.a. [MS93].

5.6 Übungen

Übung 5-1 Formulieren Sie auf dem in Abbildung 3.13 angegebenen Star-Schema folgende Anfragen in SQL:

(a) Ermitteln Sie die Varianz der monatlichen Verkaufszahlen im Zeitraum 2009-2011 für jede einzelne Produktgruppe.

(b) Ermitteln Sie die Verkaufszahlen für alle Produkte der Produktgruppe „Bier“ entlang der Dimensionen Zeit und Ort. Formulieren Sie diese Anfrage einmal unter Nutzung des `CUBE`-Operators, des `ROLLUP`-Operators sowie ohne diese Operatoren.

(c) Ermitteln Sie die 10 am häufigsten verkauften Produkte, getrennt für jedes Bundesland.

(d) Berechnen Sie für jede Produktgruppe den Anteil der einzelnen Bundesländer am Gesamtumsatz des Jahres 2011.

Übung 5-2 Formulieren Sie die SQL-Anfragen aus Übung 5-1 ebenfalls für das korrespondierende Snowflake-Schema.

Übung 5-3 Formulieren Sie vergleichbare Anfragen für das in Übung 3-3 entwickelte Schema.

Übung 5-4 Definieren Sie mit einem OLAP-Produkt Ihrer Wahl (Pentaho, Microsoft Analysis Services, Oracle Analytic Workspace Manager, etc.) zu einem der Schemata aus Aufgabe 5-1 bzw. 5-2 einen OLAP-Würfel und formulieren Sie darauf folgende Anfragen:

(a) Ermitteln Sie die Umsatzzahlen für 2011 für die Produktgruppe Softdrinks und geben Sie diese in Form der folgenden Tabelle aus:

`Umsatz 2011`

	Cola			Limo		
	Hessen	Thüringen	Sachsen	Hessen	Thüringen	Sachsen
Jan						
Feb						
...						
Dez						

(b) Erweitern Sie die Anfrage aus Übung 5-4 (a) so, dass nur die Ergebnisse ausgegeben werden, die schlechter als die Vorjahreszahlen sind.

6

Speicherung

Die *Speicherung* der Daten in einem Data-Warehouse-System, speziell im Datenwürfel, ist essenziell für eine effiziente Realisierung des Gesamtsystems. In diesem Kapitel werden mehrere Aspekte hierzu behandelt:

- Die Speicherung des Datenwürfels kann in einem klassischen relationalen DBMS oder einer dediziert entwickelten Array-Speicherung erfolgen. Wir stellen beide Ansätze vor und vergleichen diese.
- Mittels Partitionierung kann ein Datenwürfel effizient verteilt gespeichert werden.
- Bei der relationalen Speicherung sind alternative Speicherformen in der Diskussion, die besonders Data-Warehouse-Anfragen beschleunigen können.

Neben diesen Aspekten spielt die Zugriffsbeschleunigung mit Hilfe geeigneter Indexstrukturen eine große Rolle bei der Speicherung von Data-Warehouse-Daten. Dies wird separat in Kapitel 7 behandelt.

6.1 Speicherung des Datenwürfels: Array vs. Relationen

Der in Abschnitt 3.1 eingeführte Datenwürfel ist das anerkannte konzeptionelle Modell für Data-Warehouse-Systeme. Doch wie sieht die interne Realisierung eines Datenwürfels aus? Bereits bei der Modellierung haben wir gesehen, dass sich die Konzepte des Datenwürfels auf Tabellen eines relationalen DBMS abbilden lassen. Es ist allerdings auch möglich, den Würfel direkt in Form eines mehrdimensionalen Arrays zu speichern. Beide Varianten werden wir im Folgenden genauer betrachten und vergleichen.

6.1.1 Relationale Implementierung – ROLAP

Die *relationale Speicherung* von Data-Warehouse-Daten basiert auf der direkten Umsetzung von Star- bzw. Snowflake-Schema auf Relationen eines RDBMS. Dieser Ansatz wird auch als *ROLAP* (für relationales OLAP) bezeichnet. ROLAP ist aufgrund der Verfügbarkeit und Performance von RDBMS die verbreiteteste Form der Speicherung von Data-Warehouse-Tabellen. Techniken zur Speicherung von Tabellen sind Inhalt von Vorlesungen und Büchern zum Thema Datenbank-Implementierungstechniken, beispielsweise von [HR99, SSH11], und werden daher an dieser Stelle nicht tiefer behandelt. Stattdessen fokussieren wir auf Besonderheiten von Data-Warehouse-Daten und deren Umsetzung in RDBMS.

Besonderheiten der Data-Warehouse-Daten sind die *sehr großen Faktentabellen*. Hier kann eine Beschleunigung der Zugriffe durch Partitionierung erfolgen. Eine weitere Charakteristik ist durch die *multidimensionalen Zugriffe* gegeben, für die spezielle Cluster- und Indexstrukturen entwickelt werden müssen. Der dritte wichtige Punkt ist die spezielle Update-Charakteristik von Datenwürfeln, die durch das reine *„Anhängen" von Daten* anstelle beliebiger Updates gekennzeichnet ist.

Spezielle Tabellentypen

Exemplarisch für spezielle Tabellentypen in einem RDBMS betrachten wir einige von dem DB2-System von IBM angebotene Varianten. Die Konzepte können allerdings auch in anderen Systemen gefunden werden.

DB2 bietet drei spezielle Tabellentypen an, um Data-Warehouse-Systeme effizient betreiben zu können:

- Die *Append-Mode-Tabellen* sind optimiert für die schnelle Realisierung von `insert`-Operationen. Die neuen Tupel werden dabei am Ende angefügt, ohne Freispeicher auf Seiten zu berücksichtigen.
- Die *bereichsgeclusterten Tabellen* (engl. *range-clustered tables* oder kurz *RCT*) sind optimiert speziell für Sequenzdaten. Sequenzdaten zeichnen sich durch ein Sequenzattribut aus, das fortlaufend vergeben wird und als logischer Identifikator genutzt werden kann.
- Die *multidimensionalgeclusterten Tabellen* (englisch *multidimensional clustering tables* oder kurz *MDC*) erlauben eine geclusterte Speicherung in mehreren Dimensionen.

Bereichsgeclusterte Tabellen

Bereichsgeclusterte Tabellen nutzen eine *Sequenznummer* (frei wählbares Attribut) als logische TID zur Ermittlung der physischen Speicheradresse. Die Sequenznummern werden fortlaufend vergeben, sodass keine Lücken auftreten. Damit ist eine Vorab-Allokation des gesamten Speicherplatzes der Tabelle möglich. Ein Einfügen entspricht einem Einsortieren des Tupels über die Sequenznummer. Da die Sequenznummer die physische Adresse bestimmt, wird bei einem Zugriff über die Sequenznummer kein zusätzlicher Index benötigt.

◂Beispiel 6-1▸ Die folgende SQL-Deklaration zeigt die Definition einer bereichsgeclusterten Tabelle in DB2.

```
CREATE TABLE Bestellung (
       BestellNr INT PRIMARY KEY, ...
) ORGANIZE BY KEY SEQUENCE
       (BestellNr STARTING FROM 1 ENDING AT 10000)
```

□

Multidimensional-geclusterte Tabellen

In einem RDBMS können Tabellen üblicherweise maximal nach einem Attribut mit einem Index geclustert werden, die Clusterung ist *eindimensional*. Die Verwendung von kompositen Indexattributen (Aneinanderhängen von Attributwerten zur Indexgenerierung) führt nicht zu einer symmetrischen mehrdimensionalen Clusterung.

Bei einer eindimensionalen Clusterung führt ein Scan über einen anderen Index im schlechtesten Fall zu einem Seitenzugriff pro Tupel. Die multidimensional-geclusterten Tabellen haben das Ziel, Tupel mit gleichen Werten bezüglich mehrerer Attribute (Dimensionen) im gleichen Speicherbereich zu speichern. Die Speicherbereiche, genannt *Blöcke*, werden dann über mehrere Blockindexe indexiert. Dies bezeichnet man auch als *dünnbesetzte Indexe*.

Abbildung 6.1 verdeutlicht die Speicherung multidimensional-geclusterter Tabellen und den Einsatz mehrerer Indexe auf den Blöcken.

◂Beispiel 6-2▸ Die folgende SQL-Anweisung zeigt exemplarisch das Anlegen einer multidimensional-geclusterten Tabelle in DB2:

```
CREATE TABLE Verkauf (
       Umsatz NUMBER,
       Jahr INT,
       Stadt VARCHAR(20),
       ...
) ORGANIZE BY DIMENSIONS (Stadt, Jahr)
```

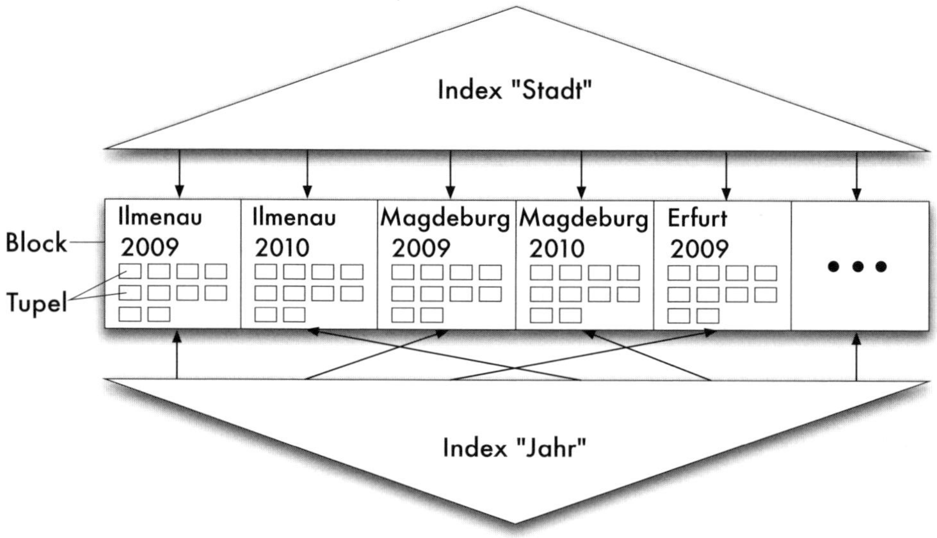

Abbildung 6.1: Multidimensional-geclusterte Tabellen

□

6.1.2 Implementierung als Array – MOLAP

Der ROLAP-Ansatz zerlegt den Datenwürfel in Tupel eines RDBMS. Für Analysen muss der Würfel dann wieder zusammengesetzt werden, in der Regel mit (teuren) Join-Operationen. Es ist daher naheliegend zu überlegen, ob ein Datenwürfel nicht nur als konzeptionelles Modell, sondern auch als Implementierungsmodell genutzt werden kann.

Die *multidimensionale Speicherung*, bekannt als *MOLAP* (für multidimensionales OLAP), geht diesen Weg und speichert einen Datenwürfel direkt als Array ab. Notwendig wird dabei allerdings die Verwendung unterschiedlicher Datenstrukturen für den eigentlichen Datenwürfel und die Dimensionsdaten. Eine Speicherung des Würfels als mehrdimensionales Array bildet dabei die Grundlage, wobei eine totale Ordnung der Dimensionselemente für die Adressierung der Würfelzellen notwendig ist.

MOLAP-Ansätze zeichnen sich häufig durch proprietäre Strukturen (und Systeme) aus, sodass die Entscheidung für MOLAP (im Gegensatz zu ROLAP) in der Regel mit einer festen Bindung an einen Hersteller verbunden ist.

Datenstrukturen für Dimensionsdaten

Der Datenwürfel ist ein mehrdimensionales Array, bei der die Dimensionswerte die Skalen der Dimensionen bilden. Konzeptionell handelt es sich bei den Werten einer Dimension aber erst einmal um eine *Menge* von Werten, etwa die Menge aller Produkte.

Für eine Speicherung in einem Array muss diese Menge in eine endliche, geordnete Liste von Dimensionswerten überführt werden. Aus Effizienzgründen sollten diese Dimensionswerte einfache unstrukturierte Datentypen (String, Integer, Date) haben. Eine weitere Effizienzsteigerung erfolgt intern durch eine Kodierung der Dimensionswerte als interne ganze Ordnungszahlen mit 2, 4 oder 8 Byte.

Die Abbildung der Dimensionswerte auf eine interne Kodierung muss die erwarteten Suchbereiche erhalten, etwa die Produkte einer Produktkategorie oder die Tage eines Monats. Oft kann dies durch eine geeignete Sortierreihenfolge oder Kodierung der hierarchischen Dimensionspfade (vgl. Abschnitt 7.6) erfolgen. Alternativ kann die Abbildung zwischen beiden Darstellungen explizit gespeichert werden.

Eine Dimensionsskala kann entweder nur die Werte der feinsten Granularitätsstufe enthalten (Datenwürfel mit Basisfakten) oder auch zusätzlich die Werte der gröberen Granularitätsstufen (Würfel mit voraggregierten Kennzahlen).

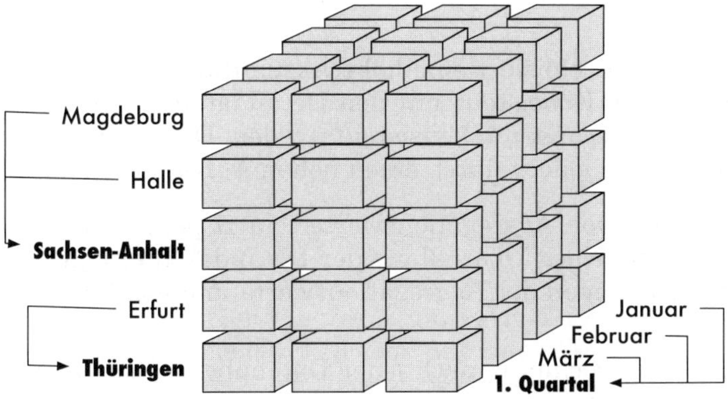

Abbildung 6.2: Klassifikationshierarchien

Abbildung 6.2 zeigt einen Würfel, bei dem die Dimensionswerte alle Ausprägungen der Dimension umfassen, also sowohl die Elemente (Blätter), beispielsweise Magdeburg, als auch die Knoten der höheren Klassifikationsstufen, etwa Sachsen-Anhalt.

Datenstruktur für Würfel

Für n Dimensionen beschreibt ein Datenwürfel einen Ausschnitt aus einem n-dimensionalen Raum. Gibt es m Dimensionswerte einer Dimension, so kann eine Aufteilung des Würfels in m parallele (Hyper-) Ebenen erfolgen, also Datenwürfel der Dimension $n - 1$. Diese Aufteilung ermöglicht – durch rekursive Anwendung – eine Linearisierung der Zellen eines Würfels, die wir später noch genauer vorstellen werden. Die Endlichkeit der Dimensionswerteliste garantiert dabei eine endliche, gleich große Liste von Ebenen je Dimension.

Die Zelle eines n-dimensionalen Würfels wird dabei eindeutig über n-Tupel von Dimensionswerten identifiziert. Eine Zelle kann ein oder mehrere Kennzahlen eines zuvor definierten Datentyps aufnehmen. Bei mehreren Kennzahlen besteht die Alternative, mehrere Datenwürfel zu definieren.

Berechnung von Aggregationen

Umfasst der gespeicherte Datenwürfel nicht nur die Detaildaten, sondern auch Dimensionselemente gröberer Granularität, ist die Berechnung und Aktualisierung von Aggregationswerten nötig. Gespeicherte Aggregationswerte müssen bei Hinzufügen neuer Basiswerte angepasst werden. Es gibt zwei prinzipielle Vorgehensweisen für eine effiziente Realisierung konsistenter Aggregationswerte.

- Bei der Berechnung in *Echtzeit* sind die Aggregationswerte nicht persistent. Bei der Anfrage von Zellen, die Werte einer höheren, aggregierten Klassifikationsstufe repräsentieren, erfolgt die Berechnung aus den Detaildaten.

  Echtzeitaggregation realisiert eine hohe Aktualität bei den aktuellen Daten und garantierte Konsistenz mit den Detaildaten. Historisieret Daten können nur bei Änderungen inkonsistent werden. Die Aktualität der Echtzeitaggregation wird jedoch durch einen hohen Aufwand erkauft.

- Die *Vorberechnung* von Aggregationswerten nutzt persistent gespeicherte Aggregationswerte. Nach Übernahme der Detaildaten erfolgt die Berechnung und das Eintragen der Aggregationswerte in die entsprechende Zellen.

  Hier ist eine Neuberechnung nach jeder Datenübernahme notwendig, die Detaildaten ändern, aus denen Aggregationen abgeleitet werden– auch für Aggregationswerte, die tatsächlich nicht angefragt werden. Für Analysen realisiert die Vorberechnung in einer hohen Anfragegeschwindigkeit, jedoch in einer größeren Würfelgröße und einem höheren Laufzeitaufwand beim Befüllen.

Beide Ansätze haben Vor- und Nachteile. Daher kann als Kombination eine *inkrementelle Vorberechnung* erfolgen: Bei einem Zugriff auf einen höher aggregierten Wert wird (etwa anhand etwa von Zeitmarken) geprüft, ob der aggregierte Wert noch aktuell ist. Wenn nicht, wird der Wert zusammen mit eventuell weiteren Zwischenergebnissen der Aggregation berechnet und in den Würfel eingetragen.

Array-Speicherung

Wie kann nun eine effiziente *Array-Speicherung* aussehen? Der Würfel ist ein n-dimensionales Array, der Speicher typischerweise linear adressiert. Notwendig ist daher eine *Linearisierung* des Würfels in eine eindimensionale Liste. Wichtig bei der Linearisierung ist eine effiziente Umrechnung der mehrdimensionalen Koordinaten in eine Adresse des linearen Adressraums.

Die Umrechnung von Indizes eines Arrays (also den Koordinaten der Würfelzellen in den Dimensionen D_i) ist aus der Realisierung von Programmiersprachen-Compilern bekannt. Die Indexberechnung für die Zelle z mit den Koordinaten $x_1 ... x_n$ kann wie folgt erfolgen:

$$Index(z) = x_1 + (x_2 - 1)|D_1| + (x_3 - 1)|D_1||D_2| + \cdots + (x_n - 1)|D_1| \cdots |D_{n-1}|$$

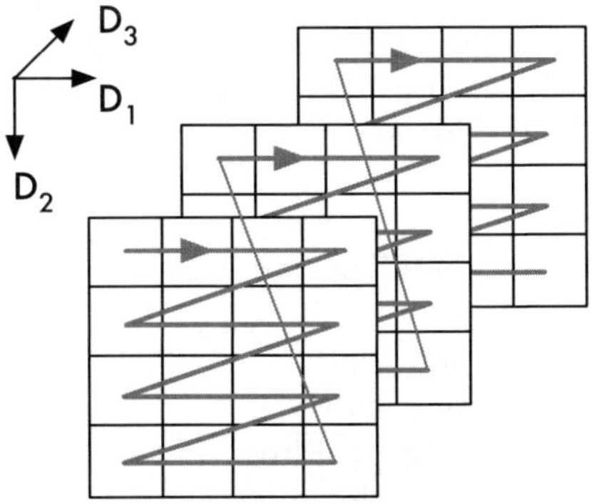

Abbildung 6.3: Array-Linearisierung

Abbildung 6.3 verdeutlicht die sich ergebende Linearisierungsreihenfolge anhand eines dreidimensionalen Datenwürfels. Die Indizes starten jeweils bei 0. Die erste Zeile der ersten „Platte" entspricht also dem Wert 0 in den Dimensionen D_2 und D_3, der Formel folgend werden also dort die x_1-Werte aus D_1 der Reihe nach genommen. Springt x_2 auf 1, wird ein Sprungwert dazu gezählt, der der Anzahl der Elemente in D_1 entspricht, also $|D_1|$. Dies entspricht der Länge einer Zeile. Springt x_3 auf 1, muss analog die Anzahl der Elemente einer Platte dazu gezählt werden, also das Produkt $|D_1| \cdot |D_2|$.

Array-Speicherung: Probleme

Bei der Array-Speicherung treten einige Probleme auf, die man beachten muss. Die Zahl der Plattenzugriffe kann bei einer ungünstigen Linearisierungsreihenfolge stark wachsen. Array-Speicherung verhält sich nicht symmetrisch bezüglich der Reihenfolge der Dimensionen! Bei der Definition des Würfels muss also die Dimensionsreihenfolge basierend auf den erwarteten Analyseprofilen gewählt werden.

Da der gesamte Würfel ein Array bildet, müssen geeignete Caching-Strategien gefunden werden, die es erlauben, Teile des Würfels im Cache zu halten.

Ein weiteres Problem ist die Speicherung dünn besetzter Würfel, bei denen also viele Zellen nicht mit einem Wert ungleich 0 belegt sind. Hier helfen Komprimierungsverfahren (allerdings möglicherweise auf Kosten des effizienten Direktzugriffs im Array).

6.1.3 Vergleich ROLAP und MOLAP-Speicherung

Wir haben nun schon mehrmals betont, dass sich Array- und relationale Speicherung im *Speicherverbrauch* unterscheiden. Die relationale Speicherung benötigt mehr Speicher, um *eine* Zelle zu speichern, da für jede gespeicherte Zelle ein Tupel mit Fremdschlüsseln in der Faktentabelle angelegt werden muss. Im Gegenzug werden nicht belegte Zellen nicht gespeichert – wohl aber in der Array-Speicherung, die ansonsten naturgemäß weniger Platz für die Speicherung einer Zelle benötigt. Doch wie genau machen sich diese gegenläufigen Effekte bemerkbar?

	Array	**Relational** (Star-Schema)
Speicherung der Koordinaten	Implizit (Linearisierung)	Explizit (redundant)
Leere Zellen	... belegen Platz	... belegen keinen Platz
Neue Klassifikationsknoten	Komplette Reorganisation *Starkes Wachstum im Speicherverbrauch*	Neue Zeile in Dimensionstabelle *Kaum Wachstum im Speicherverbrauch*
Speicherverbrauch	$b \cdot \prod_{i=1}^{n} d_i$	$b \cdot M \cdot (n+1)$

Tabelle 6.1: Vergleich Speicherverbrauch Array versus relational

Die Tabelle 6.1 gibt einen Überblick über die diesbezüglichen Eigenschaften der beiden Varianten. Interessant ist hierbei die vereinfachte Rechnung des Speicherverbrauchs in der letzten Zeile. Die Konstante b bezeichnet den Speicherbedarf eines Wertes, hier genutzt für den Bedarf der Speicherung des Zelleninhalts und für die Größe der Fremdschlüssel in der Faktentabelle. d_i bezeichnet die Anzahl der Dimensionselemente der Dimension i, und n die Anzahl der Dimensionen.

Der Wert M ist die Anzahl der tatsächlich zu speichernden Fakten für einen Füllgrad δ:

$$M = \delta \cdot \prod_{i=1}^{n} d_i$$

Ein Füllgrad $\delta = 0.1$ bedeutet, dass neun von zehn Zellen mit einem Nullwert (oder dem Wert 0, je nach Modellierung) belegt sind. Die Formeln begründen sich wie folgt:

- In einem Array werden die reinen Zelldaten linearisiert gespeichert, sodass die Anzahl Zellen mal dem Speicherbedarf einer Zelle den Speicherverbrauch festlegt:

  $$b \cdot \prod_{i=1}^{n} d_i$$

  In der Praxis kann dieser Wert durch eine komprimierte Speicherung noch gesenkt werden.

- Bei der relationalen Speicherung kostet die Speicherung eines Tupels der Faktentabelle $b \cdot (n+1)$. Gespeichert werden nur die belegten Zellen, sodass der Füllgrad als Faktor hinzukommt:

  $$b \cdot (n + 1) \cdot \delta \cdot \prod_{i=1}^{n} d_i$$

  In realen DBMS kommt noch der Overhead der Speicherung des Tupels hinzu, etwa die Speicherung eines TID-Wertes oder Verwaltungsinformationen für die Sperr- und Rechteverwaltung, sowie ein Zeitstempel, sodass statt $(n + 1)$ ein $(n + 1 + v)$ stehen müsste, wobei $v \cdot b$ den Speicherbedarf dieser Verwaltungsinformation pro Tupel bezeichnet.

Bei mehreren Kennzahlen k käme der Wert k bei der Array-Speicherung als Faktor hinzu, während bei der relationalen Speicherung die Summe $(n + 1)$ zu $(n + k)$ würde.

Aus den Formeln und Beispielrechnungen kann man ableiten, dass nur bei sehr geringen Füllgraden die Array-Speicherung mehr Speicher benötigt als die relationale Speicherung – insbesondere wenn man die Daten noch komprimieren kann. Die tatsächliche Performance eines Data-Warehouse-Systems hängt allerdings von vielen Faktoren ab, nicht nur vom Speicherbedarf. So muss beachtet werden, dass eine Indexierung für Bereichsanfragen in den unterschiedlichen Varianten mit unterschiedlichem Aufwand zu realisieren ist. Auch kann der Aufwand für das sequenzielle Lesen eines Teilwürfels sehr unterschiedlich sein.

◄Beispiel 6-3► Abbildung 6.4 zeigt einige Beispielwerte für den Vergleich des Speicherbedarfs. Gezeigt wird der Bedarf für einen Datenwürfel mit fünf Dimensionen. Aufgrund der Berechnungen des Speicherbedarfs schneiden sich die Kurven bei einem Füllgrad von einem Sechstel.

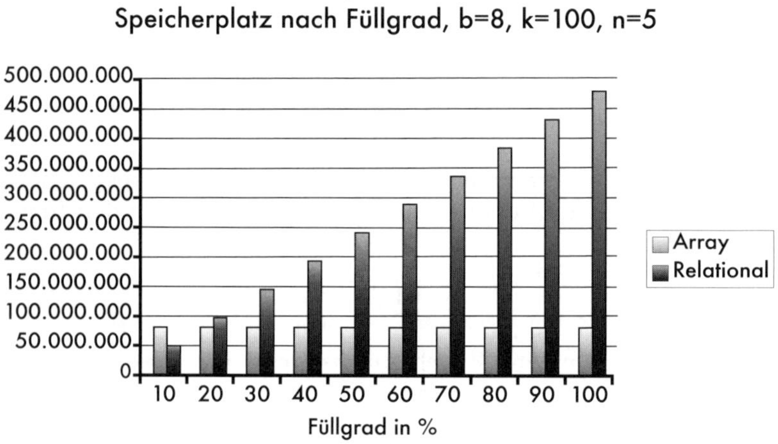

Abbildung 6.4: Speicherbedarf für einen Würfel mit fünf Dimensionen

□

◄Beispiel 6-4► In Abbildung 6.5 werden dieselben Angaben für einen Datenwürfel mit nur drei Dimensionen grafisch dargestellt. Wie erwartet verschiebt sich der Schnittpunkt weiter nach rechts, da weniger Dimensionen auch weniger Speicherbedarf bei der Speicherung einzelner Fakten in der Faktentabelle bedeuten.

□

Grenzen der multidimensionalen Speicherung

Die multidimensionale Speicherung in einem Array scheint auf den ersten Blick die naheliegende Speicherung von Datenwürfeln zu sein. Trotzdem ist die relationale Speicherung weit verbreitet. Die Hauptargumente gegen eine multidimensionale Speicherung sind die folgenden:

- Gerade bei hohen Dimensionszahlen treten aufgrund der dann oft dünn besetzten Datenräume Skalierbarkeitsprobleme auf.

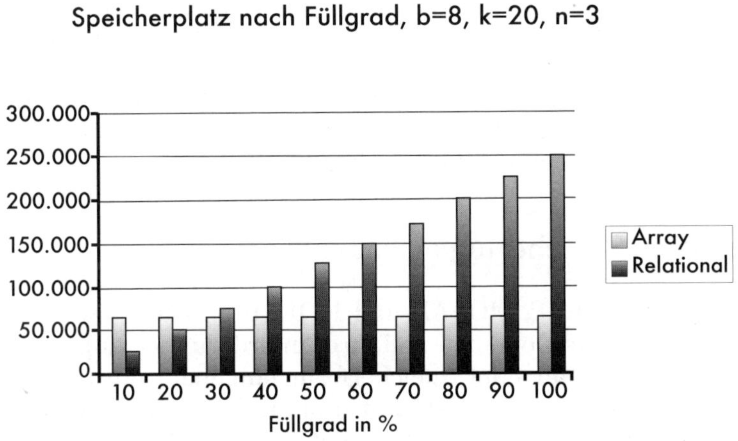

Abbildung 6.5: Speicherbedarf für einen Würfel mit drei Dimensionen

- Ein weiteres Problem ist die in vielen Systemen teilweise sehr einseitige Optimierung bezüglich Leseoperationen, die zu Problemen beim Befüllen des Datenwürfels mit neuen Daten führen kann.

- Da die Array-Kodierung nicht symmetrisch ist, muss die Ordnung der Dimensionswerte notwendigerweise beachtet werden. Dies erschwert Änderungen an den Dimensionen.

- Im Gegensatz zur relationalen Speicherung existieren keine Standards für multidimensionale DBMS.

- Für den Betrieb eines MOLAP-Datenspeichers ist Spezialwissen notwendig; für ROLAP reichen zumeist die Kenntnisse über die Administration von SQL-Systemen aus, die oft schon vorhanden sind.

6.1.4 Hybride Speicherung – HOLAP

Sowohl die relationale als auch die multidimensionale Speicherung haben Vor- und Nachteile [LKS11a]. Lassen sich eventuell die Vorteile der beiden Ansätze kombinieren, ohne die Nachteile in Kauf zu nehmen?

Die Kombination in einer *hybriden Speicherung* wird als *HOLAP* (für *hybrides OLAP*) bezeichnet. HOLAP verspricht die Verbindung der Vorteile beider Welten; die Skalierbarkeit und die Standardisierung der relationalen RDBMS und die analytische Mächtigkeit und direkte OLAP-Unterstützung der multidimensionalen Speicherung [LS10].

Beispielsweise kann die Speicherung der (oft dünn besetzten) Detaildaten in einem RDBMS erfolgen. In der multidimensionalen Datenbank werden die (dichter besetzten) aggregierten Daten effizient verwaltet. Die multidimensionalen Speicherstrukturen werden somit quasi als „intelligenter" Cache für häufig angeforderte Datenwürfel genutzt. Auf beide Datenstrukturen erfolgt ein transparenter Zugriff über ein multidimensionales Anfragesystem.

6.1.5 Alternative Speicherungsformen

Neben den Varianten ROLAP, MOLAP und HOLAP existieren weitere Speicherformen, die an spezielle Domänen und ihre Anforderungen angepasst sind. Wir wollen exemplarisch auf eine Speicherform eingehen, die sich auf den Transfer des Datenwürfels spezialisiert hat und an dieser Stelle eine im Vergleich zur relationalen Speicherung wesentlich kleinere Datenstruktur darstellt: der *Dwarf*.

Die Datenstruktur Dwarf stellt eine in hohem Maße komprimierte Datenstruktur dar. Sie ist als Hauptspeicherdatenstruktur angelegt, kann aber damit auch für den Datenaustausch genutzt werden. Für die Speicherung auf dem Sekundärspeicher ist sie nicht optimiert.

Unter Ausnutzung der Spezifika des Data Warehouse, insbesondere dem Star-Schema (siehe Kapitel 3), können die im relationalen Modell auftretenden Redundanzen optimiert werden. Dies bezieht sich sowohl auf die Präfix- als auch auf die Suffix-Redundanzen. Für dicht besetzte Bereiche ist die Präfix-Optimierung geeignet und für dünn besetzte Bereiche die Suffix-Optimierung. In [SDRK02] beschreiben Sismanis et al. wie ein 1 Petabyte großer Datenwürfel in einen Dwarf mit einer Größe von 2,3 Gigabyte ohne Informationsverlust überführt wird. Somit stellt der Dwarf insbesondere im Bereich der mobilen Anwendungen aufgrund von Transferrestriktionen eine sehr interessante Alternative dar.

◂Beispiel 6-5▸ Wir wollen anhand eines Beispiels die Idee des Dwarf verdeutlichen. In Abbildung 6.6 ist die Relation einer Faktentabelle gegeben mit den Dimensionen *Region*, *Kunde* und *Produkt*. Als Kennzahl ist der Preis des Produktes angegeben. Wir verzichten an dieser Stelle auf Hierarchien innerhalb der Dimensionen aufgrund des leichteren Verständnisses.

Region	Kunde	Produkt	Preis
R1	K2	P2	70
R1	K3	P1	40
R2	K1	P1	90
R2	K1	P2	50

Abbildung 6.6: Faktentabelle für Region, Kunde und Produkt mit Kennzahl Preis

□

Ein *Dwarf* bildet nun den Datenwürfel ab, d.h. wie wir in Kapitel 5 darstellen, wird die obige Faktentabelle mit den Gruppierungen bezüglich der Dimensionen und dem *Cube-Operator* abgespeichert. In Abbildung 6.7 haben wir den Dwarf für die in Abbildung 6.6 dargestellte und um den Cube-Operator angereicherte Relation dargestellt.

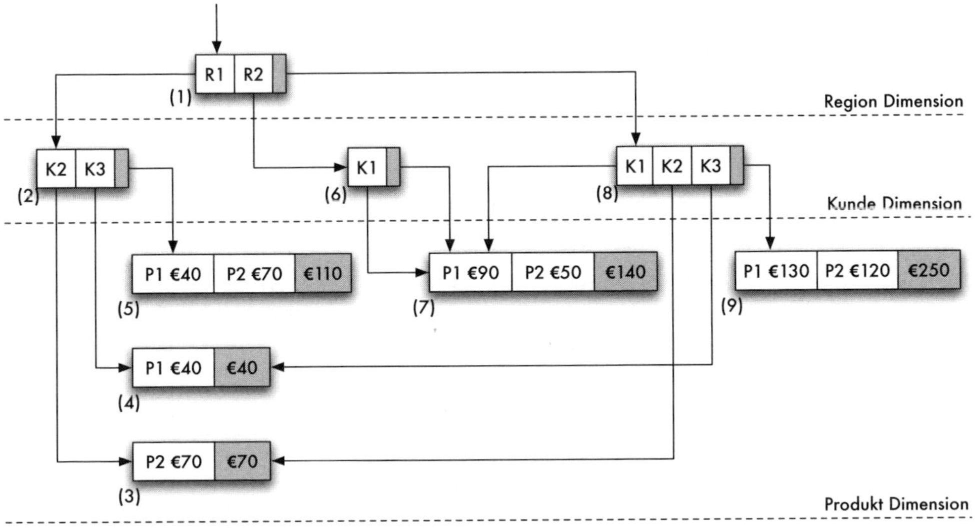

Abbildung 6.7: Dwarf für Region, Kunde und Produkt mit Kennzahl Preis

Der Dwarf ist ein gerichteter azyklischer Graph mit d Leveln, wobei d der Kardinalität der Dimensionen entspricht. Jeder Blattknoten enthält den Schlüsselwert der letzten Dimension (in Abbildung 6.7 ist dies die Dimension Produkt) sowie die zugehörigen (ggfs. aggregierten) Werte der Fakten. Alle anderen Knoten enthalten den Schlüsselwert der Dimension und einen Zeiger zu einem Knoten des nächsten Levels. Alle Knoten enthalten darüber hinaus eine Zelle für den Wert **ALL**, die in unserer Abbildung als graue Zellen hinterlegt sind. So wird die mit dem Cube erweiterte Faktentabelle aufgrund der Auflösung der Redundanzen im Dwarf wesentlich kompakter abgespeichert. Diese Speicherung erfolgt unter Beibehaltung aller vorhandenen Informationen.

◂Beispiel 6-6▸ Zur Erläuterung des Dwarf-Prinzips nutzen wir die Tabelle in Abbildung 6.8, die eine Erweiterung der Abbildung 6.7 ist. Neben den Fakten werden in dieser Tabelle auch die Zeilen des Cube-Operators aufgeführt. Zusätzlich wird der Dwarf-Knoten aufgeführt, in dem die (aggregierte) Kennzahl gespeichert ist.

Region	**Kunde**	**Produkt**	**Preis**	Dwarf-Knoten
R1	K2	P2	70	(3)
R1	K3	P1	40	(4)
R2	K1	P1	90	(7)
R2	K1	P2	50	(7)
ALL	K1	P1	90	(7)
ALL	K2	P2	70	(3)
ALL	K3	P1	40	(4)
ALL	K1	P2	50	(7)
R1	*ALL*	P1	40	(5)
R1	*ALL*	P2	70	(5)
R2	*ALL*	P1	90	(7)
R2	*ALL*	P2	50	(7)
R1	K2	*ALL*	70	(3)
R1	K3	*ALL*	40	(4)
R2	K1	*ALL*	140	(7)
R1	*ALL*	*ALL*	110	(5)
R2	*ALL*	*ALL*	140	(7)
ALL	K1	*ALL*	140	(7)
ALL	K2	*ALL*	70	(3)
ALL	K3	*ALL*	40	(4)
ALL	*ALL*	P2	120	(9)
ALL	*ALL*	P1	130	(9)
ALL	*ALL*	*ALL*	250	(9)

Abbildung 6.8: Cube für Region, Kunde und Produkt mit Kennzahl Preis

Im Vergleich der Cube-Tabelle mit dem Dwarf sieht man das Potenzial der Komprimierung. So führen acht Pfade zum Knoten mit der Nummer (7), nämlich alle Pfade die mit `R2-P1` oder mit `ALL-K1` beginnen. □

In der Forschung haben sich eine Vielzahl weiterer Speichervarianten für den Cube entwickelt. Cube Forests wie von [JS96, JS97] beispielsweise zielen auf die Anforderung der Datenanalyse und damit einhergehend auf die Optimierung von Data-Warehouse-Anfragen. Auch der CubeTree von [RKR97] nutzt eine kompaktere Darstellung für den Datenwürfel, die eine Anfrageoptimierung zum Ziel hat. In [WLFY02] wird der Condensed Cube vorgeschlagen, der analog zum Dwarf den relationalen Datenwürfel reduziert. Eine Weiterentwicklung des Dwarfs für die direkte Nutzung im Bereich des mobilen OLAP ist in [MOL09] zu finden.

6.2 Partitionierung

Partitionierung kann unabhängig von und ergänzend zu Indexverfahren genutzt werden, um die Performanz von Data-Warehouse-Systemen zu steigern.

6.2.1 Partitionierung in relationalen Datenbanken

Die *Partitionierung* ist die Aufteilung von Daten, etwa um diese Teile verteilt speichern zu können. Speziell in RDBMS ist Partitionierung die Aufteilung umfangreicher Relationen in kleinere Teilrelationen (die sogenannten *Partitionen* oder *Fragmente*). In RDBMS richtet sich Größe und Inhalt der Partitionen nach der Anfrage- und Aktualisierungscharakteristik. Partitionierung wurde ursprünglich für verteilte Datenbanken eingeführt, um Lastverteilung auf mehrere Knoten zu unterstützen, wird aber heutzutage auch für die Optimierung anderer Auslastungscharakteristika genutzt. Im engeren Sinne umfasst die Partitionierung eigentlich nur die *logische* Aufteilung von Relationen, die physische Verteilung ist dann Aufgabe der *Allokation*, also der Zuordnung zu physischen Ressourcen.

In RDBMS werden zwei Arten der Partitionierung unterschieden: die horizontale und die vertikale Partitionierung. In beiden Fällen wird eine Relation R in kleinere Teile aufgeteilt. R wird dabei auch als *Masterrelation* bezeichnet.

Horizontale Partitionierung

Bei der *horizontalen Partitionierung* wird eine Relation R vollständig in paarweise disjunkte Teilrelationen $R_1, ..., R_n$ aufgeteilt:

$$R = R_1 \cup ... \cup R_n; \quad R_i \cap R_j = \emptyset \text{ für } i \neq j$$

Alle Teilrelationen haben dasselbe Relationenschema. Es sind verschiedene Formen der Aufteilung möglich:

- Die *Range-Partitionierung* oder *Bereichspartitionierung* teilt die Tabelle anhand eines Attributs in Bereiche auf, z.B. eine Aufteilung in Jahresscheiben. Jede Partition wird also durch ein Selektionskriterium definiert, also $R_i := \sigma_\varphi(R)$ wobei φ eine Selektionsbedingung ist, die einen Bereich festlegt (die *range restriction*).

- Bei der *Hash-Partitionierung* wird eine Hash-Funktion (angewendet auf das ganze Tupel oder einzelne Attribute) festgelegt, die bestimmt, zu welcher Partition ein Tupel gehört. Tupel mit gleichem Hash-Wert (oder Hash-Werten in einem vorgegebenen Bereich) befinden sich in derselben Partition.

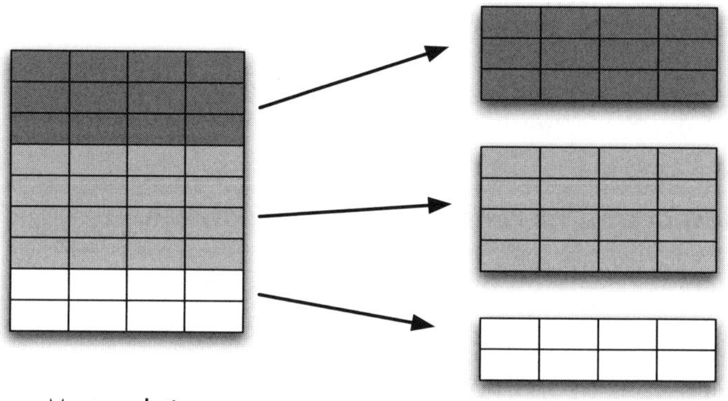

Abbildung 6.9: Horizontale Partitionierung

Abbildung 6.9 verdeutlicht das Prinzip der Range-Partitionierung.

Als Variante der horizontalen Partitionierung ist noch die sogenannte *abgeleitete Partitionierung* bekannt. Der Begriff „abgeleitet“ bezieht sich darauf, dass das Prädikat für die Partitionierung im Rahmen einer Verbundanfrage aus einer anderen Tabelle übernommen wird. Die abgeleitete Partitionierung erreicht eine gemeinsame Zuordnung von Verbundpartnern, etwa bei Fremdschlüsselbeziehungen, zur selben Partition und ermöglicht dort eine lokale Verbundberechnung.

Vertikale Partitionierung

Bei der *vertikalen Partitionierung* erfolgt eine Verteilung der einzelnen Attribute (Spalten) auf die Partitionen. Damit entspricht eine Partition R_i einer Projektion auf die Masterrelation:

$$R_i := \pi_{attrlist}(R)$$

Um die Masterrelation rekonstruieren zu können, muss ein gemeinsames Attribut bzw. eine gemeinsame Attributkombination in den Partitionen existieren, von der jeweils die restlichen Attribute funktional abhängig sind. Die Rekonstruktion erfolgt dann über den natürlichen Verbund:

$$R := \bowtie_i R_i$$

In der Regel ist dies der Primärschlüssel von R, der somit in allen Partitionen enthalten sein muss. Ist R in dritter Normalform, so muss es der Primärschlüssel sein.

Abbildung 6.10 verdeutlicht das Prinzip der vertikalen Partitionierung. Unter einer *gemischten Partitionierung* versteht man die Kombination einer horizontalen und einer vertikalen Partitionierung.

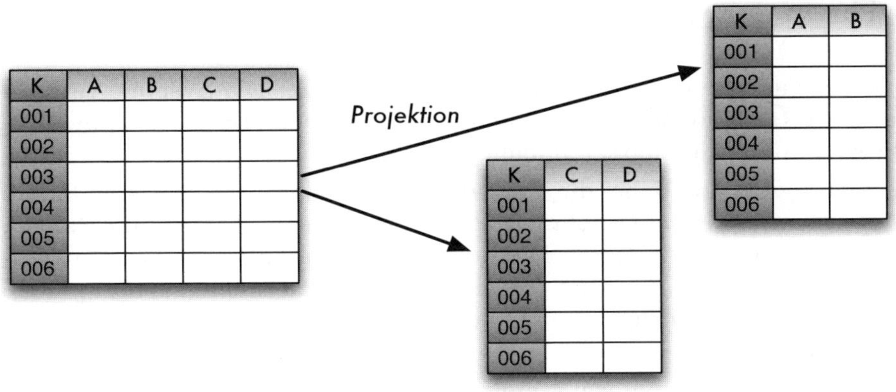

Abbildung 6.10: Vertikale Partitionierung

Partitionierung in Oracle

Die Partitionierung in RDBMS ist Teil der physischen Datendefinition und daher nicht Teil des SQL-Standards.

◂**Beispiel 6-7**▸ Wir zeigen exemplarisch die Definition von Partitionierungen im Oracle-System. Eine Bereichspartitionierung kann wie folgt deklariert werden:

```
CREATE TABLE Verkauf (
       Datum DATE NOT NULL,
       ...)
PARTITION BY RANGE(Datum) (
PARTITION Verkauf2009
       VALUES LESS THAN (to_date('2010-01-01')),
PARTITION Verkauf2010
       VALUES LESS THAN (to_date('2011-01-01')),
PARTITION Verkauf2011
       VALUES LESS THAN (to_date('2012-01-01')));
```

Eine Hash-Partitionierung wird in Oracle wie folgt definiert:

```
CREATE TABLE Verkauf (
       ArtikelID INT NOT NULL,
       FilialID INT NOT NULL,
       ...)
PARTITION BY HASH(ArtikelID, FilialID) PARTITIONS 5;
```

□

6.2.2 Partitionierung in Data Warehouses

Welche Rolle spielt die Partitionierung in DW-Systemen? DW-Systeme verwalten sehr große Datenmengen, sodass eine Aufteilung der Daten auf physisch oder logisch verteilte Ressourcen naheliegend ist.

Besonders groß sind dabei die Faktentabellen, sodass sich hier eine Partitionierung anbietet. Eine *horizontale Partitionierung* (insbesondere eine Range-Partitionierung) erlaubt es, große Faktentabellen in handlichere Teile zu zerlegen. Die Selektionsbedingungen für die einzelnen Partitionen sollten dabei sinnvollerweise die in Anfragen häufig vorkommenden Bereichseinschränkungen berücksichtigen.

Eine vertikale Partitionierung einer Faktentabelle ist überhaupt nur bei mehreren Kennzahlen möglich, da in jeder Partition der Schlüssel enthalten sein muss (also die Referenzen auf die Dimensionstabellen). Da der Schlüssel mehrere Dimensionstabellenschlüssel umfasst, würde eine vertikale Aufteilung wenig Speichereinsparung bedeuten und könnte nur aus organisatorischen Gründen sinnvoll sein.

Eine vertikale Partitionierung erfordert zudem eine teure Join-Operation zum Wiederzusammensetzen der Tupel, kann aber zum Abspalten selten angefragter Kennzahlen eingesetzt werden.

Allerdings können auch Dimensionstabellen sehr groß werden, sodass man dort neben einer horizontalen auch über vertikale Partitionierung nachdenken sollte. Die vertikale Partitionierung von Dimensionstabellen wird sogar mit einem eigenen Begriff versehen: die sogenannten *Mini-Dimensionen*.

Mini-Dimensionen

Gelegentlich werden Dimensionstabellen riesig groß [LKS11a]. So kann beispielsweise eine Kundentabelle durchaus mehrere Millionen Datensätze aufweisen. Gleichzeitig werden möglicherweise viele Attribute nie oder nur selten angefragt, da sie für Auswertungen uninteressant sind. Oft existieren auch disjunkte Attributgruppen, die immer nur für verschiedene Anwendungen beziehungsweise verschiedene Arten von Auswertungen benötigt werden.

Hier bietet sich eine Abtrennung von Attributen durch vertikale Partitionierung an. Dieser Spezialfall vertikaler Partitionierung wird dann als das Abspalten von *Mini-Dimensionen* bezeichnet und erlaubt dann eine deutliche Verkleinerung der einzelnen Dimensionstabellen, vergleiche auch [LKS11b].

Abbildung 6.11 verdeutlicht am Beispiel der Kundentabelle das Prinzip der Mini-Dimensionen. Die `Demographie`-Daten werden nur in bestimmten Anfragen (Kampagnenplanung) benötigt, und in der Regel anonymisiert. So trennt man sie sinnvollerweise von den Attributen `Name` und `Vorname`.

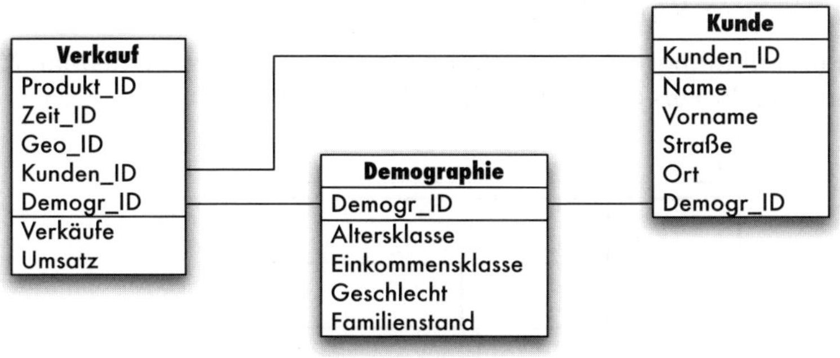

Abbildung 6.11: Mini-Dimensionen

6.2.3 Partitionierung von Datenwürfeln

Bis jetzt hatten wir Partitionierung im Kontext von relationalen Daten betrachtet. Eine Partitionierung kann aber auch direkt auf dem Datenwürfel vorgenommen werden.

Neben der physischen Aufteilung kann die *Partitionierung von Datenwürfeln* weitere Ziele verfolgen. Ein mögliches Ziel ist das *Entfernen leerer Bereiche* aus dem Würfel. Auch eine *optimierte Speicherung* für bestimmte Zugriffsmuster ist möglich, sodass Bereiche, auf die häufig zugegriffen wird, in einige wenige Blöcke zusammengefasst werden.

Art der Partitionierung

Die Partitionierung eines Datenwürfels erfolgt durch die Aufteilung des Würfels in nicht überlappende Bereiche. Üblich sind dabei achsenparallele Bereichsgrenzen, also *multidimensionale Intervalle*. Ein derartiger Bereich wird als *Kachel* bezeichnet, die Aufteilung somit als *Kachelung*. Eine multidimensionale Kachelung wird wie folgt definiert: Der Würfel ist ein n-dimensionales Array mit Dimensionswerten

$$D = [1 : d_1, ..., 1 : d_n]$$

Eine *Kachelung* ist dann eine Menge von Sub-Arrays b_i, den *Kacheln*, die den Bereichen $b_1, ..., b_m$ der Dimensionswerte entsprechen.

$$b_1 = [l_{1,1} : u_{1,1}, ..., l_{1,n} : u_{1,n}], ..., b_m = [l_{m,1} : u_{m,1}, ..., l_{m,n} : u_{m,n}],$$

l steht hierbei für die untere Grenze eines Bereichs (für *lower bound*), und u für die obere Grenze (für *upper bound*).

Jede Kachel muss innerhalb des Würfels liegen, also $b_i \subseteq D$. Des Weiteren muss gelten, dass die Kacheln disjunkt sind, also $b_i \cap b_j = \emptyset$ für $i \neq j$ und $i, j = 1, ..., m$, und dass die Kachelung vollständig ist: Jede besetzte Zelle gehört genau einem Sub-Array an.

Multidimensionale Kachelung

Kachelungen in einem mehrdimensionalen Raum können verschiedene Muster aufweisen, die jeweils Vor- und Nachteile mit sich bringen.

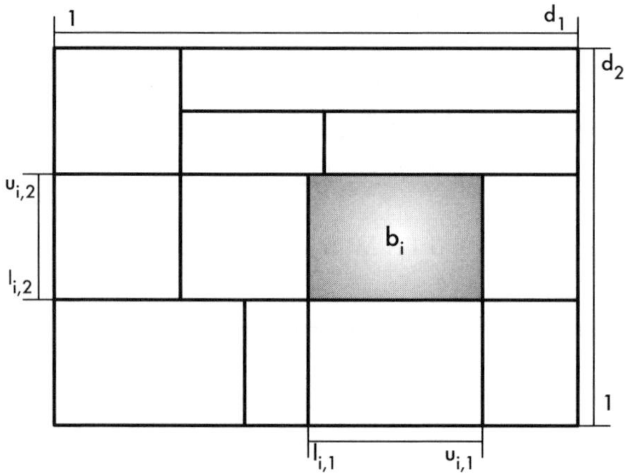

Abbildung 6.12: Multidimensionale Kachelung

Abbildung 6.12 zeigt eine zweidimensionale Kachelung, die den Raum aufteilt. Eine derartige Kachelung wird als irregulär und unausgerichtet bezeichnet, da die Kachelung nur den Vorgaben der Definition folgt und sonst keine Regelmäßigkeiten aufweist. Schon im zweidimensionalen Fall ist daher der Test auf Zuordnung zu einer Kachel daher aufwendig, sodass man in der Regel Einschränkungen für die Aufteilung aufstellt.

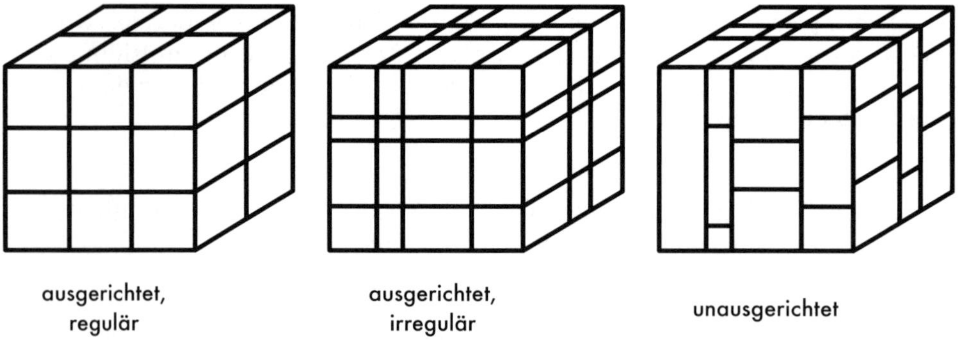

Abbildung 6.13: Ausrichtung von Kacheln

Abbildung 6.13 zeigt verschiedene Varianten von irregulär hin zu fest vorgeschrieben. Unausgerichtete Kachelungen sind im obigen Sinne irregulär, und für höhere Dimensionszahlen schwer verwaltbar.

Werden Skalen in unterschiedlichen Abständen verwendet, um den Würfel aufzuteilen, spricht man von einer ausgerichteten Kachelung. Sie ist immer noch irregulär, da die Kacheln unterschiedliche Größen aufweisen. Eine derartige Kachelung entspricht der Aufteilung in Zellen in einem Grid-File (vergleiche Abschnitt 7.5). In einer ausgerichteten und regulären Kachelung sind die Kacheln zudem gleich groß.

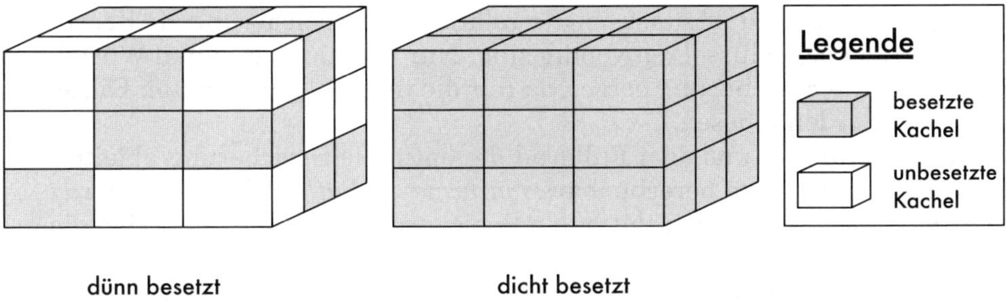

Abbildung 6.14: Besetzung einer Kachelung mit Werten

Kachelungen unterscheiden sich auch nach der Besetzung des Raumes mit Werten. Abbildung 6.14 unterscheidet zwischen einer dicht besetzten und einer dünn besetzten Kachelung. Eine dicht besetzte Kachelung enthält in jeder Kachel Werte. Eine dünn besetzte Kachelung hat leere Kacheln. Beispiele für leere Kacheln sind etwa der Düngemittelverkauf in der Antarktis oder historische Daten über Verkäufe in Filialen, die erst vor einem Jahr eröffnet wurden.

Steuerung der Partitionierung

Die Steuerung der Partitionierung in Kacheln kann unterschiedlich erfolgen. Eine *automatische Partitionierung* realisiert ein automatisches Finden einer Partitionierung für eine optimale Ausführung der Operationen. Dazu werden sowohl der Füllgrad der Bereiche als auch Zugriffsstatistiken genutzt.

Bestimmte Dimensionen bzw. Dimensionskombinationen können auch gesondert behandelt werden. Typisches Beispiel ist hier die besondere Behandlung der Zeitdimension, um eine Partitionierung nach Zeitreihen (spezielle Formate für Reihen von Werten, z.B. täglich, wöchentlich, etc.) vorzunehmen.

Ein Spezialfall ist die *Zwei-Ebenen-Speicherung*, die wir später noch genauer vorstellen werden. Hier erfolgt nur die Speicherung von tatsächlich verwendeten Kombinationen dünn besetzter Dimensionen.

Statt einer automatischen Partitionierung kann auch eine explizite Partitionenspezifikation des Anwenders, entweder in Form einer direkten Spezifikation jedes Bereiches oder der Vorgabe von Dimensionspartitionen, erfolgen.

Speicherung der Kacheln

Bei der Speicherung der Kacheln ist die Verwendung eines bestimmten Speicherformats für jeden Datenblock möglich. Ein System kann hier verschiedene Speicherformate unterstützen, etwa in Abhängigkeit vom Füllgrad.

Der klassische Fall ist es hier, in Abhängigkeit vom Füllgrad zwischen Array-Speicherung und relationaler Speicherung zu wechseln, da ab einem bestimmten Füllgrad die Array-Speicherung effizienter als relationale Speicherung ist. Der Grund dafür ist, dass bei der relationalen Speicherung die Koordinaten im Würfel als Schlüssel notwendig sind. Nur bei dünn besetzten Würfeln ist eine relationale Speicherung besser, da nur die tatsächlich gesetzten Fakten abgespeichert werden müssen.

Wie kann man nun aus dem Füllgrad die optimale Speicherung ableiten? Wir wissen, dass ab einem berechenbaren *minimalen Füllgrad* δ_{min} die Array-Speicherung besser ist als die relationale Speicherung. Wie bestimmt sich dieser Wert?

Aus der Diskussion der beiden Speicherungsvarianten können wir folgendes ableiten: Der minimale Füllgrad δ_{min} ist das maximale δ, sodass folgende Formel gilt:

$$Ix_{rel} + \delta \prod_{i=1}^{n} L_i \cdot \left(s_c + \sum_{j=1}^{n} s_j \right) < Ix_{arr} + \prod_{i=1}^{n} L_i \cdot s_c$$

Hierbei bedeuten die einzelnen Parameter folgendes:

- n ist die Anzahl der Dimensionen.
- L_i ist die Länge des Sub-Arrays in der Dimension i. Der Wert $\prod_{i=1}^{n} L_i$ ist damit die Gesamtanzahl von Zellen im Würfel.
- s_c sei die Speichergröße einer Zelle, also der Platzverbrauch aller Kenngrößen einer Zelle.
- s_j ist die Speichergröße der Dimensionsattribute j.

  Der Wert von $s_c + \sum_{j=1}^{n} s_j$ bestimmt damit die Größe eines Tupels der Faktentabelle (als Vereinfachung, hinzu kommt in der Realität noch der Platzbedarf des TID etc.).
- Ix_{rel} ist der konstante Overhead der Indexierung für die relationale Speicherung; Ix_{arr} das Gegenstück der Array-Speicherung.

Betrachten wir nun den minimalen Füllgrad δ_{min} am Beispiel. Als Annahme setzen wir Ix_{rel} und Ix_{arr} auf den gleichen Wert, und nehmen an, dass die Speichergröße der Zelle gleich dem Speicherbedarf eines Dimensionsschlüssel ist: $s_j = s_c = 8$ Byte.

Für zwei Dimensionen vereinfacht sich die obige Formel nun auf

$$\delta \prod_{j=1}^{2} L_i \cdot 24 < \prod_{j=1}^{2} L_i \cdot 8,$$

sodass die Array-Speicherung für zwei Dimensionen ab einem Füllgrad $\delta_{min} = 0.33$ effizienter ist. Für drei Dimensionen erhalten wir den Wert $\delta_{min} = 0.25$, der minimale Füllgrad sinkt somit mit steigender Anzahl von Dimensionen.

Zwei-Ebenen-Speicherung

Die *Zwei-Ebenen-Speicherung* ist eine konkrete Anwendung der Idee der Kachelung mit optimierter Speicherung der einzelnen Kacheln.

Die obere Ebene indexiert dabei die Datenblöcke, die auf der unteren Ebene gespeichert werden. Die obere Ebene bildet ein Array mit allen möglichen Kombinationen von Dimensionswerten (ähnlich einem Grid-File). Hierzu werden dünn besetzte Dimensionen bzw. Dimensionskombinationen gewählt.

Die Zellen dieses Arrays enthalten Zeiger auf Datenblöcke, die Datenwerte für die entsprechenden Dimensionswerte der dicht besetzten Dimensionen enthalten. Der spezielle Wert `NULL` steht dabei für einen leeren Bereich.

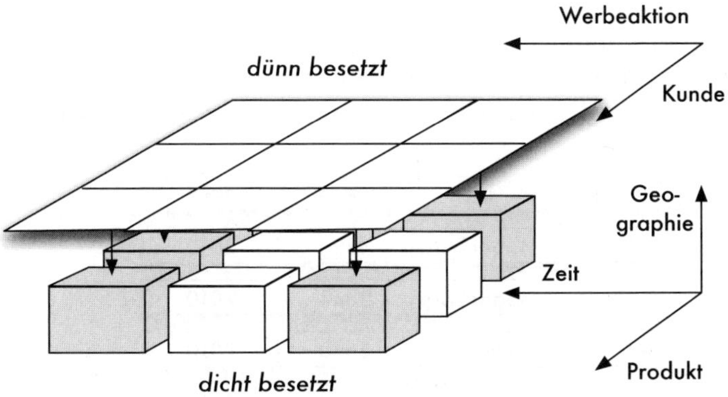

Abbildung 6.15: 2-Ebenen-Speicherung

Abbildung 6.15 verdeutlicht die Zwei-Ebenen-Speicherung. Die besetzten Kacheln können wiederum je nach Füllgrad unterschiedlich gespeichert werden.

Im Beispiel hat die Kombination `Kunde` und `Werbeaktion` besonders viele Nullwerte, sodass sich eine Speicherung in der vorgestellten Form lohnt.

6.3 Spaltenorientierte Datenhaltung

Die klassischen relationalen Datenbanksysteme nutzen eine *zeilenorientierte Speicherung* (engl. *row-oriented storage*). Jedes Tupel einer Tabelle wird auch intern zusammenhängend gespeichert – die interne Clusterung erfolgt für komplette Tupel.

Schon sehr früh wurden in den 70er Jahren des letzten Jahrhunderts Systeme vorgeschlagen, die anstatt zeilenweiser Clusterung eine *spaltenweise* Clusterung vorgeschlagen haben [EB69]. Bereits damals waren analytische Anwendungen das Ziel derartiger Systeme, in denen Tupel mit relativ vielen Attributen gespeichert wurden, aber in Anfragen Aggregationen über nur wenige Attribute vorgenommen wurden. Eine zeilenorientierte Speicherung würde bei derartigen Anfragen immer ganze Tupel, und zwar sehr viele, in den Hauptspeicher holen müssen, sodass eine spaltenorientierte Speicherung deutliche Effizienzgewinne verspricht.

1985 wurde dann von Copeland und Khoshafian auf der SIGMOD ein Papier veröffentlicht, das mit dem DSM-Modell (für *Decomposed Storage Model*) die Konzepte derartiger Systeme etablierte [CK85]. Der Begriff *spaltenorientierte DBMS* (engl. *column-oriented DBMS*) wurde erst 20 Jahre später durch ein Papier von Stonebraker et al. [SAB+05] populär.

6.3.1 Basisideen der spaltenorientierten Datenhaltung

Die klassischen relationalen DBMS nutzen eine *zeilenweise* (englisch *row-oriented*) Speicherung. Ein Tupel einer Tabelle wird auch intern zusammenhängend gespeichert. Die Abbildung 6.16 verdeutlicht diese Art der Speicherung.

Produkt	Ort	Umsatz	Jahr
Merlot	Magdeburg	4325	2010
Guinness	Magdeburg	2341	2010
Merlot	Ilmenau	5543	2010
Pinot Noir	Ilmenau	4944	2010

Abbildung 6.16: Zeilenorientierte Speicherung

Eine zeilenorientierte Speicherung ist ideal, wenn bei Anfragen und Änderungen jeweils ganze Tupel bearbeitet werden (etwa in „`select *`"-Anfragen).

Eine spaltenorientierte Speicherung liegt vor, wenn die Speicherung nicht nach Tupeln clustert, sondern nach den Attributen. Die Abbildung 6.17 ver-

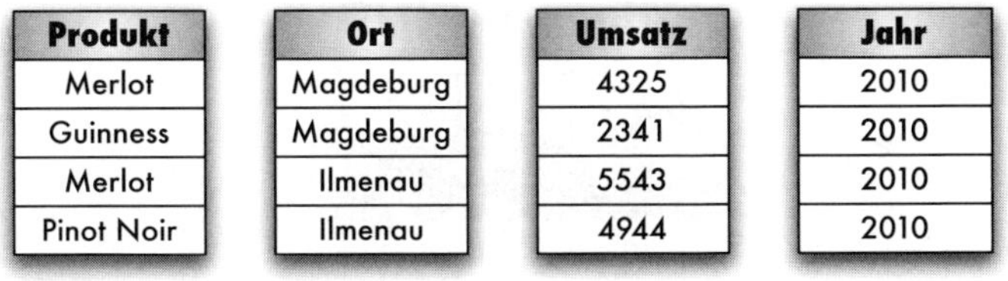

Abbildung 6.17: Spaltenorientierte Speicherung

deutlicht eine derartige spaltenorientierte Speicherung. Die Daten jedes einzelnen Attributs werden tupelübergreifend zusammen gespeichert. Von der spaltenorientierten Speicherung erhofft man sich folgende Vorteile:

- Eine typische Analyseanfrage in einem DW-System besteht aus einer Bereichsselektion sowie einer Aggregation von Kennzahlen über viele Tupel. Derartige Anfragen können durch eine spaltenorientierte Speicherung sehr gut unterstützt werden.
- Spaltenorientierte Speicherung erkauft die Beschleunigung bei Zugriffen durch höhere Kosten beim Einfügen von Tupeln und dem Zugriff auf einzelne Tupel. Beides ist in DW-Systemen nicht relevant.
- Spaltenorientierte Speicherung ermöglicht eine bessere Komprimierbarkeit, da die Spalten homogenere Daten als Tupeldaten haben (sowohl betreffend der Datentypen als auch der Werte).
- Durch die sequentielle Speicherung der Spalten sind Scans besonders effizient auszuführen. Einige Systeme verzichten sogar ganz auf Indexstrukturen zugunsten schneller Scans.

Eine spaltenorientierte Speicherung muss die Rekonstruierbarkeit der Tupel sicherstellen, entweder durch eine feste Tupelreihenfolge oder durch ein Identifikationsattribut, das eine Rekonstruktion mit einem Verbund gewährleistet [Lüb10]. Abbildung 6.18 verdeutlicht noch einmal grafisch die Konzepte der zeilenorientierten gegenüber der spaltenorientierten Speicherung.

6.3.2 Operationen und Anfragen in spaltenorientierter Datenhaltung

Einige der aus klassischen relationalen Datenbanken bekannten Operationen auf Tabellen müssen für eine spaltenorientierte Datenhaltung überdacht bzw. neu konzipiert werden, vergleiche z.B. die Arbeiten von Lübcke et al. [Lüb10, LKS11b, LKS11a].

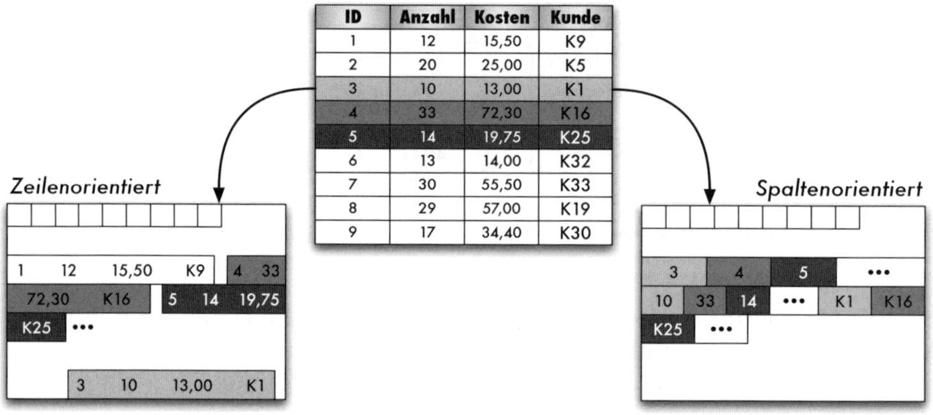

Abbildung 6.18: Zeilen- versus spaltenorientierte Speicherung

Tupel-Rekonstruktion

Eine neu hinzukommende Basisoperation in der spaltenorientierten Speicherung ist die *Tupelrekonstruktion*. Jedes Tupel ist nun aufgeteilt in die Attributwerte, die separat gespeichert sind und im Bedarfsfall wieder zusammengesetzt werden.

Abbildung 6.19 verdeutlicht die Aufgabe der Tupelrekonstruktion im Vergleich zwischen einer zeilen- und einer spaltenorientierten Speicherung.

Anfragebearbeitung

Um den Unterschied in der Anfrageverarbeitung zu verdeutlichen, betrachten wir eine einfache Anfrage, bei der eine Selektion über Dimensionsattribute mit einer Aggregation gekoppelt wird.

Die Abbildung 6.20 verdeutlicht den typischen Ablauf bei der klassischen zeilenorientierten Speicherung. In einem ersten Schritt werden die Tupel ausgewählt, die für die Anfrage benötigt werden. Dies kann mit einem Scan oder durch Nutzung von Indexen erfolgen. Es folgt die Projektion auf die für das Ergebnis benötigten Attribute, gegebenenfalls eine Sortierung und die abschließende Aggregation.

Abbildung 6.21 zeigt einen möglichen Ablauf bei der spaltenorientierten Speicherung. Die direkte Variante – also erst Rekonstruktion aller Tupel und anschließende Verarbeitung wie oben beschrieben – ist sicher nicht effizient. Stattdessen wird wie folgt vorgegangen:

1. Die Selektionsbedingungen auf einzelnen Spalten werden genutzt, um jeweils einen Bitvektor zu erzeugen, der die selektierten Tupel kennzeichnet. Bei mehreren Selektionsbedingungen werden diese Vektoren analog zu Bitmap-Indexen logisch kombiniert.

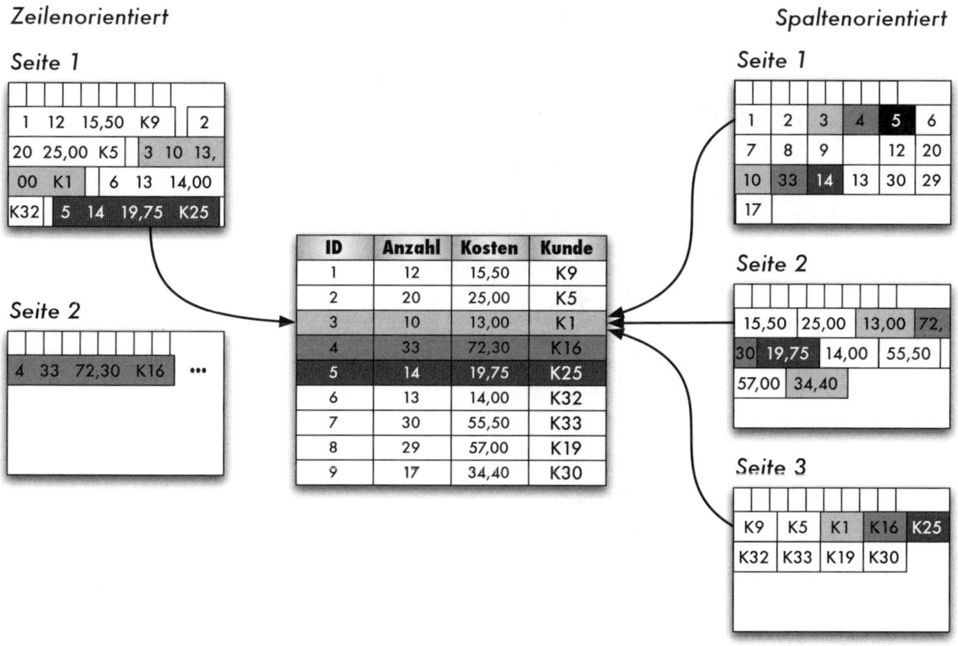

Abbildung 6.19: Konstruktion eines Tupels in der zeilenorientierten und in der spaltenorientierten Speicherung

2. Der resultierende Vektor wird genutzt, um aus der zu aggregierenden Spalte die Werte herauszufiltern, die aggregiert werden.

Diese einfache Realisierung funktioniert natürlich nur, wenn genau ein aggregierter Wert benötigt wird. Das folgende Beispiel verdeutlicht die Erweiterung auf eine Gruppierung, kombiniert mit einer Aggregation.

Die Abbildungen 6.22 und 6.23 zeigen ein komplexeres Szenario, bei der eine Gruppierung mit einer Aggregation nach vorhergehender Selektion berechnet wird. Bei der Abbildung 6.23 wird deutlich, dass bei der Rekonstruktion eines Tupels eine Art *positionaler Join* benötigt wird, der Attributwerte aus den einzelnen Spaltenvektoren über die Position kombiniert.

6.3.3 Speichervarianten in spaltenorientierter Datenhaltung

Konzeptionell ist die Speicherung von Spalten einer Tabelle einfach vorstellbar. Intern gibt es natürlich mehrere Variationen der Speicherung.

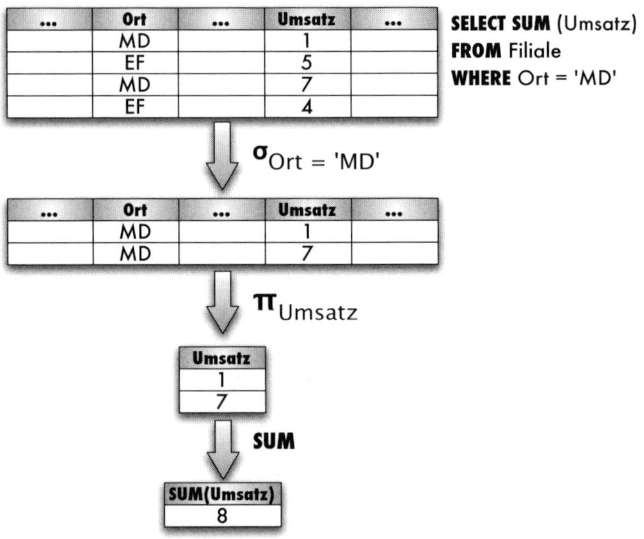

Abbildung 6.20: Anfragebearbeitung bei zeilenorientierter Speicherung

Speicherung als vertikale Partitionen

Eine direkte Umsetzung der spaltenorientierten Speicherung, die auch mit klassischen relationalen Datenbanksystemen möglich ist, basiert auf einer vertikalen Partitionierung mithilfe eines künstlichen Surrogatschlüssel (oder der internen TID). Jede Attributspalte `Att_i` einer Tabelle `Rel` wird dann zu einer binären Relation, die in SQL wie folgt definiert wäre:

```
CREATE TABLE PartitionAtt_i (
        RelSurrogate Surrogattyp PRIMARY KEY,
        Att_i Attributtyp
)
```

Zuerst muss dafür die Originaltabelle mit einem Surrogatschlüssel angereichert werden. Die Attributtabellen werden dann mit dem Projektionsoperator erzeugt. Die Originalrelation kann mit dem natürlichen Verbund rekonstruiert werden.

Die SQL-Anweisungen sind hier nur zur Verdeutlichung angegeben. Die Umsetzung in eine derartige Tabellendefinition erfolgt intern im System und erfordert keine explizite SQL-Deklaration der Spaltentabellen durch den Benutzer.

◄Beispiel 6-8►Für eine konkretes Attribut `Ort` einer Tabelle `Umsatz` könnte eine derartige Tabelle dann wie folgt aussehen:

```
CREATE TABLE PartitionUmsatzOrt (
```

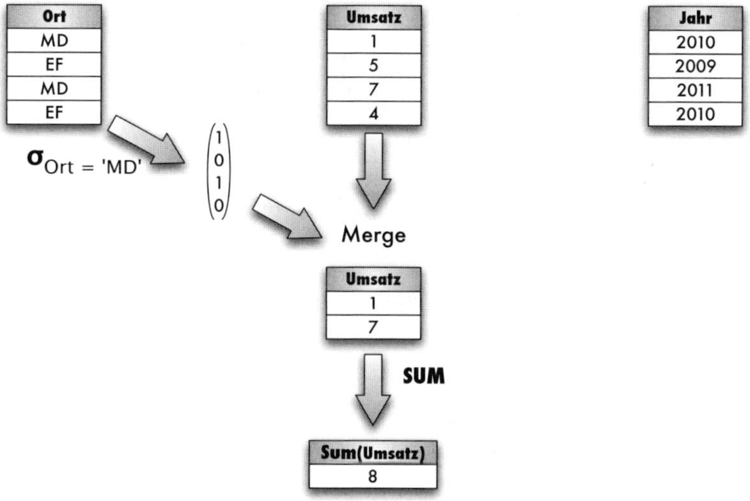

Abbildung 6.21: Anfragebearbeitung bei spaltenorientierter Speicherung

```
        UnsatzSurrogate Surrogattyp PRIMARY KEY,
        Ort VARCHAR(10)
)
```

Der Surrogattyp müsste dabei noch festgelegt werden. □

Diese Art der Dekomposition entspricht dem *DSM*-Modell (*Decomposed Storage Model*) aus [CK85]. Abbildung 6.24 zeigt eine DSM-Zerlegung.

Die DSM-Zerlegung ermöglicht die volle Nutzung der relationalen Technologie. Ohne weitere Anpassung können Indexe definiert bzw. Optimierungen, die auf TID-Listen basieren, genutzt werden.

Die Abbildung 6.25 zeigt die physische Speicherung unserer Produkttabelle im DSM-Modell. Das Attribut `SAdr` bezeichnet hierbei den Surrogatschlüssel.

Speicherung ohne Surrogatschlüssel

Im Sinne der Speicherplatzoptimierung ist die DSM-Zerlegung nicht optimal, da für jedes Attribut einmal die komplette Liste der Surrogatschlüssel gespeichert wird. Eine Speicherung der Listen von Werten ohne derartige Surrogatschlüssel benötigt deutlich weniger Speicherplatz.

Die Voraussetzung für eine derartige platzsparende Speicherung ist dabei, dass in allen Attributlisten dieselbe Reihenfolge genutzt werden kann. Man benötigt also beispielsweise eine stabile TID-Liste als Referenz für alle Attributlisten.

Abbildung 6.26 verdeutlicht die physische Speicherung von Attributlisten.

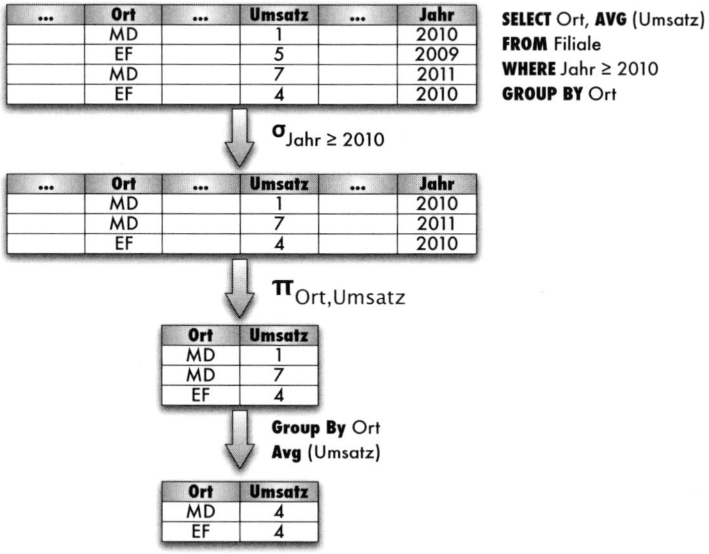

Abbildung 6.22: Komplexere Anfrage bei zeilenorientierter Speicherung

Beim Vorliegen einer festen Reihenfolge ist eine weitere Optimierung möglich. Gerade in DW-Systemen gibt es Spalten mit vielen Nullwerten. Hier kann man ein Bit-Array als Kodierung der Null-Werte einsetzen. Die einzelnen Attributlisten beinhalten dann nur noch die Not-Null-Attributwerte.

Komprimierung

Sowohl das DSM-Modell als auch insbesondere die Speicherung als Attributlisten sind besonders gut geeignet, um Komprimierung einzusetzen. Grund für eine bessere Kompressionsrate ist, dass im Gegensatz zu heterogenen Tupelfeldern die Daten eines Attributs *homogen* sind. Sie haben nicht nur im Gegensatz zu beliebigen Tupelfeldern denselben Datentyp, sondern sind auch semantisch derselben Eigenschaft zugeordnet, sodass in der Regel mehr Duplikate auftreten als bei zufälligen Daten. Ein Beispiel sind Jahresangaben, die sich naturgemäß auf wenige Jahre beschränken, auch wenn der genutzte Datentyp wesentlich mehr Zahlen erlauben würde. Im Abschnitt 6.4.3 werden wir auf einige Komprimierungsverfahren eingehen, dort im Kontext von Hauptspeicherdatenbanken.

Stonebraker et al. berichten in [SBÇ+07], dass bei zeilenorientierter Speicherung typischerweise eine Kompressionsrate von 1:3 zu erreichen ist, während sich bei der spaltenorientierten Speicherung sich 1:10 erreichen lassen.

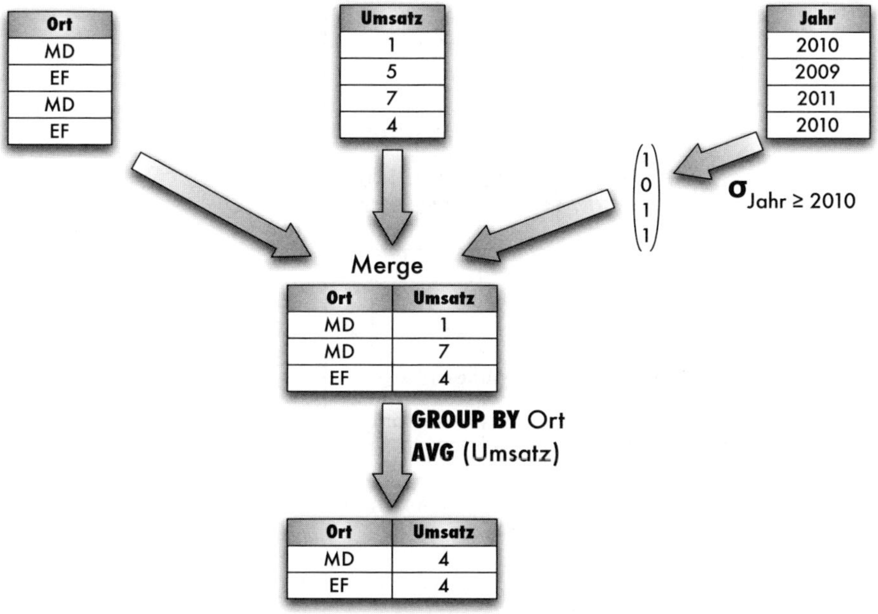

Abbildung 6.23: Komplexere Anfrage bei spaltenorientierter Speicherung

ProdNr	Bezeichnung	Preis
1001	Pinot Noir	8,55
1002	Riesling	9,95
1003	Dornfelder	10,95
1004	Müller-Thurgau	11,95
1005	Merlot	9,90

⇒

SAdr	ProdNr
0x00	1001
0x01	1002
0x02	1003
0x03	1004
0x04	1005

SAdr	Bezeichnung
0x00	Pinot Noir
0x01	Riesling
0x02	Dornfelder
0x03	Müller-Thurgau
0x04	Merlot

SAdr	Preis
0x00	8,55
0x01	9,95
0x02	10,95
0x03	11,95
0x04	9,90

Abbildung 6.24: DSM-Zerlegung

Das PAX-Modell als Kompromiss

Die DSM-Speicherung bietet sehr gute Performanz beim Auslesen einer Spalte und bei der Nutzung von Komprimierung, ist aber potenziell sehr aufwendig beim Lesen und Schreiben einzelner Tupel – die physische Clusterung erfolgt ja gerade eben nicht nach den Tupeln.

Das *PAX-Modell* versucht einen Kompromiss, bei dem die Spalten gut komprimierbar zusammen gespeichert werden, und trotzdem eine physische Clusterung ganzer Tupel erfolgt. Als Motivation betrachten wir erneut die in Abbildung 6.25 skizzierte physische Speicherung im DSM-Modell. Die Spaltenwerte einer Spalte sind auf Seiten geclustert, aber jedes Tupel mit k Attributen ist auf k Seiten verteilt.

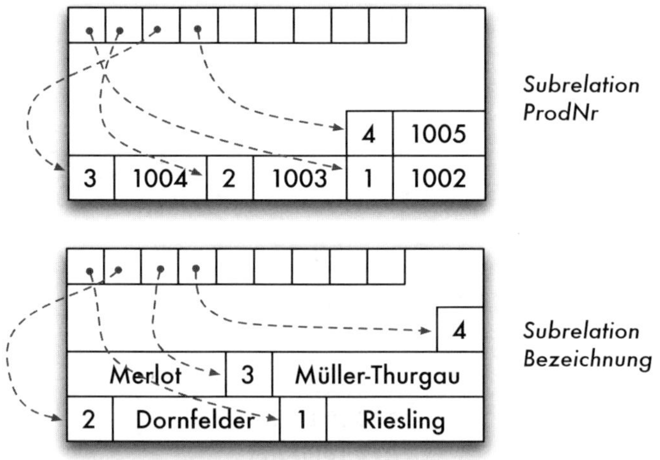

Abbildung 6.25: Physische Speicherung im DSM-Modell

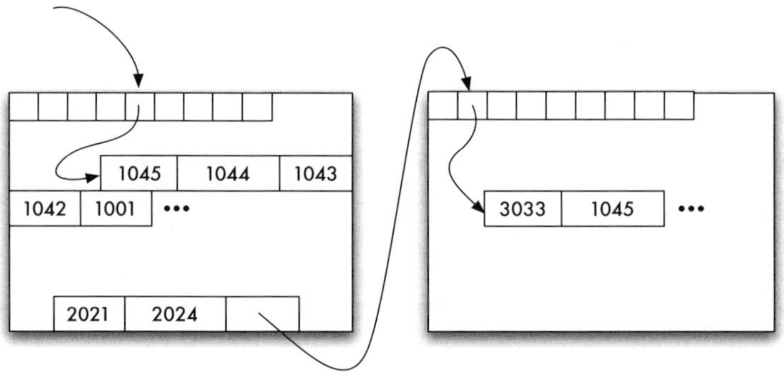

Abbildung 6.26: Physische Speicherung von Attributlisten

Das PAX-Modell realisiert nun eine spaltenorientierte Speicherung pro Speichereinheit, also etwa für einen zusammenhängend gespeicherten Block auf dem Hintergrundspeicher. Die Daten eines Tupels sind nun auf genau einer Transfereinheit zwischen Hintergrundspeicher und Hauptspeicher gespeichert, das Speichern oder die Rekonstruktion eines einzelnen Tupels benötigt also auch nur einen Speicherzugriff. Gleichzeitig sind innerhalb dieser Speicherseite die Attributwerte mehrerer Tupel geclustert und erlauben somit eine gute Kompression.

Abbildung 6.27 verdeutlicht diesen Ansatz.

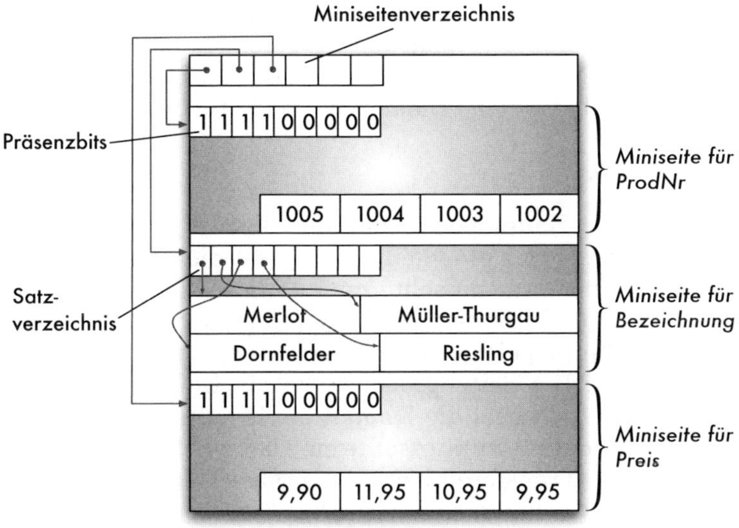

Abbildung 6.27: Seiten-PAX

6.4 Hauptspeicherdatenbanken

Erst seit einigen Jahren sind Hauptspeichergrößen, die für typische Data-Warehouse-Anwendungen benötigt werden, technisch realisierbar und auch ökonomisch sinnvoll. Daher werden Hauptspeicherdatenbanken verstärkt für analytische Anwendungen protegiert. Da dieses Thema zurzeit noch aktuelles Forschungsthema ist, werden wir in diesem Abschnitt im Wesentlichen einige Forschungsfragestellungen skizzieren und nicht ins Detail gehen.

6.4.1 Was sind Hauptspeicherdatenbanken?

Hauptspeicherdatenbanken sind in den letzten Jahren stark in der Diskussion – seit ca. 2009 steigen die Veröffentlichungszahlen zu diesem Thema stark an. Dies ist sicher auch ein Effekt der Tatsache, dass Firmen wie SAP zusammen mit einflussreichen Persönlichkeiten wie Hasso Plattner dies stark forcieren [Pla09, PZ11, PZ12]. Nichtsdestotrotz ist das Konzept der *Hauptspeicherdatenbank* (engl. *main memory database*) schon seit längerer Zeit in der Forschung präsent – bereits 1992 veröffentlichten Garcia-Molina und Salem einen Survey-Artikel zu diesem Thema [GMS92].

Die klassische Datenbanktechnologie ist auf die Überwindung der sogenannten Zugriffslücke ausgerichtete. Die Datenbank ist persistent auf dem Hintergrundspeicher gespeichert; nur ein Bruchteil der Daten passt in den

Hauptspeicherpuffer. Der Hintergrundspeicher, realisiert mit Festplattentechnologie, ist ca. um den Faktor 10^5 langsamer als der Hauptspeicher, und aus technischen Gründen erfolgt der Zugriff *blockweise*, also in Einheiten fester Größe von mehreren Kilobyte (siehe Diskussion in [SSH11]).

Hauptspeicher statt Festplatte

Die grundlegende Idee der Hauptspeicherdatenbanken ist so einfach wie bestechend: Wenn der Hauptspeicher groß genug ist, passt die gesamte Datenbank in den Hauptspeicherpuffer. Warum sollte man dann spezielle Datenorganisationsformen für die Festplatte in den Vordergrund stellen, anstatt gleich von vornherein effiziente Hauptspeicher Datenstrukturen zu nutzen? Typisches Beispiel ist der B-Baum: Die Seitengröße ist an die Blockgröße des Hintergrundspeichers angepasst – wobei die Knoten als Resultat nicht ganz gefüllt sind. Eine Hauptspeicherdatenstruktur sollte eine bessere Speicherausnutzung erreichen, ohne auf feste Transfereinheiten zwischen Hauptspeicher und Sekundärspeicher Rücksicht nehmen zu müssen.

Diese Idee hat einige Konsequenzen. Die Annahmen über den Festplattenzugriff treffen nicht mehr zu: die Zugriffslücke mit dem Faktor von 10^5 ist nicht mehr die Grundlage der Anfrageoptimierung. Algorithmen können wahlfreien Zugriff statt blockweisen Zugriff nutzen – insbesondere ist nichtlokaler Zugriff nicht teurer als lokaler Zugriff.

Als Resultat können Algorithmen und Datenstrukturen, die wegen dieser Charakteristika nicht in DBMS genutzt wurden, jetzt effizient eingesetzt werden. Beispiele sind Bäume mit kleinen Knoten bzw. mit Knoten variierender Größe, sowie Komprimierungsalgorithmen die nicht auf sequenziellem Durchlauf basieren.

Diese Bemerkungen lassen vermuten, dass Hauptspeicherdatenbanken viel effizienter arbeiten können als Lösungen, bei denen die Daten auf dem Hintergrundspeicher residieren. Allerdings darf man eins nicht vergessen: Der Hauptspeicher ist flüchtig!

Weitere technische Herausforderungen

Auch wenn die große Zugriffslücke zwischen Hauptspeicher und Festplatte mit ihrem Faktor von 10^5 nun wegfällt, ist der Zugriff auf den Speicher weiterhin ein Engpass. In [BKM08] wird hier der Begriff des *memory wall* genutzt, um den nun innerhalb des Rechners bestehenden Zugriffsengpass zwischen den Prozessoren mit ihrem lokalen schnellen Cache-Speichern und dem normalen, größeren, aber auch langsameren Hauptspeicher zu beschreiben. Wir haben eine ähnliche Situation wie vorher zwischen Festplatte und Hauptspeicher: Der schnelle Cache ist signifikant kleiner, und aus Optimierungsgründen werden Teile des Hauptspeicherinhalts in den Cache kopiert, und dabei werden jeweils ganze Speicherbereiche kopiert, da die lokale Optimierung davon ausgeht, dass in vielen Fällen ein sequentieller Zugriff auf folgende Daten wahrscheinlicher als ein wahlfreier Zugriff ist.

Auch der schnelle Cache ist in der Regel in mehrere Bereiche unterschiedlicher Charakteristik aufgeteilt, bezeichnet als L1, L2, und L3 (wobei L1 der kleinste, aber leistungsstärkste ist). Des Weiteren erfolgt eine Trennung in Daten- und Programm-Cache. Die Teile des Hauptspeichers, die in den Cache kopiert werden, sind die sogenannten *Cache Lines*.

Für Hauptspeicherdatenbanken bedeutet dies, dass sie nur dann von dem schnellen Cache profitieren können, wenn die internen Algorithmen sequentielle Abarbeitung statt wahlfreiem Zugriff unterstützen. Der Programm-Cache hat zur Folge, dass Verzweigungen / Bedingungen in oft ausgeführten Code-Teilen zu Performance-Einbußen führen. Im MonetDB-System werden daher Operatoren als Schleifen über Felder implementiert und sehr einfache Basisanfrageoperatoren genutzt, da man dort für die vergleichsweise geringe Anzahl an möglichen Spaltenkombinationen speziellen Code schreiben kann. In [BKM08] wird für das MonetDB-System eine Algebra mit speziellen, einfachen Operatoren (die *BAT-Algebra*) zur Anfrageoptimierung vorgeschlagen, die *Cache-Lokalität* bei der Ausführung besonders unterstützt.

Aktuelle Tendenzen betreffend *Green IT* bauen eine weitere Verzögerungslücke auf, in denen Teile des Hauptspeichers zur Energieeinsparung „schlafen“ gelegt werden und erst wieder aktiviert werden müssen bei einem Zugriff.

Eine weitere technische Herausforderung ist der Trend zu *Multi-Core-Architekturen* für leistungsstarke Rechner. Algorithmen für Basisoperationen sollten also nicht nur Cache-Lokalität unterstützen, sondern auch gut parallelisierbar für Multi-Core-Prozessoren sein.

6.4.2 Technologien aktueller Hauptspeicherdatenbanken

Obwohl der Begriff der Hauptspeicherdatenbanken sehr allgemein auf Systeme zutrifft, die sehr große Datenmengen im Hauptspeicher verwalten und dabei die bekannte Datenbankfunktionalität gewährleisten, werden heutzutage mit diesem Begriff oft spezielle Technologien und Anwendungen verbunden. Da der Hauptspeicher flüchtig ist, bieten sich eher analytische Systeme als operative Systeme an. Eine Speicherung von relationalen Daten zu Analysezwecken erfordert keine Änderung der Daten bei Analysen, sodass keine Vorkehrungen für Datenverluste getroffen werden müssen.

Speziell die folgenden Technologien sind bei derartigen analytischen Systemen in Einsatz:

- Gerade für analytische Anfragen ist die *spaltenorientierte Speicherung* beziehungsweise ein Mischmodell sinnvoll, um besonders schnelle Echtzeitanalysen zu unterstützen (auch Hauptspeicheroperationen benötigen bei sehr großen Datenmengen Zeit!).

- Eine *Komprimierung* der spaltenorientierten Speicherung verringert den Speicherverbrauch, sodass der teure und energiehungrige Hauptspeicher effizient genutzt werden kann.
- Eine effiziente Kompression einer spaltenorientierten Speicherung ist effizient, wenn ausschließlich die Werte und nicht zusätzlich eine Surrogatliste komprimiert werden muss. Als Konsequenz muss die Reihenfolge in allen Spaltenwertlisten der Einträge stabil sein.

  Updates verändern die komprimierten Spaltenwertlisten. Als Konsequenz werden Updates in *Delta-Relationen* gesammelt anstelle von In-Place-Updates.

Die spaltenorientierte Speicherung wurde in Abschnitt 6.3 bereits behandelt, daher präsentieren wir im Folgenden die beiden letztgenannten Punkte.

6.4.3 Komprimierung von Daten

Die Komprimierung von Daten ist eine altbewährte Technik, um den Speicherbedarf zu verringern. Kompressionsmethoden zum Einsatz in analytischen Datenbanken sollten folgende Eigenschaften haben:

- Die Kompression ist *verlustlos*, es entstehen also keine Datenverluste. Typische Kompressionsverfahren für Video- oder Audiodaten kommen daher nicht in Frage.
- Typische analytische Anfragen basieren auf *sequenziellen Durchläufen* für Aggregation von Einzeldaten. Die Kompression sollte dies unterstützen.

Desweiteren sollte die Kompression und Dekompression natürlich effizient sein, sowie auf einfachen, robusten Algorithmen basieren. Es gibt eine Reihe von infrage kommenden Verfahren, von den wir im Folgenden nur zwei exemplarisch vorstellen wollen.

Run Length Encoding

Das *Run Length Encoding* (RLE) [Gol66] oder deutsch *Lauflängenkodierung* ersetzt lange Folgen gleicher Werte durch das einmalige Speichern des Wertes zusammen mit der Häufigkeit der Wiederholung. Nur wenn tatsächlich mehrere aufeinanderfolgende Werte gleich sind, ist diese Art der Kodierung sinnvoll. Im ungünstigen Fall (keine Wiederholung) kann jedoch RLE aufgrund der Speicherung der Häufigkeitswerte sogar zu einem „Aufblähen“ der Daten führen.

Das RLE-Verfahren ist insbesondere bei einer spaltenorientierten Datenorganisation sinnvoll, da hier die Wahrscheinlichkeit gleicher, aufeinanderfolgender Werte in einer Spalte größer ist als bei einer zeilenorientierten Speicherung. Weiterhin kann RLE durch Sortierung der Spaltenwerte unterstützt werden, sodass gleiche Werte auch wirklich hintereinander angeordnet sind. Allerdings wird dadurch die Reihenfolge der Tupel in der spaltenorientierten Speicherung verändert, was oft nicht erwünscht ist.

◂Beispiel 6-9▸ Das Beispiel in Abbildung 6.28 illustriert das Run-Length-Encoding-Prinzip für eine Spalte mit Ortsnamen.

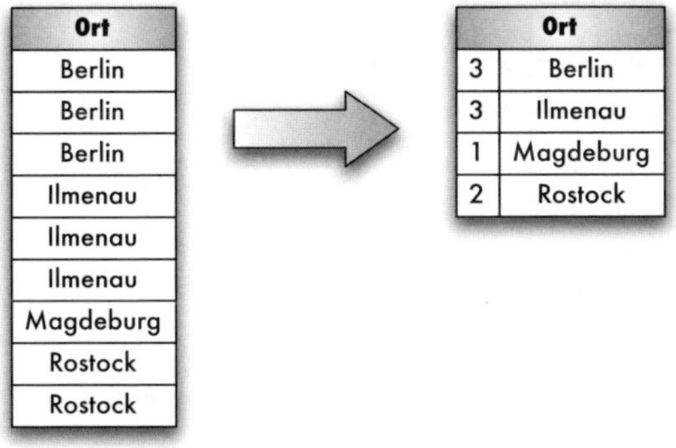

Abbildung 6.28: Run Length Encoding

□

Ein wesentlicher Vorteil von RLE ist die einfache Dekodierung, da hier nur der aktuelle Wert durch seine entsprechende Anzahl an Wiederholungen ersetzt werden muss. Weiterhin kann mit RLE auch direkt auf den komprimierten Daten gearbeitet werden, etwa zur Auswertung von Filterprädikaten bei Scans oder bei der Berechnung von Aggregaten. Dadurch lässt sich sowohl gegenüber dem unkomprimierten Fall als auch der Dekompression vor der Verarbeitung ein höherer Scan-Durchsatz erzielen.

Dictionary Encoding

Spaltenwerte von Zeichenkettentypen benötigen typischerweise viel Speicherplatz. Kommen einzelne Werte häufiger vor, bietet sich das *Dictionary Encoding* an. Hierbei werden die Werte in einer Tabelle (dem *Dictionary* oder Wörterbuch) abgelegt und über einen Bitcode (zum Beispiel der Position in dieser Tabelle) identifiziert. Der eigentliche Spaltenwert wird dann durch diesen Bitcode ersetzt. Ein solches Wörterbuch kann pro Tabelle, pro Spalte oder auch pro Block verwaltet werden. Dabei sollte beachtet werden, dass große Wörterbücher zu größeren Codes führen (d.h. mehr Bits benötigen), die im Spaltenwert entsprechend mehr Speicherplatz belegen. Andererseits können mehrere Wörterbücher zu Redundanzen führen, die ebenfalls zusätzlichen Speicherplatz erfordern. Sind zwei Spalten mit demselben Wörterbuch kodiert, kann ein Vergleich (etwa in einem Verbund) direkt auf den Bitcodes erfolgen.

◀Beispiel 6-10▶ Das Beispiel in Abbildung 6.29 zeigt die Verwendung des Dictionary Encoding für Adressdaten. Die Spalte `Bundesland` enthält nur 16 mögliche Werte und kann daher in 4 Bits kodiert werden.

KNr	Ort	Bundesland
...	Berlin	Berlin
...	Berlin	Berlin
...	Berlin	Berlin
...	Ilmenau	Thüringen
...	Ilmenau	Thüringen
...	Ilmenau	Thüringen
...	Magdeburg	Sachsen-Anh.
...	Rostock	Meckl.-Vorp.
...	Rostock	Meckl.-Vorp.

Bundesland
0000
0000
0000
0011
0011
0011
0010
0001
0001

Dictionary

Berlin	0000
Meckl.-Vorp.	0001
Sachsen-Anh.	0010
Thüringen	0011

Abbildung 6.29: Dictionary Encoding

□

Vorteil des Dictionary Encoding ist eine große Speicherplatzeinsparung bei wenigen, aber häufigen Werten. Allerdings ist für die Dekodierung für jeden Wert ein Lookup im Wörterbuch notwendig. Dafür lassen sich Operationen wie die Selektion direkt auf den komprimierten Daten ausführen, ohne dass zuvor eine Dekodierung notwendig ist. Dazu wird der zu selektierende Wert zunächst im Wörterbuch ermittelt und der zugehörige Code bestimmt. Anschließend kann der zugehörige Code in der Spalte gesucht werden. So kann im obigen Beispiel eine Selektion `Bundesland = 'Thüringen'` durch eine Suche nach dem Wert `0011` (also der Zahl 3) in der Spalte `Bundesland` ausgeführt werden. Ein ähnliches Vorgehen ist auch bei Verbund- und Gruppierungsoperationen möglich.

Weitere in Datenbanken übliche Kompressionstechniken können in [SSH11] nachgelesen werden.

6.4.4 Delta-Relationen

Wie bereits ausgeführt, ist insbesondere eine komprimierte spaltenorientierte Speicherung drauf angewiesen, dass die Liste der Surrogate, die zur Rekombination der Spaltenwerte zu Tupeln notwendig ist, stabil bleibt. Ein Update der Daten führt dabei potenziell zur kompletten Neuberechnung der Datenstruktur. Hinzu kommt in Hauptspeicherdatenbanken, dass Updates ja auch *außerhalb* des Hauptspeichers registriert werden müssen, wenn die Daten wiederhergestellt werden sollen. In rein analytischen Datenbanken ist letzteres Argument natürlich nicht ausschlaggebend, da die Analysedaten als redundante aufbereitete Daten ja aus den Originaldaten wiederhergestellt werden können – allerdings mit einigem Aufwand. Hauptspeicherdatenbanken werden inzwischen aber auch hybrid für operationale und analytische Fragestellungen eingesetzt.

Eine Möglichkeit, den Einsatz von Updates mit stabilen existierenden Datenbeständen zu kombinieren, sind sogenannte *Delta-Relationen*. Eine Relation wird dabei in zwei Bereichen gespeichert: der stabilen Hauptrelation und einer Delta-Relation, in der Updates gespeichert werden. Technisch kann dies wie folgt geschehen:

- Einfügeoperationen werden in einer Speicherungsform abgelegt, die identisch zur Speicherung der Hauptrelation ist. Dies kann zeilenorientiert oder spaltenorientiert sein. Anfragen laufen dann auf der Konkatenation (Vereinigung) von Hauptdaten und Delta-Daten.

- Löschoperationen müssen separat behandelt werden, etwa durch eine Löschbitliste, die als spaltenorientierte Speicherung realisiert ist.

- Wertänderungen in existierenden Tupeln können als Kombination von Einfügen und Löschen realisiert werden.

Für analytische Daten kann auf die Behandlung von Lösch- und Änderungseinträgen verzichtet werden, da dem Datenwürfel zumeist nur neue Daten hinzugefügt werden.

6.5 Vertiefende Literatur

Die Arrayspeicherung von Datenwürfeln wird in einer Reihe von Standardwerken behandelt, so im Sammelband von Bauer und Günzel [BG04]. Mini-Dimensionen wurden von1996 von Kimball eingeführt [Kim96].

Partitionierung ist ein klassisches Thema in Büchern zum Thema verteilte Datenbanken, etwa in den Büchern von Ceri und Pelagatti [CP85] und von Dadam [Dad96]. Das Buch von Özsu und Valduriez [ÖV99] beinhaltet ebenfalls sehr gute Beschreibungen von Algorithmen und Konzepten von verteilten Datenbanksystemen inklusive der Partitionierungsarten.

Die Nutzung der Partitionierung für Datenwürfel wird in [BG04] beschrieben. Die vorgestellte Zwei-Ebenen-Speicherung ist in einem US-Patent von Earle beschrieben [Ear94].

Die Ideen der spaltenorientierte Datenhaltung wurden bereits 1985 Copeland und Khoshafian auf der SIGMOD in einem Papier veröffentlicht, in dem das DSM-Modell [CK85] präsentiert wurde. [CY90] analysiert diesen Ansatz im Detail. [SÇ05] diskutiert den Einsatz von spaltenorientierter Datenhaltung zur Effizienzsteigerung.

[ABH09] diskutiert den Effizienzverlust beim Einfügen als Gegeneffekt zur Effizienzsteigerung bei bestimmten Anfragen. Materialisierungsstrategien werden in [DMAM07] analysiert. [AMH08] stellen drei Varianten der Realisierung von Column Stores gegenüber.

Aspekte der Komprimierung in Column Stores werden in [MF04, GRS98, Aba08] diskutiert.

Der Begriff *spaltenorientierte DBMS* wurde erst 20 Jahre nach dem DSM durch das Papier von Stonebraker et al [SAB+05] populär. Das PAX-Modell wird in [ADHS01, Ail01] beschrieben. Die Dissertation von ur Rahman beschreibt unterschiedliche relationale Kodierungen von Spaltenrelationen [uR11]. Relationale Repräsentation von Column Stores wird von Graefe in [Gra07] diskutiert. Die Grundlagen und Realisierung von Delta-Relationen wird in [HZN+10, OCGO96] behandelt.

Ein Beispiel für die aktuelle Diskussion von Hauptspeicherdatenbanktechnologie ist in den Büchern von Plattner und Zeier dokumentiert [PZ11, PZ12]. Weitere technische Herausforderungen (etwa die diskutierte Überwindung der *memory wall*) und deren Lösung in MonetDB werden in [BKM08] diskutiert.

6.6 Übungen

Übung 6-1 Gegeben sei ein Datenwürfel mit fünf Dimensionen, jeweils 1000 Dimensionselemente, und zwei Kennzahlen. Überschlagen Sie den Speicherbedarf bei MOLAP und ROLAP-Speicherung bei einem Füllgrad von 50 %, 20% und 5%.

Übung 6-2 Geben Sie für die Relation Verkauf (Tabelle 6.2) eine Zerlegung im DSM an.

Anzahl	Ort	Kunde	Produkt
5	Magdeburg	Meier	Rotwein
3	Ilmenau	Müller	Rotwein
4	Magdeburg	Meier	Weißwein
11	Magdeburg	Kunze	Weißwein
10	Ilmenau	Kunze	Weißwein
7	Erfurt	Müller	Weißwein

Tabelle 6.2: Relation Verkauf

Übung 6-3 Diskutieren Sie mögliche Aufteilungen in Mini-Dimensionen für Produktdaten bzw. Filialdaten.

Übung 6-4 Das Data-Warehouse beinhaltet Daten seit 1980. Geben Sie eine Partitionierung der Faktentabelle in SQL in 10 Partitionen basierend auf den Datumsangaben an.

Übung 6-5 Betrachten Sie die Jahresangaben der ersten zwei Seiten des Literaturverzeichnis. Diskutieren Sie die Vor- und Nachteile der verschiedenen vorgestellten Kompressionsverfahren.

Übung 6-6 Geben Sie einen Dwarf für die Tabelle 6.2 an!

Übung 6-7 Wie viel Platz benötigt der Dwarf aus Abbildung 6.7 von Seite 165 im Vergleich zur vollständigen Tabelle (inklusive Cube-Ergänzungen) aus Abbildung 6.8 von Seite 166?

Übung 6-8 Geben Sie Tabellen für das Dictionary Encoding für Wein-Farben und Wein-Regionen an. Wie groß dürfte im Mittel der Komprimierungsgewinn sein?

7

Indexstrukturen

Indexe in Datenbanksystemen sind Datenstrukturen (oder Dateiformate), die den Zugriff auf die eigentlichen Daten beschleunigen. Ein Index könnte zum Beispiel ein Suchbaum sein, der den Zugriff auf einen bestimmten Wert mit logarithmischem Aufwand ermöglicht, anstatt eine komplette Datei durchsuchen zu müssen. In relationalen DBMS ist in Abwesenheit von Indexen beim Zugriff ein sogenannter *Full-Table-Scan* nötig, der eine Relation komplett durchläuft.

Faktentabellen im Data Warehouse sind in der Regel so groß, dass ein Full-Table-Scan in vielen Fällen nicht sinnvoll ist. Hierfür ein kleines Rechenbeispiel: Ein Scan über eine 10-GB-Tabelle bei einer Lesegeschwindigkeit von 10 MB/s würde ca. 17 Minuten dauern. Natürlich gibt es (wenige) Anfragen, die den gesamten Datenbestand betreffen, und bei denen man einen Full-Table-Scan einsetzen muss.

Typische Anfragen betreffen aber oft nur einen verhältnismäßig kleinen Anteil der vorhandenen Daten: Je nach Beschränkung der einzelnen Dimensionen umfasst die Antwort nur wenige Prozent oder Promille (oder noch weniger) aller Daten. Hier ist die Verwendung von Indexstrukturen sinnvoll, um die Anzahl der zu lesenden Datenseiten zu minimieren.

7.1 Klassifikation von Indexstrukturen

In den letzten Jahrzehnten ist eine Vielzahl von Indexstrukturen entwickelt worden. Sie lassen sich anhand unterschiedlicher Kriterien klassifizieren (für eine ausführliche Diskussion sei auf [SSH11] verwiesen), von denen die folgenden für DW-Systeme besonders relevant sind:

- *Clustering*: Daten, die voraussichtlich oft zusammen verarbeitet werden, werden auch in der Speicherung physisch nahe beieinander abgelegt.

  Man kann zwei Arten des Clustering unterscheiden:

  - *Tupel-Clustering*: Tupel, die voraussichtlich zusammen gelesen werden, werden auf der gleichen physischen Seite abgelegt.
  - *Seiten-Clustering*: Hier erfolgt ein Hintereinanderablegen zusammengehöriger Seiten im Sekundärspeicher. Das Seiten-Clustering erlaubt das *Prefetching* von Seiten.

- *Dimensionalität*: Indexverfahren unterscheiden sich in ihrer Dimensionalität. Die Dimensionalität gibt an, wie viele Attribute (Dimensionen) einer zugrunde liegenden Relation für die Berechnung des den Zugriff beschleunigenden Indexschlüssels verwendet werden.

- *Symmetrie*: Wenn die Performance bei mehrdimensionalen Indexstrukturen unabhängig von der Reihenfolge der Indexattribute ist, handelt es sich um eine *symmetrische* mehrdimensionale Indexstruktur. Ansonsten spricht man von einer *asymmetrischen* mehrdimensionalen Indexstruktur. Es kann zwischen *eindimensionalen*, *mehrdimensionalen* und *hochdimensionalen* Indexstrukturen unterschieden werden. Für Data-Warehouse-Anwendungen sind insbesondere mehrdimensionale Indexstrukturen für eine Dimensionalität zwischen 3 und 10 von Interesse.

  Typisches Beispiel für eine asymmetrische Indexstruktur ist es, wenn eine eigentlich eindimensionale Struktur (etwa ein B-Baum) für den mehrdimensionalen Zugriff dadurch genutzt wird, dass mehrere Attributwerte der verschiedenen Dimensionen konkateniert werden. Der Zugriff ist asymmetrisch, da die erste verwendete Dimension die Sortierreihenfolge dominiert.

- *Tupelverweise*: Die Datenwerte, auf die zugegriffen werden soll, können innerhalb der Indexstruktur verfügbar, oder erst nach einer weiteren Indirektion über einen *Tupelidentifikator* (TID) zugreifbar sein.

- *Primärindexe* (Zugriff über Primärschlüssel) können derart realisiert werden, dass die Datenwerte innerhalb der Indexstruktur selber gespeichert sind. *Sekundärindexe* (unterstütztes Attribut ist nicht Primärschlüssel) müssen eine Indirektion über einen Tupelidentifikator nutzen.

- *Dynamisches Verhalten*: Hiermit ist der Aufwand zur Aktualisierung der Indexstruktur bei Einfügen, Ändern und Löschen gemeint. Ebenfalls subsumiert wird hier das in einigen Datenstrukturen auftretende Problem der „Entartung“ (bekannt aus binären Suchbäumen, die bei ungünstiger Einfügereihenfolge zur linearen Liste entarten können).

Diese Eigenschaften gilt es zu beachten, wenn die Eignung einer Indexstruktur für den Einsatz in DW-Systemen untersucht wird.

Da Datenwürfel inhärent mehrdimensional sind und typische Anfragen logisch zusammenhängende Bereiche der Dimensionen auswählen[1], kommt mehrdimensionalen Bereichsanfragen eine besondere Bedeutung zu. Hier werden in den Dimensionen jeweils Bereiche ausgewählt. Diese Art Anfrage wird auch als *Fensteranfrage* bezeichnet.

Abbildung 7.1 verdeutlicht den Einsatz verschiedener zugriffsunterstützender Datenstrukturen bei Fensteranfragen anhand eines zweidimensionalen Bereiches. Die skizzieret Anfrage soll alle Produkte eines bestimmten Bereiches (lexikographischer Bereich oder eines hierarchischen Clusters, vergleiche Abschnitt 7.6) für einen zusammenhängenden Zeitraum analysieren. In der Abbildung ist der gesuchte Bereich schwarz hinterlegt, die bei der genutzten Methode gelesenen Tupel grau, und die korrekterweise nicht gelesenen Einträge wiss.

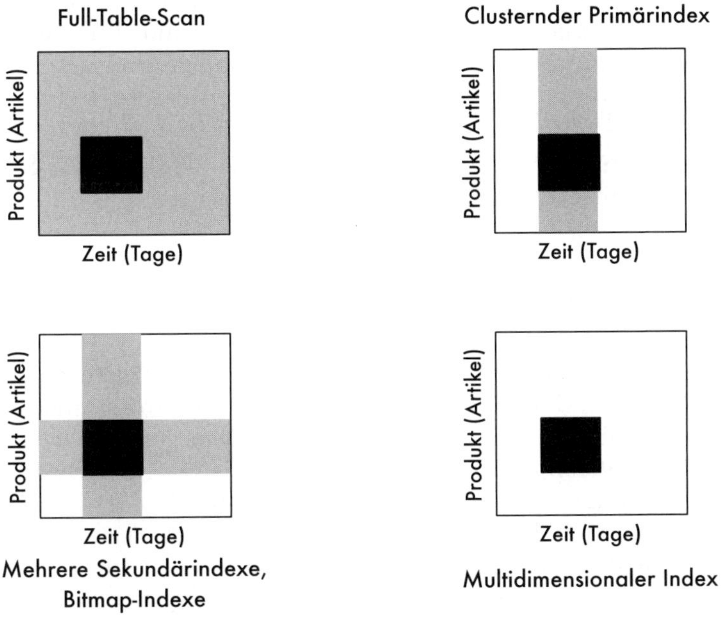

Abbildung 7.1: Indexstrukturen bei einer mehrdimensionalen Bereichssuche

- Ein *Full-Table-Scan* muss alle Werte lesen, nicht nur die gesuchten Werte. Somit ist die gesamte gespeicherte Tabelle grau hinterlegt.

[1]Eine typische Auswahl an Tagen wäre „die Tage der letzten drei Monate“ und nicht etwa „alle ungeraden Freitage“.

- Ein eindimensionaler (im Idealfall clusternder) Primärindex liest nicht mehr alle Werte, sondern beschränkt dies auf einen Bereich in einer Dimension. Im Beispiel werden nur die angefragten Tage gelesen, aber eben für alle Produkte.
- Mehrere Sekundärindexe auf den Dimensionsattributen können wie folgt genutzt werden:

  1. In jeder Dimension wird der Bereich ausgewertet. Resultat ist jeweils eine TID-Liste.
  2. Bildung der Schnittmenge dieser Listen.
  3. Lese die zu den TID gehörigen Tupel.

  Da TID deutlich kleiner sind als ganze Tupel, ist das eine effiziente Vorgehensweise, bei der aber trotzdem sehr viel TIDs (grafisch hervorgehoben) zwischengespeichert und verarbeitet werden müssen. Genau genommen müsste man daher für die graphische Hervorhebung einen abweichenden Grauton wählen, da ja nicht ganze Tupel, sondern nur TID gelesen und verarbeitet werden.
- Ein echt mehrdimensionaler Index liefert direkt den gesuchten Bereich.

In den folgenden Abschnitten werden wir exemplarisch einige in DW-Systemen verwendete bzw. gut einsetzbare Indexverfahren betrachten.

7.2 B-Bäume und Varianten

B-Bäume und ihre Varianten sind die allgegenwärtigen Arbeitspferde in Datenbanksystemen. B-Bäume sind eindimensionale Baumstrukturen und daher für mehrdimensionale Anfragen nur indirekt nutzbar. Dem gegenüber steht ihre Verfügbarkeit und ausgefeilte Implementierung in existierenden Systemen.

Wir werden B-Bäume nicht ausführlich behandeln, da dies ausführlicher Stoff in allen Büchern zum Thema „Datenbankimplementierung“ ist (etwa im Buch [SSH11]). Stattdessen werden wir nur kurz die Grundprinzipien rekapitulieren, und uns dann auf spezielle Aspekte im Zusammenhang mit DW-Systemen beschränken.

Abbildung 7.2 zeigt einen B-Baum für ganze Zahlen der Ordnung 2. Die Ordnung eines B-Baumes ist die minimale Anzahl der Einträge auf den Indexseiten (außer der Wurzelseite). Formal ist ein Indexbaum ein B-Baum der Ordnung m, wenn

- jede Seite höchstens $2m$ Elemente enthält,
- jede Seite außer der Wurzelseite mindestens m Elemente enthält,

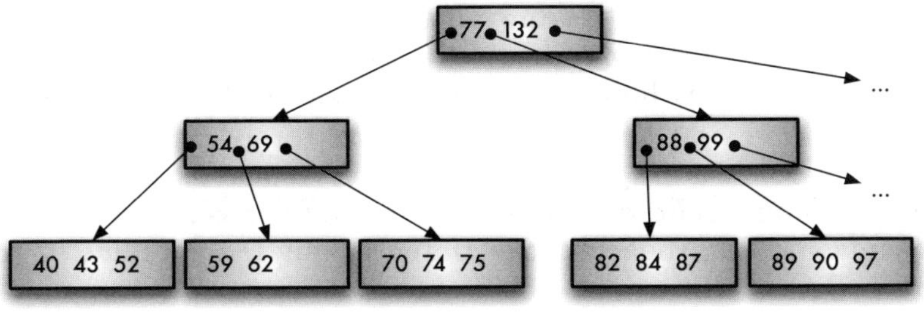

Abbildung 7.2: B-Baum

- jede Seite entweder eine Blattseite ohne Nachfolger ist oder $i+1$ Nachfolger, hat wobei i die Anzahl der Vergleichselemente ist, und
- alle Blattseiten auf der gleichen Stufe liegen.

Ein B-Baum zeichnet sich durch eine Reihe von charakteristischen Eigenschaften aus. Wenn n Datensätze in der Hauptdatei gespeichert sind, und ein Knotenzugriff einen Seitenzugriff bedeutet, werden beim Suchen daher $log_m(n)$ Seitenzugriffe benötigt (Länge des Pfades von der Wurzel zu einem Blatt).

Das heißt, dass das Balancierungskriterium zu einer nahezu vollständigen Ausgeglichenheit führt. Einfügen, Löschen und Suchen sind mit $O(log_m(n))$ realisierbar. Die Speicherplatzausnutzung beträgt mindestens 50 %, wird die Wurzel außer Acht gelassen.

7.2.1 Der B^+-Baum

Der *B^+-Baum* ist die bekannteste Variante des B-Baums, und in vielen Systemen im Einsatz. Im Gegensatz zum B-Baum sind die referenzierten Tupel bzw. die TIDs nur in den Blättern gespeichert. Die Blätter sind untereinander verkettet für den sequenziellen (Bereichs-) Durchlauf.

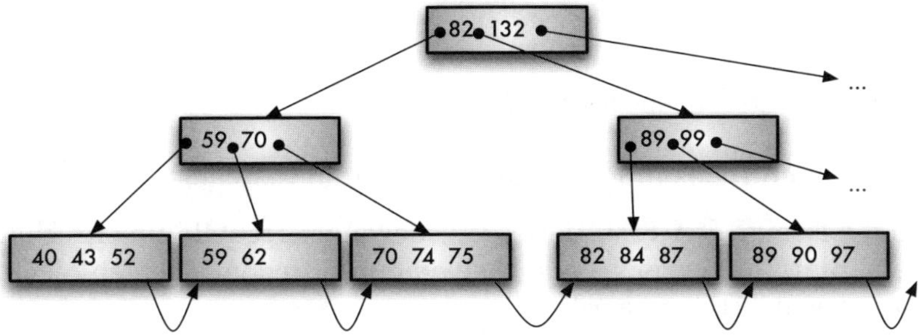

Abbildung 7.3: B^+-Baum

Abbildung 7.3 zeigt einen B^+-Baum der Ordnung 2. Der Eintrag 59 taucht zweimal im Baum auf: einmal in einem inneren Blatt als Vergleichselement und einmal im Blatt als Platzhalter für das referenzierte Datenelement.

B- und B^+-Bäume sind eindimensionale Strukturen, und besonders für eindimensionale Bereichsanfragen geeignet. Als Primärindexe unterstützen insbesondere B^+-Bäume sehr gut das Clustering auf der Blattebene. Der Reorganisationsaufwand bei Änderung der Daten ist für DW-Systeme eher von untergeordneter Bedeutung.

Der Nutzen von B-Bäumen für mehrdimensionale Fensteranfragen wurde bereits kurz skizziert. Da B-Bäume in den meisten Systemen schon effizient vorimplementiert sind, ist dieser Ansatz oft konkurrenzfähig zu eventuell neu zu implementierenden mehrdimensionalen Indexstrukturen.

Als Fazit handelt es sich hier beim B^+-Baum um eine robuste und generische Datenstruktur, die unabhängig vom konkreten Datentyp realisierbar ist – nur eine Ordnung auf den Datenwerten ist erforderlich. Er zeichnet sich durch effiziente Aktualisierungsalgorithmen aus und ist kompakt speicherbar. Gerade im DW-Bereich gibt es allerdings zwei Probleme, die wir im Folgenden genauer betrachten werden:

- Attribute mit geringer Kardinalität führen zu *degenerierten Bäumen*.
- Zusammengesetzte Indexe sind *ordnungssensitiv* bezüglich der Reihenfolge der Attribute.

7.2.2 Degenerierte B-Bäume

B-Bäume für Attribute mit einer geringen Kardinalität führen zu Datenstrukturen, die zwar korrekt die Daten speichern, aber die Vorteile einer Baumstruktur nicht mehr aufweisen. Man spricht dann von *degenerierten B-Bäumen*.

◂Beispiel 7-1▸ Als Beispiel betrachten wir eine Tabelle `Kunde` unter anderem mit einem Attribut `geschlecht (m, w)` für die Angabe des Geschlechts des Kunden. Mittels

```
CREATE INDEX s_idx ON Kunde(geschlecht)
```

können wir jetzt einen Index anlegen, der als B-Baum realisiert wird. □

Abbildung 7.4 zeigt den resultierenden, degenerierten Baum. Er besteht nur aus einem Blatt mit zwei Vergleichselementen, jedem Element ist eine (sehr lange) Liste von TIDs zugeordnet.

Ähnlich degenerierte Bäume würde man bei einem Index über ein Attribut `Bundesland` erhalten.

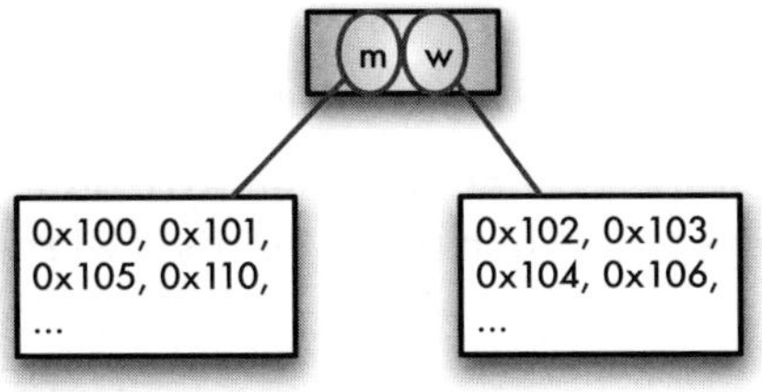

Abbildung 7.4: Degenerierter B-Baum

7.2.3 Ordnungsabhängigkeit in B-Bäumen

Ein *zusammengesetzter Index* oder *Multi-Attribut-Index* kann mit einem B-Baum realisiert werden, indem mehrere Attribute konkateniert werden. Klassisches Beispiel ist ein B-Baum über die Konkatenation von `Name` und `Vorname`.

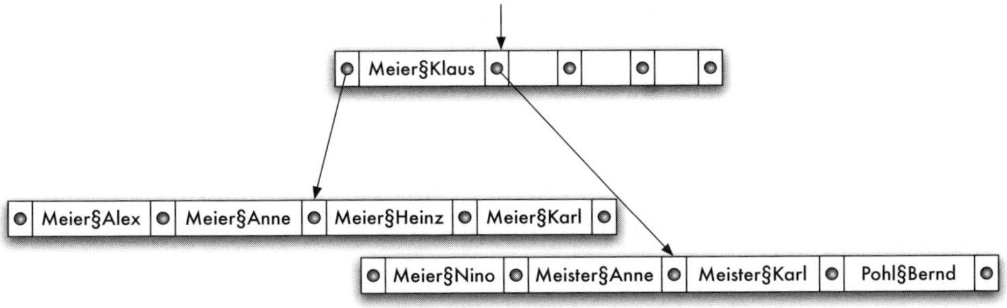

Abbildung 7.5: Konkatenierte Attributwerte in einem B-Baum

Abbildung 7.5 zeigt einen derartigen Mehrattribut-Index als B-Baum, in dem Name und Vorname mit einem Sonderzeichen als Trennsymbol konkateniert werden.

Eine derartige Indexierung konkatenierter Attributwerte ergibt keinen symmetrischen mehrdimensionalen Index. Die Ordnung der Anfrageprädikate legt fest, welche Anfragen gut und welche schlecht unterstützt werden.

◂Beispiel 7-2▸ Betrachten wir als Beispiel die Tabelle `Kunde` mit den Attributen `geschlecht`, `beruf` und `kklasse` (Kundenklassifizierung). Einen Index können wir wie folgt anlegen:

```
CREATE INDEX csp_idx
       ON Kunde(kklasse, geschlecht, beruf)
```

Die folgende Anfrage kann mit dem Index `csp_idx` sehr gut unterstützt werden:

```
SELECT ... FROM ...
        WHERE kklasse=1 AND geschlecht='m' AND beruf='Dozent'
```

Wird in der Anfrage einfach die Reihenfolge der Attribute geändert, hängt es von der Güte des Optimierers ab, ob der Index genutzt werden kann oder nicht:

```
SELECT ... FROM ...
        WHERE geschlecht='m' AND beruf='Dozent' AND kklasse=1
```

Deutlicher wird es bei Bereichsanfragen. Die Anfrage

```
SELECT ... FROM ...
        WHERE kklasse=1 AND geschlecht='m' AND beruf>'Dozent'
```

kann effizient unterstützt werden, die folgende ähnliche Anfrage allerdings nicht:

```
SELECT ... FROM ...
        WHERE geschlecht='m' AND beruf='Dozent' AND kklasse>1
```

□

Ähnliches gilt für partielle Anfragen, wenn also nur zwei der drei Attribute mit einem Suchwert belegt sind. Nur der Fall, dass die `beruf` unbekannt ist, kann effizient unterstützt werden. In einem symmetrischen mehrdimensionalen Index würden diese Unterschiede nicht auftreten.

7.2.4 B^+-Baum-Tricks: Oversized Index

Schon aus den klassischen relationalen Datenbank-Management-Systemen ist bekannt, dass sich gewisse Anfragen effizient beantworten lassen, wenn alle benötigten Daten aus dem Index ohne Zugriff auf die Hauptdatei gewonnen werden können. Dort ist das Beispiel die Beantwortung von Projektionen auf Basis von Indexen, die alle Projektionsattribute umfassen.

Eine ähnliche Technik liegt dem *oversized index*, auf Deutsch etwa „übergroßer Index“, zugrunde. Betrachten wir hierzu die folgende Anfrage:

```
SELECT AVG(alter)
FROM Kunde
WHERE kklasse=1 AND geschlecht='m' AND beruf='Dozent'
```

Eine Indexnutzung würde klassischerweise das Suchen des Wertes „`1||m||Dozent`“ mittels des bereits definierten Index `csp_idx` unterstützen, um dann einen Zugriff auf den zugehörigen Block der Relation `Kunde` über die TID auszuführen, um den Wert von `alter` zu lesen.

Besser wäre es, den folgenden „oversized“ Index anzulegen:

```
CREATE INDEX csp_idx
ON Kunde(kklasse, geschlecht, beruf, alter)
```

Die gesuchten Werte für das Alter könnten ohne einen zusätzlichen Zugriff über eine TID direkt dem Index entnommen werden, da ja die Werte für `alter` als Teil des Suchschlüssels im Baum abgespeichert sind. Der Index benötigt dabei nur unwesentlich mehr Speicherplatz als der ursprüngliche Index über drei Attribute.

7.2.5 B^+-Baum-Tricks: Berechnete Indexe

In einigen DBMS sind sogenannte berechnete Indexe möglich. Ein berechneter Index erlaubt die Berechnung von indexierten Werten durch die Angabe einer Funktion.

Als motivierendes Beispiel betrachten wir hier einen Index über `customer(name)`. Die Anfrage

```
SELECT * FROM Kunde
WHERE name="Müller" OR name="müller"
      OR name="Mueller"...
```

ist nötig, wenn man die konkrete Schreibweise des Nachnamens nicht kennt. Eine Indexnutzung ist entweder nicht möglich oder nicht effizient, da mehrere Anfragen umgesetzt werden müssten.

Eine bessere Unterstützung erhält man durch die folgenden berechneten Indexe:

```
CREATE INDEX n_idx ON Kunde(upper(name))
CREATE INDEX n_idx ON Kunde(soundex(name))
```

Durch diese berechneten Indexe kann die Anfragebedingung vereinfacht werden – im ersten Fall kann man die verschiedenen Groß- und Kleinschreibungsvarianten zusammenfassen. Im zweiten Fall wird die in Abschnitt 4.1 eingeführte Soundex-Kodierung genutzt. Dadurch benötigt man nur noch einen Vergleichswert (hat aber möglicherweise zu viele Treffer, muss also nachselektieren).

7.3 Bitmap-Indexe

Bitmap-Indexe sind speziell für Data-Warehouse-Anwendungen geeignet, da sie auch bei kleinen Attributkardinalitäten effizient einsetzbar sind. Ein *Bitmap-Index* basiert auf einem *Bit-Array* zur Kodierung einer Tupel-Attributwert-Zuordnung. Für jeden auftretenden Wert eines Attributs wird ein Bit-Vektor angelegt. Hierbei steht für jedes Tupel ein Bit; dieses wird auf 1 gesetzt, wenn das indexierte Attribut in dem Tupel den Referenzwert dieses Bit-Vektors enthält, ansonsten auf 0. Die Anzahl der entstehenden Bit-Vektoren pro Dimension entspricht somit der Anzahl der unterschiedlichen Werte, die für das Attribut vorkommen, also der *Kardinalität* dieses Attributs.

Bitmap-Indexe werden in [SSH11] im Abschnitt 5.4 ausführlich behandelt, sodass wir hier den Schwerpunkt auf spezielle Erweiterungen legen.

7.3.1 Prinzip von Bitmap-Indexen

Das Prinzip von Bitmap-Indexen läßt sich am besten an einem Beispiel verdeutlichen.

◀Beispiel 7-3▶ Die Basisidee von Bitmap-Indexen verdeutlicht ein Bitmap-Index für ein Attribut `Bestellstatus` einer Relation `bestellung`, das nur die Werte `B` für „in Bearbeitung“, `F` für „fertig“ und `O` für „offen“ annehmen kann.

TID	B	F	O
tid_1	0	0	1
tid_2	0	1	0
tid_3	0	0	1
tid_4	1	0	0
tid_5	1	0	0
tid_6	0	1	0
tid_7	0	0	1
⋮	⋮	⋮	⋮

Abbildung 7.6: Ein Bitmap-Index

□

Der Bitmap-Index in Abbildung 7.6 zeigt die kompakte Darstellung als Bit-Array. Die TIDs müssen nicht bei jedem Bitmap-Index für eine Relation explizit abgespeichert werden, sofern die Reihenfolge bei allen Indexen und der Relation garantiert identisch ist. Tatsächlich gespeichert werden dann nur die Bit-Werte.

Neben der Reduzierung des Platzbedarfs ist eine effiziente Auswertung von Selektionen möglich.

◀Beispiel 7-4▶ Für eine Selektion

```
Bestellstatus = 'B' AND Region IN ("Süd", "West")
```

wird das **in**-Prädikat in eine Disjunktion aufgeteilt, und aus zwei Bitmap-Indexen auf den Attributen `Bestellstatus` und `Region` jeweils Bitvektoren extrahiert. Die Auswertung erfolgt dann wie in Abbildung 7.7 dargestellt.

$$\begin{matrix} 1 \\ 1 \\ 1 \\ 0 \\ 0 \\ 0 \\ \vdots \end{matrix} \;\textbf{AND}\; \left[\begin{matrix} 0 \\ 1 \\ 0 \\ 0 \\ 1 \\ 1 \\ \vdots \end{matrix} \;\textbf{OR}\; \begin{matrix} 0 \\ 0 \\ 1 \\ 1 \\ 0 \\ 0 \\ \vdots \end{matrix}\right] = \begin{matrix} 1 \\ 1 \\ 1 \\ 0 \\ 0 \\ 0 \\ \vdots \end{matrix} \;\textbf{AND}\; \begin{matrix} 0 \\ 1 \\ 1 \\ 1 \\ 1 \\ 1 \\ \vdots \end{matrix} = \begin{matrix} 0 \\ 1 \\ 1 \\ 0 \\ 0 \\ 0 \\ \vdots \end{matrix}$$

Abbildung 7.7: Auswertung mit Bit-Vektoren

Derartige Operationen auf Bit-Vektoren können sehr effizient realisiert werden. □

Im Vergleich mit den vorgestellten baumbasierten Indexstrukturen vermeiden Bitmap-Indexe degenerierte B-Bäume und sind unempfindlicher gegenüber einer höheren Anzahl von Dimensionen, da die Bit-Vektoren aus verschiedenen Dimensionen effizient verknüpft werden können. Im Vergleich zu mehrdimensionalen Verfahren erfolgt eine einfachere Unterstützung von Anfragen, in denen nur einige (der indexierten) Dimensionen beschränkt werden. Erkauft wird dies dafür aber mit (im Allgemeinen) höheren Aktualisierungskosten, was aber im Data Warehouse wegen des überwiegend lesenden Zugriffs unproblematisch ist.

7.3.2 Bitmap-Index: Realisierung

In einem RDBMS kann ein Bitmap-Index unter Nutzung existierender Techniken erfolgen. Hierzu wird ein B^+-Baum derart modifiziert, dass die TID-Listen als Verweise auf Tupel durch einen Bit-Vektor ersetzt werden.

Abbildung 7.8: Bitmap-Index-Realisierung mit B-Baum

Abbildung 7.8 zeigt einen derartigen B-Baum, der faktisch nur aus dem Wurzelknoten mit drei Einträgen besteht. Der Vorteil der Bitmap-Indexe ist auch hier der geringere Speicherbedarf.

◀Beispiel 7-5▶ Werden im Beispiel etwa 150.000 Tupel bei drei verschiedenen Schlüsselwerten indexiert und 4 Byte für einen TID genutzt, so benötigt ein klassischer B^+-Baum etwa 600 KB, während der Bitmap-Index mit $3 \cdot 18750$ Byte $= 56$ KB auskommt. □

Die Definition von Bitmap-Indexen in relationalen Datenbanksystemen ist nicht standardisiert, aber die Hersteller nutzen Notationen ähnlich zur Deklaration von Standardindexen. In Oracle-Syntax lautet die Deklaration etwa wie folgt:

```
CREATE BITMAP INDEX bestellstatus_idx
ON bestellung(status);
```

Genutzt werden derartige Indexe speziell zur *Star-Query-Transformation* (Verbund zwischen Dimensions- und Faktentabelle). Die Speicherung erfolgt in komprimierter Form.

7.3.3 Standard-Bitmap-Index

Standardmäßig wird in einem Bitmap-Index jede Dimension getrennt abgespeichert. Für jede Ausprägung eines Attributs wird ein Bit-Vektor angelegt.

◀Beispiel 7-6▶ Das Attribut `Geschlecht` mit zwei Wertausprägungen (m/w) resultiert also in zwei Bit-Vektoren, wie in Tabelle 7.1 abgebildet. □

PersId	Name	Geschlecht	Bitmap-w	Bitmap-m
007	James Bond	M	0	1
008	Amelie Lux	W	1	0
010	Harald Schmidt	M	0	1
011	Heike Drechsler	W	1	0

Tabelle 7.1: Standard-Bitmap-Index für Attribut `Geschlecht`

Wie bereits gezeigt, erfolgt die Selektion von Tupeln nun durch entsprechende Verknüpfung von Bit-Vektoren. Im Beispiel werden Bitmap-Indexe über die Attribute `Geschlecht` und `Geburtsmonat` angelegt. Es gibt also zwei Bit-Vektoren `B-w` und `B-m` für `Geschlecht` und zwölf Bit-Vektoren `B-1`, ..., `B-12` für die Monate, wenn alle Monate vorkommen.

Die Anfrage *„alle im März geborenen Frauen“* wird nun berechnet, indem `B-w` $\wedge$ `B-3` berechnet wird (also die Vektoren bitweise konjunktiv verknüpft werden). Das Ergebnis sind dann alle Tupel, an deren Position im Bit-Vektor des Ergebnisses eine 1 steht.

7.3.4 Mehrkomponenten-Bitmap-Index

Bei Standard-Bitmap-Indexen entstehen für Attribute mit vielen Ausprägungen sehr viele Bit-Vektoren. Dies kann man optimieren, wenn man zwei Bitmap-Indexe kombiniert. Als Beispiel könnte man bei Postleitzahlen einen Bitmap-Index für die ersten zwei Ziffern mit einem Bitmap-Index für die letzten drei Ziffern kombinieren und hätte dann statt 100.000 Vektoren nur $100 + 1000 = 1100$ zu speichern.

Für ganze Zahlen erlauben dann im Falle zweier Komponenten, $< n, m >$-Mehrkomponenten-Bitmap-Indexe $n \cdot m$ mögliche Ausprägungen durch $n + m$ Bit-Vektoren zu indexieren. Formal kann jeder Wert x mit $0 \leq x \leq n \cdot m - 1$ durch zwei Werte y und z repräsentiert werden:

$$x = n \cdot y + z \text{ mit } 0 \leq y \leq m - 1 \text{ und } 0 \leq z \leq n - 1$$

Es gibt dann nur noch maximal m Bit-Vektoren für y und n Bit-Vektoren für z. Der Speicheraufwand reduziert sich von $n \cdot m$ auf $n + m$ Vektoren; dafür müssen allerdings für eine Punktanfrage zwei Bit-Vektoren gelesen werden.

Als Beispiel für den Zweikomponenten-Bitmap-Index betrachten wir Kodierungen der zwölf Monate durch zwei Komponenten. Für die Werte $M = 0..11$ kann ein Wert durch $x = 4 \cdot y + z$ dargestellt werden. Hier gibt es drei y-Werte mit den Bitvektoren `B-2-1`, `B-1-1` und `B-0-1` sowie vier z-Werte mit den Vektoren `B-3-0`, `B-2-0`, `B-1-0` und `B-0-0`. In den Bezeichnungen der Bitvektoren steht die die erste Ziffer für den jeweiligen konkreten y oder z Wert, während die zweite Ziffer am Ende zwischen y und z unterscheidet.

Konkrete Werte für die Monate Juni ($x = 5$), April ($x = 3$) und Dezember ($x = 11$) resultieren dann in dem in Abbildung 7.1 gezeigten Index.

x	y			z			
Monat	B-2-1	B-1-1	B-0-1	B-3-0	B-2-0	B-1-0	B-0-0
5	0	1	0	0	0	1	0
3	0	0	1	1	0	0	0
0	0	0	1	0	0	0	1
11	1	0	0	1	0	0	0

Abbildung 7.9: Zweikomponenten-Bitmap-Index

Das Beispiel mit zwölf Vektoren und der Reduzierung auf sieben Vektoren überzeugt ja noch nicht ganz.

◂Beispiel 7-7▸ Betrachten wir daher als realistischeres Beispiel die bereits erwähnten Postleitzahlen.

Bei der Annahmen, dass alle Werte von 00000 bis 99999 genutzt werden, benötigte eine direkte Umsetzung 100.000 Spalten. Ein Zweikomponenten-Bitmap-Index für die ersten zwei Ziffern und die drei letzten Ziffern schon nur noch 1.100 Spalten. Geht man auf fünf Komponenten, erhält man nur noch *50 Spalten* – jeweils 10 für jede Ziffernposition. Beide Realisierungen können Bereichsanfragen der Form „`PLZ = 39***`“ sehr gut unterstützen. □

Rein akademisch kann man diese auch binärkodiert auf Ziffern aufteilen (benötigt bis 2^{17}) und erhält 34 Spalten. Dies wäre aber nur für Punktanfragen nutzbar. Eine Kodierung zur Basis 3 benötigt sogar nur 33 Vektoren.

7.3.5 Bereichskodierter Bitmap-Index

Standard- und Mehrkomponenten-Bitmap-Indexe sind sehr gut für Punktanfragen geeignet. Bei Bereichsanfragen für große Bereiche hingegen sind sie ineffizient, da dann viele Bit-Vektoren verknüpft werden müssen. Hier setzt die Idee der *bereichskodierten Bitmap-Indexe* an:

> *Im Bit-Vektor wird ein Bit dann auf 1 gesetzt, wenn der Wert des Attributs des zu dieser Position gehörigen Tupels kleiner oder gleich dem gegebenen Wert ist.*

◂Beispiel 7-8▸ Eine Bereichsanfrage $2 \leq attr \leq 7$ in unserem Standardbeispiel benötigt zur Beantwortung nun nur noch zwei Bit-Vektoren: `B-1` und `B-7`. Genauer ist der Ergebnis-Bit-Vektor durch

$$((\neg \texttt{B-1}) \wedge \texttt{B-7})$$

definiert. □

Allgemein müssen bei Bereichsanfragen nun maximal zwei Bit-Vektoren gelesen werden (nur einer bei nur einseitig begrenzten Bereichen). Allerdings erhöht sich der Aufwand für Punktabfragen: Hier müssen nun genau zwei Bit-Vektoren gelesen werden.

Eine Beispielausprägung für den bereichskodierten Bitmap-Index ist in Abbildung 7.10 angegeben.

Die Bereichsanfrage $Februar \leq Datum \leq August$ benötigt nur die beiden Vektoren `B-0` und `B-7`: Der Ergebnis-Bit-Vektor ist durch $((\neg \texttt{B-0}) \wedge \texttt{B-7})$ bestimmt.

7.3.6 Mehrkomponenten-bereichskodierter Bitmap-Index

Die Kombination der beiden bisher vorgestellten Techniken ist nun naheliegend. Das Resultat nennen wir *Mehrkomponenten-bereichskodierter Bitmap-*

Monat M	Dez B-11	Nov B-10	Okt B-9	Sep B-8	Aug B-7	Jul B-6	Jun B-5	Mai B-4	Apr B-3	Mär B-2	Feb B-1	Jan B-0
Juni - 5	1	1	1	1	1	1	1	0	0	0	0	0
April - 3	1	1	1	1	1	1	1	1	1	0	0	0
Jan. - 0	1	1	1	1	1	1	1	1	1	1	1	1
Feb. - 1	1	1	1	1	1	1	1	1	1	1	1	0
April - 3	1	1	1	1	1	1	1	1	1	0	0	0
Dez. - 11	1	0	0	0	0	0	0	0	0	0	0	0
Aug. - 7	1	1	1	1	1	0	0	0	0	0	0	0
Sept. - 8	1	1	1	1	0	0	0	0	0	0	0	0

Abbildung 7.10: Bereichskodierter Bitmap-Index

Index, oder kurz *MKBKBMI*. Um einen MKBKBMI zu konstruieren, wird zunächst ein Mehrkomponenten-Bitmap-Index angelegt. Auf jede derart entstehende Gruppe von Bit-Vektoren wird dann die Bereichskodierung angewendet.

Aufgrund der Mehrkomponenten-Technik erhalten wir einen geringeren Speicherbedarf, da eine kleinere Anzahl von Bit-Vektoren gespeichert werden muss. Die Bereichskodierung erlaubt zudem effiziente Unterstützung für Bereichsanfragen. Genau genommen wird durch die Bereichskodierung zudem in jeder Gruppe von Bit-Vektoren (Komponenten) ein Vektor überflüssig (der den Wert $n - 1$ bzw. $m - 1$ repräsentiert, da dort immer alle Bits auf 1 gesetzt sein müssen); also werden insgesamt nur $n + m - 2$ Bit-Vektoren benötigt.

Als Beispiel für den Mehrkomponenten-bereichskodierten Bitmap-Index betrachten wir wieder unsere zwölf Monate, die wir ja schon in einen Mehrkomponenten-Bitmap-Index realisiert hatten.

Unsere Beispieldaten ergeben nun den in Abbildung 7.11 abgebildeten Bitmap-Index (man beachte, dass nun nur $2 + 3$ statt zuvor $3 + 4$ Vektoren benötigt werden):

Monat	B-1-1´	B-0-1´	B-2-0´	B-1-0´	B-0-0´
5	1	0	1	1	0
3	1	1	0	0	0
0	1	1	1	1	1
11	0	0	0	0	0

Abbildung 7.11: Mehrkomponten-bereichskodierter Bitmap-Index

Die folgenden Zusammenhänge zeigen, warum wir auf die beiden weggelassenen Vektoren tatsächlich verzichten können (am Beispiel des neuen Vektors `B-2-1´`, der nicht gespeichert werden muss):

- `B-0-1´` $=$ `B-0-1`
- `B-1-1´` $=$ `B-1-1` $\vee$ `B-0-1`
- `B-2-1´` $=$ `B-2-1` $\vee$ `B-1-1´` $=$ `B-2-1` $\vee$ `B-1-1` $\vee$ `B-0-1` $= 1$

Betrachten wir wieder die Bereichsanfrage $Februar \leq Datum \leq August$, für die wir die im bereichskodierten Bitmap-Index die beiden Vektoren `B-0` und `B-7` hatten: $((\neg\texttt{B-0}) \wedge \texttt{B-7})$.

Der Vektor `B-0` wird im Mehrkomponenten-Index durch $\texttt{B-1-0} \wedge \texttt{B-0-0}$ realisiert. Der Vektor `B-7` wird im Mehrkomponenten-Index durch $\texttt{B-1-1} \wedge \texttt{B-3-0}$ realisiert, sodass wir nun folgendes im MKBKBMI erhalten

$$\neg(\texttt{B-1-0'} \wedge \texttt{B-0-0'}) \wedge (\texttt{B-3-0'} \wedge \texttt{B-1-1'})$$

bzw. da `B-3-0'` den Wert **`true`** hat:

$$\neg(\texttt{B-1-0'} \wedge \texttt{B-0-0'}) \wedge \texttt{B-1-1'}.$$

Derartig komplexe Anfrageumformungen werden intern automatisch durch den Optimierer durchgeführt, sodass der Nutzer oder SQL-Programmierer selber damit nicht behelligt wird.

7.3.7 Intervallkodierte Indexierung

In der bereichskodierten Indexierung steht eine 1 für ein nach unten offenes Intervall. Die intervallkodierte Indexierung im intervallkodierten Bitmap-Index nutzt stattdessen Intervalle fester Größe. Jeder Bit-Vektor repräsentiert nun ein definiertes Intervall, in unserem Monatsbeispiel etwa die Intervalle $\texttt{I-0} = [0, 5]$, $\texttt{I-1} = [1, 6]$, $\texttt{I-2} = [2, 7]$, $\texttt{I-3} = [3, 8]$, $\texttt{I-4} = [4, 9]$ $\texttt{I-5} = [5, 10]$, und $\texttt{I-6} = [6, 11]$.

Die Tabelle in Abbildung 7.12 verdeutlicht die Kodierung der Monatsintervalle. Eine typische Anfrage für das Intervall von März bis Juli, also

Monat	I-6	I-5	I-4	I-3	I-2	I-1	I-0
5	0	1	1	1	1	1	1
3	0	0	0	1	1	1	1
0	0	0	0	0	0	0	1
11	1	0	0	0	0	0	0
10	1	1	0	0	0	0	0

Abbildung 7.12: Intervallkodierter Bitmap-Index

$2 \leq Monat \leq 8$, wird nun ausgewertet durch $\texttt{I-2} \vee \texttt{I-3}$. Ein gesuchtes Intervall wird also durch Vereinigung (bzw. Schnitt bei kürzeren Intervallen) von Intervallen des intervallkodierten Bitmap-Index charakterisiert.

7.3.8 Auswahl von Bitmap-Indexstrukturen

In einem Data Warehouse werden oft multidimensionale Bereichsanfragen gestellt. Die Auswahl einer passenden Indexstruktur für derartige Anfragen ist abhängig vom Anfrageprofil:

- Wird ein bestimmtes Attribut bevorzugt eingeschränkt?

  Bei asymmetrischen Mehr-Attribut-Indexstrukturen (B-Bäume) muss dann die Reihenfolge der Indexattribute nach ihrer Vorkommenshäufigkeit im Anfrageprofil gewählt werden.

- Wenn kein Attribut als besonders wichtig ausgezeichnet werden kann bzw. sehr viele Ad-hoc-Anfragen auftreten, sind symmetrische Strukturen (mehrere Sekundärindexe, ein multidimensionaler Index, mehrere Bitmap-Indexe) sinnvoll.

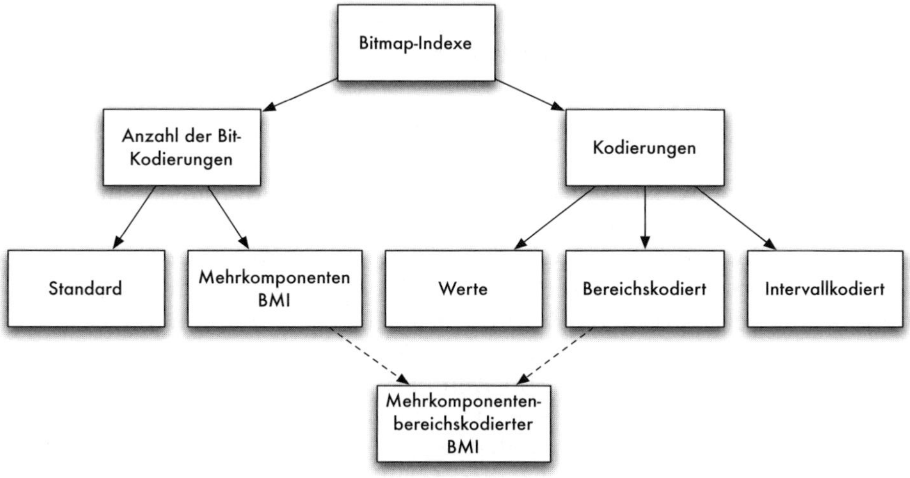

Abbildung 7.13: Überblick über Bitmap-Index-Varianten

Bevor wir den Einsatz von Bitmap-Indexen genauer betrachten, gibt Abbildung 7.13 einen Überblick über die vorgestellten Varianten. Die Art der Kodierung (Werte, Bereichs-, Intervallkodierung) ist dabei orthogonal zur Aufteilung in mehrere Komponenten.

Betrachten wir nun die Frage, wann welche Variante eingesetzt werden sollte. Speziell bei der Auswahl von konkreten Bitmap-Index-Varianten ist das Anfrageprofil wichtig:

- Der Standard-Bitmap-Index bietet eine schnelle, effiziente Implementierung, allerdings hat er bei einer großen Anzahl von Ausprägungen des indexierten Attributs einen großen Speicherplatzbedarf.

- Der Mehrkomponenten-Bitmap-Index realisiert für Punktanfragen ein Optimum bezüglich der Minimierung des Speicherbedarfs und der Anzahl der benötigten Leseoperationen.
- Der bereichskodierter Bitmap-Index ist optimiert für einseitig beschränkte Bereichsanfragen.
- Der intervallkodierte Bitmap-Index ist besonders gut für zweiseitig beschränkte Bereichsanfragen, wenn die typische Intervallgröße bekannt ist.

7.4 Verbundindexe

Ein klassischer Index beschleunigt den Zugriff auf eine gespeicherte Tabelle. Ein *Verbundindex* hingegen beschleunigt den Zugriff auf den Verbund zweier Tabellen, also auf eine *berechnete* Tabelle. Verbundindexe sind auch in allgemeinen RDBMS im Einsatz [SSH11], aber auch in objektorientierten und XML-Datenbanken wichtig zur Unterstützung von Pfadausdrücken.

7.4.1 Prinzip des Verbundindex

Ziel eines Verbundindex ist die Beschleunigung von Verbundberechnungen durch Indexierung von Attributen „fremder" Relationen, also von Attributen, die erst durch den Verbund zum indexierten Tupel zugeordnet werden können. Faktisch erfolgen also die Vorberechnung des Verbundes und ein (partielles) Speichern als Indexstruktur. Als Resultat ermöglicht ein Verbundindex dann die Berechnung eines Verbundes und anschließende Gruppierung teilweise ohne Zugriff auf die fremde Relation. Im Kontext von DW-Systemen handelt es sich bei der indexierten Tabelle beispielsweise um die Faktentabelle, bei fremden Relationen dann um Dimensionstabellen.

In der Abbildung 7.14 sind eine Faktentabelle und eine Dimensionstabelle in Ausschnitten wiedergegeben, für die ein Verbundindex angelegt werden soll, der die Verbundberechnung und somit beispielsweise die Gruppierung von Verkaufsfakten für eine Filiale beschleunigen soll. Ein Verbundindex kann nun wie folgt definiert werden:

```
CREATE INDEX joinidx ON Verkauf(Geographie.GeoID)
USING Verkauf.GeoID = Geographie.GeoID
```

Die Abbildung 7.15 zeigt nun eine Ausprägung dieses Verbundindexes, in der für jeden `Geographie`-Eintrag die zugehörigen TID der Faktentabelle eingetragen sind. Diese Darstellung ist insbesondere sinnvoll, da es sich beim Verbundattribut (dem Schlüssel der `Geographie`-Dimension) in der Faktentabelle um einen Fremdschlüssel handelt, also jeder Fakteneintrag einen eindeutig zugeordneten `Geographie`-Eintrag hat.

Verkauf

V_ROWID	GeoID	ZeitID	Verkäufe	...
0x001	101	11	200	
0x002	101	11	210	
0x003	102	11	190	
0x004	102	11	195	
0x005	103	11	100	
0x006	103	11	95	

Geographie

G_ROWID	GeoID	Filiale	Stadt	...
0x100	101	Allee-Center	Magdeburg	
0x101	102	Bördepark	Magdeburg	
0x102	103	Anger	Erfurt	
0x103	104	Erfurter Str.	Ilmenau	

Abbildung 7.14: Tabellen für einen Verbundindex

0x100: { 0x001, 0x002, ...}
0x101: { 0x003, 0x004, ...}
0x103: { ...}

Abbildung 7.15: Ausprägung für einen Verbundindex

7.4.2 Bitmap-Verbundindex

Speziell in DW-Systemen kann man die Konzepte des Bitmap-Index mit dem Verbundindex kombinieren. Bisher wurden Prädikate für Bitmap-Indexe nicht auf Fremdschlüssel angewendet, sodass der Verbund weiterhin ausgeführt werden muss. Daher sind derartige Bitmap-Indexe nur für die Star-Join-Optimierung hilfreich. Die Kombination von Bitmap-Index und Verbundindex bezeichnen wir als *Bitmap-Verbundindex*.

Ein Bitmap-Verbundindex kann nun beispielsweise im Oracle-DBMS durch folgende Definition deklariert werden:

```
CREATE BITMAP INDEX join_idx
        ON Verkauf(Geographie.GeoID)
           FROM Verkauf, Geographie
           WHERE Verkauf.GeoID = Geographie.GeoID
```

Wie beim klassischen Verbundindex müssen nun einige Verbunde nicht mehr berechnet werden. Die Realisierung als Bitmap-Index erlaubt im Beispiel zudem die Verknüpfung mit anderen Bitmap-Indexen auf der Tabelle `Verkauf`. So kann in der folgenden Anfrage ein Bitmap-Index über `region_name` mit dem Bitmap-Verbundindex verbunden werden.

```
SELECT SUM(Verkauf.Verkäufe)
FROM Verkauf, Geographie
WHERE Verkauf.GeoID = Geographie.GeoID AND
      Geographie.Stadt = 'Magdeburg'
```

7.5 Mehrdimensionale Indexstrukturen

Man kann mit einem „normalen“ eindimensionalen Index mehrere Dimensionen indexieren, indem die Werte konkateniert werden. Wie wir gesehen haben, sind derartige Lösungen *asymmetrisch*. Echte *mehrdimensionale Indexstrukturen* sind symmetrisch, also in der Performance nicht empfindlich gegen Änderungen der Dimensionsreihenfolge.

Hash-basierte Indexstrukturen basieren auf der Kodierung von Werten. Wir werden Grid-Files und mehrdimensionales dynamisches Hashen als konkrete Verfahren vorstellen. Baumbasierte Strukturen erweitern das Prinzip der Suchbäume auf mehrdimensionale Bereiche. Konkret werden wir den KdB-Baum, den R-Baum und den UB-Baum vorstellen.

All diese Verfahren werden in [SSH11] detaillierter vorgestellt. Wir werden daher hier jeweils nur knapp die Basisideen präsentieren.

7.5.1 Grid-File

Das Grid-File ist eine symmetrische mehrdimensionale Dateiorganisationsform, die eine Kombination von Elementen der Schlüsseltransformation (Hash-Verfahren) und Indexdateien (Baumverfahren) realisiert. Die Idee ist dabei, ein (mehrdimensionales) *Gitter* (das Grid) über den aufgespannten Datenraum zu legen, das den Raum in *Zellen* einteilt. Jeder Datenpunkt ist dann einer Zelle zugeordnet. Die Zellengröße wird dann durch Verfeinerung des Gitters derart gewählt, dass Zellen im schlechtesten Fall eine maximale Anzahl von Datenpunkten enthalten, die einer optimalen Speichereinheit entsprechen. Da das Gitter regulär ist, gibt es natürlich dann Zellen mit zu geringer Auslastung. Daher können Zellen zu *Regionen* zusammengefasst werden.

Genauer erfolgt eine Dimensionsverfeinerung, indem eine gleichmäßige Aufteilung des mehrdimensionalen Raumes in der ausgewählten Dimension durch einen vollständigen Schnitt vorgenommen wird. Mathematisch entspricht dies dem Einziehen einer Hyperebene.

Der Datenraum wird durch die Hyperebenen in mehrdimensionale Quader aufgeteilt. Für k Dimensionen entsprechen daher unterstützte Suchregionen ebenfalls k-dimensionalen Quadern. Um eine Nachbarschaftserhaltung bei der Speicherung zu erzielen (ermöglicht Prefetching bzw. effiziente Bearbeitung von Suchregionen, die mehrere Zellen enthalten) wird möglichst eine Speicherung ähnlicher Objekte auf der gleichen Seite realisiert. Das Grid-File ermöglicht eine symmetrische Behandlung aller Raumdimensionen und behandelt daher Partial-Match-Anfragen für unterschiedliche Dimensionsauswahlen gleich.

Eine Herausforderung beim Grid-File ist die dynamische Anpassung der Struktur beim Einfügen und Löschen. Für Exact-Match-Anfragen wird dabei das *Prinzip der zwei Plattenzugriffe* realisiert, wie wir im Folgenden sehen werden. Abbildung 7.16 verdeutlicht das Prinzip des Grid-File:

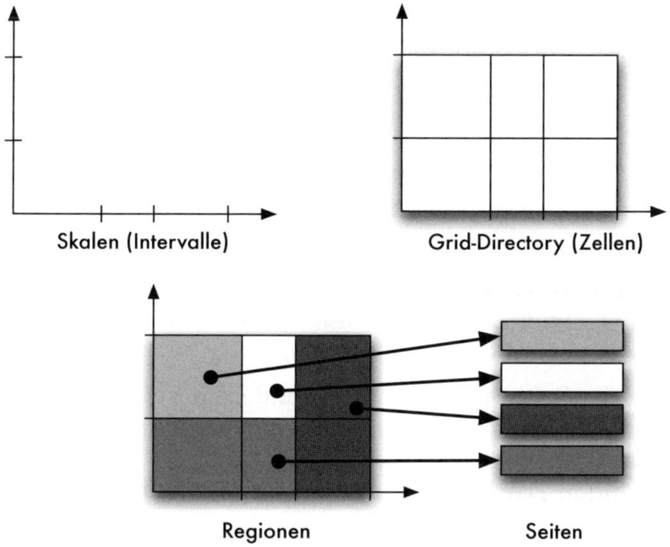

Abbildung 7.16: Aufbau des Grid-File

- Das *Grid* wird durch k eindimensionale Felder, die *Skalen* des Grids, eingeteilt. Jede Skala repräsentiert ein Attribut bzw. eine Dimension.

  Die Skalen realisieren eine Partition der zugeordneten Wertebereiche in Intervalle. Skalen werden im Hauptspeicher gehalten.

- Das *Grid-Directory* definiert die *Grid-Zellen*, die den Datenraum in Quader zerlegen.

  Das Grid-Directory definiert ein Array, bei dem jeder Zelle die Adresse einer Speichereinheit zugeordnet ist. Das Grid-Directory kann so groß werden, dass eine Verwaltung außerhalb des Hauptspeichers notwendig wird.

- Mehrere Grid-Zellen bilden eine *Grid-Region*, der genau eine Datensatzseite zugeordnet ist. Alle Zellen derselben Region haben also im Directory denselben Eintrag.

Um die dynamische Anpassung des Grid-Files effizient zu gestalten und die Nachbarschaftserhaltung zu gewährleisten, sind Grid-Region k-dimensionale, konvexe Gebilde. Grid-Regionen sind paarweise disjunkt.

Wie kann nun die dynamische Anpassung eines Grid-Files gewährleistet werden?

- Der Ausgangszustand eines leeren Grid-Files beginnt mit einer Zelle, die eine Region bildet, die genau eine Datenseite referenziert.
- Datensätze können eingefügt werden, bis die Seite, in die sie eingefügt wird, nicht mehr in der Lage ist, einen neuen Datensatz zu speichern. Ein derartiger *Seitenüberlauf* führt zum Teilen von Seiten. Beim Teilen von Seiten müssen zwei Fälle unterschieden werden: Falls die zur Seite gehörende Grid-Region nur eine Zelle umfasst, muss das Gitter durch eine Unterteilung des Intervalls auf einer Skala verfeinert, und damit das Grid-Directory und die Regionenaufteilung aktualisiert werden. Falls die betroffene Region aus mehreren Zellen besteht, erfolgt eine Zerlegung dieser Region in kleinere Regionen.
- Beim Seitenunterlauf können zwei Regionen zusammengefasst werden, falls das Ergebnis eine konvexe Region ist. Ebenfalls kann das Gitter vergröbert werden.

Für die Performanz des Grid-Files sind insbesondere die Strategien beim Verfeinern der Skalen und beim Aufteilen von Regionen sehr wichtig, da sie zu gleichmäßig ausgelasteten Speicherseiten führen müssen. Ausgefeilte Strategien beim Löschen sind in DW-Systemen hingegen nicht relevant.

7.5.2 Mehrdimensionales Hashen MDH

Das *mehrdimensionale Hashen*, kurz *MDH*, basiert auf dynamischen Hash-Verfahren. Dynamische Hash-Verfahren passen die Hash-Funktion an das Wachstum der Daten an, sodass sie im Gegensatz zum klassischen Hashen skalierbar sind. Dynamische Hash-Verfahren werden ausführlich in [SSH11] behandelt.

Mehrere Hash-Verfahren realisieren die Anpassung der Hash-Funktion dadurch, dass als (vorläufige) Hash-Werte Bit-Folgen konstruiert werden, von denen unterschiedlich lange Anfangsstücke als Hash-Werte für unterschiedliche Wachstumsstufen der Hash-Tabelle dienen. Ein Wechsel von Anfangsstücken der Länge k auf Stücke der Länge $k+1$ realisiert einen Wechsel von der Adressierung von 2^k Speichereinheiten zu 2^{k+1} Einheiten. Konkret nutzt MDH dabei das *lineare Hashen*.

Lineares Hashen wandelt *einen* Attributwert in einen Bit-String um. Wie kann man nun dieses modifizieren, um mehrere Dimensionen zu berücksichtigen? Die naheliegende Idee ist es, das sogenannte *Bit Interleaving* zu nutzen, indem abwechselnd von den verschiedenen Zugriffsattributwerten die Bits genommen werden, um einen kombinierten Bit-String zu berechnen.

Beim MDH-Verfahren wird nun je ein Bit-String pro beteiligtes Attribut berechnet. Anschließend werden die Anfangsstücke nun nach dem Prinzip des Bit-Interleaving zyklisch abgearbeitet, und so ein Hash-Wert reihum aus den Bits der Einzelwerte zusammengesetzt.

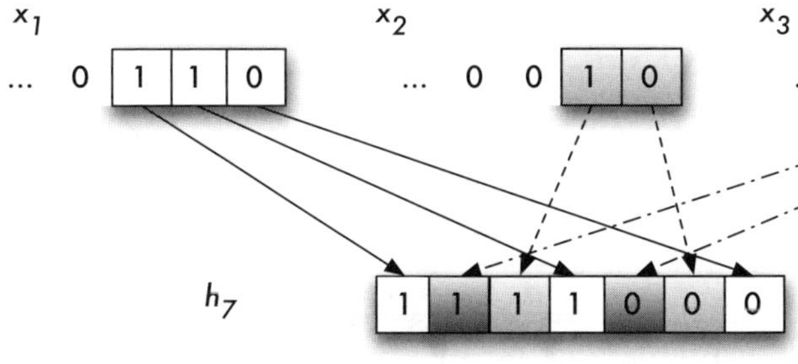

Abbildung 7.17: Mehrdimensionales Hashen MDH

Abbildung 7.17 verdeutlicht diese Konstruktion eines gemeinsamen Bit-Strings (bzw. eines Präfixes fester Länge, der für eine konkrete Wachstumsphase benötigt wird). Gezeigt wird die Komposition der Hash-Funktion h_i für drei Dimensionen und den Wert $i = 7$, wobei i den „Ausbaugrad" der dynamischen Hash-Tabelle bildet. Man beachte, dass die Bit-Strings von hinten nach vorne aufgebaut werden, um sie direkt als Binärkodierung ganzer Zahlen nutzen zu können. Diese Zahlen adressieren dann direkt ein Array von Hash-Buckets. Beim Schritt auf $i = 8$ würde ein weiteres Bit von x_2 verwendet.

Wie lineares Hashen hat MDH bei Exact-Match-Anfragen einen Aufwand der Größenordnung $O(1)$. Eine Partial-Match-Anfrage, bei der t von k Attributen festgelegt sind, hat einen Aufwand von $O(n^{1-\frac{t}{k}})$ entsprechend der benötigten Exact-Match-Anfragen. Diese ergibt sich aus der Zahl zu untersuchender Seiten, wenn bestimmte Bits „unknown" sind. Spezialfälle sind $O(1)$ für $t = k$ und $O(n)$ für $t = 0$.

7.5.3 KdB-Baum

Der *KdB-Baum* ist ein früh entwickeltes, mehrdimensionales Indexverfahren, das sich in praktischen Systemen nicht wirklich durchgesetzt hat, das aber gut geeignet ist, um Prinzipien zu zeigen, die auch in anderen mehrdimensionalen Verfahren eingesetzt werden.

Der KdB-Baums ist ein k-dimensionaler Indexbaum, bei dem jeder Indexknoten einen binären Teilbaum darstellt, der reihum nach mehreren Attributen verzweigt. Derartige Teilbäume entsprechen sogenannten *kd-Bäumen*, die für

Hauptspeichersuchen entwickelt wurden. Der Aufwand ist (bei ausgeglichener Baumstruktur) wie bei Suchbäumen üblich von der Größenordnung $O(\log n)$ bei Exact-Match-Anfragen. Partial-Match-Anfragen sind typischerweise ebenfalls deutlich besser als $O(n)$, da ganze Teilbäume nicht durchsucht werden müssen.

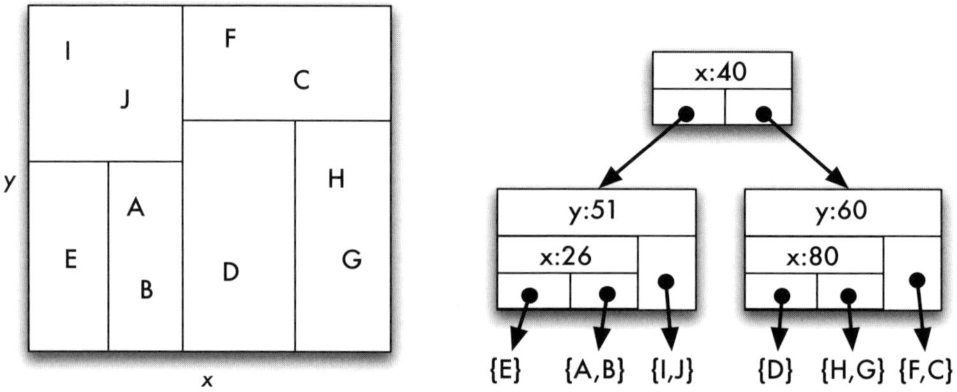

Abbildung 7.18: KdB-Baum

Abbildung 7.18 verdeutlicht den Aufbau eines KdB-Baums anhand zweier Dimensionen x und y. Bei einem KdB-Baum vom Typ (b, t) enthalten die Bereichsseiten (die inneren Knoten): einen kd-Baum mit maximal b internen Knoten und die Satzseiten (die Blätter) bis zu t Tupel der gespeicherten Relation. Im Beispiel haben beide Werte den Wert 2.

Der KdB-Baum ist nicht symmetrisch, da die Trennattribute zyklisch festgelegt werden. Bei der Festlegung der Reihenfolge kann man die Selektivität einbeziehen, indem ein Zugriffsattribut mit hoher Selektivität möglichst früh und häufiger als Schnittelement eingesetzt wird. Bei der Wahl der Trennattributwerte ist es notwendig, eine geeignete Mitte des aufzuteilenden Wertebereichs aufgrund von Verteilungsinformationen zu finden.

KdB-Bäume speichern auch schlecht verteilte Daten effizient, sind aber für mehr als drei Dimensionen schwer handhabbar. Abbildung 7.19 zeigt die Aufteilung des Raumes für nicht gleich verteilte Daten. Man sieht, dass die Suchregionen sich zwar an die Verteilung anpassen (im Gegensatz etwa zum Grid-File), aber durchaus große, dünn besetzte Regionen entstehen.

7.5.4 R-Bäume

Der *R-Baum* ist die Generalisierung des eindimensionalen B-Baums auf mehrdimensionale Bereiche. Ursprünglich für die Indexierung ausgedehnter Objekte mit umschreibenden Rechtecken entwickelt, eignet er sich auch sehr gut für die Indexierung von Punkten im mehrdimensionalen Raum.

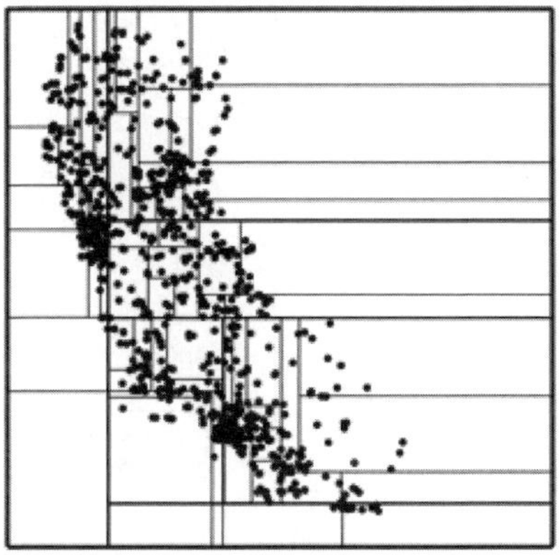

Abbildung 7.19: Daten im KdB-Baum

Ein R-Baum für eine Dimension d hat analog zum B-Baum eine Ordnung k. Jeder Knoten des R-Baums speichert maximal m Indexeinträge für $m = 2k$, und jeder Knoten (außer der Wurzel) enthält mindestens n Einträge für $n = k$. Ein d-dimensionaler R-Baum verwendet d-dimensionale Intervalle (Rechtecke, Quader, Hyperquader) zur Indexierung des Datenraums. Ein Eintrag auf der Blattebene hat die Form (I, tid), wobei I ein d-dimensionales Intervall und tid ein Tupelidentifikator ist, der den entsprechenden Datensatz referenziert. Für Punktdaten sind die umschreibenden Intervalle ebenfalls Punkte (obere Grenze gleich untere Grenze). Ein Eintrag in einem inneren Knoten hat die Form (I, cp), wobei I ein d-dimensionales Intervall ist, das alle Intervalle der Einträge des Kindknotens umfasst (also eine *minimum bounding box*), und cp der Zeiger auf diesen Kindknoten (*child pointer*) ist.

Abbildung 7.20 zeigt ein Beispiel für einen 2-dimensionalen R-Baum der Ordnung 2. Die Datensätze sind hierbei ausgedehnte Rechtecke, keine Punktdaten.

Prinzipiell übertragen sich die Operationen (Suchen, Einfügen, Löschen) von B^+-Bäumen auf R-Bäume, natürlich angepasst an k-dimensionale Rechtecke anstelle eindimensionaler Intervalle. Einige Besonderheiten im Vergleich zum B^+-Baum müssen jedoch beachtet werden. Beim *Suchen* können sich verschiedene Regionen von Knoten gleicher Ebene überlappen. In diesem Fall müssen selbst bei Punktanfragen eventuell mehrere Nachfolger traversiert werden. Beim *Einfügen* wird versucht, ein Intervall zu finden, das nicht erweitert werden muss. Gelingt dies nicht, wird das Intervall genommen, das am wenigsten erweitert werden muss (eventuell auf jeder Ebene nötig). Das Löschen von Daten spielt für das Data Warehouse keine Rolle.

Da sich DW-Systeme durch ein Einfügen nur in größeren Abständen (dann aber oft mit vielen neuen Tupeln) auszeichnen, muss allerdings eine effiziente Möglichkeit des Bottom-up-Aufbaus der R-Baum-Struktur realisiert werden.

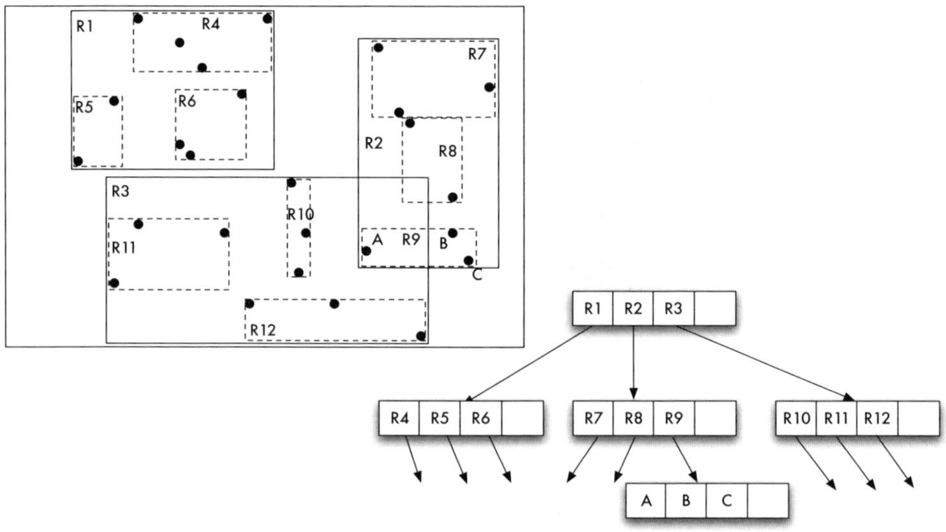

Abbildung 7.20: R-Baum

Der R-Baum realisiert eine noch bessere Anpassung der Bereiche an die Daten als der KdB-Baum, wie in Abbildung 7.21 gezeigt.

7.5.5 Varianten von R-Bäumen

Ähnlich wie bei B-Bäumen gibt es für R-Bäume eine Reihe von Varianten. Einige werden wir kurz skizzieren.

Der *R^+-Baum* vermeidet überlappende Rechteckregionen, indem im Falle einer Überlappung Rechtecke aufgeteilt werden (Clipping). Diese Modifikation hat mehrere Konsequenzen:

- Der Baum benötigt in der Regel mehr Rechtecke als ein einfacher R-Baum und wird dadurch größer.
- Der minimale Füllgrad von Rechteckknoten kann nicht mehr garantiert werden.
- Die Punktsuche benötigt aufgrund der fehlenden Überlappungen nur noch genau einen Pfad von der Wurzel zu einem Blatt.

Für ausgedehnte Geo-Objekte werden diese durch das Aufteilen auf disjunkte Rechteckregionen potentiell in mehreren Blättern gespeichert – dieser Effekt spielt aber für Data-Warehouse-Anwendungen keine Rolle, da Punktdaten gespeichert werden (vgl. Abbildung 7.22).

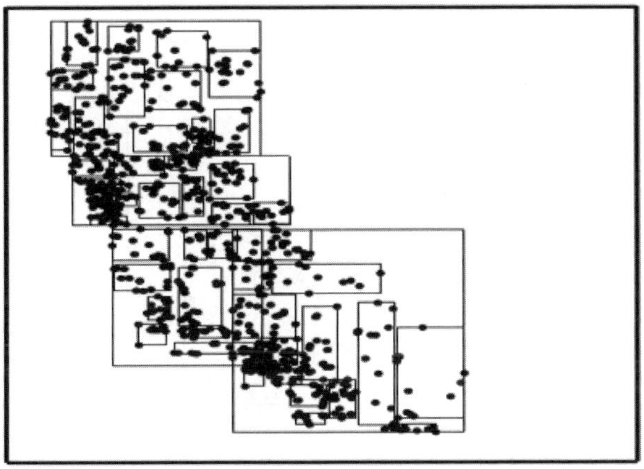

Abbildung 7.21: Datenaufteilung im R-Baum

Der *R^*-Baum* ist eine Optimierung des R-Baums, bei der spezielle Einfügevarianten zum Tragen kommen, die eine bessere Rechteckaufteilung ermöglichen.

Neben diesen generischen Varianten gibt es auch speziell für den Einsatz in der Datenanalyse zugeschnittene Varianten. Der *R_a^*-Baum* wurde von Jürgens und Lenz 1998 vorgeschlagen [JL98], um R-Bäume dahingehend zu erweitern, dass aggregierte Daten innerhalb von Baumknoten mit abgespeichert werden. Eine Rechteckregion in einem inneren Knoten wird dabei mit aggregierten Werten annotiert, die alle Datenpunkte innerhalb des Unterbaums aggregieren, der dieser Rechteckregion zugeordnet ist. Der R_a^*-Baum konkret ist eine Erweiterung des R^*-Baumes, aber auch andere R-Baum-Varianten (und sonstige Baumstrukturen) können auf diese Weise erweitert werden.

Abbildung 7.23 verdeutlicht die Prinzipien an einem einfachen Beispiel. In einem zweidimensionalen R_a^*-Baum werden Punkte mit einer konkreten Kennzahl gespeichert, etwa der Punkt A mit dem Wert 3. Gezeigt wird ein Zweig des gesamten Baumes, der in der Geometriedarstellung hervorgehoben ist. Der R_a^*-Baum speichert für jedes Rechteck zwei aggregierte Werte: die Anzahl der Datenpunkte sowie die Summe der Kennzahlen der Datenpunkte.

7.5.6 Der UB-Baum

Der *UB-Baum* realisiert einen komplett anderen Ansatz. Eine bekannte und stabile eindimensionale Indexstruktur, der B-Baum, wird als Speicherstruktur für mehrdimensionale Daten genutzt, indem mehrdimensionale Daten in eindimensionale Daten transformiert werden.

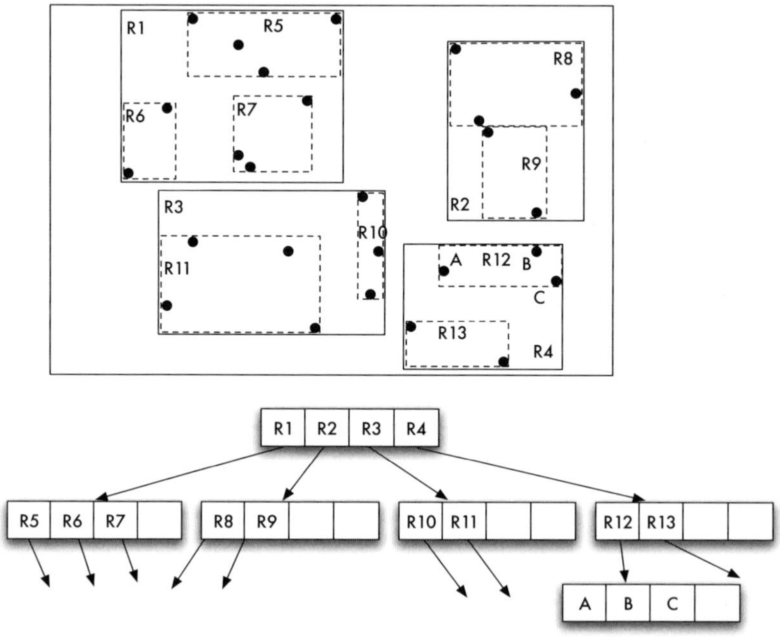

Abbildung 7.22: R^+-Baum

Die Transformation in eindimensionale Daten wird dadurch erreicht, dass der Datenraum mittels einer raumfüllenden Kurve in disjunkte Teilräume aufgeteilt wird. Meist wird dazu die sogenannte *Z-Kurve* genommen. Jeder Punkt des von den zu indexierenden Attributen aufgespannten mehrdimensionalen Raums wird damit auf einen skalaren Wert, den *Z-Wert* des zugehörigen Teilraums, abgebildet. Diese Z-Werte werden als Schlüssel in einem herkömmlichen B^+-Baum verwendet.

Die beispielhafte Aufteilung eines 2-dimensionalen Raums mit der Z-Kurve zeigt Abbildung 7.24. Die Reihenfolge der Z-Werte entspricht der Reihenfolge der Zahlen, wenn die beim *Bit Interleaving* erzeugten Bit-Strings als Binärzahlen interpretiert werden. Abbildung 7.25 zeigt dies anhand des Bit Interleavings zweier zweistelliger Bit-Strings.

Dank des Bit Interleavings lassen sich *Z-Werte* effizient, genauer sogar in linearer Zeit, berechnen: Je Dimension werden die Basisintervalle binär durchnummeriert; durch das Verschränken der Bits (dem Bit Interleaving) ergibt sich dann direkt der jeweilige Z-Wert.

Eine *Z-Region* wird durch ein Intervall $[a, b]$ von Z-Werten definiert. Bei der Speicherung im UB-Baum werden die Z-Regionen eines UB-Baums dynamisch so angepasst, dass die innerhalb einer Z-Region liegenden Objekte genau auf

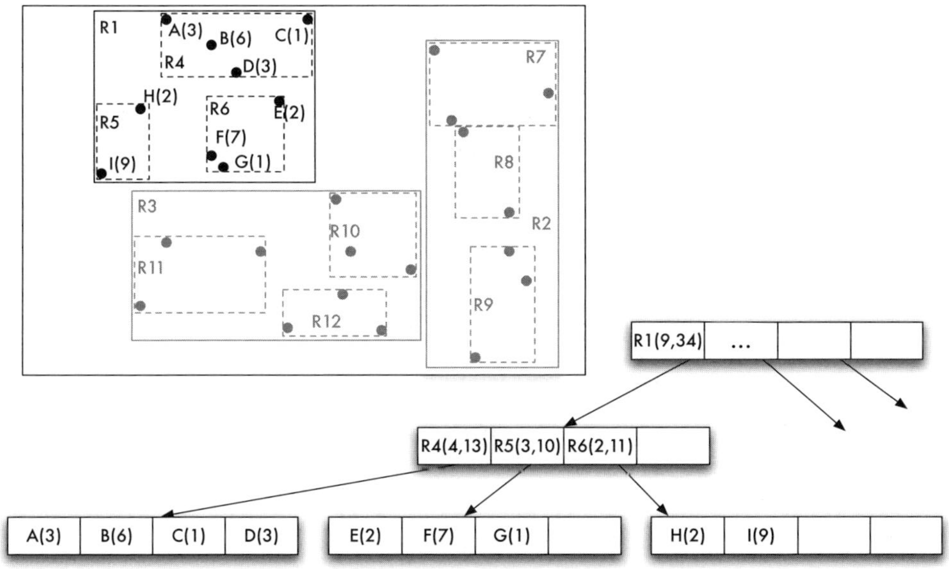

Abbildung 7.23: R_a^*-Baum

eine B^+-Baum-Seite passen, sodass ein B^+-Baum als Basisstruktur verwendet werden kann.

Abbildung 7.26 verdeutlicht die Speicherung im UB-Baum und den Einsatz von Z-Regionen. Der unterliegende B^+-Baum ermöglicht jetzt die Exact-Match-Suche und das Einfügen mit der für B^+-Bäume bekannten Komplexität.

Offen ist nun noch die Behandlung von Bereichsanfragen: also mehrdimensionalen Bereichen. In Abbildung 7.25 wird deutlich, dass die Z-Werte 7 und 8 zwar in einer Z-Region aufeinander folgen, aber in den Ursprungsdaten weit entfernte Datenregionen bezeichnen. Es lässt sich zwar zeigen, dass die Z-Kurve von den möglichen raumfüllenden Kurven diejenige ist, die die beste Nachbarschaftserhaltung garantiert, aber ein Algorithmus muss trotzdem diesen Effekt berücksichtigen.

Für die Bereichssuche im UB-Baum wird der sogenannte *RQ-Algorithmus* vorgeschlagen. Jede Bereichsanfrage im Datenraum wird durch 2 Datensätze q_a und q_e bestimmt, die (bildlich) die linke obere und die rechte untere Ecke des Anfragebereichs spezifizieren. Diese Datensätze ergeben sich aus den Unter- respektive Obergrenzen der Suchintervalle der einzelnen Dimensionen. Der RQ-Algorithmus arbeitet nun wie folgt:

1. Beginne mit q_a und berechne die zugehörige Z-Region.

2. Lade die entsprechende Seite und wende Anfrageprädikat auf alle Datensätze darin an.

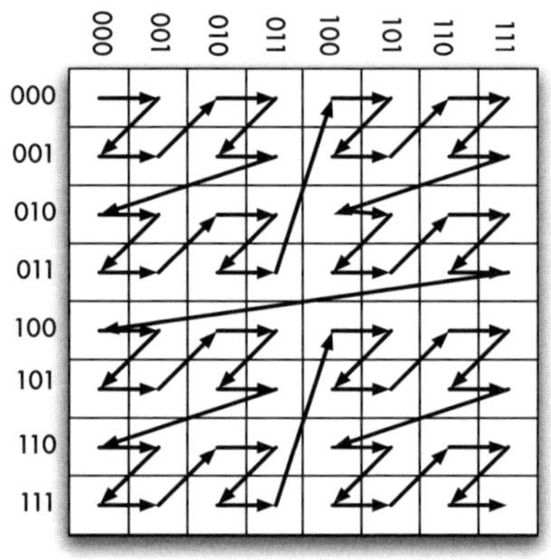

Abbildung 7.24: Z-Kurve

	*0*0	*0*1	*1*0	*1*1
0*0*	0000 0	0001 1	0100 4	0101 5
0*1*	0010 2	0011 3	0110 6	0111 7
1*0*	1000 8	1001 9	1100 12	1101 13
1*1*	1010 10	1011 11	1110 14	1111 15

Abbildung 7.25: Z-Kurve und Bit Interleaving

3. Berechne den nächsten Bereich der Z-Kurze, der innerhalb des Anfragebereichs liegt.

4. Wiederhole die Schritte 2 und 3, bis die Endadresse der gerade bearbeiteten Z-Region größer ist als q_e (also den Endpunkt des Anfragebereichs enthält).

Der 3. Schritt (die Berechnung der Schnittpunkte der Z-Kurve mit dem Anfragebereich) erscheint auf den ersten Blick kritisch. Tatsächlich lässt sich die Berechnung effizient durch „ein paar“ Bitoperationen (und ohne Plattenzugriffe) in linearer Zeit lösen (linear in Abhängigkeit von der Länge der Z-Werte).

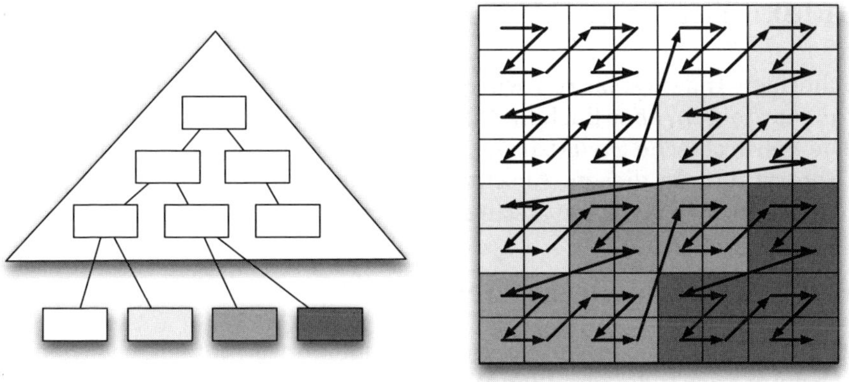

Abbildung 7.26: UB-Baum

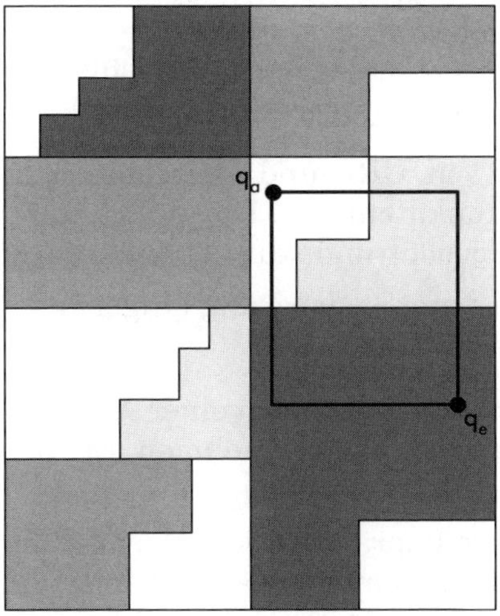

Abbildung 7.27: Bereichssuche im UB-Baum

Abbildung 7.27 verdeutlicht noch einmal den Bezug zwischen Z-Regionen und Datenregionen bzw. Suchbereichen. Die vier Z-Regionen sind zwar ziemlich kompakt, aber beispielsweise im Falle der zweiten (grauen) Region nicht unbedingt zusammenhängend. Die vier Regionen bezeichnen im Beispiel die folgenden Intervalle: Die erste Z-Region entspricht dem Intervall $(0, 19)$, die zweite Z-Region $(20, 35)$, die dritte Z-Region $(36, 51)$, und die vierte Z-Region ist definiert durch $(52, 63)$,

7.6 Indexierung von Hierarchien

In den bisherigen Indexverfahren wurde jeweils von einer in einer Sortierreihenfolge angeordneten, aber flachen, Liste von zu indexierenden Werten ausgegangen. Die hierarchische Struktur der Daten innerhalb einer Dimension wurde nicht unterstützt. In diesem Abschnitt schauen wir uns Verfahren an, die diese hierarchische Struktur unterstützen.

7.6.1 Kodierung von Hierarchien

Die meisten Indexstrukturen, die Bereichsanfragen unterstützen, erfordern eine totale Ordnung der indexierenden Werte. Umgekehrt kann jede Darstellung von Werten, die zu einer totalen Ordnung führt, genutzt werden, sofern die totale Ordnung tatsächlich bereichserhaltend ist. Übertragen auf hierarchische Daten, wie sie in einer Klassifikationshierarchie auftreten, müssten wir eine totale Ordnung finden, sodass die Elemente etwa auf der feinsten Granularitätsstufe derart angeordnet sind, dass Elemente vom gleichen Vaterknoten auch benachbart bleiben. Dies geht natürlich nicht für parallele Hierarchien.

Verschiedene derartige Kodierungen sind denkbar:

- Analog zur Kodierung von URL und Dateipfaden kann man die Werte der Dimensionsstufen konkatenieren. Dies führt dann zu Indexwerten der Form `Wein.Rotwein.Burgunder` und `Wein.Rotwein.Bordeaux`.

  Nachteil ist der Aufwand zur Speicherung langer Indexwerte in der Indexstruktur.

- Man kann die Konkatenation auch nach einer Abbildung auf Zahlwerte (jeweils in lexikografischer Ordnung) vornehmen. Ein derartiger Wert könnte dann `1.3.15` sein.

  Vorteil ist die kompaktere Repräsentation. Nachteil ist, dass die Kodierung sich bei neuen Dimensionselementen ändert und viele Indexwerte angepasst werden müssen. Dem letzteren Nachteil kann man mit einer Kodierung mit *DeweyID* entgegnen, indem jeweils Zahlen freigelassen werden, um geeignete Werte(bereiche) „zwischenschieben" zu können (etwa von [HHMW05, HHMW07] im Zusammenhang der Nummerierung von XML-Knoten vorgeschlagen).

- Weiß man, dass in jeder Gruppe (Werte mit demselbem Vaterelement) etwa maximal 100 Werte auftreten, kann man auch direkt eine ganze Zahl konstruieren. Im vorigen Beispiel kann also für $n = 100$ die Zahl 010315 genutzt werden. Dies ist die kompakteste interpretierbare Darstellung.

Die vorgeschlagenen Varianten unterscheiden sich stark betreffend Platzbedarf der gespeicherten Kodierungen, aber auch in der Interpretierbarkeit durch den

Nutzer. Hier kann man aber eine Darstellung nach außen von einer internen Kodierung abweichen lassen.

7.6.2 Mehrdimensionales hierarchisches Clustering

Ein konkretes Verfahren, das eine Hierarchiekodierung nutzt, ist das *Mehrdimensionale hierarchische Clustering* (*MHC*). MHC ist eine Erweiterung des UB-Baums für das Data Warehouse, die hierarchisch organisierte Dimensionen derart unterstützt, wobei alle Vorteile des UB-Baums erhalten bleiben.

MHC nutzt eine totale Ordnung für die Hierarchiewerte, indem eine Zuordnung einer eindeutigen Zahl zu jedem Blattelement der Hierarchie vorgenommen wird. Die Elemente des gleichen Unterbaums erhalten zusammenliegende Zahlen (Clustering), um Bereichsanfragen gemäß der Hierarchie zu unterstützen. Wie bereits vorgestellt, erhält jedes Element einer Hierarchiestufe eine Zahl (das sogenannte *Surrogat*). Für die Blattelemente führt das Aneinanderhängen der Surrogate zu *Mehrkomponentensurrogaten*.

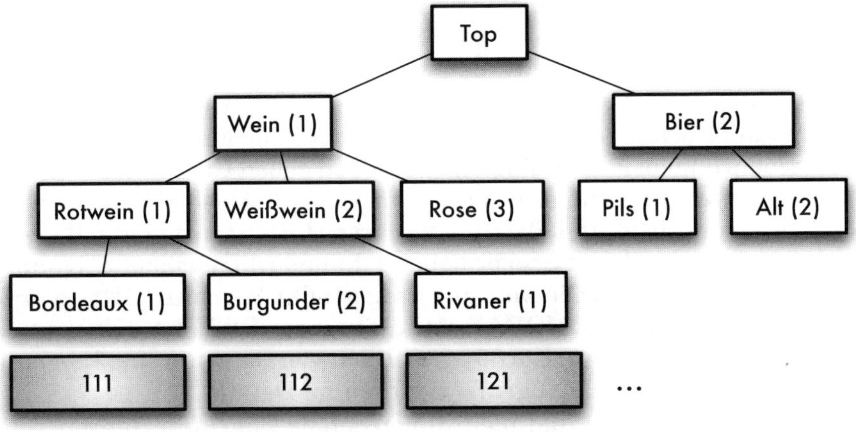

Abbildung 7.28: Mehrdimensionales hierarchisches Clustering

Abbildung 7.28 zeigt die Kodierung in Mehrkomponentensurrogate, wobei eine Wertegruppe maximal neun Elemente aufnehmen sollte, um mit einer Ziffer beginnend bei 1 auszukommen. Diese Mehrkomponentensurrogate werden nun als Schlüssel für Tupel der Faktentabelle bzw. als Indexattribute für einen UB-Baum genutzt. Eine Bereichsanfrage gibt ein minimales und ein maximales Mehrkomponentensurrogat als Intervall zur Einschränkung vor. So würde der Bereich „alle Rotweine" im Beispiel durch das Intervall (110,119) beschrieben werden.

Diese Kodierung realisiert eine nachbarschaftserhaltende Kodierung einer Hierarchie. Der Aspekt der Mehrdimensionalität kommt nun dadurch ins Spiel, dass mehrere Dimensionen derart kodiert werden, und ein nachbarschaftserhaltender mehrdimensionaler Index eingesetzt wird. Im konkreten Fall des MDH handelt es sich dabei um den UB-Baum.

7.7 Vertiefende Literatur

Die meisten präsentierten Indexstrukturen werden in [SSH11] ausführlich vorgestellt. *B-Bäume* wurden von Bayer und McCreight in [BM72] eingeführt. Viele Datenbanklehrbücher enthalten Abschnitte über Zugriffsstrukturen, so die Bücher von Kemper und Eickler [KE04], von Elmasri und Navathe [EN02] und von Silberschatz, Korth und Sudarshan [SKS97].

Tharp [Tha88] präsentiert ausführlich Dateistrukturen bis hin zu Grid-Files und die zugehörigen Operationen wie Einfügen, Suchen und Sortieren. Auf Bitmaps basierende Indexe wurden bereits früh vorgeschlagen, und werden zum Beispiel im Buch von Wedekind und Härder diskutiert [WH76]. Der Einsatz von Bitmap-Indexen in Oracle8 wird zum Beispiel in [CHRS98] diskutiert. Wu und Buchmann beschreiben in [WB98] den Einsatz kodierter Bitmap-Indexe. Mehrkomponentenindexe werden von Chan und Ioannidis in [CI99] vorgestellt. Der klassische Verbundindex stammt von Valduriez[Val87].

Eine frühe umfassende Aufbereitung des Standes der Forschung und eine Klassifikation mehrdimensionaler Zugriffsmethoden geben Gaede und Günther in [GG98]. Vorschläge für dynamische, multidimensionale Hash-Verfahren wurden insbesondere von Lloyd und Ramamohanarao [LR82] sowie Otoo [Oto84] veröffentlicht. Auch Kriegel und Seeger behandeln mehrdimensionale dynamische Hash-Verfahren [KS86]. Die von uns vorgestellte Variante MDH wurde von Kuchen im Rahmen des MEMODAX-Projekts an der RWTH Aachen entwickelt und prototypisch realisiert [Kuc85]. Das Buch von Samet [Sam89] behandelt mehrere mehrdimensionale Zugriffsverfahren im Detail.

Grid-Files als dynamische und mehrdimensionale Zugriffsverfahren wurden von Nievergelt et al. in [NHS84] eingeführt. Hinrichs [Hin85] behandelt als Erweiterung mehrstufige Grid-Files.

Der K-D-B-Baum als Vorläufer des vorgestellten KdB-Baums stammt von Robinson [Rob81]. Der KdB-Baum ist die Erweiterung nach Kuchen [Kuc85].

Die R-Bäume wurden von Guttman in [Gut84] vorgeschlagen und seitdem vielfältig variiert. Für weiterführende Erläuterungen wird das Buch „R-Trees: Theory and Applications (Advanced Information and Knowledge Processing)“ [MNPT05] angeraten. Der R_a^*-Baum wurde von Jürgens und Lenz 1998 vorgeschlagen [JL98]. Der UB-Baum wurde von Bayer unter anderem in [Bay97, BM98] beschrieben.

Das multidimensionale hierarchische Clustern MHC wurde von Markl et al. unter anderem in [MRB99] beschrieben.

7.8 Übungen

Übung 7-1 Führen Sie die folgenden Operationen an einem B^+-Baum und zum Vergleich an einem B-Baum mit jeweils 2-4 Einträgen pro Knoten aus:

- Fügen Sie die Werte 20, 40, 10, 30, 15, 35, 7, 26, 18, 22, 5, 42, 13, 46, 27, 8, 32, 38, 24, 45, 25, 28 nacheinander ein.
- Suchen Sie die Datenwerte 20, 18 und 25 in den beiden Bäumen.
- Führen Sie eine Bereichsanfrage für die Bereiche 14-25 und 39-50 aus.
- Löschen Sie nun die eingefügten Werte: 46, 24, 45, 25.
- Welche Erkenntnisse konnten Sie aus den ausgeführten Operationen gewinnen?

Übung 7-2 Legen Sie einen Standard-Bitmap-Index für die folgende Kundentabelle an.

KNr	Nachname	Vorname	Stadt	Geburtsjahr
555666	Maier	Thomas	Berlin	1983
555667	Mustermann	Max	Ulm	1984
555668	Schulz	Maik	Magdeburg	1990
555669	Spörl	Maier	Ulm	1990
555670	Marzer	Klaus	Magdeburg	1984
555671	Nandau	Tilo	Magdeburg	1983
555672	Schaber	Mike	Ulm	1991

Abbildung 7.29: Relation **Kunde**

Überlegen Sie sich verschiedene Strategien für die einzelnen Spalten. Was sind mögliche Einsatzgebiete für Bitmap-Indexe? Diskutieren Sie Vor- und Nachteile. Wie werden Exact-Match-, Partial-Match- und Range-Queries unterstützt?

Übung 7-3 Erstellen Sie einen bereichskodierten Bitmap-Index über das Geburtsjahr der Tabelle **Kunde** aus Tabelle 7.29. Welche Vektoren müssen genutzt werden, um die Kunden zu finden, die zwischen 1985 und 1990 geboren wurden?

Übung 7-4 Überlegen Sie sich passende Intervalle eines intervallkodierten Bitmap-Index für das Geburtsjahr der Kundentabelle. Welchen Einfluss hat die Größe des Intervalls auf den Speicherbedarf und Berechnungsaufwand? Welche Vektoren müssen genutzt werden, um die Kunden zu finden, die zwischen 1985 und 1990 geboren wurden?

Übung 7-5 Die 16 Bundesländer seien als Zahlen von 1 bis 16 in lexikografischer Reihenfolge kodiert. Legen Sie jeweils einen Standard-Bitmap-Index, einen Mehrkomponenten-Bitmap-Index (4+4), einen bereichskodierten Bitmap-Index, einen BKMKBMI und einen intervallkodierten Index (Intervallbreite 5) an. Geben Sie die Bit-Kodierungen jeweils in einer Tabelle für alle Bundesländer an.

Wie müssten folgende Anfragen in den einzelnen Varianten beantwortet werden?

- Gesucht wird das Land Sachsen-Anhalt.
- Alle Bundesländer lexikografisch nach Hessen.
- Die Bundesländer von Hessen bis Thüringen.

Übung 7-6 Skizzieren Sie eine mögliche Ausprägung für eine R_a^*-Baum, der Summe, Durchschnitt und Maximum voraggregiert. Annahmen: zwei Dimensionen (Zeit und Produkt), maximal vier Einträge pro Rechteck und insgesamt mindestens 30 Einträge.

Übung 7-7 Geben Sie für die Klassifikationshierarchie aus Übung 3-1 eine hierarchische Kodierung wie im MHC an.

Übung 7-8 Der Dwarf aus Abschnitt 6.1.5 ist eine Hauptspeicherdatenstruktur. Diskutieren Sie unterschiedliche Möglichkeiten, einen Dwarf in einem B-Baum abzuspeichern. Welche Operationen auf Dwarfs werden durch eine derartige Speicherung unterstützt?

8

Anfrageverarbeitung und materialisierte Sichten

Anfragen, die in deklarativen Sprachen wie SQL oder MDX formuliert sind, müssen vom Datenbanksystem zunächst in eine ausführbare Form übersetzt und dann ausgeführt werden. Daher sind Anfrageoptimierer und -auswertungskomponente zentrale Bestandteile eines DBMS. Ausgehend von einem Überblick zur Verarbeitung von Anfragen behandeln wir in diesem Kapitel ausgewählte Aspekte der Anfrageverarbeitung, die spezifisch für das Data Warehouse sind. Neben der Berücksichtigung von Star Joins bei der Anfrageplanung stellen wir Algorithmen zur Implementierung des CUBE-Operators aus Kapitel 5 vor und behandeln Fragestellungen, die mit der Nutzung von materialisierten Sichten verbunden sind.

8.1 Anfrageplanung

Anfrageplanung und -auswertung werden ausführlich in Lehrbüchern wie [SSH11, KE09] behandelt. Wir werden daher zunächst nur einen kurzen Überblick über den Gesamtablauf geben und anschließend auf Data-Warehouse-spezifische Aspekte wie die Behandlung von Star Joins eingehen.

8.1.1 Überblick

Konzeptionell kann die Anfrageverarbeitung in verschiedene Phasen zerlegt werden:

1. *Übersetzung und Sichtexpansion:* Die SQL-Anfrage wird in einen (unoptimierten) Anfrageplan übersetzt. Arithmetische Ausdrücke werden vereinfacht, und Unteranfragen können aufgelöst werden. Zugriffe auf Sichten müssen durch Einsetzen der Sichtdefinition (die sogenannte „Sichtexpansion") aufgelöst werden.

2. *Logische bzw. algebraische Optimierung oder auch Rewriting:* In dieser Phase wird der Anfrageplan unabhängig von der konkreten Speicherungsform der Relationen umgeformt. Eine typische Umformung ist das Hineinziehen von Selektionen in andere Operationen, um Kardinalitäten von Zwischenergebnissen klein zu halten.

3. *Physische oder interne Optimierung:* In der physischen Optimierung werden konkrete Speicherungstechniken (Indexe, Cluster) berücksichtigt und Algorithmen ausgewählt. In der Regel entstehen mehrere äquivalente interne Pläne.

4. *Kostenbasierte Auswahl:* Aus der Menge der äquivalenten Pläne wird unter Nutzung von Statistikinformationen (Größe von Tabellen, Selektivität von Attributen) und einem Kostenmodell der beste interne Plan ausgewählt.

5. *Planparametrisierung:* Werden vorkompilierte SQL-Anweisungen (engl. *prepared statements*) bzw. Anfragen aus Embedded-SQL-Anwendungen übergeben, so können die Optimierungsschritte ausgelassen werden, da bereits ein Ausführungsplan vorliegt. In diesem Fall müssen nur noch die Platzhalter in der Anfrage mit den übergebenen Werten parametrisiert werden.

6. Die *Codeerzeugung* als letzter Schritt wandelt den Zugriffsplan in ausführbaren Code um. Alternativ können Zugriffspläne direkt von einem Interpreter verarbeitet werden.

Üblicherweise fasst man die Phasen der logischen und physischen Optimierung mit der kostenbasierten Auswahl zur Phase der *Optimierung* zusammen, da diese Phasen auch in kommerziellen Systemen nicht unabhängig voneinander realisiert werden können.

Abbildung 8.1 zeigt den groben Ablauf der Anfragebearbeitung. In der Abbildung ist grafisch angedeutet, dass die Phase der Optimierung wiederum aus drei Teilphasen besteht. Weiterhin sind bereits die Sprachen notiert, die in den einzelnen Phasen benutzt werden, um Anfragen und Anfragepläne zu repräsentieren.

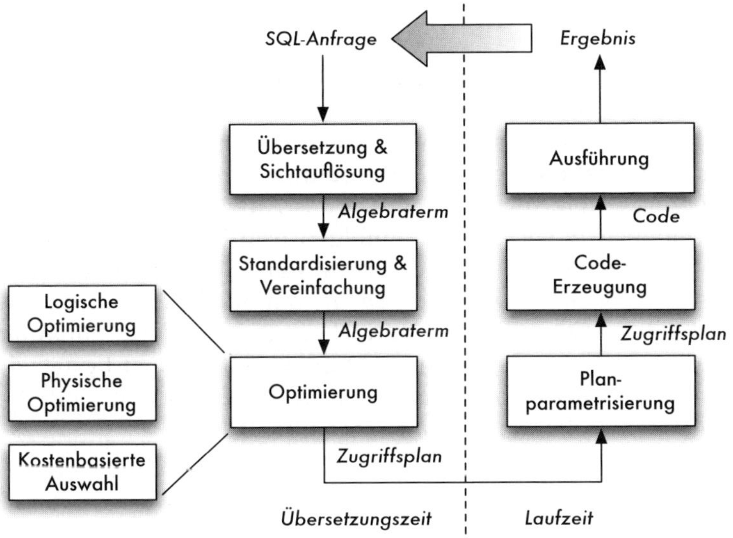

Abbildung 8.1: Phasen der Anfragebearbeitung

Die erste Phase der Optimierung, die logische Optimierung, bearbeitet Terme der relationalen Algebra. Natürlich muss die Algebra je nach Datenbankmodell erweitert werden, doch die Grundoperationen bleiben stabil. Insbesondere müssen in modernen relationalen Datenbankmanagementsystemen SQL-spezifische Erweiterungen berücksichtigt werden, die in der klassischen Relationenalgebra fehlen (zum Beispiel die Gruppierung mit `GROUP BY`).

Auf der Ebene der logischen Optimierung werden Anfragen als *Algebraterme* notiert. Die Darstellung derartiger Terme erfolgt in der Regel als *Operatorbaum*, wobei die Operatoren als innere Knoten notiert werden und die Basisrelationen als Blätter auftreten. Im Folgenden werden die Operatoren durch abgerundete Kästen dargestellt, während der Zugriff auf Datenbankrelationen durch eckige Kästen von diesen unterschieden wird. Die Kanten zwischen den Operatoren beschreiben somit den Datenfluss von den Blättern zum Operator in der Wurzel, der das Ergebnis produziert.

In den späteren Optimierungsphasen (der physischen Optimierung und der kostenbasierten Auswahl) werden statt Algebratermen sogenannte *Zugriffs-* oder auch *Anfragepläne* (engl. *query execution plan*) verwendet. Derartige Pläne basieren auf Operatorbäumen, in denen die abstrakten Algebraoperatoren durch konkrete Algorithmen ersetzt und Relationenzugriffe durch Indexzugriffe ergänzt werden.

8.1.2 Star-Join-Optimierung

Eine wesentliche Teilaufgabe der physischen Optimierung ist die Bestimmung der Verbundreihenfolge, d.h. die Festlegung, in welcher Reihenfolge Verbundoperationen ausgeführt werden soll. Im Interesse einer effizienten Anfrageverarbeitung sollten zunächst die Verbunde ausgeführt werden, die möglichst kleine Zwischenergebnisse liefern. Hierzu muss der Anfrageoptimierer alle möglichen Kombinationen von Verbundreihenfolgen ermitteln und die jeweiligen Ausführungskosten abschätzen. Da die Anzahl der Kombinationen bei größeren Verbunden sehr groß wird, wird der Suchraum oft durch Heuristiken eingeschränkt. So werden etwa nur bestimmte Formen von Verbundbäumen betrachtet oder Verbunde, die zu Kreuzprodukten entarten, nicht berücksichtigt. Betrachten wir hierzu als Beispiel einen Verbund der Faktentabelle `Verkauf` mit den drei Dimensionstabellen `Produkt`, `Zeit` und `Ort`:

```
SELECT *
FROM   Verkauf, Ort, Zeit, Produkt
WHERE  V_Ort_ID = O_ID AND V_Zeit_ID = Z_ID AND
       V_Produkt_ID = P_ID AND O_Bundesland = 'Thüringen' AND
       YEAR_MONTH(Z_Datum) = 201101 AND P_Produktkategorie = 'Bier'
```

Dieser 4-Wege-Verbund wird üblicherweise durch eine Sequenz binärer Verbunde berechnet, wobei es $4!$ mögliche Reihenfolgen gibt. Mit einer der oben erwähnten Heuristik – Verbunde zwischen Relationen, die nicht über eine Verbundbedingung verknüpft sind, werden nicht berücksichtigt – wird beispielsweise der in Abbildung 8.2 angegebene Ausführungsplan erstellt.

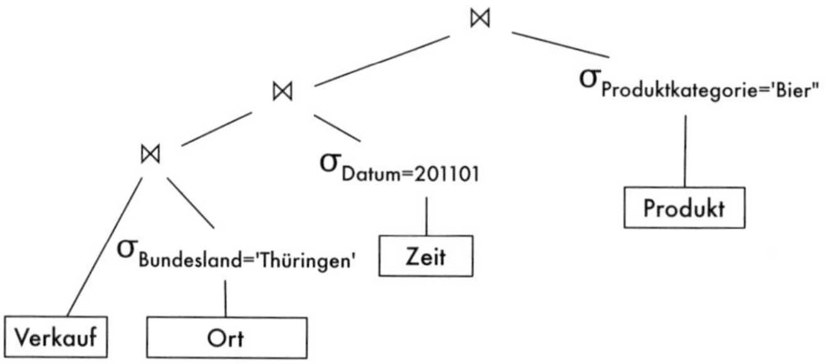

Abbildung 8.2: Anfrageplan mit Verbundreihenfolge für Star Join

Eine typische Data-Warehouse-Anfrage folgt jedoch meist dem Star-Join-Muster, bei dem eine sehr große Faktentabelle mit mehreren, deutlich kleineren und voneinander unabhängigen Dimensionstabellen verbunden wird. Der Verbund mit den Dimensionstabellen dient dabei oft der Selektion, die jedoch erst zum Tragen kommt, wenn die Faktentabelle schon komplett gelesen wurde. Es wäre daher unter Umständen günstiger, zunächst das Kreuzprodukt der

Dimensionstabellen zu berechnen und dabei die Selektionen auf den Dimensionen auszuführen und erst danach die relevanten Tupel aus der Faktentabelle zu lesen (Abbildung 8.3).

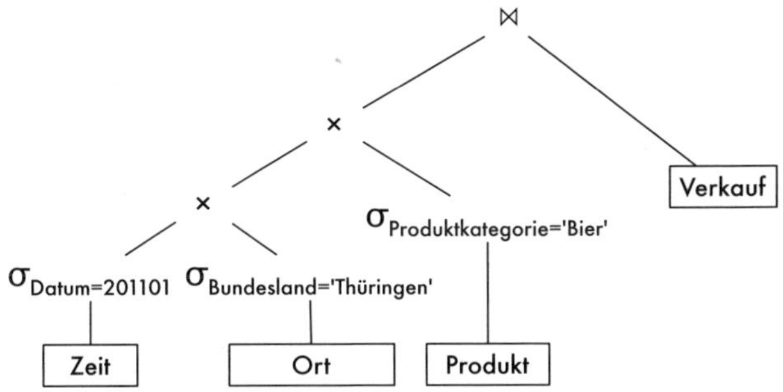

Abbildung 8.3: Alternativer Anfrageplan mit Kreuzprodukten

Diese Technik wurde in Oracle als Star-Join-Optimierung vor der Einführung von Bitmap-Indexen in Version 7.3 genutzt. Voraussetzung für die Anwendung ist ein zusammengesetzter Index auf der Faktentabelle über alle Fremdschlüsselattribute (hier auf `(V_Zeit_ID, V_Ort_ID, V_Produkt_ID)`).

Ein einfaches Berechnungsbeispiel soll den Vorteil illustrieren. Wir gehen von einer Faktentabelle `Verkauf` mit 10.000.000 Datensätzen und der obigen Anfrage aus.

Die Selektionen haben folgende Selektivitäten, wobei zur Vereinfachung eine Gleichverteilung aller Attributwerte angenommen sei:

- 10 Filialen in Thüringen (von insgesamt 1000),
- 20 Verkaufstage im Januar 2011 (von 1000 gespeicherten Tagen),
- 50 Produkte in Produktkategorie „Bier“ (von 1000 Produkten).

Für die beiden oben betrachteten Pläne ergeben sich daraus die in Tabelle 8.1 dargestellten Kardinalitäten der Zwischenergebnisse: Offensichtlich ist die Variante mit den Kreuzprodukten hier vorteilhafter.

Allerdings ist die Berechnung des Kreuzprodukts für die Dimensionstabellen nur bei ausreichend restriktiven Selektionsbedingungen auf den Dimensionen sinnvoll. Anderenfalls wird das Zwischenergebnis zu groß: Nimmt man für die obige Anfrage etwa 100 Filialen, 1000 Tage und 1000 Produkte, so erhält man 100.000.000 Tupel und damit mehr als Tupel der Faktentabelle.

Eine Alternative zur Vermeidung der vollständigen Berechnung des Kreuzproduktes ist der Einsatz von *Semi-Verbunden*. Allgemein ist ein Semi-Verbund ist eine Verbundoperation, die im Ergebnis nur die Attribute der ersten Relation liefert und somit nur die Tupel der ersten Relation liefert, die einen Verbundpartner besitzen. Für die Unterstützung eines Star Join wird auf der Faktentabelle für jede Dimension (d.h. das Fremdschlüsselattribut) ein B+-Baum-Index

Plan	Operation	Ergebniskardinalität
Abb. 8.2	1. Join	1.000.000
	2. Join	20.000
	3. Join	1.000
Abb. 8.3	1. Kreuzprodukt	200
	2. Kreuzprodukt	10.000
	3. Join	1.000

Tabelle 8.1: Kostenvergleich der Pläne

angelegt. Zur Auswertung wird jede in der Anfrage referenzierte Dimensionstabelle gelesen und jeweils über einen Semi-Verbund mit dem zugehörigen Index der Faktentabelle verknüpft. Der Semi-Verbund liefert dabei nur die Tupelidentifikatoren (TIDs) der inneren Relation – hier die TIDs der in Frage kommenden Tupel der Faktentabelle. Diese TID-Mengen (für unser Anfragebeispiel drei Mengen) werden nun geschnitten. Da es sich hierbei um vergleichsweise kleine Datenmengen handelt, kann dies meist effizient im Hauptspeicher berechnet werden. Als Ergebnis entsteht eine Menge von TIDs aller Tupel der Faktentabelle, welche die Bedingungen für alle Dimensionen erfüllen. Diese TID-Menge kann nun genutzt werden, um die eigentlichen Tupel der Faktentabelle zu lesen und die normalen paarweisen Verbundoperationen mit den Dimensionstabellen durchzuführen. Abbildung 8.4 illustriert die erste Phase dieses in DB2 verwendete Prinzip an einem Beispiel. Die drei Indexe der Faktentabelle sind dabei als `Verkauf_Ort_IDX` etc. bezeichnet, eventuell anzuwendende Selektionen auf den Dimensionstabellen im Rahmen der **`TableScan`** sind nicht dargestellt.

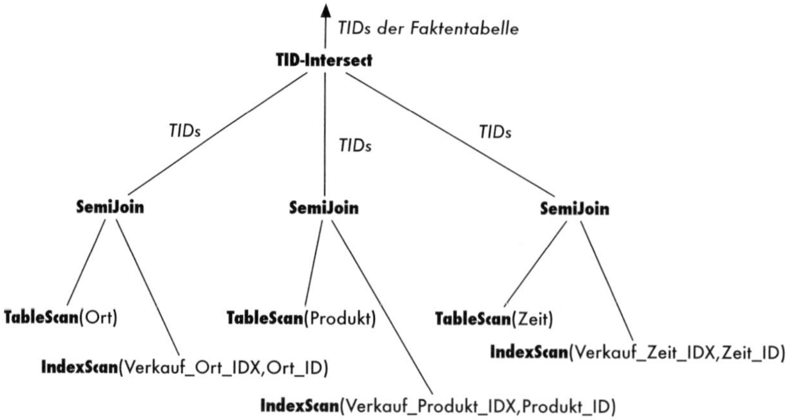

Abbildung 8.4: Star-Join-Auswertung mit Semi-Verbund

Durch diese Vorfilterung geht nicht die gesamte Faktentabelle in den Mehrwege-Verbund ein, sondern nur noch die tatsächlich im Ergebnis enthaltenen Tupel. In unserem Beispiel sind dies 1.000 statt 10.000.000 Tupel.

Eine ähnliche Technik wird in Oracle seit Version 8i unter der Bezeichnung „Star Transformation“ eingesetzt. Hierbei werden jedoch Bitmaps statt TID-Listen verwendet, die aus Bitmap-Indexen oder auch normalen B+-Baum-Indexen erzeugt werden.

8.2 Berechnung des CUBE-Operators

In Abschnitt 5.3.2 haben wir die SQL-Operatoren **CUBE** und **ROLLUP** eingeführt, mit deren Hilfe Anfragen zur Berechnung von Teil- und Gesamtsummen auf einfache Weise formuliert werden können. In diesem Abschnitt wollen wir die Implementierung dieser Operatoren betrachten, wobei wir uns auf den **CUBE**-Operator beschränken.

Eine einfache Implementierung dieses Operators ist die separate Berechnung der einzelnen Gruppierungskombinationen, gefolgt von der Vereinigung der Teilergebnisse (Abbildung 8.5). Wie in Beispiel 5-7 demonstriert, kann diese Variante sogar durch Umschreiben der Anfrage auf SQL- oder Algebraebene realisiert werden.

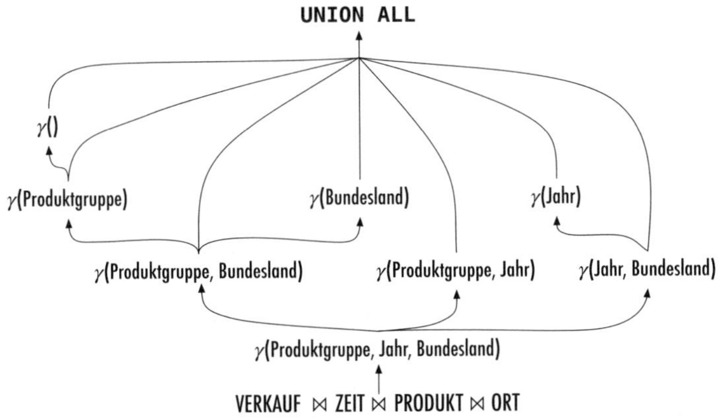

Abbildung 8.5: Naive Berechnung des **CUBE**-Operators

Allerdings ist die separate Berechnung nicht sehr effizient: Da die Gruppierung typischerweise nach eventuell vorhandenen Verbunden und Selektionen ausgeführt wird, muss eine unter Umständen sehr große Zwischenrelation für jede Gruppierungskombination wiederholt gelesen und – je nach Implementierungsvariante der Gruppierung – sortiert und in eine Hash-Tabelle eingefügt werden.

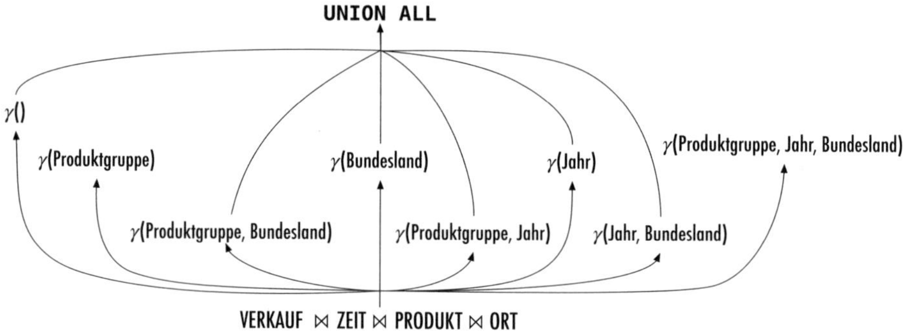

Abbildung 8.6: Optimierte Berechnung des `CUBE`-Operators

Für eine bessere Implementierung lässt sich jedoch die Tatsache ausnutzen, dass im Fall algebraischer Aggregatfunktionen ein weniger detailliertes Aggregat aus einem höher detaillierten Aggregat mit mehr Gruppierungsattributen (Dimensionen) berechnet werden kann: Der Gesamtumsatz einer bestimmten Produktgruppe in allen Bundesländern kann durch Nachaggregation aus den Umsatzzahlen pro Bundesland ermittelt werden (Abbildung 8.6). Diese Ableitungsbeziehung definiert eine partielle Ordnung der Gruppierungsoperationen, die in einem sogenannten *Aggregationsgitter* dargestellt werden kann. Die Knoten dieses Gitters werden durch die Gruppierungskombinationen gebildet, die Kanten stellen die Ableitungsbeziehungen zwischen ihnen dar. Formal lässt sich dies wie folgt formulieren: Eine Gruppierungskombination $G_2 = (A_1, A_2, \ldots, A_n)$ ist von einer anderen Gruppierungskombination G_1 genau dann *direkt ableitbar*, wenn

- G_2 genau ein Attribut weniger hat als G_1, d.h. $G_2 \subset G_1$ und $|G_2| = |G_1| - 1$, oder
- in G_1 ein Attribut A_i durch B_i ersetzt wird, wobei eine funktionale Abhängigkeit $A_i \to B_i$ existiert.

Für die Attributmenge `Produktgruppe`, `Bundesland` und `Jahr` ist das sich daraus ergebende Aggregationsgitter in Abbildung 8.7 dargestellt.

Innerhalb eines solchen Gitters ist eine Gruppierungskombination G_i von G_j *ableitbar*, wenn ein Pfad von G_j nach G_i existiert. In Abbildung 8.7 ist dies beispielsweise für G_i = `PBJ` und G_j = `P` der Fall. Mit diesem Wissen kann nun versucht werden, Gruppierungskombinationen möglichst aus bereits berechneten Gruppierungen durch Nachaggregation abzuleiten und so den Aufwand zu reduzieren. Nehmen wir für das obige Beispiel an, dass die Daten

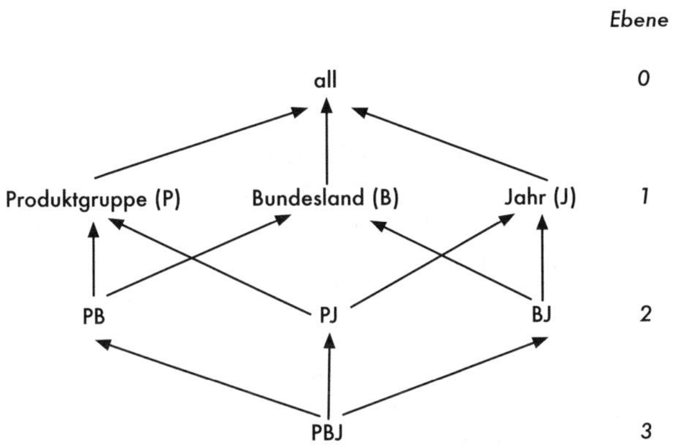

Abbildung 8.7: Aggregationsgitter für die **CUBE**-Berechnung

nach `Produktgruppe`, `Bundesland`, `Jahr` (`PBJ`) sortiert sind, so könnten etwa `PB` aus `PBJ` und anschließend `P` aus `PB` berechnet werden, ohne dass dazu eine Neusortierung der Daten notwendig wird. Auch `B` kann aus `PB` abgeleitet werden. Da hier aber die Daten erst nach dem Attribut `Produktgruppe` und dann nach `Bundesland` sortiert sind, ist für die Berechnung der Gruppierung nach `Bundesland` eine partielle Neusortierung erforderlich.

Die Aufgabe besteht nun darin, unter Verwendung der im Aggregationsgitter repräsentierten Ableitungsbeziehungen einen Subgraph dieses Gitters zu finden, der alle Knoten enthält und bei dem jeder Knoten nur einen Elternknoten hat, d.h. von nur einem Knoten abgeleitet ist. Dieser Subgraph soll gleichzeitig die Kosten für die Berechnung der Gruppierungskombinationen minimieren. Zu diesem Zweck wird jede Kante e_{ij}, die den Knoten G_i mit G_j verbindet, für eine sortierbasierte Berechnung mit zwei verschiedenen Kostenwerten versehen:

- $P(e_{ij})$ gibt die Pipeline-Kosten an, d.h. G_i kann ohne Neusortierung direkt aus G_j berechnet werden. Dies ist genau dann der Fall, wenn die Gruppierung von G_i ein Präfix von G_j ist.

- $S(e_{ij})$ bezeichnet die Sortierkosten für die Berechnung von G_I aus G_j unter Neusortierung der Relation.

In dem gesuchten Subgraph kann es für jede Gruppierungskombination maximal eine ausgehende Kante mit $P(e_{ij})$-Kosten, aber durchaus mehrere ausgehende Kanten mit $S(e_{ij})$-Kosten geben.

In [AAD+96] werden zwei Algorithmen zur Suche nach dem optimalen Subgraphen vorgeschlagen. Der *PipeSort*-Algorithmus kommt dabei für sortierbasierte Gruppierungen zum Einsatz, der PipeHash-Algorithmus ist für Hash-basierte Berechnungen gedacht. Im Folgenden wollen wir stellvertretend das PipeSort-Verfahren skizzieren.

Der Algorithmus arbeitet ebenenweise beginnend bei Ebene 0, wobei Ebene k die Knoten mit allen Gruppierungskombinationen aus k Attributen umfasst (Abbildung 8.7). Für jede Ebene k wird versucht, unter Berücksichtigung der Kantengewichte die beste Strategie zur Berechnung der Knoten aus den Knoten von Ebene $k+1$ zu ermitteln. Hierfür wird zunächst jeweils die Ebene $k+1$ so modifiziert, dass k zusätzliche Kopien zu jedem Knoten angelegt werden. Die Ebene $k+1$ hat danach genau $k+1$ ausgehende Kanten, die mit Knoten aus k verbunden sind. Anschließend werden die Kosten (Kantengewichte) wie folgt verteilt: Die P-Kosten bleiben an der Kante des Originalknotens, die S-Kosten werden den Kanten der Knotenkopien zugewiesen. In Abbildung 8.8 ist dies für unser Beispiel anhand der Ebenen 1 und 2 dargestellt. Die durchgezogenen Linien repräsentieren dabei die P-Kanten, die gestrichelten Linien stellen die S-Kanten dar.

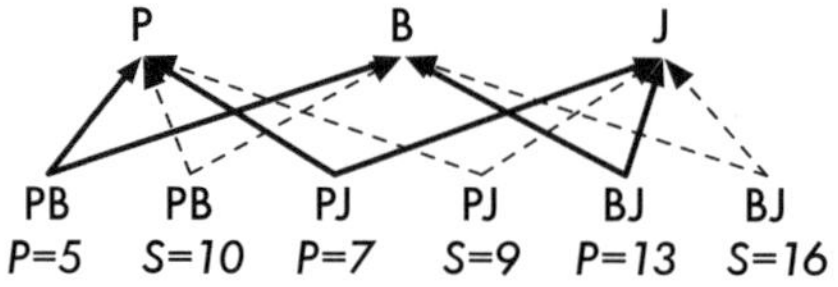

(a) Suchgitter mit Kosten

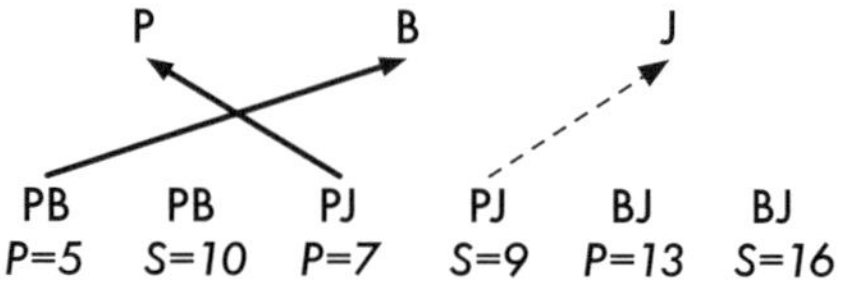

(b) Minimaler Subgraph

Abbildung 8.8: Berechnung von Gruppierungen der Ebene 1

Aufgabe ist es nun, eine Zuordnung oder Paarung von Knoten über ihre Kanten zu finden, die die Kosten minimiert. Soll etwa in diesem Beispiel `Bundesland` ohne Sortierung (P-Kante) aus der Gruppierung nach `Bundesland` und `Jahr` berechnet werden, so muss diese Kombination als `BJ` sortiert vorliegen. Soll dagegen `Jahr` über eine P-Kante aus dieser Kombination abgeleitet werden, muss diese nach `JB` sortiert sein. Da es auf der Ebene $k+1$ entsprechend viele Kopien jedes Knotens gibt, entspricht diese Aufgabenstellung dem Zuordnungsproblem in gewichteten bipartiten Graphen. Dieses Problem lässt sich unter anderem durch den Kuhn-Munkres-Algorithmus (auch bekannt als Ungarische Methode [Kuh10]) – einem Verfahren der linearen Optimierung – lösen. Der gesamte Ablauf ist in Algorithmus 8.1 nach [AAD+96] dargestellt.

Input : Anzahl der Gruppierungsattribute N
Aggregationsgitter mit P- und S-Kosten der Kanten

```
foreach Ebene k = 0 ... N − 1 do
    /* Erzeuge Plan für Generierung von Ebene k aus k + 1 */
    Erzeuge k zusätzliche Kopien für jeden Knoten v aus Ebene k + 1;
    Verbinde jede Kopie mit der gleichen Menge der k-Knoten wie der
    Originalknoten v;
    Weise P(e_ij)-Kosten der Kante vom Originalknoten v und
    S(e_ij)-Kosten den Kanten der Knotenkopien zu;
    Finde die Zuordnungen zwischen k + 1 und k mit den minimalen
    Kosten (Kuhn-Munkres-Algorithmus);
    foreach Gruppierungskombination G in Ebene k + 1 do
        Lege Sortierreihenfolge von G durch Reihenfolge des über eine
        P-Kante verbundenen Knotens aus k fest;
    end
end
```

Algorithmus 8.1: PipeSort-Algorithmus zur **CUBE**-Berechnung

Dieses Verfahren profitiert von mehreren Optimierungen:

- Der Aufwand für Sortieroperationen verteilt sich auf die Berechnung mehrerer Gruppierungen.
- Die Kosten für Scans auf den Basisrelationen werden ebenfalls durch die gemeinsame Berechnung mehrerer Gruppierungen amortisiert.
- Gruppierungsergebnisse können im Hauptspeicher zwischengespeichert und für die Ableitung einer weiteren Gruppierung genutzt werden.

Ähnliche Optimierungen sind für eine Hash-basierte Berechnung möglich. Details hierzu sowie zum PipeHash-Algorithmus sind in [AAD+96] zu finden.

8.3 Materialisierte Sichten

Aufgrund der vergleichsweise einfachen Schemata (Star- oder Snowflake-Schema) und der Art der Datennutzung (Analysen auf Basis von Aggregationen) ist ein Data Warehouse typischerweise durch eine Vielzahl gleicher oder ähnlicher Anfragen auf immer denselben Relationen charakterisiert. Daher bietet sich die Einführung von Sichten zur Vereinfachung der Anfrageformulierung an. Weiterhin beinhalten die Anfragen zu einem großen Teil lesenden

Zugriff auf einen stabilen Datenbestand, sodass eine *Materialisierung* der Sichten sinnvoll erscheint, um den Berechnungsaufwand für häufig wiederkehrende Anfrageteile zu reduzieren. Da die Daten außerdem eher selten geändert werden, ist der Aufwand für eine Aktualisierung der Sichten gering.

Aus diesem Grund bieten die kommerziellen DBMS als Unterstützung für Data-Warehouse-Systeme sogenannte *materialisierte Sichten* (engl. *Materialized View*, *Materialized Query Table* oder *Summary Table*) an. Hierbei handelt es sich im Prinzip um normale Tabellen, in denen das Ergebnis der Sichtanfrage abgelegt wird. Im Vergleich zu diesen ist die Nutzung materialisierter Sichten jedoch weitgehend transparent – sowohl bezüglich der Verwendung in Anfragen als auch der Aktualisierung. Mit materialisierten Sichten sind daher drei wesentliche Problembereiche verbunden:

- die *Anfrageersetzung*, d.h. das Umschreiben der originalen Anfrage derart, dass anstelle der ursprünglich genutzten Basisrelationen nun eine oder mehrere materialisierte Sichten genutzt werden,
- die *Auswahl materialisierter Sichten*, die ein Abwägen zwischen dem Nutzen durch die Reduzierung der Antwortzeiten und dem Aufwand in Form von zusätzlichem Speicherbedarf für redundante Daten sowie Verwaltungsaufwand darstellt,
- die *Wartung materialisierter Sichten* im Fall von Änderungen der Basisrelationen durch eine Neuberechnung oder Propagierung der Änderungen.

Diese Aspekte werden im Folgenden genauer behandelt. Anschließend werden wir kurz auf die Umsetzung in kommerziellen DBMS eingehen.

8.3.1 Anfragebeantwortung mit materialisierten Sichten

Materialisierte Sichten werden mit dem Ziel eingeführt, die Antwortzeiten von Anfragen im Data Warehouse durch die Bereitstellung vorberechneter (Teil-)Ergebnisse zu verkürzen. Dies soll möglichst transparent erfolgen, d.h. die ursprünglichen Anfragen auf den Basisrelationen sollen *nicht* geändert werden müssen. Die Aufgabe ist daher bei einer vorhandenen materialisierten Sicht M, eine Anfrage Q derart in eine äquivalente Anfrage Q' umzuschreiben, dass sie das gleiche Ergebnis wie Q liefert, dabei jedoch M nutzt.

◂Beispiel 8-1▸ Gegeben sei die materialisierte Sicht MV, die wie folgt definiert ist:

```
CREATE MATERIALIZED VIEW MV AS
        SELECT P_Produktgruppe, V_Ort_ID,
           SUM(V_Anzahl * P_Verkaufspreis) AS Umsatz
        FROM Verkauf, Produkt
```

```
        WHERE V_Produkt_ID = P_ID AND P_Produktkategorie = 'Wein'
        GROUP BY P_Produktgruppe, V_Ort_ID
```

Weiterhin sei die Anfrage Q gegeben:

```
SELECT P_Produktgruppe, O_Stadt,
       SUM(V_Anzahl * P_Verkaufspreis) AS Umsatz
FROM   Verkauf, Produkt, Ort
WHERE  V_Produkt_ID = P_ID AND
       V_Ort_ID = O_ID AND
       O_Bundesland = 'Sachsen-Anhalt' AND
       P_Produktkategorie = 'Wein'
GROUP BY P_Produktgruppe, O_Stadt
```

Unter Nutzung der materialisierten Sicht `MV` kann diese Anfrage in die folgende Anfrage Q' umgeformt werden, die aufgrund der vorberechneten Gruppierung und Aggregation sicher schneller ausgeführt werden kann:

```
SELECT P_Produktgruppe, O_Stadt, SUM(Umsatz)
FROM   MV, Ort
WHERE  MV.V_Ort_ID = O_ID AND
       O_Bundesland = 'Sachsen-Anhalt'
GROUP BY P_Produktgruppe, O_Stadt
```

□

Grundbedingung für eine derartige Umformulierung ist es, dass die neue Anfrage das gleiche Ergebnis liefert wie die ursprüngliche, d.h. dass sie äquivalent zu dieser ist. Wie das Beispiel zeigt, muss die materialisierte Sicht dabei nicht direkt der Anfrage entsprechen. Vielmehr kann sie eine Obermenge der Daten liefern (z.B. weniger restriktiv sein oder feingranularere Aggregate beinhalten) oder auch erst durch einen nachträglichen Verbund die gewünschten Daten liefern.

Dabei ergeben sich zwei grundlegende Problemstellungen:

- die Frage nach der Existenz einer Anfrageersetzung (*Query Containment*),
- die eigentliche Anfrageumformulierung (*Query Rewriting*)

. Da eine materialisierte Sicht durch eine Anfrage definiert ist, kann die Frage der Ersetzbarkeit auf das Problem des Enthaltenseins von Anfragen zurückgeführt werden. Dieses *Query-Containment*-Problem ist wie folgt definiert: Gegeben sind zwei Anfragen Q_1 und Q_2.

- Q_1 ist in Q_2 *enthalten* ($Q_1 \sqsubseteq Q_2$), wenn für alle Datenbankinstanzen D die Ergebnismenge von Q_1 eine Teilmenge des Ergebnisses von Q_2 ist: $Q_1(D) \subseteq Q_2(D)$.

- Q_1 und Q_2 sind *äquivalent*, wenn $Q_1 \sqsubseteq Q_2$ und $Q_2 \sqsubseteq Q_1$ gilt.

Das Enthaltensein bzw. die Äquivalenz sollte natürlich durch einen syntaktischen Test der Anfragen erfolgen und nicht durch das Ausführen und Vergleichen der Ergebnismengen. Weiterhin genügt für die Ersetzung von materialisierten Sichten offensichtlich das Enthaltensein-Kriterium, da nachträgliche Anfrageoperationen auf der materialisierten Sicht (sogenannte Kompensationsanfragen) durchaus möglich sind.

Leider ist das Query-Containment-Problem für beliebige relationale Kalküle bzw. Anfragen in Relationenalgebra unentscheidbar. Für konjunktive Anfragen ist es immerhin entscheidbar, allerdings NP-vollständig. Eine Lösung in polynomialer Zeit kann durch Beschränkung auf SPJ-Anfragen (mit Konstantenselektion, natürlichem Verbund und Projektion) erreicht werden. Data-Warehouse-Anfragen enthalten jedoch typischerweise auch Gruppierungen und Aggregationen, sodass diese ebenfalls berücksichtigt werden müssen.

Insgesamt müssen für die Ersetzbarkeit eine Reihe von Bedingungen erfüllt sein. Da diese auch für die Auswahl und Definition geeigneter Materialisierungen von Bedeutung sind, werden wir sie im Folgenden in Anlehnung an [Leh03] kurz diskutieren.

Kompatibilität der Prädikate. Für eine Anfrage Q mit einem Selektionsprädikat P_Q und eine Anfrage bzw. Sichtdefinition Q' mit dem Prädikat $P_{Q'}$ muss allgemein gelten, dass $P_{Q'}$ nicht restriktiver als P_Q ist. Aufgrund der Unentscheidbarkeit der Prädikatenlogik im allgemeinen Fall werden die Prädikate üblicherweise auf Gleichheitsprädikate und Tests auf Enthaltensein beschränkt. Darüber hinaus müssen alle Attribute aus P_Q in der Sicht Q' enthalten sein.

Verträglichkeit von Gruppierungen. Eine weitere Bedingung ist im Fall von `GROUP BY`-Anfragen die Ableitbarkeit der Gruppierungskombinationen. Unter einer Gruppierungskombination wird dabei die Menge von Gruppierungsattributen $G = \{A_1, \ldots, A_n\}$ verstanden, wobei es keine funktionalen Abhängigkeiten zwischen den Attributen geben sollte. Es gilt:

Eine Gruppierungskombination G_2 ist aus einer Gruppierungskombination G_1 *direkt ableitbar* ($G_1 \Rightarrow G_2$), wenn

- G_2 genau ein Attribut weniger als G_1 hat: $G_2 \subset G_1$, $|G_2| + 1 = |G_1|$ oder
- G_2 durch Ersetzung eines Attributes A_i durch A_j in G_1 entsteht, wobei eine funktionale Abhängigkeit $A_i \rightarrow A_j$ existiert.

Die zweite Bedingung kann beispielsweise durch referentielle Integritätsbedingungen oder informale Zusicherungen gegeben sein. Letzteres kann etwa in Oracle durch eine `CREATE DIMENSION`-Anweisung formuliert werden.

Auf Basis der direkten Ableitbarkeit kann eine allgemeine Ableitbarkeit einer Gruppierungskombination G_2 von G_1 definiert werden, wenn es einen Pfad von direkten Ableitbarkeitsbeziehungen gibt, d.h. $G_1 \Rightarrow G_i \Rightarrow G_{i+1} \Rightarrow \cdots \Rightarrow G_2$. Weiterhin lässt sich dies auch auf durch **CUBE** oder **ROLLUP** gebildete Gruppierungsmengen erweitern.

Verträglichkeit von Aggregatfunktionen. Zur Ableitbarkeit von Aggregationen klassifiziert man üblicherweise die Aggregatfunktionen in:

- distributive Funktionen, die additive Funktionen wie **SUM** und **COUNT** sowie semi-additive Funktionen wie **MIN** und **MAX** umfassen. Derartige Funktionen erlauben es, das Gesamtaggregat aus vorberechneten Aggregaten abzuleiten, es gilt also etwa für zwei Wertemengen X_1 und X_2:

  $$\texttt{SUM}(X_1 \cup X_2) = \texttt{SUM}(\{\texttt{SUM}(X_1), \texttt{SUM}(X_2)\})$$

  Semi-additive Funktionen besitzen die gleiche Eigenschaft, allerdings existiert hierzu keine Inverse, die das Löschen einzelner Werte aus einem vorberechneten Aggregat erlaubt.

- algebraische Aggregatfunktionen erfordern eine algebraische Funktion über additiven Aggregaten. Ein Beispiel hierfür ist die **AVG**-Funktion:

  $$\texttt{AVG}(X) = \frac{\texttt{SUM}(X)}{\texttt{COUNT}(X)}$$

- holistische Funktionen sind alle weiteren Funktionen wie z.B. der Median.

Daraus ergibt sich, dass eine materialisierte Sicht nur distributive Aggregatfunktionen beinhalten sollte. Dann könnte beispielsweise bei der Materialisierung von **SUM**- und **COUNT**-Werten auch eine Anfrage mit **AVG** die Sicht nutzen.

Menge der Basisrelationen. Wie in Beispiel 8-1 gezeigt, muss die materialisierte Sicht nicht zwingend die gleichen oder auch mehr Basisrelationen referenzieren. Für den allgemeinen Fall gilt jedoch, dass mindestens die Relationen, die in der materialisierten Sicht verwendet werden, auch in der Anfrage mit identischen Verbundbedingungen referenziert werden. Der Grund hierfür ist, dass die Verlustfreiheit eines Verbundes nicht garantiert werden kann. Kann dies allerdings aus den vorhandenen Integritätsbedingungen geschlossen werden, so muss nicht jede Relation der Sicht in der Anfrage vorkommen.

Mit diesem Wissen kann das eigentliche Umschreiben (*Query Rewriting*) durchgeführt werden. Dieses Problem lässt sich folgendermaßen beschreiben:

> Gegeben sind eine Menge von Definitionen materialisierter Sichten $V_1, \ldots, V_n$ sowie eine Anfrage Q. Gesucht ist eine Anfrage Q', die nur auf Sichten aus der Menge $V_1, \ldots, V_n$ zugreift.

Hierbei ist der Zugriff auf Basisrelationen nicht ausgeschlossen – diese können konzeptionell als Sichten betrachtet werden.

Gesucht wird natürlich eine *äquivalente Umschreibung*, wobei gilt: Q' ist eine äquivalente Umschreibung bzgl. $V_1, \ldots, V_n$, wenn

(1) Q' nur auf Sichten aus $\{V_1, \ldots, V_n\}$ verweist und

(2) Q' äquivalent zu Q ist.

Unter Berücksichtigung der oben beschriebenen Kriterien für die Ersetzbarkeit ist das eigentliche Umschreiben im Wesentlichen ein Such- bzw. Optimierungsproblem. Sowohl Anfrage als auch Sichtdefinition werden in eine kanonische Form [PHH92] oder eine andere geeignete Repräsentation (wie z.B. das Query Graph Model [PHH92], siehe auch [SSH11]) überführt.

In Abbildung 8.9 ist ein Beispiel auf der Basis des Query Graph Models dargestellt. In diesem Modell werden Anfragen nicht durch Operatoren der Relationenalgebra repräsentiert, sondern durch grobgranularere Boxen wie die **GROUP-BY**-Box oder die **SELECT**-Box, wobei Letztere Selektion, Projektion und Verbund umfasst.

```
SELECT O_Stadt, YEAR_MONTH(Z_Datum),
       SUM(V_Anzahl)
FROM Verkauf, Zeit, Ort
WHERE V_Zeit_ID = Z_ID
       AND V_Ort_ID = O_ID
       AND O_Bundesland = 'Thüringen'
       AND YEAR(Z_Datum) = 2011
GROUP BY O_Stadt, YEAR_MONTH(Z_Datum)
HAVING SUM(V_Anzahl) > 1000
```

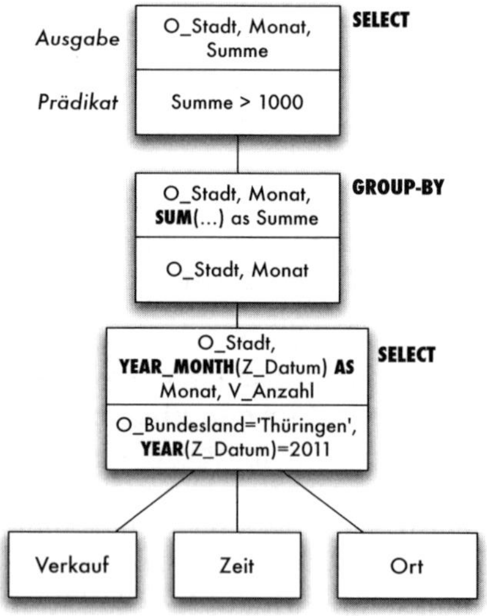

Abbildung 8.9: Anfragerepräsentation im Query Graph Model

Mit diesem Modell zur Anfragerepräsentation kann ein Vergleich zur (teilweisen) Übereinstimmung der Anfragegraphen von materialisierten Sichten und Anfragen auf der Basis der Übereinstimmung von QGM-Boxen durchgeführt werden. Diese Matching-Beziehung ist in Abbildung 8.10 dargestellt: Ein

Anfragebox Q stimmt mit einer Box M (z.B. die Repräsentation einer materialisierten Sicht) überein, wenn ein QGM-Graph $G(Q, M)$ konstruiert werden kann, der ein Subgraphen $G(M)$ mit der Anfragebox M als Wurzel besitzt und $G(Q, M)$ äquivalent zu $G(Q)$ ist, d.h. das gleiche Ergebnis produziert. Stimmt Q mit M überein, so ist $G(Q, M) - G(M)$ die *Kompensationsanfrage*, die auf M ausgeführt werden muss, um das gleiche Ergebnis von Q zu produzieren. Natürlich kann diese Kompensationsanfrage auch leer sein – in diesem Fall stimmen Q und M exakt überein.

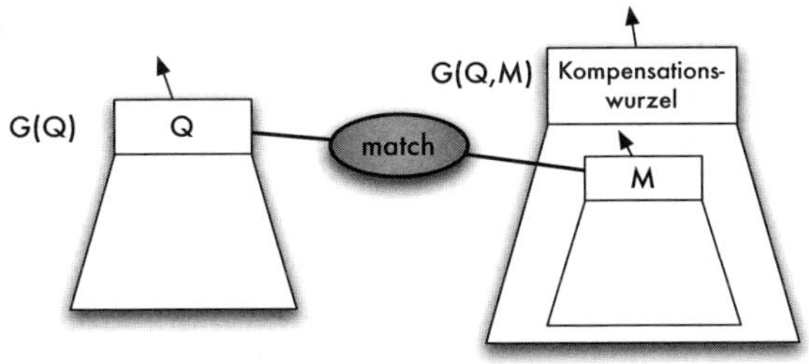

Abbildung 8.10: Matching-Beziehung für QGM-Graphen nach [ZCL+00]

Für die Anfrageumschreibung werden beide Anfragegraphen (d.h. die umzuschreibende Anfrage und die Anfrage der materialisierten Sicht), beginnend bei den Blättern bis zur Wurzel, hinsichtlich der Übereinstimmung untersucht. Wird festgestellt, dass ein Teilgraph der Anfrage durch einen Teilgraph der Sichtdefinition ersetzt werden kann, wird die nächsthöhere Ebene betrachtet, bis keine weitere Ersetzung möglich ist. Der verbleibende Teil der Anfrage wird als Kompensationsanfrage auf der materialisierten Sicht übernommen. Für eine Übereinstimmung müssen dabei grundsätzlich zwei Bedingungen erfüllt sein:

1. mindestens eines der Kinder von Q muss mit einem M-Kind übereinstimmen,
2. Q und M müssen Boxen vom selben Typ sein.

Im Detail werden dazu verschiedene Regeln für die einzelnen Fällte benötigt, die in [ZCL+00] beschrieben sind.

Den einfachsten Fall – die exakte Übereinstimmung der Kindboxen (*exact child matches*) – wollen wir an zwei Beispielen vorstellen. Für den Vergleich von zwei **SELECT**-Boxen, deren Kinder 1:1 übereinstimmen, gelten folgende Bedingungen:

- jedes Q-Kind stimmt mit maximal einem M-Kind überein,
- keine zwei Q-Kinder stimmen mit dem selben M-Kind überein, d.h. Selbstverbunde sind nicht erlaubt,

- zusätzliche Verbunde sind verlustlos (z.B. über eine Fremdschlüsselbeziehung),
- alle Ausgabeattribute von Q sind aus M ableitbar,
- M-Prädikate, die nicht Extra-Verbundprädikate sind, sind weniger einschränkend als die korrespondierenden Q-Prädikate.

Die Kompensationsanfrage wird dann so konstruiert, dass ggf. notwendige Verbunde der Kinder erfolgen und zusätzlich Q-Prädikate, die nicht für M existieren, aufgenommen werden.

Abbildung 8.11 zeigt dies anhand einer einfachen Verbundanfrage. Die grau dargestellten Boxen auf der rechten Seite repräsentieren die materialisierte Sicht `MV`, der Graph auf der linken Seite die Anfrage. In diesem Beispiel sind die Forderungen bezüglich der Übereinstimmung erfüllt, auch das Prädikat `P_Preis > 100` auf der materialisierten Sicht ist weniger einschränkend als das korrespondierende Prädikat der Anfrage `P_Preis > 400`. In der Kompensationsanfrage wird die materialisierte Sicht mit dem dort nicht enthaltenden Kind der Anfrage (hier `Ort`) verbunden und das Prädikat `P_Preis > 400` angewendet.

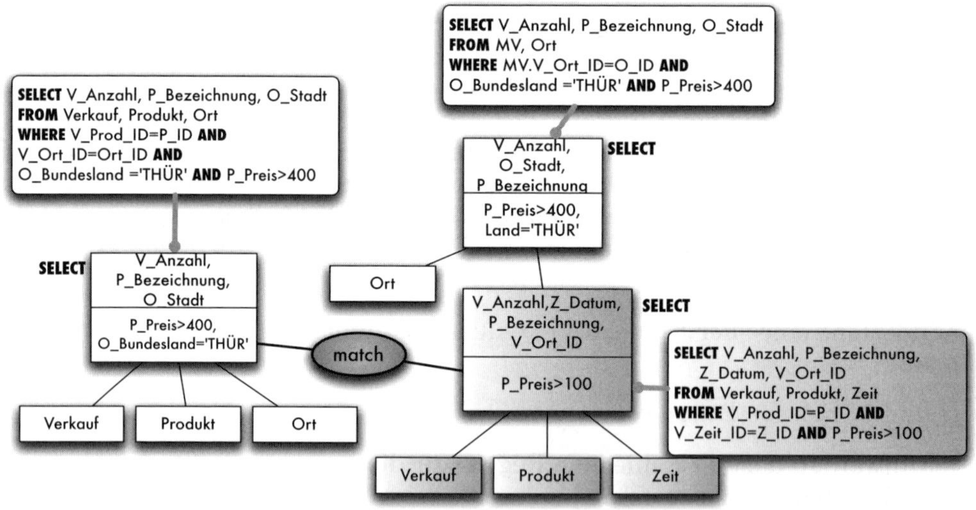

Abbildung 8.11: Anfrageumschreiben mit materialisierten Sichten

Im zweiten Beispiel (Abbildung 8.12) betrachten wir die **GROUP BY**-Boxen. Für diesen Fall muss – unter Annahme der Übereinstimmung der Kinder dieser Boxen – gelten, dass

- jedes Gruppierungsattribut aus Q äquivalent zu einem Gruppierungsattribut aus M ist,

- wenn die Gruppierungsattribute exakt übereinstimmen, dann müssen auch die Aggregationen übereinstimmen,
- anderenfalls muss jede Aggregation in Q aus einer Aggregation in M ableitbar sein.

In unserem Beispiel gehen wir zur Vereinfachung von einer Tabelle `GesamtVerkauf` aus, worauf eine materialisierte Sicht `MV` definiert ist, die den Gesamtumsatz aller Produkte, gruppiert nach Jahr und Monat, liefert. In der umzuschreibenden Anfrage sollen die Umsatzzahlen aus der Tabelle `GesamtVerkauf` gruppiert nach Jahren ermittelt werden. Aufgrund der Übereinstimmung der Kinder sowie der Gruppierungsattribute und Aggregationen kann die Anfrage `MV` benutzen, muss als Kompensationsanfrage aber eine Nachgruppierung durchführen.

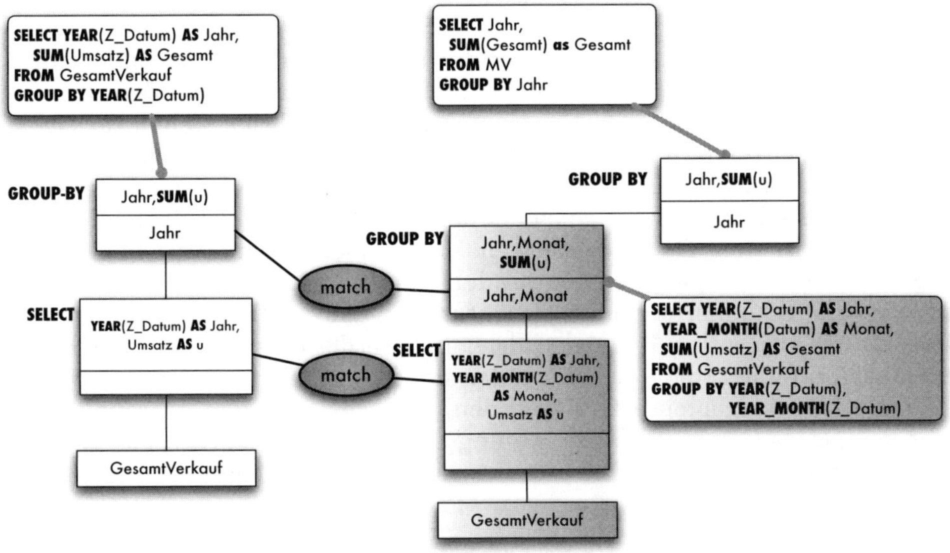

Abbildung 8.12: Anfrageumschreiben mit materialisierten Sichten für Gruppierung

Neben dieser exakten Übereinstimmung müssen auch noch Fälle behandelt werden, wo die Kinder nicht vollständig übereinstimmen (*non-exact child matches*). Ein weiterer Fall betrifft die Übereinstimmung von komplexen Gruppierungskombinationen im **CUBE**-Operator (*cube matches*). Details hierzu sowie zur Bestimmung der Kompensationsanfragen sind in [ZCL$^+$00] zu finden.

Abschließend sein angemerkt, dass beim Umschreiben die zu erwartende Kostenreduzierung durch die Materialisierung zu berücksichtigen ist – nur so ist die Nutzung der Sicht überhaupt sinnvoll. Damit verbunden ist auch eine

Betrachtung alternativer materialisierter Sichten, sodass die beste Ersetzung gewählt werden kann.

8.3.2 Auswahl materialisierter Sichten

Die zweite wichtige Aufgabe bei der Verwendung materialisierter Sichten ist die Auswahl der zu materialisierenden Anfrageteile. Hierbei ist zwischen dem Gewinn durch das Einsparen der erneuten Berechnung und dem zusätzlichen Aufwand in Form von Speicherplatz aufgrund der Redundanzen sowie der Aktualisierung bei Änderungen der Basisrelationen abzuwägen. Grundsätzlich erfordert dies demzufolge einerseits Kenntnis über die auszuführenden Anfragen (den *Workload*) und andererseits die Berücksichtigung der Ersetzbarkeit bzw. Ableitbarkeit der einzelnen Anfrageteile, d.h., wie oben beschrieben u.a. die Additivität von Aggregatfunktionen oder die Ableitbarkeit von Gruppierungskombinationen.

Einen sinnvollen Ausgangspunkt für derartige Betrachtungen bildet ein sogenanntes Aggregationsgitter, das einen Teilmengenverband über den Gruppierungsattributen repräsentiert. Die Knoten in diesem Gitter stehen für Aggregationen bzw. Gruppierungen, die gerichteten Kanten geben an, welche Aggregationen bzw. Gruppierungen aus welchen anderen berechnet werden können. Eine derartige Kante entspricht somit der *direkten Ableitbarkeit* von Gruppierungskombinationen. Die Ableitbarkeit kann dabei sowohl auf den Gruppierungsattributen (beispielsweise kann der Gesamtverkaufssumme pro Produktgruppe, d.h. Gruppierung nach `Produktgruppe`, aus der Gruppierungskombination `{ Produktgruppe, Filiale }` abgeleitet werden) als auch entlang der Dimensionshierarchien (die Verkaufszahlen der Monate können genutzt werden, um die Jahresergebnisse zu berechnen) betrachtet werden, woraus sich ein sehr komplexes Gitter ergibt. Abbildung 8.13 zeigt das Aggregationsgitter für die drei Gruppierungsattribute `Produktgruppe`, `Filiale`, `Jahr`.

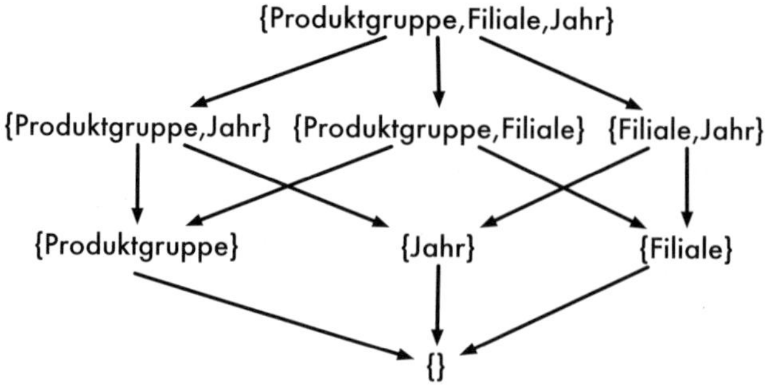

Abbildung 8.13: Aggregationsgitter

Jeder Knoten im Aggregationsgitter entspricht nun einer Möglichkeit, eine materialisierte Sicht zu bilden. Leider wächst die Zahl der Knoten im Aggregationsgitter exponentiell mit der Zahl der Gruppierungsattribute (d.h. der Dimensionen), sodass aus Aufwandsgründen eine Auswahl getroffen werden muss. Ein erster Schritt ist hierbei die Reduktion des Aggregationsgitters durch die Berücksichtigung funktionaler Abhängigkeiten. Wenn beispielsweise gilt $A_1 \rightarrow A_2$, dann repräsentieren die Knoten (A_1) und (A_1, A_2) sowie (A_1, A_3) und (A_1, A_2, A_3) jeweils das Gleiche. Derartige Abhängigkeiten lassen sich u.a. über die verschiedenen Ebenen einer Klassifikationshierarchie identifizieren, so etwa:

$$\texttt{Produktbezeichnung} \rightarrow \texttt{Produktgruppe} \rightarrow \texttt{Produktkategorie}$$

Die eigentliche Auswahl kann dann entweder statisch (durch Analyse eines gegebenen Workloads) oder dynamisch zur Laufzeit (vergleichbar mit einem Caching von Materialisierungen) erfolgen. An dieser Stelle wollen wir nur kurz einen statischen Ansatz skizzieren, der von Harinarayan, Rajaraman und Ullman [HRU96] vorgeschlagen wurde. Die Grundidee ist es, zunächst Kosten und Nutzen einer Materialisierungskonfiguration (eine Menge von zu materialisierenden Aggregations- bzw. Gruppierungsknoten) zu bestimmen.

Für eine Materialisierungskonfiguration $M = \{m_1, \ldots, m_k\}$ aus Materialisierungspunkten m_i setzen sich die Gesamtkosten aus den Aktualisierungskosten $U(M)$ und den Anfragekosten $C_Q(M)$ für einen Workload $Q = \{q_1, \ldots, q_n\}$ zusammen. Die Anfragekosten pro Anfrage q beziehen die Häufigkeit $f(q_i)$ sowie die minimalen Kosten $c_q(n)$ bezüglich einer Materialisierung $m \in M$ ein, d.h.

$$C_Q(M) = \sum_{q_i \in Q} f(q_i) \cdot \min_{m \in M} c_q(m)$$

Für die Anfragekosten c_q gilt dabei die Monotonieeigenschaft, die besagt, dass die Kosten für die Bearbeitung von c_q unter Verwendung einer Materialisierung m_i kleiner sind als die für m_j, falls m_i aus m_j abgeleitet werden kann:

$$m_i \Rightarrow m_j \rightarrow c_q(m_i) < c_q(m_j)$$

Auf dieser Basis kann der Nutzen $B_Q(m, M)$ einer zusätzlichen Materialisierung m für einen Workload Q wie folgt bestimmt werden:

$$B_Q(m, M) = \begin{cases} C_Q(M) - C_Q(M \cup \{m\}) & \text{falls } C_Q(M \cup \{m\}) < C_Q(M) \\ 0 & \text{sonst} \end{cases}$$

Leider ist das eigentliche Auswahlproblem NP-vollständig. Daher basiert der vorgeschlagene Algorithmus auf dem Greedy-Prinzip: Für ein gegebenes

Aggregationsgitter wird iterativ immer der Knoten bestimmt, dessen Materialisierung den maximalen Nutzen bezüglich der Menge der schon für eine Materialisierung ausgewählten Knoten bringt. Dabei wird berücksichtigt, dass der für die Materialisierung verfügbare Speicherplatz beschränkt ist und somit beim Erreichen einer vorgegebenen Speicherplatzschranke abgebrochen werden muss. Das ursprüngliche Verfahren berücksichtigt keinerlei Restriktionsbedingungen in Anfragen. Details sowie Analysen zur Komplexität sind in [HRU96] zu finden.

8.3.3 Aktualisierung materialisierter Sichten

Mit materialisierten Sichten werden bewusst Redundanzen eingeführt, um die Anfrageperformanz zu verbessern. Allerdings ergeben sich daraus Probleme bei Änderungen auf den Basisrelationen. Insbesondere ist die Konsistenz zwischen Basisrelationen und materialisierter Sicht oder verschiedenen Sichten zu den gleichen Basisrelationen nicht mehr gewährleistet, sodass eigentlich äquivalente Anfragen durchaus unterschiedliche Ergebnisse liefern können. Verschärfend kommt hinzu, dass eine Neuberechnung der Sicht typischerweise sehr aufwendig ist (dies war ja gerade der Grund für die Einführung einer materialisierten Sicht) und somit jede Änderung der Basisrelation eine Neuberechnung anstoßen kann. Daher werden effiziente Aktualisierungsverfahren benötigt, die auf einer inkrementellen Verarbeitung basieren. Dies bedeutet, dass eine Basisänderung direkt in eine Änderung der Sicht umgerechnet wird.

Eine zweite Fragestellung in diesem Zusammenhang betrifft den Zeitpunkt der Aktualisierung der Sicht. Dies kann entweder sofort, zum Commit-Zeitpunkt oder verzögert erfolgen. Abbildung 8.14 zeigt den Lösungsraum für Zeitpunkt und Strategie der Aktualisierung, wobei die sinnvollen Kombinationen entsprechend gekennzeichnet ($\surd$) sind.

		Aktualisierungszeitpunkt		
		sofort	mit Commit	verzögert
Aktualisierungs-	vollständig	–	–	$\surd$
strategie	inkrementell	$\surd$	$\surd$	–

Abbildung 8.14: Strategie und Zeitpunkt für Aktualisierung

Eine sofortige (synchrone) Aktualisierung hat den Vorteil, dass die Sichten immer aktuell sind. Allerdings werden dabei Änderungstransaktionen auf den Basisrelationen behindert. Auch ein Verschieben der Aktualisierung auf das Commit ändert nur wenig daran. Bei der verzögerten Aktualisierung werden Änderungstransaktionen von der Sichtaktualisierung entkoppelt. Erst wenn auf die Sicht zugegriffen wird, erfolgt die Aktualisierung. Dies hat den Vorteil, dass Lesekonsistenz garantiert werden kann. Allerdings können Leseoperationen auch deutlich verzögert werden, da diese nun die Aktualisierungskosten tragen und bei selten genutzten Sichten gegebenenfalls zunächst viele Änderungen vollzogen werden müssen. Eine spezielle Form der verzögerten Aktualisierung ist die Snapshot-Aktualisierung, die asynchron von Änderung und Lesezugriff erfolgt. Dies kann beispielsweise zeitgesteuert (etwa nachts) oder anwendungsspezifisch (z.B. nachdem 10 % der Daten geändert wurden) erfolgen.

Vollständige Aktualisierung. Der naheliegende Ansatz einer Aktualisierung materialisierter Sichten ist eine vollständige Neuberechnung. Leider kann dies sehr aufwendig werden, auch wenn dies bei bestimmten Sichttypen (verlustbehaftete Verbunde, Bedingungen mit Negationen, komplexe Gruppierungen und Aggregationen) der einzige Weg der Aktualisierung ist.

Eine Verbesserungsmöglichkeit stellt jedoch die gemeinsame Aktualisierung mehrerer Sichten dar, indem versucht wird, zunächst einen gemeinsamen Vorgänger mit einer minimalen Extension zu finden und anschließend darauf aufbauend die eigentlichen Sichten zu berechnen. Grundsätzlich ergeben sich hierbei ähnliche Einschränkungen wie bei der Sichtersetzung etwa bezüglich der Ableitbarkeit von Gruppierungskombinationen und Aggregatfunktionen, sodass wir an dieser Stelle nicht näher darauf eingehen.

Inkrementelle Aktualisierung. Das Ziel einer inkrementellen Aktualisierung ist die Vermeidung des Aufwandes für eine Neuberechnung der Sicht. Hierbei sind zwei Schritte notwendig:

1. Es müssen die geänderten Detaildaten identifiziert werden. Dies kann beispielsweise über Trigger erfolgen.
2. Diese Änderungen sind anschließend in den materialisierten Sichten nachzuvollziehen.

Unter der Annahme einer Basisrelation R mit den Änderungen Δ^+R für neu eingefügte Tupel und Δ^-R für gelöschte Tupel[1] kann für den einfachsten Fall einer Sicht $V = f(R)$ ohne Aggregation die Aktualisierung zur neuen Sicht V_{neu} wie folgt formuliert werden:

$$
\begin{aligned}
V_{neu} &= f((R - \Delta^-R) \cup \Delta^+R) \\
&= (f(R) - f(\Delta^-R)) \cup f(\Delta^+R) \\
&= (V - \Delta^-V) \cup \Delta^+V
\end{aligned}
$$

Aufgabe ist es daher, die Sichtänderung Δ^+V bzw. Δ^-V zu bestimmen.

Die Verfahren zur Ableitung der resultierenden Sichtänderungen lassen sich bezüglich einiger wesentlicher Faktoren klassifizieren, die Einfluss auf die Effizienz der Aktualisierung haben. Diese Kriterien sind [GM95]:

[1] Ein Update kann als Folge von Lösch- und Einfügeoperation aufgefasst werden.

- die *zur Verfügung stehenden Informationen*

  Dies betrifft die Frage, welche Informationen über die Sichtdefinition und den Inhalt der Sicht hinaus noch verfügbar sind. Mögliche Zusatzinformationen sind u.a. Integritätsbedingungen oder Hilfssichten.

- die *verwendeten Anfragekonstrukte* zur Definition der Sicht

  Hierdurch wird bestimmt, welche Anfrageoperationen in der Sichtdefinition für eine inkrementelle Aktualisierung erlaubt sind. Selektion und Projektion sind unproblematisch, und auch Verbunde werden durch viele Verfahren unterstützt. Dagegen erfordern Gruppierung und Aggregation aufwendigere Techniken bzw. gewisse Einschränkungen bei der Anfrageformulierung.

- die *unterstützten Änderungsoperationen*

  Der einfachste Fall ist die Beschränkung auf Einfüge-/Löschoperationen und die Abbildung von Änderungen auf diese beiden Operationen. Allerdings kann dies zu einem Informationsverlust führen und teure Zugriffe auf die Basisrelation erforderlich machen.

- die *Granularität der Aktualisierung*

  Dieses Kriterium bestimmt, ob Sichten einzeln bzw. isoliert voneinander aktualisiert werden oder ob eine – für die Konsistenz vorteilhafte – gemeinsame Aktualisierung mehrerer Sichten möglich ist.

- der *Zeitpunkt der Aktualisierung*

  Dieses Kriterium haben wir bereits im Zusammenhang mit Abbildung 8.14 diskutiert.

Eine wichtige Rolle für eine inkrementelle Aktualisierbarkeit von Sichten spielen die verfügbaren Informationen sowie die Anfragekonstrukte. Dies wollen wir im Folgenden an einigen Beispielen illustrieren.

◀Beispiel 8-2▶ Wir gehen von unserer `Produkt`-Relation aus und nehmen an, dass in einer materialisierten Sicht die Bezeichnungen aller Produkte erfasst sein sollen, die mehr als 100 € kosten:

```
CREATE MATERIALIZED VIEW ExklusiveProdukte AS
        SELECT DISTINCT P_Bezeichnung
        FROM Produkt WHERE P_Verkaufspreis > 100
```

Wird nun ein neues Produkt mit einem Preis kleiner als 100 € in die `Produkt`-Relation eingefügt:

```
INSERT INTO Produkt
        (P_ID, P_Bezeichnung, P_Verkaufspreis, P_Produktgruppe)
        VALUES (12345, 'Zinfandel', 7.50, 'Wein')
```

so kann allein aus der Kenntnis der Sichtdefinition abgeleitet werden, dass keine Änderung der Sicht notwendig ist.

Fügen wir dagegen ein teures Produkt in die Basisrelation ein:

```
INSERT INTO Produkt
        (P_ID, P_Bezeichnung, P_Verkaufspreis, P_Produktgruppe)
        VALUES (12346, 'La Pointe Grand Cru', 120.00, 'Wein')
```

so gibt es verschiedene Möglichkeiten der Nutzung von Zusatzinformationen:

(a) Wenn nur die materialisierte Sicht vorhanden ist, kann geprüft werden, ob La Pointe Grand Cru bereits in der Sicht vorhanden ist. In diesem Fall ist keine Änderung notwendig. Anderenfalls muss die Änderung in der Sicht nachgezogen werden.

(b) Wenn die Basisrelation verfügbar ist, kann geprüft werden, ob die Basisrelation bereits ein La Pointe Grand Cru-Tupel mit einem Preis >= 100 enthält. In diesem Fall ist die Änderung der Sicht aufgrund der Eindeutigkeit der P_Bezeichnung-Werte in der Sicht nicht nötig, anderenfalls wird das Tupel auch in der Sicht eingefügt.

(c) Wäre P_Bezeichnung als Primärschlüssel in der Relation Produkt definiert, so könnte das eingefügte Tupel noch nicht in der Sicht sein – anderenfalls wäre die Einfügeoperation aufgrund einer Verletzung der Integritätsbedingung abgebrochen worden. Demzufolge muss die Änderung in der Sicht durchgeführt werden.

□

Für diese sehr einfachen Fälle ist somit eine inkrementelle Änderung immer möglich. Allerdings zeigt das folgende Beispiel, dass bereits die Hinzunahme einer Verbundoperation zur Unentscheidbarkeit von inkrementellen Änderungen führen kann.

◂Beispiel 8-3▸ In einer materialisierten Sicht sollen die Bezeichnungen aller verkauften Biersorten verwaltet werden, was durch einen Verbund zwischen der Faktentabelle Verkauf und der Produkt-Dimensionstabelle erreicht werden kann:

```
CREATE MATERIALIZED VIEW VerkaufteBiere AS
        SELECT DISTINCT P_Bezeichnung
        FROM Verkauf, Produkt
        WHERE V_Produkt_ID = P_ID AND P_Produktgruppe = 'Bier'
```

In die Dimensionstabelle soll nun ein neues Bier eingefügt werden:

```
INSERT INTO Produkt
        (P_ID, P_Bezeichnung, P_Verkaufspreis, P_Produktgruppe)
        VALUES (12347, 'Smithwick', 1.50, 'Bier')
```

Falls nur die materialisierte Sicht verfügbar ist, gibt es zwei mögliche Fälle:

(a) Die Sicht `VerkaufteBiere` enthält bereits Smithwick. In diesem Fall ist keine Änderung der Sicht notwendig.

(b) Die Sicht enthält noch kein Tupel Smithwick. Sofern keine Fremdschlüsselbeziehung zwischen `Verkauf` und `Produkt` definiert ist, ist nicht bekannt, ob zum eingefügten Bier ein korrespondierendes Tupel in `Verkauf` existiert. In diesem Fall kann nicht entschieden werden, ob die Änderung in der Sicht nachzuvollziehen ist.

□

Natürlich kann das im obigen Beispiel skizzierte Problem durch den Zugriff auf die Basisrelation gelöst werden. Allerdings sind derartige Zugriffe meist teuer, sodass versucht wird, diese durch die Nutzung von Zusatzinformationen zu vermeiden. Geeignete Informationen sind u.a.:

- Schemainformation wie Primär- und Fremdschlüsselbedingungen,
- Hilfssichten, die weitere Informationen materialisieren und somit eine (partielle) autonome Aktualisierbarkeit ermöglichen,
- Zähler zur Bestimmung der Anzahl von Tupeln in der Basisrelation, aus denen ein Tupel in der Sicht abgeleitet wurde.

Die letztere Variante wird beispielsweise im Counting-Algorithmus [GMS93] genutzt, der wie folgt arbeitet:

1. Zu jedem Tupel t der Sicht wird der Zähler $\mathtt{count}(t)$ gespeichert, der die Anzahl der Ableitungen des Tupels repräsentiert.
2. Aus den Änderungen der Basisrelationen werden Sichtänderungen ΔV abgeleitet.
3. Beim Einfügen wird der Zähler inkrementiert (`count(t)++`), beim Löschen entsprechend dekrementiert (`count(t)--`).
4. Die Änderungen ΔV werden in die Sicht eingebracht und die entsprechenden Zähler `count` aktualisiert.
5. Tupel mit `count(t)` $= 0$ werden gelöscht.

Neben diesem einfachen Algorithmus gibt es noch eine Reihe weiterer Verfahren, auf die wir in Abschnitt 8.4 verweisen.

8.3.4 Materialisierte Sichten in aktuellen DBMS

Da materialisierte Sichten noch nicht Eingang in den SQL-Standard gefunden haben, müssen herstellerspezifische Erweiterungen zur Definition genutzt werden, die wir nachfolgend kurz vorstellen.

Oracle

In Oracle gibt es eine spezielle **CREATE MATERIALIZED VIEW**-Anweisung, die wie folgt aufgebaut ist:

```
CREATE MATERIALIZED VIEW MatViewName
       BUILD { IMMEDIATE | DEFERRED }
       REFRESH { FAST | FORCE } ON { COMPLETE | DEMAND }
       ENABLE QUERY REWRITE
       AS SELECT ... FROM ... WHERE ... GROUP BY ...
```

Das Löschen ist wie üblich über die korrespondierende **DROP**-Anweisung möglich.

Beim Anlegen einer materialisierten Sicht gibt es eine Reihe von Konfigurationsmöglichkeiten bezüglich:

- dem *Füllen* der Sicht

  Hier wird festgelegt, wann das Anfrageergebnis in der Sicht materialisiert wird:

  - **BUILD IMMEDIATE** erzwingt das sofortige Füllen,
  - **BUILD DEFERRED** lässt das Füllen zu einem späteren Zeitpunkt zu.

- der *Aktualisierungsstrategie*

  Hiermit wird spezifiziert, wie die Sicht aktualisiert wird, wenn Änderungen auf den Basisrelationen vorgenommen werden:

  - **REFRESH COMPLETE** ist die vollständige Neuberechnung der Sicht,
  - **REFRESH FAST** propagiert Änderungen auf den Basisrelationen in Sichtänderungen,
  - **REFRESH NEVER** bedeutet, dass keine Aktualisierung der Sicht stattfindet,
  - **REFRESH FORCE** versucht wenn möglich **FAST**, sonst **COMPLETE**.

- dem *Aktualisierungszeitpunkt*

  Damit legt man den Zeitpunkt der Sichtaktualisierung fest:

  - **ON COMMIT** direkt nach Änderung der Basisrelation,

- **ON DEMAND** bezeichnet eine explizite Aktualisierung, z.B. über den Aufruf einer PL/SQL-Prozedur `dbms_mview.refresh`.

Die inkrementelle Änderung über die **REFRESH FAST**-Option erfordert die Verwendung von Log-Tabellen, in denen die Änderungsoperationen protokolliert werden. Diese werden durch automatisch generierte Trigger auf den Basisrelationen erfasst. Eine derartige Log-Tabelle wird für jede von der materialisierten Sicht referenzierten Basisrelationen benötigt und durch die folgende Anweisung angelegt:

```
CREATE MATERIALIZED VIEW LOG ON Basistabelle
WITH ...
```

In der **WITH**-Klausel kann spezifiziert werden, welche Attribute für die Protokollierung der betroffenen Tupel genutzt werden sollen. Sinnvolle Angaben sind hier u.a. **PRIMARY KEY** für den Primärschlüssel oder **ROWID** für den Tupelidentifikator.

Neben der Forderung nach Log-Tabellen gibt es noch weitere Restriktionen der Sichtanfragen für eine inkrementelle Aktualisierbarkeit. Details hierzu sind in der Oracle-Dokumentation zu finden.

◀Beispiel 8-4▶ Es soll eine Materialisierung der Umsatz- und Verkaufszahlen von Wein in Thüringen aus dem Jahr 2011 definiert werden. Die Sichtdefinition lautet dann wie folgt:

```
CREATE MATERIALIZED VIEW WeinVerkaufThueringen2011
       BUILD IMMEDIATE REFRESH FAST
       ENABLE QUERY REWRITE
AS
       SELECT P_Produktgruppe, O_Stadt, SUM(V_Anzahl) AS Einheiten,
       SUM(V_Anzahl * P_Verkaufspreis) AS Umsatz
       FROM Verkauf, Produkt, Zeit, Ort
       where V_Produkt_ID = P_ID AND
          V_Zeit_ID = Z_ID AND V_Ort_ID = O_ID AND
          P_Produktkategorie = 'Wein' AND YEAR(Z_Datum) = 2011 AND
          O_Bundesland = 'Thüringen'
       GROUP BY P_Produktgruppe, O_Stadt
```

Zusätzlich muss noch die Log-Tabelle angelegt werden:

```
CREATE MATERIALIZED VIEW LOG ON Verkauf
```

□

Oracle nimmt ein Umschreiben von auf Basisrelationen formulierten Anfragen in Anfragen auf materialisierten Sichten vor, sofern diese mit

ENABLE QUERY REWRITE definiert wurden. Zur Unterstützung bei der Auswahl materialisierter Sichten wird ein als *Summary Advisor* bezeichnetes Administrationswerkzeug angeboten.

DB2

In IBM DB2 werden materialisierte Sichten als *Materialized Query Tables* bzw. *Summary Tables* bezeichnet. Das Anlegen erfolgt über eine **CREATE TABLE**-Anweisung mit DB2-spezifischen Erweiterungen:

```
CREATE TABLE MatViewName AS (
       AS SELECT ... FROM ... WHERE ... GROUP BY ...
) DATA INITIALLY DEFERRED
REFRESH { DEFERRED | IMMEDIATE }
```

Auch hier kann der Aktualisierungszeitpunkt angegeben werden, wobei zwischen sofortiger Aktualisierung (**REFRESH IMMEDIATE**) bei Änderungen der Basisrelationen und verzögerter, d.h. expliziter Aktualisierung durch eine Anweisung unterschieden wird:

```
REFRESH TABLE MatViewName
```

◂Beispiel 8-5▸ Das für Oracle gezeigte Beispiel 8-4 kann daher wie folgt in DB2 umgesetzt werden:

```
CREATE TABLE WeinVerkaufThueringen2011 AS (
       SELECT P_Produktgruppe, O_Stadt, SUM(V_Anzahl) AS Einheiten,
       SUM(V_Anzahl * P_Verkaufspreis) AS Umsatz
       FROM Verkauf, Produkt, Zeit, Ort
       where V_Produkt_ID = P._ID AND
          V_Zeit_ID = Z_ID AND V_Ort_ID = O_ID AND
          P_Produktkategorie = 'Wein' AND YEAR(Z_Datum) = 2011 AND
          O_Bundesland = 'Thüringen'
       GROUP BY P_Produktgruppe, O_Stadt)
DATA INITIALLY DEFERRED
REFRESH IMMEDIATE
```

□

Wie in Oracle wird ein automatisiertes Umschreiben von Anfragen zur Nutzung von materialisierten Sichten unterstützt, und auch die Auswahl wird durch entsprechende Werkzeuge vereinfacht.

SQL Server

Im Microsoft SQL Server werden materialisierte Sichten dagegen durch geclusterte Indexe auf normalen Sichten implementiert. Daher ist zunächst eine Sicht zu definieren, auf der anschließend mit

```
CREATE UNIQUE CLUSTERED INDEX IndexName ON ...
```

ein Index angelegt wird. Ein geclusterter Index ist im SQL Server ein Index, der nicht nur die Schlüsselwerte, sondern auch die kompletten Tupel enthält. Da diese in diesem Fall aus der virtuellen Sicht stammen, wird das Ergebnis der Sichtanfrage im Index materialisiert:

◀Beispiel 8-6▶ Demzufolge kann die Umsetzung unseres Beispiels mit den Mitteln des SQL Servers wie folgt erfolgen:

```
CREATE VIEW WeinVerkaufThueringen2011 AS
        SELECT P_Produktgruppe, O_Stadt, SUM(V_Anzahl) AS Einheiten,
        SUM(V_Anzahl * P_Verkaufspreis) AS Umsatz
        FROM Verkauf, Produkt, Zeit, Ort
        where V_Produkt_ID = P_ID AND
           V_Zeit_ID = Z_ID AND V_Ort_ID = O_ID AND
           P_Produktkategorie = 'Wein' AND YEAR(Z_Datum) = 2011 AND
           O_Bundesland = 'Thüringen'
        GROUP BY P_Produktgruppe, O_Stadt
CREATE UNIQUE CLUSTERED INDEX W_V_Th_2011_IDX
        ON WeinVerkaufThueringen2011 (P_Produktgruppe, O_Stadt);
```

□

Bezüglich Auswahl, Aktualisierung und Nutzung in Anfragen gelten die gleichen Aussagen wie bei den anderen Systemen.

8.4 Vertiefende Literatur

Anfrageoptimierung und -verarbeitung ist Gegenstand der Lehrbücher zu Datenbank-Implementierungstechniken wie etwa [GMUW08, HR01, KE04, SSH11]. Überblicksartikel zum Thema Optimierung sind u.a. [JK84] sowie zu physischen Aspekten der Anfrageverarbeitung der Beitrag von Graefe [Gra93].

Die in diesem Kapitel beschriebene Technik Star-Join-Optimierung basiert auf Semi-Joins, die bereits in [BC81] diskutiert wurden. Die aktuell in Oracle genutzte Variante wird u.a. in [Ora05] behandelt. Die in MS SQL Server verwendete Lösung wurde in [GLGG+08] vorgestellt und nutzt ebenfalls

Semi-Verbunde und Bitfilter. Ein alternativer, in IBM Informix eingesetzer, Ansatz auf der Basis rechtsorientierter Anfragebäume in Verbindung mit Hash-Verbunden ist in [Wei02] beschrieben.

Der PipeSort-Algorithmus zur **CUBE**-Berechnung wurde von Agarwal et al. in [AAD+96] vorgestellt, weitere Techniken sind im Beitrag [MKIK07] dargestellt.

Die verschiedenen Aspekte materialisierter Sichten sind im Buch von Gupta und Mumick [GM99] behandelt. Das Query-Containment-Problem ist u.a. in [Ull00] beschrieben, weitere Ausführungen dazu finden sich auch in [LN06]. Das Query Graph Model wurde in [PHH92] eingeführt, die darauf aufbauende Umschreibung für materialisierte Sichten wurde in [ZCL+00] vorgestellt. Der in Abschnitt 8.3.3 erwähnte Counting-Algorithmus wird in [GMS93] behandelt. Andere Techniken zur Aktualisierung materialisierter Sichten sind beispielsweise der DRed-Algorithmus [GMS93], Chronicle Views [JMS95], sowie das in Sybase Anywhere eingesetzte Verfahren auf der Basis äußerer Verbunde [Nic12]. Ein Überblick zu grundlegenden Problemstellungen und Verfahren ist auch in [GM95] zu finden.

Herstellerspezifische Beschreibungen zur Definition und Nutzung von materialisierten Sichten sind in den entsprechenden Systemdokumentationen [Ora07, Mica, IBM12] zu finden.

8.5 Übungen

Übung 8-1 Nutzen Sie das **EXPLAIN**-Kommando oder ein vergleichbares Tool zur Anzeige von Anfrageplänen Ihres DBMS um die Star-Join-Anfragen aus diesem Kapitel zu analysieren. Welche Variante der Star-Join-Optimierung (sofern vorhanden) wird genutzt?

Übung 8-2 Geben Sie für die Berechnung aller Gruppierungskombinationen der Menge (`Produkt`, `Filiale`, `Verkaufstag`) drei Paare von Kombinationen an, die direkt ohne Sortierung auseinander abgeleitet werden können, sowie drei Paare von Kombinationen, die eine Sortierung erfordern.

Übung 8-3 Gegeben sei die folgende Anfrage:

```
SELECT P_Produktgruppe, O_Bundesland, MONTH(Z_Datum),
       SUM(V_Anzahl) AS Verkaufsanzahl
FROM   Verkauf, Produkt, Zeit, Ort
WHERE  V_Produkt_ID = P_ID AND
       V_Zeit_ID = Z_ID AND V_Ort_ID = O_ID AND
       P_Produktkategorie = 'Wein' AND YEAR(Z_Datum) = 2011
GROUP BY P_Produktgruppe, O_Bundesland, MONTH(Z_Datum)
```

Geben Sie drei mögliche (nicht-triviale) materialisierte Sichten an, die Teilmengen der Gruppierung, der Verbunde und Selektionsbedingungen enthalten. Geben Sie auch jeweils die Umschreibung der ursprünglichen SQL-Anfrage an.

Übung 8-4 Geben Sie das Aggregationsgitter für die Dimensionen `Produkt`, `Filiale`, `Verkaufstag`, `Verkäufer` und `Kunde` an.

9

Business-Intelligence-Anwendungen

In diesem Kapitel wollen wir uns mit den Anwendungen auseinandersetzen, die auf die Daten des Data Warehouse zugreifen. Prinzipiell lassen sich diese Anwendungen auch auf operativen Datenbanken oder Dateien ausführen. Jedoch ermöglicht der zentrale Datenhaltungsansatz eine Vielzahl von Analysen ohne großen Bearbeitungsaufwand. Dies ist nicht nur dem multidimensionalen Modell des Data Warehouse geschuldet, sondern auch den hohen Anforderungen hinsichtlich der Daten- und Informationsqualität. Der notwendige ETL-Prozess (vergleiche hierzu Kapitel 4) stellt den Rahmen für die Datenzusammenführung und den notwendigen einheitlichen Blick.

Neben der Definition des Begriffs Business Intelligence wollen wir uns in diesem Kapitel auch der Einordnung in den Kontext des Data Warehouse widmen und betriebliche Anwendungsszenarien darlegen. Zuerst befassen wir uns kurz mit der Entwicklung des Begriffs Business Intelligence (BI) und der Einordnung in die Entscheidungsunterstützung. Im Anschluss beschreiben wir in Abschnitt 9.2 die wichtigste Entscheidungsunterstützung: das *Reporting*. An dieser Stelle wird auch ein ausgewogenes Kennzahlensystem diskutiert. Häufig sind jedoch neben Kennzahlen nach vorgegebenen Berechnungsvorschriften für den Entscheidungsprozess auch unbekanntes oder schwer fassbares Wissen von Nutzen. Daher zeigen wir in Abschnitt 9.3 wichtige Data-Mining-Anwendungen. Hierbei gehen wir auf die Warenkorbanalyse und das Kundenclustering als Anwendungsfälle ein. Zudem stellen wir Klassifikationsverfahren für nominale und metrische Größen vor.

9.1 Business Intelligence

Der Begriff *Business Intelligence* wird in Literatur und Praxis vielfältig gebraucht. Hans Peter Luhn beschrieb bereits 1958 ein automatisiertes System, das Informationen in Betrieben, der Wissenschaft oder öffentlichen Einrichtungen bedarfsgerecht verteilt [Luh58]. Mit der aufkommenden Datenverarbeitung wurden auch verstärkt Lösungen zum Monitoring und zur Steuerung eines Unternehmens nachgefragt. So entwickelten sich ab den 60er Jahren *Management-Informationssysteme* (MIS), anschließend *Management-Support-Systeme* und später *Executive-Information-Systeme*. Während bei den MIS der Informationsbedarf noch a priori festgelegt werden und somit das System bei der Entscheidungsfindung automatisch unterstützen konnte, sind die in den 70er Jahren entwickelten Management-Support-Systeme (oftmals auch als Decision-Support-System bezeichnet) stark durch den Einsatz von Datenbanksystemen geprägt. Daher ist hier auch eine Fokussierung auf Berichte für den Entscheider häufig durch Domänenexperten gegeben. Die zugrunde liegenden Entscheidungsmodelle weisen einen komplexeren Charakter auf. In den 80er Jahren wurden dann Führungskräfte bei ihren Entscheidungen per Knopfdruck von den Systemen unterstützt. Dabei erfolgte eine Konzentration auf die wichtigsten Entscheider im Unternehmen. Mit dem Aufkommen des Data Warehouse sind vor allem die OLAP-Analysen für komplexe Entscheidungsprozesse relevant und stehen einer breiten Basis im Unternehmen zur Verfügung.

9.1.1 Begriffsklärung

Unter Business Intelligence (BI) wird eine Vielzahl von Methoden, Techniken und Anwendungen verstanden, um betriebliche Entscheidungsprozesse zu unterstützen. Im Begriff BI werden dabei unterschiedliche Analyseansätze gebündelt.

Der englische Begriff Intelligence führt oft zu Missverständnissen im deutschsprachigem Raum, denn im Kontext von Business Intelligence steht hierbei das Auffinden von Ordnungen im Fokus. Auch die Identifikation von Regeln hinsichtlich von Gemeinsamkeiten in den Daten bzw. ihrem Zusammentreffen stellt einen Aspekt der „Intelligence“ dar. Häufig wird aber auch nach Regeln gesucht, die versuchen, ein Neben- oder Nacheinanderauftreten von Ereignissen zu erklären. Natürlich spielt auch die gezielte Sammlung und Weitergabe von Informationen in den Begriff. In der Literatur wird an dieser Stelle auch der Begriff Informationslogik mit Intelligence verknüpft.

Grothe und Gensch [GG00] definieren Business Intelligence als

> „analytischen Prozess, der – fragmentierte – Unternehmens- und Wettbewerbsdaten in handlungsgerichtetes Wissen über die Fähigkeiten,

Positionen, Handlungen und Ziele der betrachteten internen oder externen Handlungsfelder (Akteure und Prozesse) transformiert."

Ein analytischer Prozess wird dabei in die Bereiche Planung, Entscheidung und Steuerung unterteilt. Um diese Bereiche ausreichend unterstützen zu können, bedarf es einer hohen Qualität der Datengrundlage. Dies bedeutet für das Data Warehouse eine allgegenwärtige Datenintegration und -bereitstellung. Mittels unterschiedlicher Methoden und Techniken lässt sich dann ein handlungsgerichtetes Wissen ableiten. Dieses Wissen beinhaltet Kommunikation, Information und die Wissensdarstellung.

Gluchowski [Glu01] nimmt die Unterteilung in drei Abstraktionsebenen des Begriffes Business Intelligence vor: BI im engeren Sinn, BI aus analyseorientierter Sicht, und BI im weiteren Sinn. BI im engeren Sinn umfasst dabei neben den Funktionalitäten des Management-Support-Systems auch die multidimensionale Analyse der Data-Warehouse-Daten, d.h. das OLAP. Aus einem analyseorientierten Verständnis wird BI um Methoden des Data Mining, Unterstützung bei Planungsaufgaben, Darstellung von Unternehmenskennzahlen und Balanced-Scorecard-Systemen sowie speziellen Systemen für das Supply-Chain-Management (SCM) und für das Customer-Relationship-Management (CRM) erweitert. Zudem werden darunter noch Ad-hoc Reporting und die Nutzung von BI-Portalen verstanden. Business Intelligence im weiteren Sinne umfasst neben den beiden Sichten zusätzlich das Data Warehousing inklusive Fragen des ETL-Prozesses (siehe Kapitel 4). Auch das Standard-Reporting und Fragen zum Frontend zählen zum BI im weiteren Sinn. Hierbei wird deutlich, dass sowohl Fragen der Datenbeschaffung und -aufbereitung als auch die Datenanalyse eine zentrale Rolle für Business Intelligence spielen. Außerdem müssen Fragen der einzusetzenden Technik als auch der Anwendungsdomäne ausreichend adressiert sein.

Chamoni und Gluchowski [CG04] sehen hinter dem Begriff Business Intelligence „nicht etwa ein neues Konzept oder gar Produkt, sondern den Versuch, eine begriffliche Klammer um eine Vielzahl unterschiedlicher Ansätze zur Analyse und zum Verständnis von Geschäftsprozessen zu legen."

Gluchowski [GGD08] fasst den Terminus Business Intelligence „als begriffliche Klammer [...], die unterschiedliche Technologien und Konzepte im Umfeld der entscheidungsunterstützenden Systeme zusammenführt und dabei eine entscheidungsorientierte Sammlung und Aufbereitung von Daten über das Unternehmen und dessen Umwelt sowie deren Darstellung in Form von geschäftsrelevanten Informationen für Analyse-, Planungs- und Steuerungszwecke zum Gegenstand hat."

Abbildung 9.1 zeigt die Information-Wissen-Können-Pyramide im Kontext von Business-Intelligence-Werkzeugen. Auf der untersten Ebene (1. Stufe) liegen die Daten vor, die im Data Warehouse aus internen und externen Quellen gefüllt sind. Die 2. Stufe stellt den Bereich der Informationen dar, wie sie in klassischen Management-Informationssystemen aufbereitet werden. Auf der

3. Stufe steht das unternehmensrelevante Wissen. Dieses kann beispielsweise durch wissensbasierte Systeme einheitlich dargestellt und aufbereitet sein. Auf der obersten Ebene wird dann die verbesserte Entscheidungsfindung aufgezeigt. Diese wird durch den Begriff des Könnens von den anderen Stufen abstrahiert. Wichtig an dieser Stelle ist das menschliche Handeln, das aufgrund der komplexen Zusammenhänge und häufig partiellen Informationen notwendig ist. Einen Überblick des Einsatzes der Wissenspyramide in unterschiedlichen Unternehmen geben [Mer02] und [MG02].

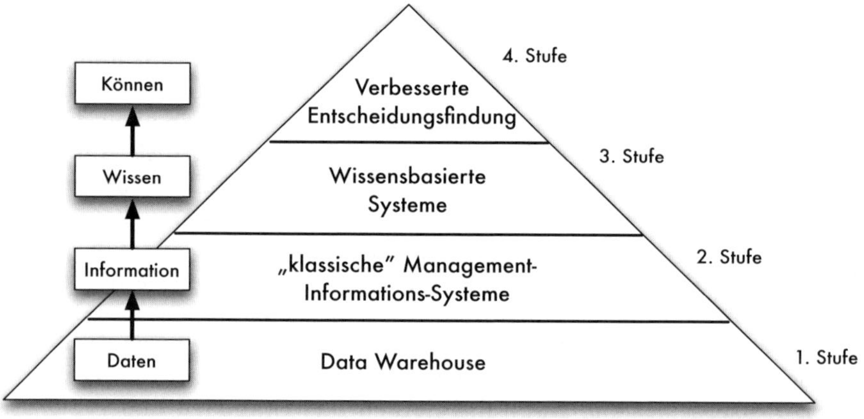

Abbildung 9.1: Wissenspyramide

Mertens [Mer02] identifiziert gängige Abgrenzungen zum Begriff Business Intelligence in den folgenden sieben Punkten:

- Daten- und Informationsverarbeitung für die Unternehmensleitung
- Informationslogistik: Filterung von Informationen
- Management-Informationssysteme: schnelle und flexible Auswertungen
- Frühwarnsystem im Unternehmen („Alerting")
- BI = Data Warehousing
- Informations- und Wissensspeicherung
- Prozess von Erhebung → Diagnose → Therapie → Prognose → Kontrolle

Hinsichtlich der prozessorientierten Sichtweise ergeben sich Methoden, Techniken und Werkzeuge, die in Anlehnung an [GG00] in einem *Business Intelligence Portfolio*, wie in Tabelle 9.1 dargestellt, zusammengeführt werden müssen. Dies bedeutet, dass sowohl innerhalb der Unternehmensstrukturen als

	Unternehmens-, Markt, und Wettbewerbsanalyse	
Ausprägung der Datengrundlage: Entdeckungsprozess:	quantitativ strukturiert hypothesengestützt	überwiegend qualitativ semi-strukturiert hypothesenfrei
Bereitstellung (data delivery)	Data-Warehouse-Systeme Multidimensionale Modelle für: Planung, Budgetierung, Analyse, Reporting	Internet Agententechnologie (ex- und) implizites Wissen
Entdeckung (knowledge discovery)	OLAP Analysen, Balanced Scorecards ABC-Analyse, Abweichungsanalyse	Business-Simulatoren Früherkennungssysteme Data Mining, Text Mining Fallbasiertes Schließen
Kommunikation (knowledge sharing)	standardisiertes und ereignisgesteuertes Reporting Informationssysteme	Interessenprofile Issue Management traditionelles Wissensmanagement
	Pull und Push-Service Competitive Intelligence: Unternehmens-, Markt- und Wettbewerbsanalyse	

Tabelle 9.1: Business Intelligence Portfolio (nach [GG00], S.21)

auch im Business-Intelligence-Prozess eine ganzheitliche Betrachtung erfolgen müssen.

Der Business-Intelligence-Prozess lässt sich, wie in Abbildung 9.2 dargestellt, in die Phasen unterteilen (vergleiche hierzu Bange [Ban03]):

- Datenhaltung in den Vorsystemen
- Extraktions-, Transformations- und Lade-Prozess (vgl. Kapitel 4)
- Data Warehousing
- Online Analytical Processing
- Datenanalyse

In den Vorsystemen werden die Transaktionen der operativen Ebene abgewickelt. Auch hier spielt die Anbindung von externen Quellen hinsichtlich des Datenmanagements eine wichtige Rolle. Im ETL-Prozess erfolgt neben der Selektion relevanter Daten für die Entscheidungsprozesse auch das Einbringen der Daten, die Integration in das gesamtheitliche Datenschema des Data Warehouse und Aggregationen in Vorbereitung für multidimensionale Analysen. Im Data-Warehousing-Prozess erfolgt dann die bedarfsgerechte multidimensionale Datenspeicherung und die Administration für effiziente Analyse. Die Informationsdarstellung, d.h. typische multidimensionale Operationen (vgl. Kapitel 5), stehen im Fokus des Online Analytical Processing. In der Datenanalyse werden schließlich die wichtigsten Entscheidungsmerkmale in Form von Berichten

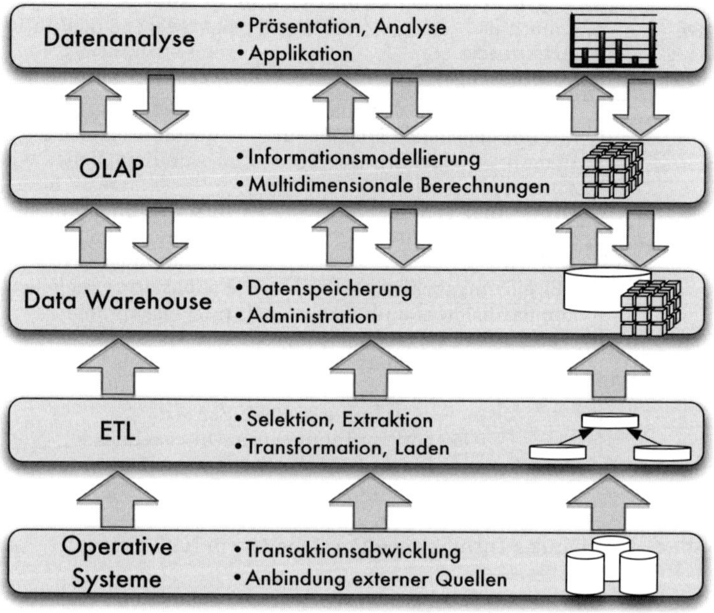

Abbildung 9.2: BI-Prozess nach [Ban03]

oder Kennzahlenrepräsentationen, aber auch Data-Mining-Analysen aufbereitet.

Zusammenfassend lässt sich das Data Warehouse als zentraler Informationsspeicher unternehmensinterner Daten und Metadaten definieren, welcher aber auch von externen Datenquellen befüllt wird. Business Intelligence stellt dazu Methoden zur Verknüpfung von quantitativen, qualitativen, internen und externen Informationen zur Verfügung. Aufgrund der hohen qualitativen Anforderungen an den Data-Warehouse-Datenbestand ist das Data Warehouse der zentrale Anlaufpunkt für unternehmenskritische Entscheidungen. Hierbei muss jedoch die Menge der Daten des Data Warehouse geeignet gefiltert und aggregiert werden, um für den jeweiligen Analysten bzw. Entscheider personalisierte Informationen und notwendiges Wissen darzustellen. Dabei stellen die Data Marts (siehe Abschnitt 2.4.1), oftmals den Ausgangspunkt der Daten für domänenspezifische Analysen dar.

9.1.2 Knowledge Discovery

Aber auch das Datenvolumen innerhalb des Data Warehouse und somit der Data Marts steigt kontinuierlich an. So wachsen die Datenbestände im OLAP-Bereich ständig und ein Überblick über die den Daten inhärenten Strukturen kann zumeist nur mittels explorativer Verfahren erfolgen. Natürlich können auch hypothesengetriebene Analysen genutzt werden, jedoch stehen in einem ersten Analyseschritt des Data-Warehouse-Datenbestandes eine Mustererkennung bzw. Data-Mining-Verfahren im Vordergrund.

Für den Prozess der Exploration von großen Datenbeständen hat sich in der Literatur auch der Begriff *Knowledge Discovery in Databases* (KDD) gefestigt. Bei diesem Prozess wird, teilweise unabhängig vom Data Warehouse, beschrieben, wie sich aus vorhandenen Datenbeständen Wissen ableiten lässt. Im Gegensatz dazu betten Han & Kamber den Wissensfindungsprozess dabei in den Kontext des Data Warehouse ein [HK06] (wie in Abbildung 9.3 veranschaulicht). Hintergrund des Prozesses ist die Idee, dass ein reines Anwenden von Algorithmen auf Daten nicht zielführend ist. Daher stehen valide, neuartige, möglichst nützliche und verständliche Muster in den Daten als Ziel des Prozesses [FPSS96].

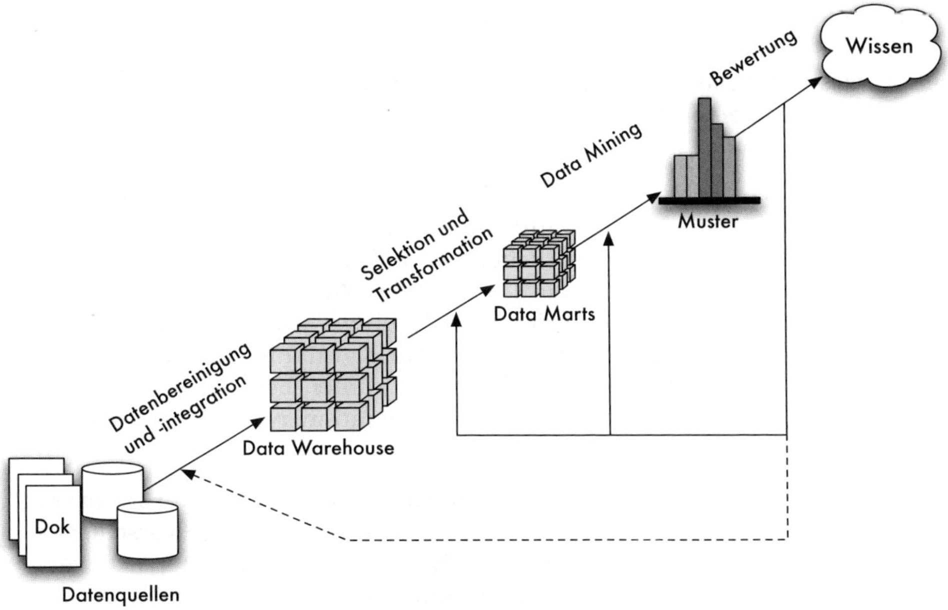

Abbildung 9.3: Knowledge-Discovery-Prozess

Der Prozess lässt sich in die folgenden Phasen einteilen:

1. *Datenauswahl*: Hierzu muss ein Verständnis über die Anwendungsdomäne und das notwendige Vorwissen vorhanden sein, um zu geeigneten Ergebnissen zu gelangen. Somit ist die Auswahl bzw. Filterung der Daten meist nur unter Einbeziehung von Domänenexperten sinnvoll möglich. Unterschiedliche Datenquellen, wie operative Datenbanken oder Dokumente

müssen analysiert und hinsichtlich ihrer Eignung und den Analyseanforderungen ausgewählt werden.

2. *Datenvorverarbeitung*: Diese stellt aus statistischer Sicht sicher, dass Ausreißer in den Daten, aber auch Rauschen (engl. *noise*) entfernt werden. Ebenfalls wird hier der Umgang mit fehlenden Werten definiert. Dies kann von Imputationsverfahren, d.h. der Bestimmung unbekannter Werte, bis zur Eliminierung der betroffenen Daten reichen. Für Zeitreihen und andere Daten werden zusätzliche Metainformationen angereichert, z.B. mittels Tagging, die später für die jeweiligen Data-Mining-Verfahren notwendig sind. Im Kontext des Data Warehousing ist hier insbesondere der ETL-Prozess einzubeziehen. Die *Datenbereinigung* und Integration in das Data-Warehouse-Schema stehen hier im Mittelpunkt.

3. *Datentransformation*: Ziel dieser Phase ist die Reduktion und Projektion der multidimensionalen Daten. Das bedeutet, dass eine Identifikation für den KDD-Prozess wesentlicher Eigenschaften der Daten (engl. *features*) erfolgt. Aus der Gesamtzahl aller Data-Warehouse-Daten werden die benötigten Daten selektiert und für das Data Mining aufbereitet. In der Praxis führt dies im Allgemeinen zu einem für das Data Mining spezifizierten Data Mart.

4. *Data Mining*: Das eigentliche Data Mining kann unterschieden werden in die Auswahl der Data-Mining-Aufgabe, die stark mit dem ersten Schritt zusammenhängt, und dem eigentlichen Data Mining, d.h. der Anwendung von Algorithmen. Für die Wahl der Data-Mining-Aufgabe sind insbesondere auch die Wahl der Parameter der Data-Mining-Verfahren von einer hohen Relevanz. Im eigentlichen Data Mining erfolgt dann die Identifikation von Mustern. Zu den Data-Mining-Verfahren zählen beispielsweise die in Abschnitt 9.3 erläuterten Klassifikation, Assoziationsregeln, Regressionsmodelle und Clusterverfahren.

5. *Interpretation und Bewertung*: Im letzten Schritt erfolgt die Interpretation der identifizierten Muster. Genutzt werden dazu insbesondere verschiedene Visualisierungstechniken, um Muster bzw. Regeln mit den Daten zu vergleichen. Letztlich muss noch die Kommunikation der gefundenen Ergebnisse erfolgen. Diese Verbreitung der Informationen kann über Wissensplattformen im Unternehmen oder über Business-Performance-Systeme geeignet verteilt werden.

Obwohl der ursprüngliche Wissensentdeckungsprozess losgelöst vom Data Warehouse erfolgen kann [FPSS96], ergeben sich bei vorhandenem Data Warehouse eine Vielzahl von Potenzialen, um den zentralen Datenbestand effizient im KDD-Prozess zu nutzen. Daher ist der unmittelbare Zugriff auf den bereits für multidimensionale Analysen aufbereiteten Datenbestand von besonderem Interesse.

9.1.3 Datenanalyse

Business Intelligence fasst jedoch den Begriff der Datenanalyse weiter und schließt nicht nur das Data Warehousing mit ein, sondern umfasst auch die Analyse und Aufbereitung sowie Darstellung von Informationen und die Einbindung in Entscheidungsprozesse. Ziel von Business Intelligence ist es, die betrieblichen Entscheidungsgrundlagen zu verbessern. Dies bedeutet, eine Vielzahl von Herausforderungen zu meistern, beginnend bei der Datensammlung, bei der nicht nur unterschiedlichste heterogene Quellen integriert werden müssen, sondern auch Anforderungen, wie z.B. Fragen der Sicherheit, beachtet werden müssen. Ebenfalls birgt der Datenaufbereitungsprozess unterschiedliche Herausforderungen. Dieser Prozess transformiert die Rohdaten zu Informationen, die für die betrieblichen Entscheidungsprozesse benötigt werden. So müssen sowohl die Identifikation und Anwendung von Geschäftsregeln als auch mathematische – teilweise sehr komplexe – Funktionen auf die Daten anwendbar sein. Zusätzlich müssen die Informationen auch für den Entscheidungsträger interpretierbar visualisiert werden. Um eine Reduktion der enormen Datenmenge zu erzielen, erfolgt eine Konzentration auf die Geschäftsrelevanz. Dies bedeutet im Data Warehousing eine Optimierung hinsichtlich Nutzen und Aufwand.

Innerhalb von Unternehmen oder öffentlichen Einrichtungen ist Business Intelligence analog zum Geschäftsprozessmanagement oder anderen Prozessen, siehe beispielsweise [GK06], als Zyklus zu betrachten. Dabei ergeben sich nach Vitt, Luckevich und Misner die Phasen der Analyse, der sich daraus ableitenden Erkenntnisse, das Einleiten von Aktionen sowie die Messung der Resultate [VLM02]. Um diesen BI-Prozess umzusetzen, müssen in einem ersten Schritt die Unternehmensinformationen quantifiziert oder qualifiziert werden. Diese gewonnenen Daten müssen anschließend analysiert werden. Um den Anforderungen hinsichtlich eines kosteneffizienten Einsatzes gerecht zu werden, erfolgt dann das Ableiten von Erkenntnissen, welche die geschäftlichen Vorgänge unterstützen. Im Anschluss muss eine Bewertung der Erkenntnisse in Bezug auf die unternehmerischen Ziele erfolgen. Letztlich ist es notwendig, konkrete Maßnahmen umzusetzen, die sich aus den relevanten Erkenntnissen unmittelbar ableiten.

Zusammenfassend umfasst Business Intelligence die einzelnen Prozesse, die in Abbildung 9.4 dargestellt sind. Zentraler Bestandteil ist das Data Warehouse. Es ist Ausgangsbasis für betriebliche Entscheidungsprozesse und Analysen. Gefüllt wird es einerseits aus den operativen Datenquellen und insbesondere aus Enterprise-Resource-Planning-Datenbanken (ERP-DB). Andererseits bildet eine Vielzahl von externen Quellen eine Datengrundlage für den Data-Warehouse-Bestand. Aufbauend auf diesem zentralen Datenlager, können Planungsprozesse sowie das Monitoring des betrieblichen Zustands und die Steuerung des Geschäfts effizient betrieben werden. Darüber hinaus ist es möglich,

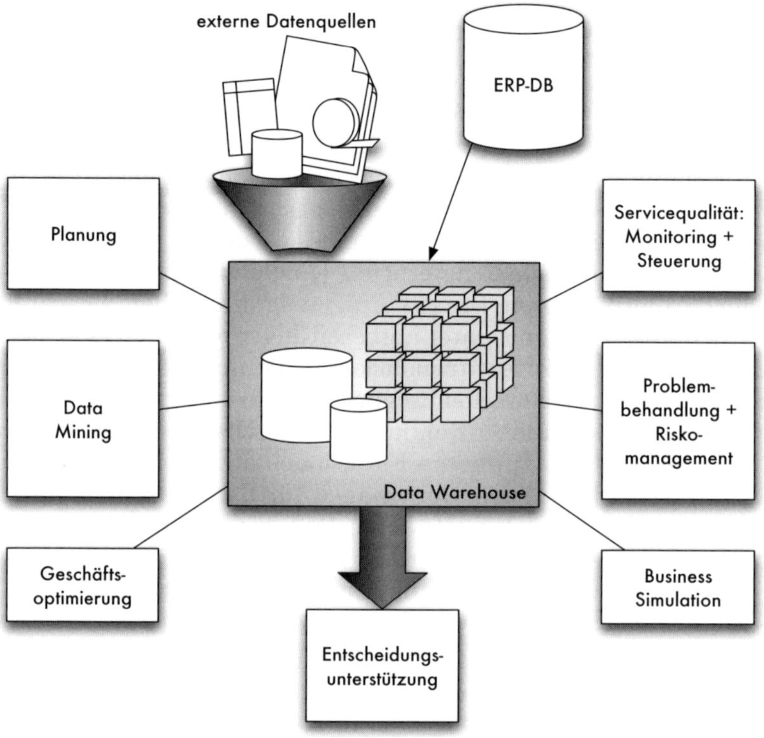

Abbildung 9.4: Business Intelligence – Data Warehouse und Aufgaben

auftretende Probleme frühzeitig zu erkennen und ein betriebliches Risikomanagement zu unterstützen. Neben der Durchführung von What-If-Analysen lassen sich auch Geschäftsprozesssimulationen oder andere, für das Unternehmen relevante Simulationen auf der Datengrundlage des Data Warehouse aufbauen. Ebenso können eine Vielzahl von Methoden und Techniken eingesetzt werden, um eine Geschäftsoptimierung durchzuführen. Um weitere, häufig unbekannte, Regeln oder Zusammenhänge aufzudecken, können Data-Mining-Methoden eingesetzt werden.

9.2 Reporting

In diesem Abschnitt wollen wir knapp auf Fragen der Unterstützung des Managements hinsichtlich der Erstellung von Berichten und Kennzahlen eingehen. Oft werden auf der Entscheidungsebene Berichte genutzt, um in kurzer Zeit einen Überblick über den aktuellen Stand, mögliche Prognosen oder die

Aufdeckung von Risiken zu ermöglichen. Dabei kann unterschieden werden in (vergleiche hierzu auch [KMU04]):

- Standardberichte,
- die Generierung von Ad-hoc-Berichten sowie
- Berichte zur Früherkennung.

Zum Reporting gehören sowohl die Erstellung als auch die Verteilung der Berichte.

Abbildung 9.5 zeigt einen Beispielreport, welcher aus textuellen, numerischen und grafischen Informationen besteht. Ziel des Reporting ist, einen schnellen und leicht zugänglichen Überblick für die im jeweiligen Verantwortungsbereich liegenden Informationen zu ermöglichen. Grafische Elemente wie Diagramme, aber auch Tabellen sind daher ein wichtiger Bestandteil, um Informationen bedarfsgerecht aufzubereiten.

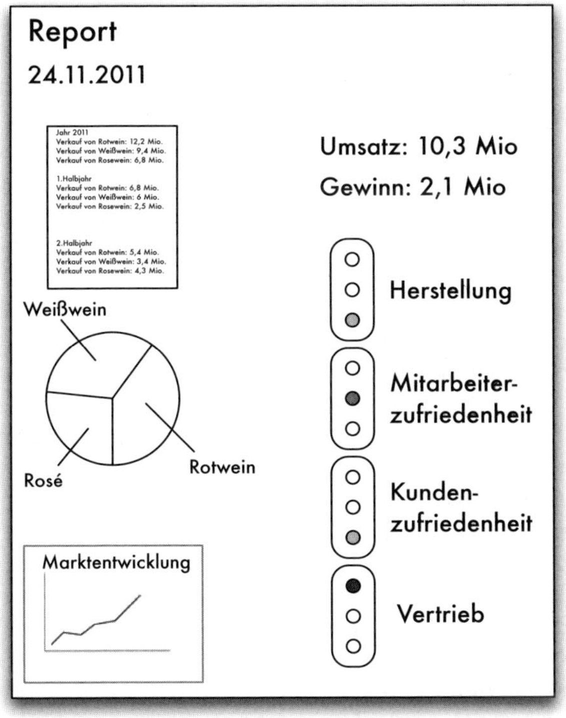

Abbildung 9.5: Generierter Bericht (Beispiel)

Standardberichte werden einmalig im Reporting-Werkzeug erstellt und dann in Abhängigkeit des Bedarfs automatisch generiert. So werden in der Pra-

aktuelle Struktur

P.-Gruppe	Pakete 2010	Pakete 2011
Weißwein	3000	3000
Rotwein	1000	2000

alte Struktur

P.-Gruppe	Pakete 2010	Pakete 2011
Weißwein	2000	2000
Rotwein	2000	2000

historische Wahrheit

P.-Gruppe	Pakete 2010	Pakete 2011
Weißwein	2000	3000
Rotwein	2000	2000

vergleichbare Resultate

P.-Gruppe	Pakete 2010	Pakete 2011
Weißwein	2000	2000
Rotwein	1000	1000

Abbildung 9.6: Report-Ergebnisse eines Datenbestandes mit unterschiedlichen Berichtsanforderungen

xis häufig zeitgesteuerte Berichte erzeugt und verteilt. Neben diesen periodischen Berichten, z.B. auf Wochen- oder Monatsbasis, können Berichte auch automatisch erzeugt werden, wenn definierte Ereignisse wie das Unterschreiten von Schwellenwerten auftreten. In diesem Fall wird der Auslöser als Frühindikator angesehen und der dazu generierte Bericht soll Risiken und Potenziale aufzeigen, um zeitnah reagieren zu können.

Das *Ad-hoc-Reporting* stellt eine Möglichkeit dar, individuelle und bedarfsgerechte Berichte zu erstellen. Hierbei sind vom Anwender spezifische Kenntnisse wie beispielsweise die Anfragesprachen im Data Warehouse Voraussetzung. OLAP-Analysen, wie in Kapitel 5 aufgezeigt, sind dabei häufig Ausgangspunkt und werden dann im Bericht visualisiert aufbereitet. Während das Adhoc-Reporting zum analyseorientierten Business Intelligence gezählt werden kann, stellt das Standard-Reporting eine wichtige Aufgabe im Sinne des weiten BI-Verständnisses dar.

In Abschnitt 3.4 des Kapitels *Modellierung von Data Warehouses* haben wir sich langsam ändernde Dimensionen behandelt. An dieser Stelle wollen wir noch einmal kurz zusammentragen, welchen Einfluss die Slowly Changing Dimensions auf die Berichte haben. Wir nutzen erneut das Beispiel aus Abbildung 3.19. Nach den unterschiedlichen Berichtsanforderungen lassen sich jeweils unterschiedliche Daten für die Kategorien ermitteln. In Abbildung 9.6 stellen wir die Szenarien as-is, as-of, as-posted und nach vergleichbaren Resultaten gegeneinander.

In der Abbildung wird deutlich, dass alle vier Berichte zu unterschiedlichen Ergebnissen in den Kennzahlen führen, obwohl diese auf dem gleichen Datenbestand aufbauen. Das Data Warehouse kann die unterschiedlichen Anforderungen seitens des Reporting unterstützen und somit auf einem Gesamtdatenbestand die unterschiedlichen Resultate liefern. Daher ist es notwendig, für den Berichtsempfänger kenntlich zu machen, welcher Anforderung die Kennzahlen des Berichts unterliegen.

Im Folgenden wollen wir auf typische Aufgaben und spezialisierte Werkzeuge im Reporting eingehen. Daher wenden wir uns im nächsten Abschnitt der Managementmethode Balanced Scorecard zu und wollen anschließend auf

Aspekte der Navigation im Datenwürfel und wichtigen Operatoren konzise eingehen.

9.2.1 Balanced Scorecard

Während Finanzkennzahlen zur Steuerung von Unternehmen eine wichtige Rolle spielen und sich bereits seit dem Anfang des 20. Jahrhunderts in Unternehmen etabliert haben, siehe zum Beispiel das *DuPont-Kennziffernsystem* [Sta69, Aic97, Sch02], entwickelten Kaplan und Norton einen gesamtheitlichen kennzahlengetriebenen Ansatz: die *Balanced Scorecard* [KN92, KN96]. Diese soll sowohl den aktuellen Zustand des Unternehmens widerspiegeln als auch die Strategie darstellen. Mit der Weiterentwicklung zu *StrategyMaps* berücksichtigen Kaplan und Norton verstärkt die Einbeziehung der Unternehmensstrategie in die Entscheidungsprozesse [KN04].

Im Fokus der Balanced Scorecard stehen nicht allein Finanzkennzahlen, sondern auch andere unternehmenskritische Perspektiven, die in die Betrachtung einbezogen werden. Hierzu können beispielsweise die Betrachtung der Mitarbeiter und Kunden, die Geschäftsprozesse oder Lieferanten zählen. Somit soll für die Unternehmenssteuerung ein ausgewogenes Instrument zur Verfügung stehen, das alle Aspekte berücksichtigt. Dabei muss jedoch beachtet werden, dass weiterhin eine kennzahlengetriebene Betrachtung erfolgt. Dies bedeutet, dass eine quantitative Repräsentation für die einzelnen Perspektiven gefunden werden muss. Dies erweist sich in der Praxis oftmals als große Herausforderung, da Informationen wie beispielsweise die Mitarbeiterzufriedenheit oder die Prozessqualität nur schwierig zu erheben sind. Zudem müssen die Daten für Analysen und zur Erstellung der Balanced Scorecard im Data Warehouse bereitgestellt werden.

Abbildung 9.7 zeigt die nach Kaplan und Norton [KN96] vorgeschlagene Aufteilung in die vier Perspektiven:

- Finanzen
- Geschäftsprozesse
- Mitarbeiter (Lern- und Entwicklungsperspektive)
- Kunden

In jeder Perspektive können dabei unterschiedliche Fragestellungen bezüglich der Zielerreichung und strategischen Gestaltung im Unternehmen registriert werden. Für jede Perspektive müssen dann Messwerte definiert werden, um eine Steuerung der Bereiche zu ermöglichen. Eine Beschränkung auf die von Kaplan und Norton vorgeschlagenen vier Perspektiven existiert nicht. Friedag und Schmidt [FS02] zeigen weitere Perspektiven wie Lieferanten und den Staat

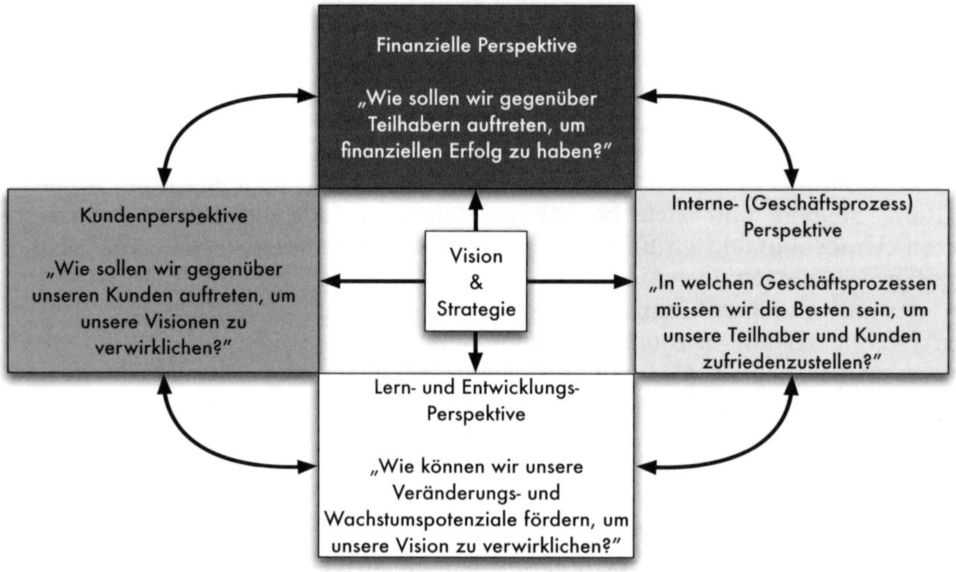

Abbildung 9.7: Perspektiven innerhalb der Balanced Scorecard nach [KN96]

auf. In Abhängigkeit der Domäne, in der die Balanced Scorecard eingesetzt wird, müssen die entsprechenden Perspektiven und ihre Kennzahlen genutzt werden.

Dass diese Messwerte oder Kennzahlen nicht losgelöst voneinander existieren, wird in Abbildung 9.8 deutlich. So wirkt das Fachwissen der Mitarbeiter unmittelbar auf die Geschäftsprozesse. Diese wiederum gestalten die Kundenbeziehung maßgeblich. Aufgrund der Komplexität der Wirkungszusammenhänge ist eine einfache Repräsentation jedoch nicht immer möglich. An dieser Stelle helfen dann Data-Mining-Verfahren (vgl. Abschnitt 9.3), um Muster und Zusammenhänge zu identifizieren. Damit ermöglicht ein ganzheitliches Data-Warehouse-Konzept an dieser Stelle Einblicke in die Unternehmenszusammenhänge und bietet somit eine optimale Unterstützung für das Management.

Abbildung 9.9 repräsentiert eine exemplarische Balanced Scorecard. Diese nutzt zur visuellen Darstellung ein Kiviat-Diagramm, in dem neben den aktuellen gemessenen Zahlen mit Unsicherheitsbereichen auch Planzahlen angegeben sind (vergleiche hierzu auch [KAL07]). Häufig werden diese Planzahlen nicht im Data Warehouse hinterlegt, sondern im Balanced Scorecard Werkzeug verknüpft.

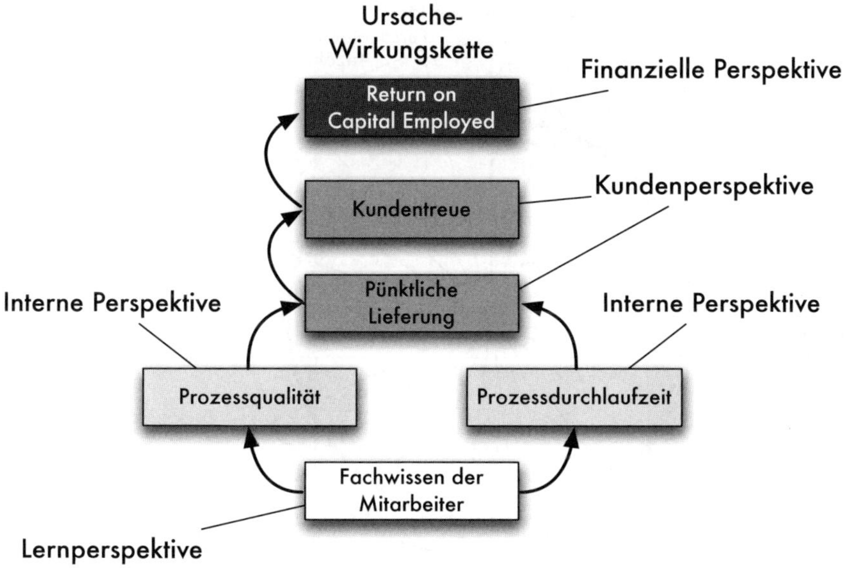

Abbildung 9.8: Balanced Scorecard: Wirkungszusammenhänge

9.2.2 Navigation im Datenwürfel für Ad-hoc-Reporting

Während die Balanced Scorecard ggf. in den Bereich der Standard-Reporte eingeordnet werden kann, ist es in der Praxis häufig notwendig, Berichte anzupassen. Um auch in der Erstellung von Berichten mögliche Fehler zu vermeiden, kann die Navigation innerhalb des Datenwürfels durch Funktionen unterstützt werden. Wir wollen an dieser Stelle exemplarisch auf einige Funktionen der *Multidimensional Expressions* (*MDX*) eingehen. Im Abschnitt 5.4 haben wir bereits die Syntax von MDX dargestellt. Daher werden wir uns an dieser Stelle nur den ausgewählten zusätzlichen Funktionen zur Navigation innerhalb des Datenwürfels widmen.

Die Verwendung von Mengen in MDX wurde bereits mit dem Beispiel der **MEMBERS** vorgestellt. Es existieren darüber hinaus auch Funktionen, um innerhalb einer Hierarchie zu navigieren. Hierzu zählen die Methoden **CHILDREN** und **PARENTS**, die die Kindelemente in der Hierarchie respektive die Elternelemente als Menge zurückgeben. Somit kann eine Anfrage leichter modifiziert und im Bericht Vergleiche unter Ausnutzung der Dimensionshierarchie genutzt werden. Die Methode **DESCENDANTS** liefert im Gegensatz dazu mehrere Ebenen in der Hierarchie zurück; hierbei muss entweder die Distanz angegeben werden oder die zu erreichende Zielebene. Für die Vorgänger kann die Methode **ANCESTORS** genutzt werden.

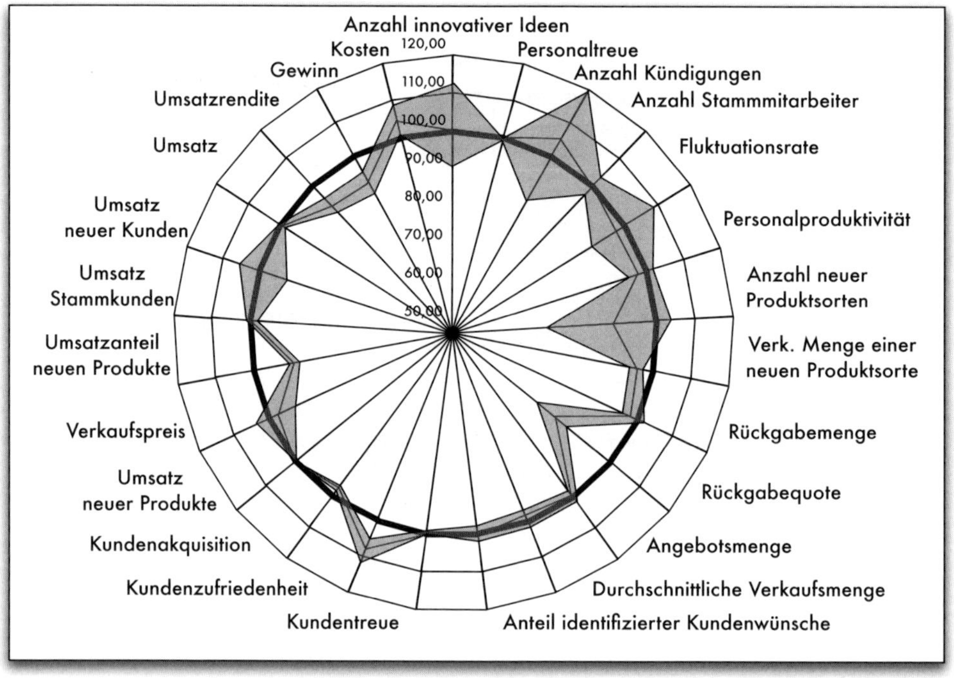

Abbildung 9.9: Beispiel einer Balanced Scorecard

Häufig kann es notwendig sein, nicht alle Elemente zu nutzen. Daher ist eine Ausnutzung der Ordnung durch Methoden in MDX ebenfalls möglich. Die Methode **LASTCHILD** liefert das letzte Element der Menge der Kinder. Somit liefert der Ausdruck

```
Zeit.[2011].LASTCHILD
```

das vierte Quartal des Jahres 2011. Das nächste Element in der gleichen Hierarchieebene wird durch die Methode **NEXTMEMBER** erreicht. Der Aufruf von

```
[2010].[Q4].NEXTMEMBER
```

liefert das erste Quartal von 2011. Die Methode **PREVMEMBER** liefert den Vorgänger zurück. Um mehrere Positionen in der Dimension zu überspringen, können die Methoden **LEAD** und **LAG** genutzt werden. Bereichsangaben werden mittels Doppelpunkt erzielt. Der Aufruf von

```
[2009]:[2012]
```

liefert daher alle Jahre von 2009 bis 2012.

Ebenfalls kann es notwendig sein, dass neben den Informationen zu den eigentlichen Werten auch Angaben über das Level benötigt werden. Die Abfrage der Klassifikationsattribute erfolgt über die Methoden **LEVEL** und **LEVELS**. Der Aufruf des Ausdrucks

`[2011].LEVEL`

gibt als Ergebnis `Jahr` zurück. Ebenfalls liefert der Ausdruck

`Zeit.LEVELS(1)`

den Rückgabewert `Jahr`. Der Wurzelknoten der Dimension `Zeit` ist 0, mit steigender Zahl erfolgt eine Verfeinerung, sodass der Parameter 1 dem Attribut `Jahr` und der Parameter 2 dem Attribut `Quartal` entspricht.

Wichtige Funktionen in Berichten sind darüber hinaus die Aggregation von Kennzahlen. Hierzu zählen insbesondere die unterschiedlichen Typen der Methode **PERIODSTODATE**. So aggregiert die Methode **YTD** (*Year to Date*) Kennzahlen für das laufende Jahr. Alternativen zur Jahresaggregation stellen auf Wochenbasis **WTD** bzw. auf Monatsbasis **MTD** dar. Diese Funktionen lassen sich insbesondere in interaktiven Berichten nutzen bzw. in Berichten, die über das Web zugänglich sind.

◄Beispiel 9-1► Das folgende Beispiel illustriert den Aufruf der **YTD** Methode:

```
WITH MEMBER Measures.YTDUmsatz AS
AGGREGATE(YTD(), Measures.[Umsatz])
SELECT { Measures.[Umsatz], Measures.YTDUmsatz } ON COLUMNS,
       { Zeit.Jahr.MEMBERS } ON ROWS
FROM Verkauf
```

□

9.3 Data Mining im BI-Umfeld

Data Mining ist die zumeist mathematische oder statistische Anwendung von Methoden, um aus den enormen Datenmengen wichtige Informationen zu identifizieren bzw. Wissen abzuleiten. Der KDD-Prozess integriert das Data Mining als einen zentralen Bestandteil. Es handelt sich beim Data Mining um explorative Verfahren, d.h. es erfolgt grundlegend hypothesenfrei. Somit zielt Data Mining auf die Extraktion von unbekanntem und nützlichem Wissen aus den Daten und die Aufbereitung dieses Wissens über die Identifikation von unbekannten Regel- bzw. Gesetzmäßigkeiten und Zusammenhängen.

Da oft bereits die Formulierung von Hypothesen eine sehr komplexe Herausforderung im betrieblichen Zusammenhang darstellt, insbesondere bei der Ausnutzung aller verfügbaren Informationen hinsichtlich der Datenmenge und ihrer Dimensionalität, ist eine automatische Generierung und Identifikation notwendig. Dies leisten Data-Mining-Verfahren. Jedoch muss an dieser Stelle der Wissensentdeckungsprozess aus Abschnitt 9.1 beachtet werden, denn eine datengetriebene Prüfung identifiziert Dinge, die oftmals keine Relevanz aufweisen. Zudem ergeben sich Interpretationsmöglichkeiten, die in Abhängigkeit der Domäne, des Anwendungskontexts und fachlicher Expertise erfolgen. Data Mining sollte daher stets als kreativer Prozess verstanden werden.

In diesem Abschnitt wollen wir einige typische Data-Warehouse-Anwendungsfälle in einem betrieblichen Kontext exemplarisch darstellen und anhand von Data-Mining-Methoden beleuchten. Daher werden wir die aus Kapitel 5 beschriebenen Datenanalysemöglichkeiten hinsichtlich multidimensionaler Abfragen in den Hintergrund rücken und uns hier auf häufig genutzte Data-Mining-Verfahren konzentrieren.

Zu den typischen Fragen und Anwendungsdomänen zählen beispielsweise:

- Welche Kunden kaufen bei uns welche Produkte?
- Wie entwickeln sich unsere Kosten und welche Alternativen gibt es?
- Welche Entwicklungsmöglichkeiten/Potenziale gibt es in unserem Produktsortiment?

Während die erste Frage dem Customer Relationship Management (CRM) zuzuordnen ist und oftmals auch in CRM-Systemen analysiert wird, gehört die zweite Frage in den Bereich des Supply Chain Managements (SCM). Die dritte Frage wird meist im Bereich des Verkaufs oder Marketings gestellt. Es sind überdies auch Kombinationen oder Verknüpfungen möglich. An dieser Stelle bietet das Data Warehouse effiziente Ausgangspunkte für die Beantwortung dieser Fragestellungen.

Der Data-Mining-Werkzeugkasten bietet eine Vielzahl von Methoden, Techniken und Algorithmen, um Muster, Regeln und Zusammenhänge in den Daten aufzudecken. So dienen exemplarisch die folgenden Klassen für die Beantwortung der aufgeführten Fragestellungen:

- Assoziationsregeln – Was wurde gemeinsam in einem Warenkorb gekauft?
- Klassifikationsverfahren – Welchen Kundengruppen sollen wir Aktionen vorschlagen?
- Clustering – Welche Gemeinsamkeiten gibt es bei unseren Kunden/Lieferanten?
- Prognose – Wie sieht die Umsatzentwicklung für die nächsten drei Monate aus?

Wir wollen typische Beispielszenarien in den folgenden Abschnitten mittels der jeweilig im Kontext sinnvollen Data-Mining-Verfahren beleuchten. Aufgrund der Komplexität realer Szenarien ist eine einfache Anwendung bzw. Interpretation der Ergebnisse nicht immer möglich und muss daher kritisch vorbereitet und hinterfragt werden.

9.3.1 Warenkorbanalyse

Die Warenkorbanalyse versucht, Regeln in den Daten zu identifizieren, beispielsweise, ob Objekte gemeinsam gekauft wurden oder ein bestimmtes Zahlungsverhalten vorliegt. Hierzu ist es notwendig, dass die Daten die Transaktionen auf Basis eines Warenkorbs repräsentieren. Anhand mehrerer Warenkörbe (dem Datenbestand) erfolgt dann die algorithmische Suche nach Objekten, die wiederholt gemeinsam in einem Warenkorb sind und die Ableitung, welche Objekte wahrscheinlich einen Zusammenhang beim Kauf spielen. Somit ist der Datenbestand auf Ebene der Transaktion an der Kasse notwendig. Eine vereinfachte Transaktionsdatenbank kann die folgenden Elemente aufweisen:

- T1: {Müller-Thurgau, Riesling, Dornfelder},
- T2: {Riesling, Erfurter Bock, Ilmenauer Pils, Anhaltinisch Flüssig},
- T3: {Müller-Thurgau, Riesling, Erfurter Bock }.

Die zentrale Frage bei der Warenkorbanalyse lautet somit: Welche Waren werden des Öfteren miteinander gekauft?

Dabei können unterschiedliche betriebliche Ziele mit der Warenkorbanalyse verfolgt werden. Dies kann beispielsweise die Optimierung des Laden-Layouts (zumeist aus Umsatzsicht und nicht aus Kundensicht), Cross-Marketing (d.h. der gleichzeitige rabattierte Verkauf von Produkten, um den Umsatz zu erhöhen) oder zusätzliche Angebote zum eigentlichen Bestellvorgang sein.

Um Regeln zu identifizieren, welche Produkte gemeinsam verkauft werden, hat sich in der Praxis das Verfahren der Assoziationsregeln nach Agrawal, Imielinski und Swami [AIS93] und dessen Weiterentwicklung zum Apriori-Algorithmus [AS94] durchgesetzt. Ziel der Assoziationsverfahren ist es, bei einer gegebenen Anzahl von Transaktionen T und allen möglichen Produkten I (engl. *items*) die Regeln zu finden, bei der ein Zusammenhang von (im Warenkorb) beinhalteten Produkten zu weiteren Produkten innerhalb des Warenkorbs erfolgt. Da bei großen Datenbeständen nicht alle 2^I-Regelmöglichkeiten überprüfbar sind, muss eine Approximation erfolgen. Es müssen also Regeln identifiziert werden, die häufig im Datenbestand Anwendung finden (engl. *support*) und deren Konsequenz zugleich meist gegeben ist (engl. *confidence*). Der Regeltyp lässt sich wie folgt darstellen:

$$Rumpf \rightarrow Kopf[support, confidence]$$

Typische Aussagen, die mittels Warenkorbanalyse gefunden werden, könnten beispielsweise wie folgt lauten:

- kauft(X, „Rotwein") $\rightarrow$ kauft(X, „Erfurter Bock") [support = 0.5%, confidence = 60%]
- 98% aller Kunden, die Müller-Thurgau (MT) und Riesling kaufen, bezahlen mit Kreditkarte. Die entsprechende Regel lautet dazu: kauft(X, „Müller-Thurgau") $\wedge$ kauft(X, „Riesling") $\rightarrow$ zahlungsmittel(X, „Kreditkarte").

Diese Regeln setzen nicht unbedingt auf die Produkte allein, sondern beinhalten dann auch Zahlungsweisen (als eigenständiges Produkt) wie in der zweiten Regel ersichtlich.

Apriori-Algorithmus

Im Folgenden wollen wir den Apriori-Algorithmus näher betrachten und benutzen hierfür die etablierte Notation nach Agrawal und Srikant [AS94]:

- Produkte $I = \{i_1, i_2, \ldots, i_m\}$ – Grundgesamtheit an Literalen
- Datenbank D beinhaltet die Menge von Transaktionen $T \subseteq I$
- *Support* der Menge $X \subseteq T$ in D: Anteil der Transaktionen in D, die X enthalten:
$$supp(X) = \frac{|X|}{|D|}$$
- *Assoziationsregel*: $A \rightarrow B$, mit $A \subseteq I$, $B \subseteq I$ und $A \cap B = \emptyset$
- *Support s einer Assoziationsregel*
$$A \rightarrow B \texttt{ in } D : s = supp(X \cup Y) \texttt{ mit } X, Y \subseteq T$$
- *Confidence c einer Assoziationsregel* $A \rightarrow B$ in D: Anteil der Transaktionen, die B enthalten, wenn sie in A enthalten sind
$$c = conf(B|A) = \frac{supp(A \cup B)}{supp(A)}$$

Für die Eindeutigkeit des Algorithmus wird eine Sortierung der Transaktionsmengen T und X oftmals durch die lexikografische Sortierung erreicht. Die Länge k eines Itemsets entspricht der Anzahl der Elemente innerhalb der Menge und das k-Itemset ist dann ein Itemset, das die Länge k aufweist.

Das algorithmische Ziel ist die Bestimmung aller Assoziationsregeln, die in D einen Support $\geq$ minsup und einer Confidence $\geq$ minconf besitzen.

TID	Items
1	Erfurter Bock, MT, Riesling
2	Erfurter Bock, MT, Dornfelder
3	Ilmenauer Pils, MT
4	Anhaltinisch Flüssig, Dornfelder, Riesling
5	Berliner Bräu, Dornfelder, Riesling
6	Kölnische Weiße, MT
7	Anhaltinisch Flüssig, Dornfelder

Tabelle 9.2: Beispieltransaktionen

Der Apriori-Algorithmus lässt sich, wie in Algorithmus 9.1 dargestellt, formulieren. Das folgende Beispiel verdeutlicht den Apriori-Algorithmus, wobei der minimale Support $minsup = 20\%$ gesetzt wird. Die Transaktionen sind in Tabelle 9.2 aufgezeigt und bestehen aus sieben Einkäufen.

Im ersten Schritt wird der Support für jedes Produkt ermittelt. Dieser ergibt sich wie folgt:

- $supp(\textbf{\textit{MT}}) \approx 57\%$
- $supp(\textbf{\textit{Riesling}}) = supp(\textbf{\textit{Dornfelder}}) \approx 43\%$
- $supp(\textbf{\textit{Erfurter Bock}}) = supp(\textbf{\textit{Anhaltinisch Flüssig}}) \approx 29\%$
- $supp(\textbf{\textit{Ilmenauer Pils}}) = supp(\textbf{\textit{Berliner Bräu}}) = supp(\textbf{\textit{Köln. Weiße}}) \approx 14\%.$

Potenzielle Kandidaten für Assoziationsregeln stellen hierbei Erfurter Bock, Müller-Thurgau (MT), Riesling, Dornfelder und Anhaltinisch Flüssig dar, weil nur diese einen Support aufweisen, der größer als 20% ist. Alle möglichen Kombinationen dieser Kandidaten werden dann als Ausgangseinträge für die zweite Iteration genommen. Durch einen weiteren Vergleich mit der Transaktionsdatenbank wird dann der Support dieser Zweierkombinationen bestimmt, der noch einmal in Tabelle 9.3 abgebildet wurde. Diese werden dann wieder auf die Kombinationen beschränkt, die dem Supportkriterium entsprechen, und für mögliche Überdeckungen der Zweierkombinationen wird eine weitere Iteration durchgeführt.

Aufgrund der Komplexität insbesondere bezüglich des Umgangs bei langen Sequenzen, kleinem Support oder vielen Mustern ist der Apriori-Algorithmus nicht immer geeignet. Daher existiert eine Vielzahl von Alternativen.

Agrawal und Srikant schlagen vor, dass Transaktionen, die kein häufiges k-Itemset aufweisen, nicht benötigt werden und deshalb aus der Transaktionsdatenbank entfernt werden können [AS94]. Dies verbessert den Scan der Transaktionsdatenbank, ist aber zugleich mit einem Schreibaufwand verbunden.

```
Input : Menge der Items I, Transaktionsdatenbank D, Minimaler
        Support minsup
Result : Menge der frequenten Pattern result
C_k: zu zählende Kandidaten-Itemsets der Länge k
L_k: Menge aller häufig vorkommenden Itemsets der Länge k
L_1 ← I;
/* Alle 1-Itemsets aus I                                        */
k ← 2;
repeat
    C_k ← AprioriKandidatenGenerierung(L_{k-1});
    foreach Transaktion T ∈D do
        CT ← Subset(C_k,T);
        /* alle Kandidaten aus C_k, die in T enthalten sind     */
        foreach c ∈ CT do
            c.count++;
        end
    end
    L_k ← {c ∈ C_k ||(c.count/||D||) ≥ minsup };
    result ← result ∪ L_k;
    k++;
until L_{k-1} = ∅;
return result;
```

Algorithmus 9.1: Apriori-Algorithmus nach [AS94]

Itemset	Support in %
(Erfurter Bock, MT)	$\approx$ 29
(Erfurter Bock, Riesling)	$\approx$ 14
(Erfurter Bock, Dornfelder)	$\approx$ 14
(Erfurter Bock, Anhaltinisch Flüssig)	0
(MT, Riesling)	$\approx$ 14
(MT, Dornfelder)	$\approx$ 14
(MT, Anhaltinisch Flüssig)	0
(Riesling, Dornfelder)	$\approx$ 29
(Riesling, Anhaltinisch Flüssig)	0
(Dornfelder, Anhaltinisch Flüssig)	$\approx$ 29

Tabelle 9.3: Zweite Iteration des Apriori-Algorithmus

Park et al. schlagen beispielsweise vor, das Zählen des Supports mittels Hash-Tabelle durchzuführen [PCY95]. Die zugrunde liegende Idee ist, dass ein k-Itemset, dessen Bucket einen geringen Zähler aufweist (kleiner dem minimalen Support), nicht oft auftreten kann. Durch Verwendung der Hash-Tabelle erfolgt somit ein effizienterer Zugriff auf die Kandidaten. Jedoch ist dieses Verfahren ggf. aufgrund der approximativen Zählung ungenauer.

Savasere et al. nutzen die Idee der Partitionierung [SON95]. Grundgedanke ist, dass ein Itemset nur häufig ist, wenn es auch innerhalb einer Partition häufig vorkommt. Dabei werden die Partitionen so festgelegt, dass diese in den Hauptspeicher passen. Für die einzelnen Partitionen ist dieses Verfahren effizient, jedoch müssen die Partitionen wieder zusammengesetzt werden, was mit einem erhöhten Aufwand verbunden ist.

Toivonnen schlägt vor, den Apriori-Algorithmus auf eine Stichprobe der Transaktionsdatenbank anzuwenden [Toi96]. Zuerst wird ein Sample der Transaktionsdatenbank mit dem Apriori-Algorithmus bearbeitet. Die gefundenen Regeln werden im zweiten Schritt innerhalb des Gesamtdatenbestandes gezählt. Die Güte des Verfahrens hängt hierbei sehr stark von der Verteilung innerhalb der Transaktionsdatenbank ab.

Frequent-Pattern-Growth-Algorithmus

Es existieren ebenfalls Verfahren, die auf die Generierung von Kandidaten verzichten. Wir wollen uns im Folgenden dem *Frequent-Pattern-Growth-Algorithmus* widmen [Sha05, SSG04a, SSG04b] (vergleiche Algorithmus 9.4). Hierbei wird die Idee von „Teile und Herrsche" genutzt, d.h. es erfolgt eine Aufteilung in kleinere Datenbanken. Die Kandidatengenerierung wird vermieden und die Transaktionsdatenbank wird in einen Baum, dem *Frequent Pattern Tree*, umgewandelt. Ziel ist die Minimierung der Anzahl an Scans der Transaktionsdatenbank.

Zuerst muss der Frequent Pattern Tree gebaut werden. Der Algorithmus 9.2 zeigt die Konstruktion des Baumes. Der Aufbau des FP-Baumes erfolgt in fünf Schritten. Zu Beginn werden alle einelementigen frequenten Items in die Liste L geschrieben. Diese Liste wird im Anschluss sortiert nach dem Support der jeweiligen Elemente. Um eine Eindeutigkeit innerhalb der sortierten Liste zu erzielen, erfolgt anschließend die Sortierung, wo notwendig, nach Transaktions-ID und lexikografischer Reihenfolge. Im dritten Schritt des Algorithmus werden nun alle Transaktionen abgearbeitet. Hierzu wird für jede Transaktion eine Item-Liste L_T angelegt, in der alle frequenten Items der Transaktion gespeichert werden. Anschließend wird jede Transaktionsliste L_T genauso sortiert wie die Liste L. Ein wichtiger Schritt in der Konstruktion des Frequent-Pattern-Baumes stellt das Einfügen der Elemente der Liste L_T in den Frequent Pattern Baum dar. Dies ist in Algorithmus 9.2 in Zeile 12 der Aufruf $insertTree(L_T, T)$. Die zugehörige Funktion ist in Algorithmus 9.3 näher beschrieben.

```
Input : Transaktionsdatenbank D, Minimaler Support minsupp
Result : FP-Baum FP
L ← ∅; FP ← new Root;
FP.Root.item-name ← Null;
foreach frequent 1-Item I ∈ D do
    L ← L ∪ (I,supp);
    /* Sammle frequente Items I inklusive des Supports supp */
end
sortDescending(L,supp);
/* Liste absteigend nach dem Support sortieren */
foreach Transaktion T ∈ D do
    L_T ← ∅; foreach frequent 1-Item I_T ∈ T do
        L_T ← L_T ∪ (I_T,supp)
    end
    sort(L_T,L);
    /* Sortiere L_T in der Reihenfolge wie L */
    FP ← insertTree(L_T,FP);
end
return FP;
```

Algorithmus 9.2: FP-Baum-Konstruktion

```
Input : Liste hinzuzufügender frequenter Items L_A, FP-Baum FP
Result : Aktualisierter FP-Baum
CurrentNode ← FP.Root;
foreach Item i ∈ L_A do
    if ∃ direkter Kindknoten N von CurrentNode : N.name = i.name
    then
        N.count++;
    else
        N ← newNode;
        N.count ← 1;
        FP.addChild(N);
        linkNodeToOtherNodes(N,FP);
        /* Verbindung zu allen Knoten mit N's Bezeichnung */
    end
    CurrentNode ← N;
end
return FP;
```

Algorithmus 9.3: insertTree(L_A, T)

◂Beispiel 9-2▸ Ausgehend von den Transaktionen der Tabelle 9.2, die wir als Beispiel nutzen, kann der Frequent Pattern Tree nach Algorithmus 9.2 aufgebaut werden.

Für die Transaktionen haben wir alle Items mit einem Support größer 20% gewählt. Die sortierte Reihenfolge ergibt sich mit:

$$\{MT : 4, Dornfelder : 4, Riesling : 3, Anhaltinisch\ Flüssig : 2, Erfurter\ Bock : 2.\}$$

Man beachte, dass die Produkte *Ilmenauer Pils*, *Berliner Bräu* und *Kölnische Weiße* ($\forall Support < 20\%$) jeweils nur einmal auftreten und daher keine frequenten Items darstellen. In Abbildung 9.10 ist der zugehörige Baum dargestellt. Ausgehend vom Wurzelknoten, ergibt sich auf der ersten Ebene ein Knoten für *Müller-Thurgau (MT)* und ein Knoten für *Dornfelder*. Anschließend kann ein Eintrag Riesling dem MT-Knoten zugeordnet werden und dann der Erfurter Bock. Die anderen Knoteneinträge ergeben sich analog. Im linken Teil der

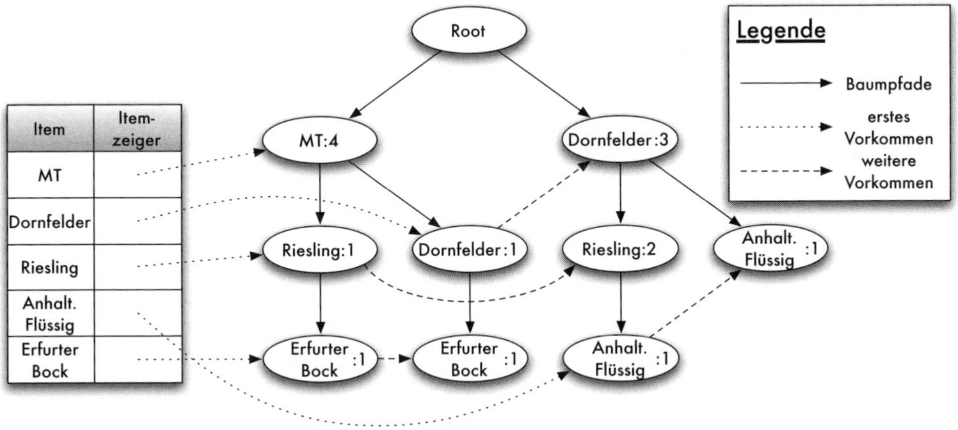

Abbildung 9.10: Frequent Pattern Tree (Beispiel)

Abbildung 9.10 ist ebenfalls die Liste L ersichtlich, sie dient dem schnellen Auffinden des ersten Aufkommens der Einträge im Baum. □

Für die Ermittlung der Assoziationsregeln kann dann der erstellte Frequent Pattern Tree genutzt werden. Somit müssen keine Kandidaten generiert werden und der Algorithmus stellt eine effiziente Alternative dar. Dies gilt insbesondere, wenn die Regeln viele Elemente aufweisen oder der Support nur einen kleinen Anteil aufweist.

In Algorithmus 9.4 ist der Mining-Algorithmus aufgezeigt. Es handelt sich hierbei um einen rekursiven Algorithmus, d.h. durch die Aufteilung und Reduktion des Problems in kleinere bzw. einfachere Probleme wird der Frequent-

Pattern-Baum für die Identifikation frequenter Itemsets genutzt, die mehr als ein Element aufweisen. Die Herausforderung stellt dabei die Abarbeitung von Items in unterschiedlichen Pfaden dar.

Input : Frequent Itemset I, FP-Baum FP
Result : komplette Menge frequenter Muster
if *FP hat nur einen Pfad* **then**
  foreach *Kombination K_i der Knoten aus FP* **do**
    return $K_i \cup I$ *mit* $supp \leftarrow \min(supp)$;
  end
else
  foreach *Item i im Header des FP-Baum (in umgedrehter Reihenfolge)* **do**
    $K_i \leftarrow i \cup I$ mit $supp \leftarrow i.supp$;
    Erstelle K_i's Musterbasis K_i und reduzierten FP-Baum FP_{K_i};
    if $FP_{K_i} \neq \emptyset$ **then**
      `FP-growth(`K_i, FP_{K_i}`)`
    end
  end
end

Algorithmus 9.4: FP-growth(I, FP)

Zur Entdeckung von frequenten Itemsets höherer Kardinalität läuft der Algorithmus alle frequenten Elemente der Liste L in umgekehrter Reihenfolge durch. D.h. das frequente Item mit dem kleinsten Support wird als erstes überprüft. In Tabelle 9.4 haben wir die oberste Ebene des Rekursionspfades dargestellt. Aufgrund der umgekehrten Abarbeitungsreihenfolge wird zuerst der *Erfurter Bock* abgearbeitet.

Der rekursive Mining-Algorithmus benötigt den abzuarbeitenden Baum und die Menge der häufig auftretenden Items als Eingabe. Die Abbruchbedin-

Item i	Musterbasis K_i	reduzierter FP-Baum FP_{K_i}
Erfurter Bock	{(MT,Riesling **:1**), (MT,Dornfelder **:1**)}	{MT **:2**} | Erfurter Bock
Anhaltinisch Fl.	{(Dornfelder, Riesling **:1**), (Dornfelder **:1**)}	{Dornfelder **:2**} | Anhaltinisch Fl.
Riesling	{(MT **:2**), (Dornfelder **:2**)}	$\emptyset$
Dornfelder	{(MT **:1**)}	{MT **:1**} | Dornfelder
MT	$\emptyset$	$\emptyset$

Tabelle 9.4: FP-Baum-Mining

Item	frequente Itemsets
Erfurter Bock	(MT,Erfurter Bock)
Anhaltinisch Flüssig	(Dornfelder, Anhaltinisch Flüssig)
Dornfelder	(MT, Dornfelder)

Tabelle 9.5: Ergebnis des FP-Baum-Mining

gung ist erreicht, wenn der übergebene Baum nur aus einem Pfad besteht. Andernfalls muss der Baum traversiert werden (von den Blattknoten zur Wurzel) und dabei zwei Strukturen angelegt werden. Zum einen die Musterbasis, d.h. das Item und alle Elemente, die als Vorgängerknoten im Baum existieren. Zum anderen der neue reduzierte Baum für das entsprechende Item i. In Tabelle 9.4 sind die Musterbasis (engl. conditional pattern base) und der reduzierte Baum (engl. conditional frequent pattern tree) für die erste Rekursionsebene angegeben. Sollte der reduzierte Baum nicht leer sein, wird der Algorithmus 9.4 erneut aufgerufen, dieses Mal mit dem Item, inklusive allen Vorgängern als Itemset und dem reduzierten Baum.

Das Ergebnis des Mining-Algorithmus haben wir in Tabelle 9.5 dargestellt. Für den Erfurter Bock ergibt sich die Kombination aus Müller-Thurgau und Erfurter Bock als Regel. Hier muss noch eine Berechnung der Confidence erfolgen, um einen Vergleich zum Apriori-Algorithmus durchführen zu können. Für die anderen Items ergeben sich die Regeln analog.

Mit dem Apriori-Algorithmus und dem FP-Growth-Algorithmus haben wir zwei Verfahren präsentiert, die für die Identifikation von Regeln in Datenbeständen genutzt werden können. Häufigstes Anwendungsgebiet ist dabei die Warenkorbanalyse, aber auch Alternativen, z.B. wann werden bestimmte Aktionen gemeinsam durchgeführt, können durch die Assoziationsverfahren aufgedeckt werden. Dies kann in den unterschiedlichen Bereichen von Unternehmen genutzt werden. Im Folgenden wollen wir eine weitere Thematik vorstellen, die für die Aufdeckung von Zusammenhängen genutzt werden kann, ohne dass ein Vorwissen um die Zugehörigkeit existiert.

9.3.2 Kunden-Clustering

Im Bereich des Marketings oder des Verkaufs kommt es oftmals vor, dass spezielle Kunden über besondere Preis- oder Produktgestaltungen informiert werden sollen. Hierzu ist es notwendig, diese Kunden zu identifizieren. Dabei werden aus den CRM-Systemen, den Verkaufsdatenbanken (z.B. durch Nutzung von Kundenkarten) und weiteren zur Verfügung stehenden Informationen über die Kunden Gruppen, sogenannte Cluster, gebildet. Dabei stellen Objekte eines Clusters eine große Ähnlichkeit dar und Objekte in verschiedenen Segmenten sollen große Unterschiede aufweisen. So können über ihre Eigenschaften leichter Kunden identifiziert werden, die auf eine Maßnahme des Unternehmens mit einer höheren Erfolgswahrscheinlichkeit reagieren werden. Aber auch in anderen Branchen wie den Versicherungsunternehmen oder Banken wird versucht, Kundensegmente zu identifizieren, um den Erfolg des Geschäftes zu optimieren.

Clusterverfahren stellen hier ein Data-Mining-Verfahren dar, um die Identifikation einer endlichen Menge von Gruppen in den Daten zu ermöglichen – es ist die Suche nach einer Partitionierung des Datenraumes. Es wird dabei zeitgleich versucht, eine Ähnlichkeit innerhalb einer Gruppe möglichst hoch zu setzen und zwischen verschiedenen Gruppen eine große Verschiedenheit zu erreichen. Abbildung 9.11 zeigt typische Muster, also eine Variation der Größe und Form sowie der Verteilung der Daten. In diesem Beispiel sind die Daten zweidimensional repräsentiert, Clusterverfahren können jedoch auch mit hochdimensionalen Daten umgehen.

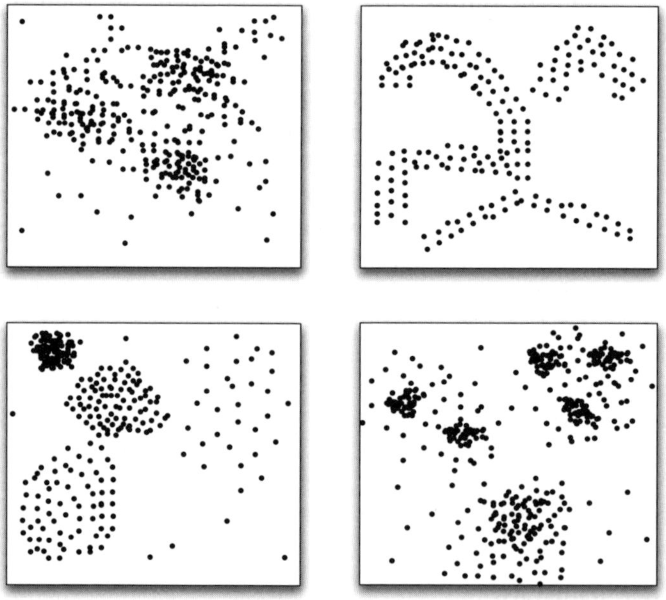

Abbildung 9.11: Clustermuster unterschiedlicher Größe, Form und Dichte

Ein elementarer Bestandteil für die Clusteranalyse ist folglich das Ähnlichkeitsmaß. Wir bezeichnen ein Maß $sim(x, y)$ als das Ähnlichkeitsmaß zwischen den Objekten x und y, wenn gilt:

- $s(x, x) = s(y, y) = 1 \rightarrow$ (Identität),
- $s(x, x) \geq s(y, x) \rightarrow$ (Minimalität),

- $s(x, y) = s(y, x) \rightarrow$ (Symmetrie) und
- $s(x, z) \geq s(x, y) + s(y, z) - 1$

Dabei werden die Objekte x und y durch ihre messbaren Eigenschaften repräsentiert. Wir bezeichnen O dabei als Objektraum, d.h. $x, y \in O$.

Im Gegensatz dazu kann auch eine Distanzfunktion $dist(x, y)$: $O \times O \rightarrow \mathbb{R}_+$ genutzt werden, um den Unterschied zwischen zwei Objekten x und y mit $x, y \in O$ auszudrücken:

- $dist(x, y) = 0$, genau dann wenn $x = y$
- $dist(x, y) = dist(y, x) \rightarrow$ (Symmetrie)
- Bei Metriken gilt die Dreiecksungleichung: $dist(x, z) \leq dist(x, y) + dist(y, z)$

In Abschnitt 4.1.3 haben wir weitere Vergleichsfunktionen dargestellt. Diese können in Abhängigkeit der Daten und der adressierten Domäne an dieser Stelle ebenfalls genutzt werden. Ähnlichkeitsmaße oder Distanzfunktionen werden dazu verwendet, die in mehreren Dimensionen beschriebenen Objekte mittels realwertigen Funktionen zu vergleichen. Man beachte, dass die Objekte x und y durch einen Vektor ihrer Eigenschaften beschrieben werden. In Abhängigkeit der Anzahl der Eigenschaften für die Objekte sprechen wir dann von mehrdimensionalen Objekten.

Clusterverfahren können unterschieden werden in:

- dichtebasierte, z.B. DBSCAN [EKSX96],
- hierarchische, z.B. SLINK [Sib73] oder Wards Methode [War63],
- partitionierende, z.B. k-means [Mac67, Llo82, KMN⁺02] oder PAM [KR90] und
- andere Verfahren, wie neuronale Netze oder Fuzzy Clustering [HKK97, KBK⁺11].

Die Grundidee des partitionierenden Clusterings ist die Kostenminimierung, z.B. der Varianz, innerhalb der einzelnen Gruppen. Notwendig ist an dieser Stelle die Anzahl der zu bildenden Cluster. Das Verfahren baut darauf, dass für jeden Cluster ein Repräsentant identifiziert wird und die einzelnen Objekte den Repräsentanten zugeordnet werden.

Der folgende Code stellt dieses Verfahren für die Varianzminimierung exemplarisch dar. Als Centroide können beispielsweise Mittelwerte (*k-means*) oder Mediane (*Partitioning around Medoids*) [KR05] gewählt werden. Es sind aber auch andere Repräsentanten oder die Berücksichtigung von Verteilungen der Objekte möglich.

```
Input : Tupelmenge D, Klassenanzahl k
Result : Clustercentroide C
C* ← randomPoints(k);
/* Initiales Anlegen von k zufälligen Centroiden          */
C ← ∅; repeat
    C ← C*;
    C* ← ∅;
    foreach Tupel T ∈ D do
        attachToNearestCentroid(T);
        /* Ordnet jedes Tupel zum korrespondierenden Centroid zu */
    end
    foreach ClusterCentroid CC ∈ C* do
        C ← C ∪ newCentroid(CC.points);
        /* Berechnet den neuen Centroid des Clusters          */
    end
until C = C*;
return C;
```

Algorithmus 9.5: ClusteringDurchVarianzMinimierung (D,k)

Abbildung 9.12 illustriert das Vorgehen. Ausgehend von der aktuellen Zugehörigkeit der Objekte zu einem Cluster werden die zentralen Punkte (Centroide) berechnet. Darauf folgt die Zuordnung der Punkte in Abhängigkeit ihrer Abstandsmaße zu allen Centroiden, d.h. ein Objekt wird dem Centroiden zugeordnet, zu dem das Objekt die kürzeste Distanz aufweist. Anschließend wird das Verfahren erneut gestartet. Dies erfolgt, solange es Verschiebungen der Datenpunkte zu den Gruppen gibt.

Partitionierende Clusterverfahren weisen einen linearen Aufwand für jede Iteration auf. Zudem sind oftmals nur wenige Iterationen notwendig, um zu einem stabilen Zustand zu gelangen. In der Praxis bieten sich diese Verfahren auch aufgrund ihrer einfachen Implementierung an. Den populärsten Cluster-Algorithmus stellt der k-means-Algorithmus [Mac67] dar. Jedoch weisen die Verfahren auch einige Nachteile auf. So sind sie stark anfällig für vorhandenes Rauschen in den Daten und reagieren recht empfindlich auf Ausreißer. Eine Annahme ist weiterhin, dass die Cluster durch eine konvexe Form beschrieben werden. Häufigster Kritikpunkt an partitionierenden Clusterverfahren beruht auf der Tatsache, dass eine Bestimmung der Clusteranzahl notwendig ist. In Abhängigkeit der Auswahl der Cluster-Repräsentanten ergeben sich Laufzeiteinflüsse des Algorithmus und eine Ergebnisbeeinflussung.

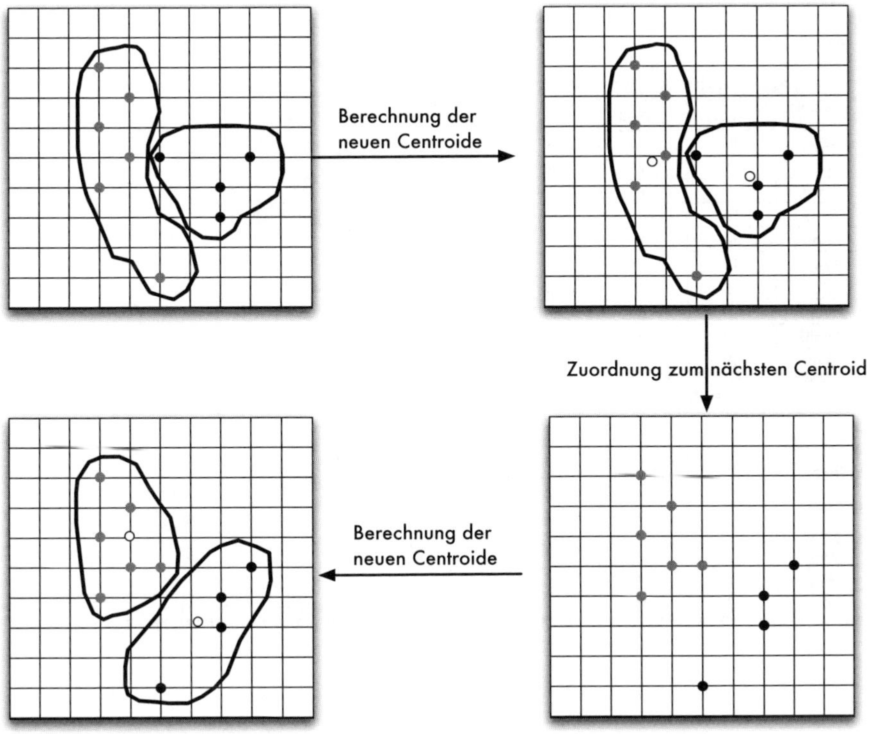

Abbildung 9.12: Illustration des Clusterverfahrens

9.3.3 Klassifikationsverfahren

Klassifikationsverfahren werden sowohl im Bereich des Machine Learning als auch in der Statistik entwickelt. Hierzu zählen Verfahren vom Naive Bayes und Bayes'schen Netzwerken über neuronale Netze und Support Vector Machines. Wir wollen uns in diesem Abschnitt auf den *Entscheidungsbaum* fokussieren. Daneben existieren unter anderem folgende Klassifikationsmethoden:

- Regelbasierte Klassifikatoren
- Lineare Diskriminanzanalyse nach Fisher [Fis36]
- Kategorielle Regression bzw. log-lineare Modelle
- Neuronale Netze
- Naive Bayes und Bayesian Belief Networks
- Support-Vektor-Maschinen

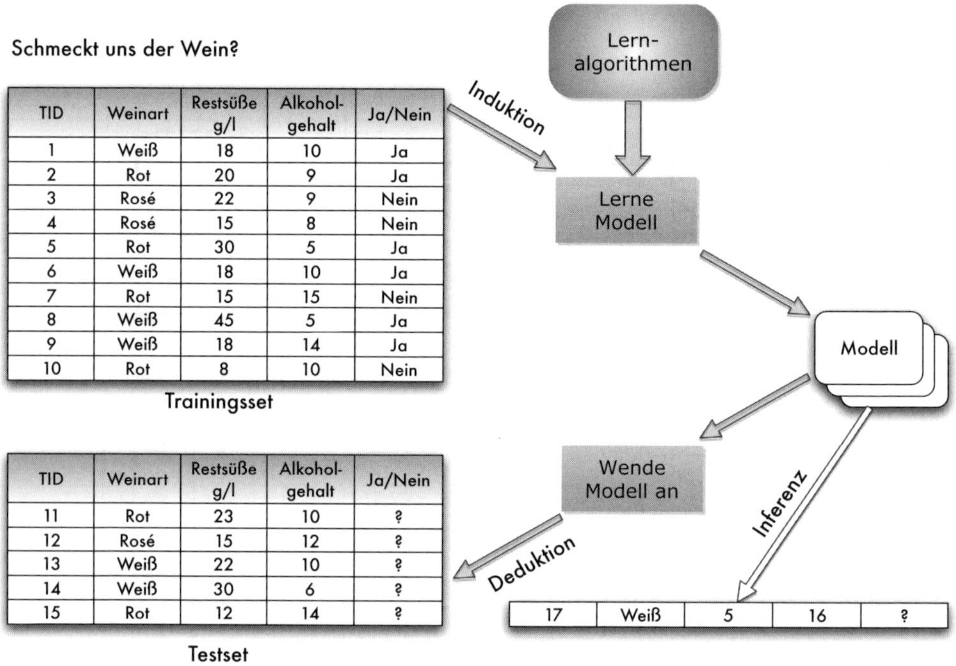

TID	Weinart	Restsüße g/l	Alkoholgehalt	Ja/Nein
1	Weiß	18	10	Ja
2	Rot	20	9	Ja
3	Rosé	22	9	Nein
4	Rosé	15	8	Nein
5	Rot	30	5	Ja
6	Weiß	18	10	Ja
7	Rot	15	15	Nein
8	Weiß	45	5	Ja
9	Weiß	18	14	Ja
10	Rot	8	10	Nein

TID	Weinart	Restsüße g/l	Alkoholgehalt	Ja/Nein
11	Rot	23	10	?
12	Rosé	15	12	?
13	Weiß	22	10	?
14	Weiß	30	6	?
15	Rot	12	14	?

Abbildung 9.13: Beispiel für Klassifikation

Abbildung 9.13 stellt das Problem der Klassifikation grafisch anhand unseres Verkaufsladen dar. Ausgangspunkt ist die Frage, welcher Wein dem Kunden schmeckt. Hierzu werden unterschiedliche Merkmale, wie Farbe, Restsüße und Alkoholgehalt genutzt, um eine Klassifikation vorzunehmen. Die Grundlage sind dafür Trainingsdaten, bei denen die Zuordnung zu den Klassen erfolgt ist. Mittels Lernalgorithmen wird dann versucht, das zugrunde liegende Modell zu lernen. Dabei erfolgt eine Induktion von den Daten auf die Modellwelt. Im Anschluss muss das erlernte Modell noch überprüft werden. Hierzu werden Testdaten herangezogen, bei denen ebenfalls die Klassenzugehörigkeit bekannt ist. So kann eine Modellgüte berechnet werden. Zudem ist es möglich, Inferenz für unbekannte Klassenelemente anhand ihrer Merkmale zu betreiben.

Für das Klassifikationsproblem müssen somit eine Menge von Objekten o mit den Attributen $o = (x_1, \ldots, x_d)$ und die Zugehörigkeit zur Klassenmenge C als Vorinformation bekannt sein. Gesucht ist dann der Klassifikator K für neue Objekte, sodass $K : Objekte_{neu} \rightarrow C$. Daraus ergibt sich auch die Abgrenzung zum Clusterverfahren, da eine Klassenzugehörigkeit für gegebene Objekte a priori bekannt ist. Vergleichbar ist das Verfahren zur Prognose, siehe Abschnitt 9.3.4, z.B. zur linearen Regression.

		Vorhersage	
		Klasse zugehörig	Klasse nicht zugehörig
wahre	Klasse zugehörig	True Positive (TP)	False Negative (FN)
Werte	Klasse nicht zugehörig	False Positive (FP)	True Negative (TN)

Tabelle 9.6: Klassifikationsgüte

Die Entscheidungsbaumklassifikation verfolgt in ihrer Vorgehensweise eine Aufteilungsstrategie, um die Objekte möglichst eindeutig den jeweiligen Klassen zuzuordnen. Klassifikationsbäume finden dabei nur explizites Wissen, lassen sich aber gut darstellen. Sie sind für die meisten Nutzer leicht verständlich und können somit einen Entscheidungsprozess nachvollziehbar unterstützen. Sie stellen hierarchische Klassifikatoren dar, die dann effizient sind, wenn viele Attribute vorliegen, für die Klassenzuordnung aber nur wenige benötigt werden. Ziel für den Entscheidungsbaum sind dabei ausbalancierte und kurze Bäume, um die Anzahl der Vergleiche gering zu halten.

In Abbildung 9.14 ist für unser Beispiel der Entscheidungsbaum abgebildet. Zuerst wird anhand der Restsüße im Wein entschieden, denn liebliche Weine (d.h. mit mehr als 15 g/l) sind der Klasse **schmeckt** in den Trainingsdaten zugeordnet. Für weniger süße Weine ist auf der zweiten Ebene die Farbe für die Klassenzugehörigkeit relevant. Roséweine fallen in die präferierte Klasse, die anderen Weine nicht.

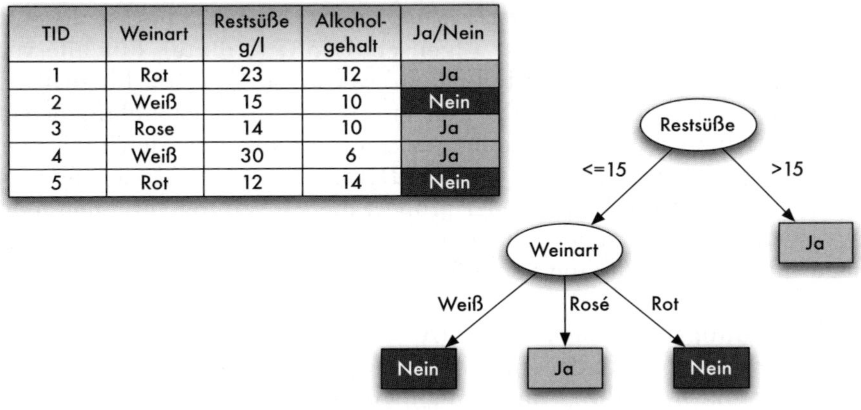

TID	Weinart	Restsüße g/l	Alkohol-gehalt	Ja/Nein
1	Rot	23	12	Ja
2	Weiß	15	10	Nein
3	Rose	14	10	Ja
4	Weiß	30	6	Ja
5	Rot	12	14	Nein

Abbildung 9.14: Klassifikationsergebnis

Die Güte des erlernten Modells wird mittels der Klassifikationsgüte anhand der vorhandenen Testdaten überprüft. Dabei können die in Tabelle 9.6 dargestellten Ereignisse auftreten. Aus diesen möglichen Zuordnungen lassen sich dann unterschiedliche Bewertungskriterien ableiten.

Die Genauigkeit (engl. *accuracy*) ist dabei definiert durch

$$Accuracy = \frac{TP + TN}{TP + FN + FP + TN}.$$

Dieses Maß gibt an, wie viele durch das Modell vorhergesagten Elemente korrekt sind. Die Präzision (engl. *precision*) ist definiert durch

$$Precision = \frac{TP}{TP + FP}.$$

Sie gibt an, wie viele der als der Klasse zugehörig vorhergesagten Objekte wirklich der Klasse angehören. Die Sensitivität (engl. *recall*) ist definiert durch

$$Recall = \frac{TP}{TP + FN}.$$

Das Maß gibt an, wie viele Entdeckungen für die Klasse durch das Modell erfolgten. Um eine Optimierung innerhalb der Güte des Modells vorzunehmen, müssen die unterschiedlichen Fehlermöglichkeiten minimiert werden. Hierzu bietet sich das geometrische Mittel von Genauigkeit und Präzision an. Dieses Maß wird als F-measure bezeichnet und lautet

$$F = \frac{2 \cdot TP}{2 \cdot TP + FN + FP}.$$

Wichtigster Bestandteil des *Entscheidungsbaum*-Algorithmus ist die Aufteilung der Objekte hinsichtlich ihrer Eigenschaften (Attribute). Für alle verfügbaren Attribute werden die aufzuteilenden Trainingsdatensätze hinsichtlich ihrer Aufteilungsgüte untersucht. Die Aufteilungsstrategie ist abhängig von dem Typ des Attributs. Bei kategoriellen Attributen kann auf Gleichheit oder Mengenzugehörigkeit unterschieden werden. Bei numerischen Attributen wird hingegen auf eine Relation (kleiner oder größer) die Aufteilung vorgenommen. Typische Auswahlkriterien in der Betrachtung der besten Aufteilungsalternative für ein gewähltes Attribut sind der *Informationsgewinn* oder der *Gini-Index*, siehe auch [ES00].

Der Entscheidungsbaumalgorithmus (Algorithmus 9.6) lässt sich in folgender Weise grob beschreiben: In der Initialisierung gehören alle Objekte zur Wurzel. Dann erfolgt die Aufteilung nach einem Attribut und es entstehen neue Kindknoten. Diese beinhalten dann die jeweiligen Objekte. Die Wurzel ist objektfrei und beinhaltet die Information über das selektive Attribut. Für jeden Pfad wird der Algorithmus rekursiv erneut durchgeführt.

Somit schließt der Entscheidungsbaum explizites Wissen (aus den Trainingsdaten) ein. Jeder Baum muss bis zu den Blattknoten traversiert werden, um die Klassenzugehörigkeit zu ermitteln. Die anderen Baumknoten beinhalten Wissen über die jeweiligen Eigenschaften der untersuchten Objekte. Die

```
Input : Trainingsdatensätze T
Result : Entscheidungsbaum E
foreach Datensatz D ∈ T do
    E.root.add(D);
end
while Splitattribut vorhanden und ∃ Knoten N ∈ E mit Datensätzen
unterschiedlicher Klassen do
    Splitattribut SplitAtt ← chooseSplitAttribut(N,Splitstrategie);
    foreach Ausprägung A ∈ SplitAtt do
        Node newNode ← new Node;
        foreach Datensatz D ∈ N do
            if D.SplitAtt = A then
                newNode.add(D);
            end
        end
        N.addChild(newNode);
    end
end
return E;
```

Algorithmus 9.6: Aufbau eines Entscheidungsbaumes (T)

Pfade von Elternknoten zum Kindknoten erfolgen über disjunkte Wertausprägungen des Attributs im Elternknoten.

Während für den Entscheidungsbaum nominale Ausprägungen der Klassenzugehörigkeit notwendig sind, können auch metrische Daten als Beschreibung für die Klassifikation genutzt werden. In diesem Fall sprechen wir von Zeitreihenanalysen bzw. Prognosemodellen. Beide Verfahren weisen die Gemeinsamkeit auf, dass sie Daten mit bekannten Klassifikationen besitzen müssen. Um ein überprüfbares Modell zu erhalten, müssen diese Daten dann aufgeteilt werden, in die Lerndaten und die Testdaten. Das Klassifikationsmodell wird mittels Lerndaten parametrisiert und diese Parameter werden anschließend anhand der Testdaten auf ihre Güte hin überprüft.

9.3.4 Zeitreihenanalyse & Prognose

Im folgenden Abschnitt wollen wir uns einer der Klassifikation ähnlichen Data-Mining-Methode widmen. Für die Vorhersage von Zeitreihenelementen werden Techniken genutzt, um über zukünftige Entwicklungen und Zustände bzw. Ereignisse eine Aussage treffen zu können. So sind für Unternehmen beispielsweise Absatzprognosen oder Nachfragen von Interesse. Für unser Beispiel des Verkaufsladens sind Nachfrageprognosen der Kunden bezüglich bestimmter Produkte notwendig, um eine optimale Bestellpolitik zu erzielen. Abbildung 9.15 stellt das Prognoseproblem grafisch dar (vergleiche hierzu auch [Göt00]).

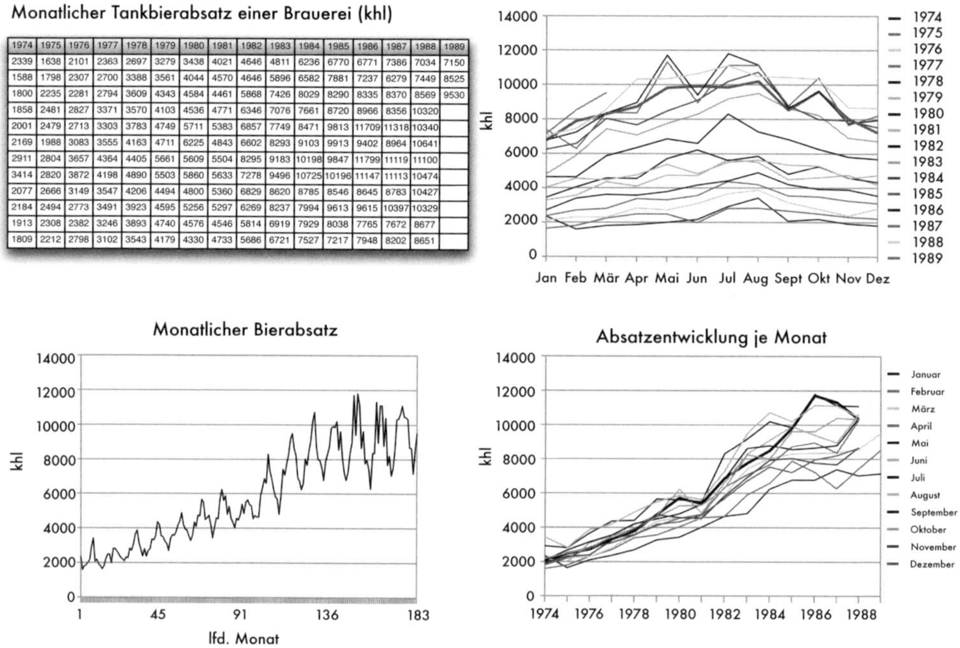

Monatlicher Tankbierabsatz einer Brauerei (khl)

1974	1975	1976	1977	1978	1979	1980	1981	1982	1983	1984	1985	1986	1987	1988	1989
2339	1638	2101	2363	2697	3279	3438	4021	4646	4811	6236	6770	6771	7386	7034	7150
1588	1798	2307	2700	3388	3561	4044	4570	4646	5896	6582	7881	7237	6279	7449	8525
1800	2235	2281	2794	3609	4343	4584	4461	5868	7426	8029	8290	8335	8370	8569	9530
1858	2481	2827	3371	3570	4103	4536	4771	6346	7076	7661	8720	8966	8356	10320	
2001	2479	2713	3303	3783	4749	5711	5383	6857	7749	8471	9813	11709	11318	10340	
2169	1988	3083	3555	4163	4711	6225	4843	6602	8293	9103	9913	9402	8964	10641	
2911	2804	3657	4364	4405	5661	5609	5504	8295	9183	10198	9847	11799	11119	11100	
3414	2820	3872	4198	4890	5503	5860	5633	7278	9496	10725	10196	11147	11113	10474	
2077	2666	3149	3547	4206	4494	4800	5360	6829	8620	8785	8546	8645	8783	10427	
2184	2494	2773	3491	3923	4595	5256	5297	6269	8237	7994	9613	9615	10397	10329	
1913	2308	2382	3246	3893	4740	4576	4546	5814	6919	7929	8038	7765	7672	8677	
1809	2212	2798	3102	3543	4179	4330	4733	5686	6721	7527	7217	7948	8202	8651	

Abbildung 9.15: Beispiel für Prognose

Ausgangspunkt stellen historische Daten dar, wie sie im Data Warehouse vorliegen. Anhand dieser Daten werden Vorhersagen über zukünftige Absatzmengen getroffen. Aufgrund der Struktur müssen dabei sowohl der Trend als auch saisonale Effekte berücksichtigt werden. Formalisiert lässt sich das Problem darstellen als:

- Historische Daten $(x_{t_1}, x_{t_2}, \ldots, x_{t_n})$ gegeben als Zeitreihe (äquidistant verteilt).
  Diese Daten werden als Realisationen eines stochastischen Prozesses aufgefasst.

- Modell als Vorinformation.
  univariater Fall: $X_t = f(X_{t-1}, X_{t-2}, \ldots, X_0) + e_t$ mit e_t als Restkomponente, die nicht erklärt wird.
  multivariater Fall: $Z_t = g(X_{t-1}, X_{t-2}, \ldots, X_0, Y_{t-1}, Y_{t-2}, \ldots, Y_0, \ldots) + e_t$.

Zeitreihenmodelle können dabei unterteilt werden in:

- Additiv: $X_t = G_t + S_t + e_t$,
- Multiplikativ: $X_t = G_t \cdot S_t \cdot e_t$ und
- Gemischt: $X_t = G_t \cdot S_t + e_t$
  mit
  X_t: Ausprägung zum Zeitpunkt t
  G_t: Trend, Wachstum
  S_t: Saison, Konjunktur, Zyklen und
  e_t: Fehlerterm.

Dabei gilt für die Komponentenwirkung, dass sie konstant ist, d.h. $dX_t/dS_t = 1$. Zudem existiert ein Niveau, von dem die Zeitreihe abhängig ist $dX_t/dS_t = G_t$.

Für die Prognosemodelle ist es notwendig, Annahmen über die Verteilungen der zu schätzenden Parameter zu treffen. Ein häufig genutztes Verfahren ist hierbei die Methode der kleinsten Quadrate. Für einen Überblick über lineare Schätzer, autoregressive Prozesse und Filtertechniken empfehlen sich statistische Werke wie z.B. Schlittgen [Sch01] und Schlittgen und Streitberg [SS01], sowie für Prognosen im Unternehmensumfeld Götze [Göt00] und Mertens und Rässler [MR12].

9.3.5 Data Mining Extensions

Microsoft hat seit 2000 zur Data-Mining-Analyse in den Analysis Services die *Data Mining Extensions* (*DMX*) eingeführt. DMX unterscheidet dabei in die Definition der Modelle, den Data-Mining-Funktionen und den DMX-Operatoren. DMX ist in der Spezifikation von Microsoft OLE DB für Data Mining definiert [Mic00]. Die Syntax ist an SQL angelehnt, analog zur multidimensionalen Abfragesprache MDX von Microsoft, vergleiche hierzu auch Kapitel 5.

Ein Mining-Modell besteht aus einem eindeutigen Namen und den Spalten, die für die die jeweiligen Mining-Algorithmen benötigt werden. Es können mehrere Mining-Modelle auf die gleichen Daten angewendet werden. Daher ermöglicht eine Mining-Struktur die Definition der Mining-Spalten und legt diese in den Analysis Services des SQL Servers ab. Für die Definition von Mining-Strukturen kann die Anweisung **CREATE MINING STRUCTURE** genutzt werden.

Im folgenden wollen wir ein Mining-Modell für unser Beispiel der Klassifikation erstellen. Wir nutzen dabei die gleichen Informationen wie in Abschnitt 9.3.3.

```
CREATE MINING STRUCTURE [Weingeschmack] (
        [TID] LONG KEY,
        [Weinart] TEXT DISCRETE,
        [Restsuesse] DOUBLE CONTINUOUS,
        [Alkoholgehalt] DOUBLE CONTINUOUS,
```

```
        [Schmeckt] LONG DISCRETE )
WITH HOLDOUT (30 PERCENT or 1000 CASES)
```

Zu den definierten Mining-Strukturen können Modelle hinzugefügt werden. Daher muss die angelegte Mining-Struktur mittels **ALTER MINING STRUCTURE** verändert werden. Ein Modell besteht dabei aus den zu verwendenden Spalten der Mining-Struktur. Hierbei müssen für ein Modell nicht zwingend alle Spalten genutzt werden. Zudem muss angegeben werden, welcher Algorithmus im Modell genutzt werden soll. Dies erfolgt über die **USING** Anweisung.

Als Algorithmus wählen wir den von Microsoft bereitgestellten Entscheidungsbaumalgorithmus. Zudem wollen wir die Spalte *Schmeckt* voraussagen und müssen daher diese Spalte als **PREDICT** angeben. Für die Auswertung ist die letzte Zeile notwendig.

```
ALTER MINING STRUCTURE [Weingeschmack] (
ADD MINING MODEL [Entscheidungsbaum]
        [TID],
        [Weinart],
        [Restsuesse],
        [Alkoholgehalt],
        [Schmeckt] PREDICT )
USING (Microsoft_Decision_Trees)
WITH DRILLTHROUGH
```

Das Trainieren der Mining-Struktur erfolgt über die Anweisung **INSERT INTO MINING STRUCTURE**. Zusätzlich müssen die Daten, die zum Lernen für die Mining-Struktur genutzt werden sollen, angegeben werden. Die Anweisung **OPENQUERY** dient hierbei zur Selektion dieser Daten. Das Resultat wird dann in der Datenbank der Mining-Struktur abgespeichert und muss in einem nächsten Schritt abgefragt werden. Für unser Beispiel ist dabei insbesondere die Vorhersage von Interesse. Hierzu kann die Anweisung **PREDICTION JOIN** genutzt werden. Für die Abfrage eines neuen Weines bietet sich dabei die Einzelvorhersage an. Dabei können die zur Vorhersage genutzten Werte direkt in die **SELECT**-Anweisung geschrieben werden. Der **NATURAL PREDICTION JOIN** gleicht dabei die Spalten in der Mining-Datenbank ab.

```
SELECT [Schmeckt],
        PredictHistogram([Schmeckt]) AS Statistiken
FROM [Entscheidungsbaum]
NATURAL PREDICTION JOIN
        (SELECT 'Rot' AS [Weinart],
           23 AS [Restsuesse],
           10 AS [Alkoholgehalt]) AS t
```

Es lassen sich darüber hinaus noch andere Abfragen, z.B. für mehrere Daten im Batch-Betrieb durchführen. Auch die Verwendung weiterer Algorithmen ist möglich. Eine Übersicht gibt beispielsweise [Sch09].

9.4 Vertiefende Literatur

Business Intelligence wird erstmals in einem Artikel von Luhn [Luh58] diskutiert, in welchem er bereits 1958 ein System für die automatische Bearbeitung und Filterung von Informationen aus Dokumenten vorschlägt. Die dort aufgestellten Anforderungen sind auch heute noch aktuell. Eine erste deutschsprachige Einführung in Business Intelligence gibt [GG00]. Chamoni und Gluchowski [CG10] geben in ihrem Sammelwerk einen Überblick über den Themenbereich analytische Informationssysteme, der in weiten Teilen dem heutigen BI-Verständnis gleichgestellt ist. In dem vor allem an Wirtschaftsinformatik-Studenten gerichteten Lehrbuch von Kemper et al. [KMU04, KBM10] werden sowohl Architektur von Data Warehouse und Business-Intelligence-Anwendungen vorgestellt. Im Buch von Müller und Lenz [ML13] wird Business Intelligence vertiefend dargestellt. Hierbei werden ausgehend vom Data-Warehouse-Methoden des Data Mining und insbesondere der Unternehmenssteuerung vorgestellt.

Die Verbindung von Data Warehouse und Data Mining wird in zahlreichen Werken unter teilweise unterschiedlichen Begriffen behandelt. So sind gängige Bezeichnungen beispielsweise der Knowledge Discovery Process in Databases, analytische Informationssysteme, Business Intelligence, Business Analytics und Decision-Support-Systeme. Daher kann an dieser Stelle nur auf einige Werke verwiesen werden. Das Buch von Vercellis [Ver09] geht kurz auf Business Intelligence, Decision Support und Data Warehouse ein und widmet sich dann ausführlicher den Mustererkennungsmethoden.

Für den Themenbereich Data Mining und Knowledge Discovery Process existiert eine Vielzahl von Büchern. Insbesondere ist hier das Lehrbuch von Han und Kamber [HK06] hervorzuheben, das einen eindrucksvollen und verständlichen Überblick zu Data Mining gibt. Als deutschsprachiges Lehrbuch empfiehlt sich ein Blick in Ester und Sander [ES00]. Die englischsprachige Einführung in Data Mining von Tan, Steinbach und Kumar [TSK06] ist ebenfalls empfehlenswert. Für eine detaillierte Darstellung von neuronalen Netzen, evolutionären Algorithmen und Fuzzy-Systemen empfiehlt sich ein Blick in das Buch von Kruse et al. [KBK+11]. Für einen Überblick und Anwendungen in SPSS ist das Buch von Backhaus et al. [BEPW11] zu empfehlen.

Data Mining mit dem Microsoft SQL Server stellen das englischsprachige Buch von MacLennan, Tang und Crivat [MTC08] und das deutschsprachige Buch von Schrödl [Sch09] vor. Die Funktionalität von MDX und den Microsoft

Analysis Services werden übersichtlich in Smith und Clay [SC09] sowie Melomed et al. [MBG08] präsentiert.

9.5 Übungen

Übung 9-1 Gegeben sei ein Warenkorb mit den folgenden 10 Transaktionen:

TID	Items
1	Anhaltinisch Flüssig, Berliner Bräu, Erfurter Bock, Riesling
2	Anhaltinisch Flüssig, Erfurter Bock, MT, Riesling
3	Ilmenauer Pils, MT
4	Anhaltinisch Flüssig, Dornfelder, Kölnische Weiße, Riesling
5	Berliner Bräu, Dornfelder, Kölnische Weiße, MT, Riesling
6	Ilmenauer Pils, Kölnische Weiße, MT
7	Anhaltinisch Flüssig, Erfurter Bock
8	Dornfelder, Erfurter Bock, Riesling
9	Berliner Bräu, Dornfelder, MT
10	Anhaltinisch Flüssig, Erfurter Bock

- Führen Sie den Apriori-Algorithmus aus und bestimmen Sie mögliche Regeln. Betrachten Sie dabei nur Items mit einem Support $\geq 30\%$.
- Konstruieren Sie für dieses Beispiel den FP-Baum und führen Sie den FP-Growth-Algorithmus aus. Betrachten Sie dabei ebenfalls nur Items mit einem Support $\geq 30\%$.
- Hat der FP-Growth-Algorithmus einen Vorteil gegenüber dem Apriori-Algorithmus gebracht?

Übung 9-2 Bestimmen Sie grafisch unter Zuhilfenahme des k-means-Algorithmus jeweils drei Cluster der folgenden Punktmengen. Als Anfangs-Centroide sind die Punkte (8,8), (8,16) und (16,16) zu nehmen.

- (3,18), (3,20), (4,20), (4,22), (5,19), (5,21), (6,8), (6,10), (6,20), (8,8), (8,9), (8,10), (10,9), (10,12), (16,15), (16,17), (17,13), (18,16), (19,13), (19,14)
- (6,8), (6,10), (8,8), (8,9), (8,11), (9,9), (10,12), (10,14), (11,13), (12,8), (12,12), (12,13), (12,14), (13,9), (13,15), (14,8), (14,10), (15,9), (15,11), (16,16)
- (8,12), (8,13), (8,15), (9,11), (9,15), (10,16), (11,9), (11,13), (11,14), (12,9), (12,13), (12,14), (12,16), (13,9), (13,14), (13,16), (14,10), (14,15), (15,11), (15,12)

Wurden alle Cluster gut erkannt? Für welche Datenverteilungen ist ein Auffinden der Cluster mit Hilfe von Centroid-basierten Verfahren nicht möglich?

Übung 9-3 Erstellen Sie für die Fakten aus der gegebenen Tabelle einen Entscheidungsbaum, der die Ausprägungen der Spalte „`Zu teuer?`" bestimmt. Nehmen Sie dafür an, dass der Jahrgang nur drei mögliche Werte hat und die Preise im Klassifikationsbaum in folgende Kategorien einteilbar sind: günstig (0-9 €), mittel (10-29 €), teuer (30-50 €). Bei übereinstimmender Trennschärfe zweier Attribute sollten sie in der Reihenfolge der korrespondierenden Spalten in der Tabelle gewählt werden.

TID	Weinsorte	Jahrgang	Preis	Zu teuer?
1	Riesling	2010	7 €	Ja
2	Merlot	2010	5 €	Nein
3	Riesling	1980	30 €	Nein
4	Pinot Noir	1980	42 €	Ja
5	Müller Thurgau	2002	24 €	Nein
6	Merlot	2002	17 €	Ja
7	Pinot Noir	2010	8 €	Nein
8	Merlot	2002	9 €	Nein
9	Pinot Noir	2002	33 €	Ja
10	Müller Thurgau	1980	28 €	Nein

Welche Entscheidungen würden Sie mit Ihrem Entscheidungsbaum für die Weine aus der folgenden Tabelle treffen?

TID	Weinsorte	Jahrgang	Preis	Zu teuer?
11	Müller Thurgau	2010	45 €	?
12	Merlot	2002	8 €	?
13	Riesling	1980	44 €	?
14	Pinot Noir	2010	22 €	?

Liefert Ihr Entscheidungsbaum immer für Sie nachvollziehbare Ergebnisse? Wie kann man die Aufteilung des Entscheidungsbaumes verbessern?

Übung 9-4 Ermitteln von Ausreißer-Werten: Gegeben seien die Datenwerte aus der folgenden Tabelle. Ermitteln Sie die Ausgleichsgerade für die gegebenen Werte. Wie können anhand der ermittelten Geraden Ausreißer bestimmt werden?

X	Y
1	1
2	10
3	6
4	4
5	3

Abbildungsverzeichnis

Tabellenverzeichnis

Sachindex

Literaturverzeichnis

[AAD$^+$96] Agarwal, S.; Agrawal, R.; Deshpande, P.; Gupta, A.; Naughton, J. F.; Ramakrishnan, R.; Sarawagi, S.: On the Computation of Multidimensional Aggregates. In: *Proceedings of the International Conference on Very Large Databases (VLDB)*, S. 506–521. San Francisco, CA, 1996.

[Aba08] Abadi, D. J.: *Query Execution in Column-Oriented Database Systems*. Dissertation, Massachusetts Institute of Technology, 2008.

[ABH09] Abadi, D. J.; Boncz, P. A.; Harizopoulos, S.: Column-Oriented Database Systems. *Proceedings of the VLDB Endowment (PVLDB)*, Band 2, Nr. 2, S. 1664–1665, 2009.

[ADHS01] Ailamaki, A.; DeWitt, D. J.; Hill, M. D.; Skounakis, M.: Weaving Relations for Cache Performance. In: *Proceedings of the International Conference on Very Large Data Bases (VLDB)*, S. 169–180. Rom, Italien, 2001.

[Aic97] Aichele, C.: *Kennzahlenbasierte Geschäftsprozessanalyse*. Schriften zur EDV-orientierten Betriebswirtschaft. Betriebswirtschaftlicher Verlag Dr. Th. Gabler, 1997.

[Ail01] Ailamaki, A.: A Storage Model to Bridge the Processor/Memory Speed Gap. In: *High Performance Transaction Systems Workshop (HPTS)*, 2001.

[AIS93] Agrawal, R.; Imieliński, T.; Swami, A.: Mining Association Rules Between Sets of Items in Large Databases. In: *Proceedings of the International Conference on Management of Data (SIGMOD)*, S. 207–216. ACM, New York, NY, USA, 1993.

[AK11] Ashdown, L.; Kyte, T.: *Oracle Database Concepts – 11g Release 2 (11.2)*. Oracle, 2011.

[AMH08] Abadi, D. J.; Madden, S.; Hachem, N.: Column-Stores vs. Row-Stores: How different are they really? In: *Proceedings of the International Conference on Management of Data (SIGMOD)*, S. 967–980. Vancouver, BC, Kanada, 2008.

[AS94] Agrawal, R.; Srikant, R.: Fast Algorithms for Mining Association Rules in Large Databases. In: *Proceedings of the International Conference on Very Large Databases (VLDB)*, S. 487–499. Morgan Kaufmann Publishers Inc., San Francisco, CA, USA, 1994.

[Ban03] Bange, C.: Business Intelligence: Systeme und Anwendungen. Technischer Bericht, Business Application Research Center (BARC), 2003.

[Bay97] Bayer, R.: UB-Trees and UB-Cache – A new Processing Paradigm for Database Systems. Technischer Bericht, Institut für Informatik, TU München, 1997.

[BC81] Bernstein, P. A.; Chiu, D.-M. W.: Using Semi-Joins to Solve Relational Queries. *Journal of the ACM*, Band 28, S. 25–40, 1981.

[BEPW11] Backhaus, K.; Erichson, B.; Plinke, W.; Weiber, R.: *Multivariate Analysemethoden - Eine anwendungsorientierte Einführung*. Springer-Verlag, 13. Auflage, 2011.

[BF] Bulos, D.; Forsman, S.: Getting Started with ADAPT. White Paper, Symmetry Corporation. `http://www.symcorp.com/downloads/ADAPT_white_paper.pdf`.

[BG04] Bauer, A.; Günzel, H. (Hrsg.): *Data-Warehouse-Systeme: Architektur, Entwicklung, Anwendung*. dpunkt.verlag, 2. Auflage, August 2004.

[BKM08] Boncz, P. A.; Kersten, M. L.; Manegold, S.: Breaking the Memory Wall in MonetDB. *Communications of the ACM*, Band 51, Nr. 12, S. 77–85, 2008.

[BL08] Borowski, E.; Lenz, H.-J.: Design of a Workflow System to improve Data Quality using Oracle Warehouse Builder. *Journal of Applied Quantitative Methods*, Band 3, Nr. 3, S. 198–206, 2008.

[BM72] Bayer, R.; McCreight, E.: Organization and Maintenance of Large Ordered Indexes. *Acta Informatica*, Band 1, Nr. 3, S. 173–189, 1972.

[BM98] Bayer, R.; Markl, V.: The UB-Tree: Performance of Multidimensional Range Queries. Technischer Bericht, Institut für Informatik, TU München, 1998.

[BM07] Bernstein, P. A.; Melnik, S.: Model Management 2.0: Manipulating Richer Mappings. In: *Proceedings of the International Conference on Management of Data (SIGMOD)*, S. 1–12. ACM, New York, NY, USA, 2007.

[BS06] Batini, C.; Scannapieco, M.: *Data Quality: Concepts, Methodologies and Techniques*. Data-centric Systems and Applications. Springer-Verlag, 2006.

[CCS93] Codd, E. F.; Codd, S. B.; Salley, C. T.: Providing OLAP (Online Analytical Processing) to User-Analysts: An IT Mandate. Arbor Software Corporation, URL: http://www.arborsoft.com/OLAP.html, 1993.

[CD97] Chaudhuri, S.; Dayal, U.: An Overview of Data Warehousing and OLAP Technology. *SIGMOD Record*, Band 26, S. 65–74, März 1997.

[CG04] Chamoni, P.; Gluchowski, P.: Integrationstrends bei Business-Intelligence-Systemen. *Wirtschaftsinformatik*, Band 46, Nr. 2, S. 119–128, 2004.

[CG10] Chamoni, P.; Gluchowski, P.: *Analytische Informationssysteme: Business Intelligence-Technologien und -Anwendungen*. Springer-Verlag, 4. Auflage, 2010.

[Chr12] Christen, P.: *Data Matching – Concepts and Techniques for Record Linkage, Entity Resolution, and Duplicate Detection*. Springer-Verlag, Berlin, 2012.

[CHRS98] Christiansen, A.; Höding, M.; Rautenstrauch, C.; Saake, G.: *Oracle8 effizient einsetzen – Aufbau, Entwicklung, Verteilung und Betrieb leistungsfähiger Oracle8-Anwendungen*. Addison-Wesley, Bonn, 1998.

[CI99] Chan, C. Y.; Ioannidis, Y. E.: An Efficient Bitmap Encoding Scheme for Selection Queries. In: *Proceedings of the International Conference on Management of Data (SIGMOD)*, S. 215–226. Philadelphia, PA, 1999.

[CK85] Copeland, G. P.; Khoshafian, S. N.: A Decomposition Storage Model. In: Navathe, S. (Hrsg.): *Proceedings of the International Conference on Management of Data (SIGMOD)*, Band 14, S. 268–279. ACM Press, Austin, Texas, Mai 1985.

[Cod82] Codd, E. F.: Relational Database: A Practical Foundation for Productivity. *Communications of the ACM*, Band 25, Nr. 2, S. 109–117, Februar 1982.

[Con97] Conrad, S.: *Föderierte Datenbanksysteme: Konzepte der Datenintegration*. Springer-Verlag, Berlin/Heidelberg, 1997.

[CP85] Ceri, S.; Pelagatti, G.: *Distributed Databases: Principles and Systems*. McGraw-Hill, New York, NJ, 1985.

[CY90] Cornell, D. W.; Yu, P. S.: An Effective Approach to Vertical Partitioning for Physical Design of Relational Databases. *IEEE Transaction on Software Engineering*, Band 16, Nr. 2, S. 248–258, Februar 1990.

[Dad96] Dadam, P.: *Verteilte Datenbanken und Client/Server-Systeme – Grundlagen, Konzepte, Realisierungsstrukturen*. Springer-Verlag, Berlin, 1996.

[Dam64] Damerau, F. J.: A Technique for Computer Detection and Correction of Spelling Errors. *Communications of the ACM*, Band 7, Nr. 3, S. 171–176, März 1964.

[DD97] Date, C. J.; Darwen, H.: *A Guide to the SQL Standard*. Addison-Wesley, Reading, MA, 4. Auflage, 1997.

[Dev96] Devlin, B.: *Data Warehouse: From Architecture to Implementation*. Addison-Wesley Professional, 1996.

[Dic45] Dice, L. R.: Measures of the amount of ecologic association between species. *Ecology*, Band 26, Nr. 3, S. 297–302, 1945.

[DL05] Dombrowski, E.; Lechtenbörger, J.: Evaluation objektorientierter Ansätze zur Data-Warehouse-Modellierung. *Datenbank-Spektrum*, Band 15, Nr. 14, S. 18–25, 2005.

[DM88] Devlin, B. A.; Murphy, P. T.: An Architecture for a Business and Information System. *IBM Systems Journal*, Band 27, Nr. 1, S. 60–80, 1988.

[DMAM07] Dewitt, D. J.; Madden, S. R.; Abadi, D. J.; Myers, D. S.: Materialization Strategies in a Column-Oriented DBMS. In: *Proceedings of the International Conference on Data Engineering (ICDE)*, 2007.

[Do06] Do, H. H.: *Schema Matching and Mapping-based Data Integration*. Dissertation, Universität Leipzig, 2006.

[DR07] Do, H.-H.; Rahm, E.: Matching Large Schemas: Approaches and Evaluation. *Information Systems*, Band 32, Nr. 6, S. 857–885, September 2007.

[Dun02] Dunemann, O.: *Anfrageoptimierung für OLAP-Anwendungen in virtuellen Data-Warehouses*. Dissertation, Otto-von-Guericke-Universität Magdeburg, September 2002.

[Ear94] Earle, R. J.: United State Patent: Method and Apparatus for Storing and Retrieving Multi-Dimensional Data in Computer Memory, 1994.

[EB69] Estabrook, G. F.; Brill, R. C.: The Theory of the TAXIR Accessioner. *Mathematical Biosciences*, Band 5, S. 327–340, 1969.

[EKSX96] Ester, M.; Kriegel, H.-P.; Sander, J.; Xu, X.: A Density-Based Algorithm for Discovering Clusters in Large Spatial Databases with Noise. In: *Proceedings of the International Conference on Knowledge Discovery and Data Mining (SIGKDD)*, S. 226–231. AAAI Press, 1996.

[EN02] Elmasri, R.; Navathe, S. B.: *Grundlagen von Datenbanksystemen*. Pearson Studium, München, 3. Auflage, 2002.

[ES00] Ester, M.; Sander, J.: *Knowledge Discovery in Databases - Techniken und Anwendungen*. Springer-Verlag, 2000.

[Fis36] Fisher, R. A.: The Use of Multiple Measurements in Taxonomic Problems. *Annals of Eugenics*, Band 7, S. 179–188, 1936.

[FPSS96] Fayyad, U.; Piatetsky-Shapiro, G.; Smyth, P.: From Data Mining to Knowledge Discovery in Databases. *AI Magazine*, Band Fall, S. 37–54, 1996.

[FS02] Friedag, H. R.; Schmidt, W.: *Balanced Scorecard*. TaschenGuide; 61. Haufe, Planegg, 2. Auflage, 2002.

[GBLP96] Gray, J.; Bosworth, A.; Layman, A.; Pirahesh, H.: Data Cube: A Relational Aggregation Operator Generalizing Group-By, Cross-Tab, and Sub-Total. In: *Proceedings of the International Conference on Data Engineering (ICDE)*, S. 152–159. New Orleans, LA, 1996.

[GCB+97] Gray, J.; Chaudhuri, S.; Bosworth, A.; Layman, A.; Reichart, D.; Venkatrao, M.; Pellow, F.; Pirahesh, H.: Data Cube: A Relational Aggregation Operator Generalizing Group-by, Cross-Tab, and Sub Totals. *Data Mining and Knowledge Discovery*, Band 1, Nr. 1, S. 29–53, März 1997.

[GG98] Gaede, V.; Günther, O.: Multidimensional Access Methods. *ACM Computing Surveys*, Band 30, Nr. 2, S. 170–231, Juni 1998.

[GG00] Grothe, M.; Gensch, P.: *Business Intelligence – Aus Informationen Wettbewerbsvorteile gewinnen*. Addison-Wesley, München, 2000.

[GGD08] Gluchowski, P.; Gabriel, R.; Dittmar, C.: *Management Support Systeme und Business Intelligence*. Springer-Verlag, Berlin, 2. Auflage, 2008.

[GK06] Gernert, C.; Köppen, V.: *Handbuch - IT in der Verwaltung*, Kapitel Geschäftsprozesse optimal gestalten, S. 195–224. Springer-Verlag, 2006.

[GLGG+08] Galindo-Legaria, C.; Grabs, T.; Gukal, S.; Herbert, S.; Surna, A.; Wang, S.; Yu, W.; Zabback, P.; Zhang, S.: Optimizing Star Join Queries for Data Warehousing in Microsoft SQL Server. In: *Proceedings of the International Conference on Data Engineering (ICDE)*, S. 1190–1199. Cancun, Mexico, 2008.

[Glu01] Gluchowski, P.: *Business Intelligence, HMD – Theorie und Praxis der Wirtschaftsinformatik*, Band 38. Jahrgang, Kapitel Business Intelligence: Konzepte, Technologien und Einsatzbereiche, S. 5–15. dpunkt.verlag, Dezember 2001.

[GM95] Gupta, A.; Mumick, I. S.: Maintenance of Materialized Views: Problems, Techniques, and Applications. *IEEE Data Engineering Bullet*, Band 18, Nr. 2, S. 3–18, 1995.

[GM99] Gupta, A.; Mumick, I. (Hrsg.): *Materialized Views: Techniques, Implementations, and Applications*. MIT Press, 1999.

[GMR98] Golfarelli, M.; Maio, D.; Rizzi, S.: The Dimensional Fact Model: A Conceptual Model for Data Warehouses. *International Journal of Cooperative Information Systems*, Band 7, Nr. 2-3, S. 215–247, 1998.

[GMS92] Garcia-Molina, H.; Salem, K.: Main Memory Database Systems: An Overview. *IEEE Transactions on Knowledge and Data Engineering*, Band 4, Nr. 6, S. 509–516, 1992.

[GMS93] Gupta, A.; Mumick, I. S.; Subrahmanian, V. S.: Maintaining Views Incrementally. In: *Proceedings of the International Conference on Management of Data (SIGMOD)*, S. 157–166. Washington, D.C., 1993.

[GMUW08] Garcia-Molina, H.; Ullman, J.; Widom, J.: *Database Systems: The Complete Book*. Pearson International Edition, 2. Auflage, 2008.

[Gol66] Golomb, S. W.: Run-Length Encodings. *IEEE Transactions on Information Theory*, Band 12, Nr. 3, S. 399–401, 1966.

[Göt00] Götze, W.: *Grafische und empirische Techniken des Business-Forecasting*. Oldenbourg Wissenschaftsverlag, 2000.

[GR09] Golfarelli, M.; Rizzi, S.: *Data Warehouse Design: Modern Principles and Methodologies*. McGraw-Hill, 2009.

[Gra93] Graefe, G.: Query Evaluation Techniques for Large Databases. *ACM Computing Surveys*, Band 25, Nr. 2, S. 73–170, Juni 1993.

[Gra07] Graefe, G.: Efficient Columnar Storage in B-Trees. *ACM SIGMOD Record*, Band 36, Nr. 1, S. 3–6, März 2007.

[GRS98] Goldstein, J.; Ramakrishnan, R.; Shaft, U.: Compressing Relations and Indexes. In: *Proc. IEEE Int. Conf. on Data Engineering (ICDE) 1998, Orlando, FL*, S. 370–379, 1998.

[Gut84] Guttman, A.: R-Trees: A Dynamic Index Structure for Spatial Searching. In: *Proceedings of the International Conference on Management of Data (SIGMOD)*, S. 47–57. Boston, NJ, 1984.

[Hah05] Hahne, M.: *SAP Business Information Warehouse: Mehrdimensionale Datenmodellierung*. Springer-Verlag, 2005.

[HHMW05] Haustein, M. P.; Härder, T.; Mathis, C.; Wagner, M.: DeweyIDs - The Key to Fine-Grained Management of XML Documents. In: *Proceedings of the Brazilian Symposium on Databases (SBBD)*, S. 85–99, 2005.

[HHMW07] Härder, T.; Haustein, M. P.; Mathis, C.; Wagner, M.: Node labeling schemes for dynamic xml documents reconsidered. *IEEE Transactions on Knowledge and Data Engineering*, Band 60, Nr. 1, S. 126–149, 2007.

[Hin85] Hinrichs, K. H.: *The Grid File System: Implementation and Case Studies of Applications*. Dissertation, ETH Zürich, 1985.

[HK06] Han, J.; Kamber, M.: *Data Mining – Concepts and Techniques*. Morgan Kaufmann Publishers, 2. Auflage, 2006.

[HKK97] Höppner, F.; Klawonn, F.; Kruse, R.: *Fuzzy-Clusteranalyse: Verfahren für die Bilderkennung, Klassfizierung und Datenanalyse*. Vieweg Verlagsgesellschaft, 1997.

[HR99] Härder, T.; Rahm, E.: *Datenbanksysteme – Konzepte und Techniken der Implementierung*. Springer-Verlag, 1999.

[HR01] Härder, T.; Rahm, E.: *Datenbanksysteme – Konzepte und Techniken der Implementierung*. Springer-Verlag, 2. Auflage, 2001.

[HRO06] Halevy, A. Y.; Rajaraman, A.; Ordille, J. J.: Data Integration: The Teenage Years. In: *Proceedings of the International Conference on Very Large Databases (VLDB)*, S. 9–16, 2006.

[HRU96] Harinarayan, V.; Rajaraman, A.; Ullman, J. D.: Implementing Data Cubes Efficiently. In: *Proceedings of the International Conference on Management of Data (SIGMOD)*, S. 205–216. Montreal, Kanada, 1996.

[HS98] Hernández, M. A.; Stolfo, S. J.: Real-world data is dirty: Data cleansing and the merge/purge problem. *Data Mining and Knowledge Discovery*, Band 2, Nr. 1, S. 9–37, Jan 1998.

[HTT09] Hey, T.; Tansley, S.; Tolle, K. (Hrsg.): *The Fourth Paradigm: Data-Intensive Scientific Discovery*. Microsoft Research, 2009.

[HZN+10] Héman, S.; Zukowski, M.; Nes, N. J.; Sidirourgos, L.; Boncz, P.: Positional Update Handling in Column Stores. In: *Proceedings of the International Conference on Management of Data (SIGMOD)*, S. 543–554. ACM, New York, NY, USA, 2010.

[IBM12] IBM: IBM DB2 Database for Linux, UNIX and Windows – Informationszentrale. `http://pic.dhe.ibm.com/infocenter/db2luw/v9r7/index.jsp`, 2012.

[Inm92] Inmon, W. H.: *Building the Data Warehouse*. John Wiley & Sons, Inc., 1992.

[Inm96] Inmon, W. H.: *Building the Data Warehouse*. John Wiley & Sons, Inc., 2. Auflage, 1996.

[Inm99] Inmon, W. H.: *Building the Operational Data Store*. John Wiley & Sons, 2. Auflage, 1999.

[ISO08] ISO: *Information technology – Database languages – SQL –*. Nr. ISO/IEC 9075:2008(E). ISO/EIC, Genf, Schweiz, 2008.

[Jar89] Jaro, M. A.: Advances in Record Linkage Methodology as Applied to the 1985 Census of Tampa Florida. *Journal of the American Statistical Society*, Band 84, Nr. 406, S. 414–420, Juni 1989.

[Jar95] Jaro, M. A.: Probabilistic Linkage of Large Public Health Data Files. *Statistics in Medicine*, Band 14, Nr. 5-7, S. 491–498, 1995.

[JK84] Jarke, M.; Koch, J.: Query Optimization in Database Systems. *ACM Computing Surveys*, Band 16, Nr. 2, S. 111–152, 1984.

[JL98] Jürgens, M.; Lenz, H.-J.: The Ra^*-tree: An Improved R-tree with Materialized Data for Supporting Range Queries on OLAP-Data. In: *DEXA Workshop*, S. 186–191, 1998.

[JMS95] Jagadish, H. V.; Mumick, I. S.; Silberschatz, A.: View Maintenance Issues for the Chronicle Data Model. In: *PODS 1995, San Jose, CA*, S. 113–124, 1995.

[JS96] Johnson, T.; Shasha, D.: Hierarchically Split Cube Forests for Decision Support: Description and Tuned Design. Technischer Bericht, New York University - Computer Science Department, 1996.

[JS97] Johnson, T.; Shasha, D.: Some Approaches to Index Design for Cube Forest. *IEEE Database Engineering Bulletin*, Band 20, S. 27–35, 1997.

[KAL07] Köppen, V.; Allgeier, M.; Lenz, H.-J.: Balanced Scorecard Simulator – A Tool for Stochastic Business Figures. In: *Advances in Data Analysis*, S. 457–464, 2007.

[KBB11] Köppen, V.; Brüggemann, B.; Berendt, B.: Designing Data Integration: The ETL Pattern Approach. *Cepis Upgrade*, Band 13, Nr. 3, S. 49–55, Juli 2011.

[KBK+11] Kruse, R.; Borgelt, C.; Klawonn, F.; Moewes, C.; Ruß, G.; Steinbrecher, M.: *Computational Intelligence: Eine methodische Einführung in Künstliche Neuronale Netze, Evolutionäre Algorithmen, Fuzzy-Systeme und Bayes-Netze*. Vieweg + Teubner Verlag, 2011.

[KBM10] Kemper, H.-G.; Baars, H.; Mehanna, W.: *Business Intelligence – Grundlagen und praktische Anwendungen*. Vieweg + Teubner Verlag, 3. Auflage, 2010.

[KC04] Kimball, R.; Caserta, J.: *The Data Warehouse ETL Toolkit: Practical Techniques for Extracting, Cleaning, Conforming, and Delivering Data*. John Wiley & Sons, 2004.

[KCGS93] Kim, W.; Choi, I.; Gala, S.; Scheevel, M.: On Resolving Schematic Heterogeneity in Multidatabase Systems. *Distributed and Parallel Databases*, Band 1, Nr. 3, S. 251–279, 1993.

[KE04] Kemper, A.; Eickler, A.: *Datenbanksysteme – Eine Einführung*. Oldenbourg Wissenschaftsverlag, München, 5. Auflage, 2004.

[KE09] Kemper, A.; Eickler, A.: *Datenbanksysteme – Eine Einführung*. Oldenbourg Wissenschaftsverlag, München, 7. Auflage, 2009.

[Kim96] Kimball, R.: Slowly Changing Dimensions. Unlike OLTP Systems, Data Warehouse Systems Cab Track Historical Data. *DBMS Online*, Band 9, Nr. 4, 1996.

[Kim08] Kimball, R.: *The Data Warehouse Lifecycle Toolkit*. Wiley & Sons, 2008.

[KMN+02] Kanungo, T.; Mount, D. M.; Netanyahu, N. S.; Piatko, C. D.; Silverman, R.; Wu, A. Y.: An Efficient K-Means Clustering Algorithm: Analysis and Implementation. *IEEE Transactions on Pattern Analysis and Machine Intelligence (TPAMI)*, Band 24, Nr. 7, S. 881–892, July 2002.

[KMU04] Kemper, H.-G.; Mehanna, W.; Unger, C.: *Business Intelligence – Grundlagen und praktische Anwendungen*. Vieweg & Sohn Verlag, 2004.

[KN92] Kaplan, R. S.; Norton, D. P.: The Balanced Scorecard - Measures that Drive Performance. *Harvard Business Review*, Band 1, S. 71–79, 1992.

[KN96] Kaplan, R. S.; Norton, D. P.: *The Balanced Scorecard. Translating Strategy Into Action*. Harvard Business School Press, 1996.

[KN04] Kaplan, R. S.; Norton, D. P.: *Strategy Maps: Converting Intangible Assets Into Tangible Outcomes*. Harvard Business School Press, 2004.

[KR90] Kaufman, L.; Rousseeuw, P. J.: *Finding Groups in Data: An Introduction to Cluster Analysis*. Wiley Interscience, 1990.

[KR02] Kimball, R.; Ross, M.: *The Data Warehouse Toolkit: The Complete Guide to Dimensional Modelling*. John Wiley & Sons, 2. Auflage, 2002.

[KR05] Kaufman, L.; Rousseeuw, P. J.: *Finding Groups in Data*. Wiley-Interscience, 2005.

[KR13] Kimball, R.; Ross, M.: *The Data Warehouse Toolkit: The Definitive Guide to Dimensional Modeling*. John Wiley & Sons, 2013.

[KS86] Kriegel, H.-P.; Seeger, B.: Efficient Multidimensional Dynamic Hashing for Uniform and Non-Uniform Record Distributions. In: *Proceedings of the International Conference on Database Theory (ICDT)*, S. 203–220. Rom, Italien, 1986.

[Kuc85] Kuchen, H.: Implementierung der Relationenalgebra im MEMODAX-System. In: *Workshop über Relationale Datenbanken*, S. 33–55. TU Clausthal, Informatik-Bericht 85/1, Juni 1985.

[Kuh10] Kuhn, H. W.: The Hungarian Method for the Assignment Problem. In: Jünger, M.; Liebling, T. M.; Naddef, D.; Nemhauser, G. L.; Pulleyblank, W. R.; Reinelt, G.; Rinaldi, G.; Wolsey, L. A. (Hrsg.): *50 Years of Integer Programming 1958-2008*, S. 29–47. Springer-Verlag, Berlin, Heidelberg, 2010.

[Lan01] Laney, D.: 3D Data Management: Controlling Data Volume, Velocity, and Variety. `http://blogs.gartner.com/doug-laney/files/2012/01/ad949-3D-Data-Management-Controlling-Data-Volume-Velocity-and-Variety.pdf`, 2001.

[Leh03] Lehner, W.: *Datenbanktechnologie für Data-Warehouse-Systeme*. dpunkt.verlag, 2003.

[Lev66] Levenshtein, V. I.: Binary Codes Capable of Correcting Deletions, Insertions, and Reversals. *Soviet Physics Doklady*, Band 10, Nr. 8, S. 707–710, 1966.

[LGM96] Labio, W.; Garcia-Molina, H.: Efficient Snapshot Differential Algorithms for Data Warehousing. In: *Proceedings of the International Conference on Very Large Databases (VLDB)*, S. 63–74. Morgan Kaufmann Publishers Inc., San Francisco, CA, USA, 1996.

[LKS11a] Lübcke, A.; Köppen, V.; Saake, G.: A Decision Model to Select the Optimal Storage Architecture for Relational Databases. In: *Proceedings of the International Conference on Research Challenges in Information Science (RCIS)*, RCIS, S. 74–84. IEEE, Gosier, Frankreich, Mai 2011.

[LKS11b] Lübcke, A.; Köppen, V.; Saake, G.: Workload Representation across Different Storage Architectures for Relational DBMS. In: *Proceedings of the GI-Workshop on Foundations of Databases*, S. 79–84. Universtiy of Innsbruck, Obergurgl, Österreich, Juni 2011.

[Llo82] Lloyd, S. P.: Least Squares Quantization in PCM. *IEEE Transactions on Information Theory (TIT)*, Band 28, Nr. 2, S. 129–137, March 1982.

[LMTS02] Luján-Mora, S.; Trujillo, J.; Song, I.-Y.: Extending the UML for Multidimensional Modeling. In: *Proceedings of the International Conference on UML 2002 - The Unified Modeling Language*, S. 290–304, 2002.

[LN06] Leser, U.; Naumann, F.: *Informationsintegration: Architekturen und Methoden zur Integration verteilter und heterogener Datenquellen*. dpunkt.verlag, 2006.

[LR82] Lloyd, J. W.; Ramamohanarao, K.: Partial-match Retrieval for Dynamic Files. *BIT*, Band 22, Nr. 2, S. 150–168, 1982.

[LS97] Lenz, H.-J.; Shoshani, A.: Summarizability in OLAP and Statistical Data Bases. In: *Proceedings of the International Conference on Scientific and Statistical Database Management (SSDBM)*, S. 132–143. Olympia, Washington, 1997.

[LS10] Lübcke, A.; Saake, G.: A Framework for Optimal Selection of a Storage Architecture in RDBMS. In: *DB&IS*, S. 65–76. University of Latvia, Riga, Latvia, Juli 2010.

[Lüb10] Lübcke, A.: Challenges in Workload Analyses for Column and Row Stores. In: *Proceedings of the GI-Workshop on Foundations of Databases*. Institute for Information Systems, Universität Brunswick, Bad Helmstedt, Mai 2010.

[Luh58] Luhn, H. P.: A Business Intelligence System. *IBM Journal*, Band 2, Nr. 4, S. 314–319, 1958.

[Mac67] MacQueen, J.: Some Methods for Classification and Analysis of Multivariate Observations. In: *Proceedings of the Berkeley Symposium on Mathematical Statistics and Probability*, S. 281–297, 1967.

[MBG08] Melomed, E.; Berger, A.; Gorbach, I.: *Microsoft SQL Server 2008 Analysis Services Unleashed*. Pearson Education, 2008.

[Mer02] Mertens, P.: Business Intelligence – ein Überblick. Technischer Bericht 2/2002, Universität Erlangen-Nürnberg - Bereich Wirtschaftsinformatik I, 2002.

[MF04] MacNicol, R.; French, B.: Sybase IQ Multiplex - Designed for Analytics. In: *Proceedings of the International Conference on Very Large Databases (VLDB)*, Band 30, S. 1227–1230. VLDB Endowment, 2004.

[MG02] Mertens, P.; Griese, J.: *Integrierte Informationsverarbeitung 2 – Planungs- und Kontrollsysteme in der Industrie*. Betriebswirtschaftlicher Verlag Dr. Th. Gabler, 9. Auflage, 2002.

[Mica] Microsoft Corporation: *Developer Reference for SQL Server 2012*.

[Micb] Microsoft Corporation, : *Multidimensional Expressions (MDX) Reference.*

[Mic00] Microsoft Corporation: OLE DB for Data Mining Specification. Technischer Bericht, Microsoft Corporation, Juli 2000.

[MKIK07] Morfonios, K.; Konakas, S.; Ioannidis, Y.; Kotsis, N.: ROLAP Implementations of the Data Cube. *ACM Computing Surveys*, Band 39, Nr. 4, S. 12:1–12:53, November 2007.

[ML13] Müller, R. M.; Lenz, H.-J.: *Business Intelligence.* eXamen.press. SpringerVieweg, Berlin Heidelberg, 2013.

[MLT10] Mazón, J.-N.; Lechtenbörger, J.; Trujillo, J.: A Survey on Summarizability Issues in Multidimensional Modeling. In: *Proceedings of the Spanish Conference on Software Engineering and Databases (JISBD)*, S. 327–327. Valencia, Spanien, September 2010.

[MNPT05] Manolopoulos, Y.; Nanopoulos, A.; Papadopoulos, A. N.; Theodoridis, Y.: *R-Trees: Theory and Applications (Advanced Information and Knowledge Processing).* Springer-Verlag, 1. Auflage, September 2005.

[MOL09] Michalarias, I.; Omelchenko, A.; Lenz, H.-J.: FCLOS: A Client-Server Architecture for Mobile OLAP. *Data & Knowledge Engineering*, Band 68, Nr. 2, S. 192–220, Februar 2009.

[MR12] Mertens, P.; Rässler, S. (Hrsg.): *Prognoserechnung.* Physica-Verlag, 7. Auflage, 2012.

[MRB99] Markl, V.; Ramsak, F.; Bayer, R.: Improving OLAP Performance by Multidimensional Hierarchical Clustering. In: *Proceedings of the International Database Engineering and Applications Symposium (IDEAS)*, S. 165–177, August 1999.

[MS93] Messerschmidt, H.; Schweinsberg, K.: *OLAP mit dem SQL-Server.* dpunkt.verlag, 1993.

[MS02] Melton, J.; Simon, A.: *SQL:1999 – Understanding Relational Language Concepts.* Morgan Kaufmann Publishers, San Francisco, CA, 2002.

[MTC08] MacLennan, J.; Tang, Z.; Crivat, B.: *Data Mining with Microsoft SQL Server 2008.* John Wiley & Sons, 2008.

[NH10] Naumann, F.; Herschel, M.: *An Introduction to Duplicate Detection.* Synthesis Lectures on Data Management. Morgan & Claypool Publishers, 2010.

[NHS84] Nievergelt, J.; Hinterberger, H.; Sevcik, K. C.: The Grid File: An Adaptable, Symmetric Multikey File Structure. *ACM Transactions on Database Systems (TODS)*, Band 9, Nr. 1, S. 38–71, März 1984.

[Nic12] Nica, A.: Incremental Maintenance of Materialized Views with Outerjoins. *Information Systems*, Band 37, Nr. 5, S. 430–442, Juli 2012.

[OCGO96] O'Neil, P.; Cheng, E.; Gawlick, D.; O'Neil, E.: The Log-Structured Merge-Tree (LSM-Tree). *Acta Informatica*, Band 33, Nr. 4, S. 351–385, 1996.

[Ora05] Oracle Corporation: Query optimization in Oracle Database10g Release 2. `http://www.oracle.com/technetwork/database/bi-datawarehousing/twp-general-query-optimization-10gr-130948.pdf`, 2005. An Oracle White Paper.

[Ora07] Oracle Corporation: *Oracle Database Data Warehousing Guide 11g Release 1 (11.1)*, 2007.

[Oto84] Otoo, E. J.: A Mapping Function for the Directory of a Multidimensional Extendible Hashing. In: *Proceedings of the International Conference on Very Large Databases (VLDB)*, S. 493–506, 1984.

[ÖV99] Özsu, M. T.; Valduriez, P.: *Principles of Distributed Database Systems.* Prentice Hall, Upper Saddle River, NJ, 2. Auflage, 1999.

[PC95] Pendse, N.; Creeth, R.: The OLAP-Report: Succeeding with On-Line Analytical Processing. *Business Intelligence*, Band 1, 1995.

[PCY95] Park, J. S.; Chen, M.-S.; Yu, P. S.: An Effective Hash-Based Algorithm for Mining Association Rules. In: *SIGMOD Record*, Band 24, S. 175–186. ACM, 1995.

[Pen95] Pendse, N.: *The FASMI Definition for OLAP.* Business Intelligence, August 1995.

[PHH92] Pirahesh, H.; Hellerstein, J.; Hasan, W.: Extensible/Rule Based Query Rewrite Optimization in Starburst. In: *Proceedings of the International Conference on Management of Data (SIGMOD)*, S. 39–48. Proceedings of the International Conference on Management of Data (SIGMOD), 1992.

[Pla09] Plattner, H.: A Common Database Approach for OLTP and OLAP Using an In-Memory Column Database. In: *Proceedings of the International Conference on Management of Data (SIGMOD)*, S. 1–2. ACM, New York, NY, USA, 2009.

[PZ11] Plattner, H.; Zeier, A.: *In-Memory Data Management: An Inflection Point for Enterprise Applications*. Springer-Verlag, 2011.

[PZ12] Plattner, H.; Zeier, A.: *In-Memory Data Management – Technology and Applications*. Springer-Verlag, 2. Auflage, 2012.

[Rah94] Rahm, E.: *Mehrrechner-Datenbanksysteme. Grundlagen der verteilten und parallelen Datenbankverarbeitung*. Addison-Wesley, Bonn, 1994.

[RALT06] Rizzi, S.; Abelló, A.; Lechtenbörger, J.; Trujillo, J.: Research in Data Warehouse Modeling and Design: Dead or Alive? In: *Proceedings of the International Workshop on Data Warehousing and OLAP (DOLAP)*, S. 3–10. Arlington, Virginia, USA, 2006.

[RK05] Ross, M.; Kimball, R.: Slowly changing dimensions are not always as easy as 1, 2, 3. Intelligent Enterprise, 2005.

[RKR97] Roussopoulos, N.; Kotidis, Y.; Roussopoulos, M.: Cubetree: Organization of and Bulk Updates on the Data Cube. In: *Proceedings of the International Conference on Management of Data (SIGMOD), ACM SIGMOD Record*, Band 26, S. 89–99. ACM Press, Tucson, Arizona, USA, Juni 1997.

[Rob81] Robinson, J. T.: The K-D-B-Tree: A Search Structure for Large Multidimensional Dynamic Indexes. In: Lien, Y. E. (Hrsg.): *Proceedings of the International Conference on Management of Data (SIGMOD)*, S. 10–18. ACM Press, Ann Arbor, MI, 1981.

[SAB+05] Stonebraker, M. R.; Abadi, D. J.; Batkin, A.; Chen, X.; Cherniack, M.; Ferreira, M.; Lau, E.; Lin, A.; Madden, S.; O'Neil, E. J.; O'Neil, P. E.; Rasin, A.; Tran, N.; Zdonik, S. B.: C-Store: A Column-Oriented DBMS. In: *Proceedings of the International Conference on Very Large Databases (VLDB)*, S. 553–564. Trondheim, Norwegen, 2005.

[Sad13] Sadiq, S. (Hrsg.): *Handbook of Data Quality – Research and Practice*. Springer-Verlag, Heidelberg, 2013.

[Sam89] Samet, H. J.: *Design and Analysis of Spatial Data Structures: Quadtrees, Octrees, and other Hierarchical Methods*. Addison–Wesley, Reading, MA, 1989.

[SBÇ+07] Stonebraker, M. R.; Bear, C.; Çetintemel, U.; Cherniack, M.; Ge, T.; Hachem, N.; Harizopoulos, S.; Lifter, J.; Rogers, J.; Zdonik, S. B.: One Size Fits All? Part 2: Benchmarking Studies. In: *Proceedings of the Biennial Conference on Innovative Data Systems Research (CIDR)*, S. 173–184. Asilomar, CA, 2007.

[SBHD98] Sapia, C.; Blaschka, M.; Höfling, G.; Dinter, B.: Extending the E/R Model for the Multidimensional Paradigm. In: *Proceedings of the Workshops on Data Warehousing and Data Mining, Mobile Data Access, and Collaborative Work Support and Spatio-Temporal Data Management*, Lecture Notes in Computer Science, S. 105–116. Springer-Verlag, Singapore, 1998.

[SÇ05] Stonebraker, M. R.; Çetintemel, U.: "One Size Fits All": An Idea Whose Time Has Come and Gone (Abstract). In: *Proceedings of the Biennial Conference on Innovative Data Systems Research (CIDR)*, S. 2–11. Tokyo, Japan, 2005.

[SC09] Smith, B. C.; Clay, C. R.: *SQL Server 2008 MDX: Step by Step*. Microsoft Press, 2009.

[Sch97] Schmitt, I.: *Schemaintegration für den Entwurf föderierter Datenbanken*. Dissertation, Otto-von-Guericke-Universität Magdeburg, 1997.

[Sch01] Schlittgen, R.: *Angewandte Zeitreihenanalyse*. Oldenbourg Wissenschaftsverlag, 2001.

[Sch02] Schwarz, R.: *Controlling-Systeme*. Die Wirtschaftswissenschaften. Betriebswirtschaftlicher Verlag Dr. Th. Gabler, Wiesbaden, 2002.

[Sch05] Schmitt, I.: *Ähnlichkeitssuche in Multimedia-Datenbanken - Retrieval, Suchalgorithmen und Anfragebehandlung*. Oldenbourg Wissenschaftsverlag, 2005.

[Sch09] Schrödl, H.: *Business Intelligence mit Microsoft SQL Server 2008: BI-Projekte erfolgreich umsetzen*. Carl Hanser Verlag GmbH & CO. KG, 2. Auflage, 2009.

[SDRK02] Sismanis, Y.; Deligiannakis, A.; Roussopoulos, N.; Kotidis, Y.: Dwarf: Shrinking the PetaCube. In: *Proceedings of the International Conference on Management of Data (SIGMOD)*, S. 464–475. ACM, New York, NY, USA, 2002.

[Sha05] Shang, X.: *SQL Based Frequent Pattern Mining*. Dissertation, Otto-von-Guericke-Universität Magdeburg, 2005.

[Sib73] Sibson, R.: SLINK: An Optimally Efficient Algorithm for the Single-Link Cluster Method. *The Computer Journal*, Band 16, Nr. 1, S. 30–34, 1973.

[SKS97] Silberschatz, A.; Korth, H. F.; Sudarshan, S.: *Database System Concepts*. McGraw-Hill, New York, NJ, 3. Auflage, 1997.

[SON95] Savasere, A.; Omiecinski, E.; Navathe, S. B.: An Efficient Algorithm for Mining Association Rules in Large Databases. In: *Proceedings of the International Conference on Very Large Databases (VLDB)*, S. 432–444, 1995.

[SS01] Schlittgen, R.; Streitberg, B. H.: *Zeitreihenanalyse*. Oldenbourg Wissenschaftsverlag, 9.. Auflage, 2001.

[SS14] Saake, G.; Sattler, K.-U.: *Algorithmen und Datenstrukturen – Eine Einführung mit Java*. dpunkt.verlag, 5.. Auflage, 2014.

[SSG04a] Shang, X.; Sattler, K.-U.; Geist, I.: SQL Based Frequent Pattern Mining without Candidate Generation (Poster Paper). In: *Proceedings of the Symposium on Applied Computing (SAC)*. Nicosia, Zypern, März 2004.

[SSG04b] Shang, X.; Sattler, K.-U.; Geist, I.: Efficient frequent pattern mining in relational databases. In: Abecker, A.; Bickel, S.; Brefeld, U.; Drost, I.; Henze, N.; Herden, O.; Minor, M.; Scheffer, T.; Stojanovic, L.; Weibelzahl, S. (Hrsg.): *LWA*, S. 84–91. Humbold-Universität Berlin, 2004.

[SSH11] Saake, G.; Sattler, K.-U.; Heuer, A.: *Datenbanken – Implementierungstechniken*. HJR-Verlag, Heidelberg, 3. Auflage, Oktober 2011.

[SSH13] Saake, G.; Sattler, K.-U.; Heuer, A.: *Datenbanken: Konzepte und Sprachen*. HJR-Verlag, Heidelberg, 5. Auflage, 2013.

[Sta69] Staehle, W. H.: *Kennzahlen und Kennzahlensysteme*. Betriebswirtschaftlicher Verlag Dr. Th. Gabler, Wiesbaden, 1969.

[Tha88] Tharp, A. L.: *File Organization and Processing*. John Wiley & Sons, New York, 1988.

[Toi96] Toivonen, H.: Sampling Large Databases for Association Rules. In: *Proceedings of the International Conference on Very Large Databases (VLDB)*, S. 134–145. Morgan Kaufmann Publishers Inc., San Francisco, CA, USA, 1996.

[TPGS01] Trujillo, J.; Palomar, M.; Gómez, J.; Song, I.-Y.: Designing Data Warehouses with OO Conceptual Models. *IEEE Computer*, Band 34, Nr. 12, S. 66–75, 2001.

[TSK06] Tan, P.-N.; Steinbach, M.; Kumar, V.: *Introduction to Data Mining*. Addison-Wesley, 2006.

[Tür03] Türker, C.: *SQL:1999 & SQL:2003 – Objektrelationales SQL, SQLJ & SQL/XML*. dpunkt.verlag, Heidelberg, 2003.

[Ull00] Ullman, J. D.: Information Integration Using Logical Views. *Theoretical Computer Science*, Band 239, Nr. 2, S. 189 – 210, 2000.

[uR11] ur Rahman, S. S.: *Cellular DBMS: Customizable and Autonomous Data Management Using a RISC-Style Architecture*. Dissertation, Otto-von-Guericke-Universität Magdeburg, Deutschland, September 2011.

[Val87] Valduriez, P.: Join Indices. *ACM Transactions on Database Systems (TODS)*, Band 12, Nr. 2, S. 218–246, 1987.

[Ver09] Vercellis, C.: *Business Intelligence: Data Mining and Optimization for Decision Making*. John Wiley & Sons, 2009.

[VLM02] Vitt, E.; Luckevich, M.; Misner, S.: *Business Intelligence: Making Better Decisions Faster*. Microsoft Press, 2002.

[Vos99] Vossen, G.: *Datenbankmodelle, Datenbanksprachen und Datenbankmanagement-Systeme*. Oldenbourg, 3. Auflage, 1999.

[War63] Ward, Jr., J. H.: Hierarchical Grouping to Optimize an Objective Function. *Journal of the American Statistical Association*, Band 58, Nr. 301, S. 236–244, March 1963.

[WB98] Wu, M.-C.; Buchmann, A. P.: Encoded Bitmap Indexing for Data Warehouses. In: *Proceedings of the International Conference on Data Engineering (ICDE)*, S. 220–230. IEEE, 1998.

[Wei02] Weininger, A.: Efficient Execution of Joins in a Star Schema. In: *Proceedings of the International Conference on Management of Data (SIGMOD)*, S. 542–545. Madison, Wisconsin, 2002.

[WGKI98] Wedekind, H.; Görz, G.; Kötter, R.; Inhetveen, R.: Modellierung , Simulation, Visualisierung: Zu aktuellen Aufgaben der Informatik. *Informatik-Spektrum*, Band 21, S. 265–272, 1998.

[WH76] Wedekind, H.; Härder, T.: *Datenbanksysteme Band 2*. BI Wissenschaftsverlag, Mannheim, 1976.

[Wid95] Widom, J.: Research Problems in Data Warehousing. In: *Proceedings of the International Conference on Information and Knowledge Management (CIKM)*, S. 25–30. ACM, Baltimore, MD, 1995.

[Win90] Winkler, W. E.: String Comparator Metrics and Enhanced Decision Rules in the Fellegi-Sunter Model of Record Linkage. In: *Proceedings of the Section on Survey Research Methods (American Statistical Association)*, S. 354–359, 1990.

[WKLS12] Winsemann, T.; Köppen, V.; Lübcke, A.; Saake, G.: A layered architecture approach for large-scale data warehouse systems. In: *UNISCON*, LNBIP 137, S. 199–201. Springer, Yalta, Ukraine, MAY 2012.

[WKS12] Winsemann, T.; Köppen, V.; Saake, G.: A layered architecture for data warehouse systems. In: Bajec, M.; Eder, J. (Hrsg.): *Advanced Information Systems Engineering Workshops, Lecture Notes in Business Information Processing*, Band 112, S. 192–199. Springer, 2012.

[WLFY02] Wang, W.; Lu, H.; Feng, J.; Yu, J. X.: Condensed Cube: An Efficient Approach to Reducing Data Cube Size. In: *Proceedings of the International Conference on Data Engineering (ICDE)*, S. 155–165. IEEE Computer Society, Washington, DC, USA, 2002.

[ZCL+00] Zaharioudakis, M.; Cochrane, R.; Lapis, G.; Pirahesh, H.; Urata, M.: Answering Complex SQL Queries Using Automatic Summary Tables. In: *Proceedings of the International Conference on Management of Data (SIGMOD)*, S. 105–116. Dallas, TX, 2000.